Nabeel Qureshi

ALLAH GESUCHT – JESUS GEFUNDEN

Eine außergewöhnliche Biografie

ALLAH GESUCHT – JESUS GEFUNDEN

Eine außergewöhnliche Biografie

MIX
Papier | Fördert gute Waldnutzung
FSC® C014496

Nabeel Qureshi
Allah gesucht – Jesus gefunden
Eine außergewöhnliche Biografie

Best.-Nr. 271658
ISBN 978-3-86353-658-9

Titel des amerikanischen Originals:
Seeking Allah, Finding Jesus

9. erweiterte Auflage 2026

Am Güterbahnhof 26 | 35683 Dillenburg
info@cv-dillenburg.de
Übersetzung: Jutta Göderle-Odenwald
Satz und Umschlaggestaltung:
Christliche Verlagsgesellschaft mbH
Umschlagmotiv: ©Shutterstock.com/ostill (Mann)
©Shutterstock.com/javarman (Hintergrund)
Bild Innenteil: ©Shutterstock.com/Gabriele Maltinti (Kirche)
Druck: GGP Media GmbH, Pößneck
Printed in Germany

Wenn Sie Rechtschreib- oder Zeichensetzungsfehler entdeckt haben,
können Sie uns gern kontaktieren: info@cv-dillenburg.de

INHALT

GELEITWORT

Was würden Sie tun, wenn jemand Ihre innersten und tiefsten Überzeugungen hinterfragen würde? Wie würden Sie reagieren, wenn die Ihnen wichtigsten Traditionen infrage gestellt würden?

Lesen Sie die fesselnde Geschichte eines Mannes, der sich aufmachte, seine vorgefassten Meinungen abzulegen und Antworten auf die drängendsten Fragen des Lebens und des Glaubens zu finden, trotz des massiven Drucks, den Status Quo aufrechtzuerhalten.

Als vor zwei Jahrtausenden die Welt des Pontius Pilatus erschüttert wurde, spottete er lediglich: „Was ist Wahrheit?“, und beschloss, seine Hände in Unschuld zu waschen. Doch mein Freund Nabeel Qureshi war mutig genug, der Wahrheit mit intellektueller Redlichkeit nachzujagen, egal, was es ihn kosten würde.

Es erfüllt mich mit großer Freude, dass Sie Nabeel nun kennenlernen werden, wenn er auf den folgenden Seiten seine mit vielen Umwegen verbundene – und durchaus übernatürliche – Reise schildert, durch die er Frieden für Geist und Seele fand. Sie erleben mit, was es für jemanden aus dem islamischen Kulturkreis bedeutet, alles zu riskieren, um Gottes wahres Wesen zu ergründen. Es ist eine persönliche Geschichte über Familie, Freunde und Glauben, eng verwoben mit Einblicken in den Islam, die Ihnen zu einem ganz neuen Verständnis der muslimischen Welt verhelfen wird.

Ich habe selbst die unglaubliche Intelligenz Nabeels hautnah miterlebt. (Er war Arzt, hatte zwei Masterabschlüsse und arbeitete an seiner Dissertation.) Auch lernte ich sein einfühlsames und mitfühlendes Herz kennen. Er besaß die verblüffende Fähigkeit, tiefgründige Fragen zu stellen, die einem bis ins Mark drangen. Doch nie habe ich erlebt, dass er seinen Intellekt dazu benutzte, um jemanden einzuschüchtern oder bloßzustellen; vielmehr reichte Nabeel jedem eine helfende Hand, der wahrhaftig herausfinden wollte, welcher Glaubensweg in die wahre Heimat führt.

Ich weiß, wie es sich anfühlt, wenn einem der Boden unter den Füßen weggerissen wird, weil fundamentale Überzeugungen auf einmal fragwürdig werden. Als Atheist war ich einst herausgefordert, meine journalistischen und juristischen Kenntnisse einzusetzen, um die Glaubwürdigkeit des christlichen Glaubens zu untersuchen. Was ich herausfand, stellte mein Leben auf den Kopf.

Daher kann ich mich mit Nabeels Suche identifizieren, bei der er unbequeme Fragen stellte und einfache Antworten ablehnte. Sorgfältig untersuchte er die historischen Beweise und fand seinen Weg in den Irrgärten der Philosophie und Theologie. Er blieb hartnäckig und unbeirrt, selbst als seine Entdeckungen seinen ganzen bisherigen Glauben unterhöhlten, der ihn seit Kindertagen bestimmt hatte.

Egal, an welchem Punkt Ihres Glaubensweges Sie aktuell stehen, ich versichere Ihnen, dass Sie großen Nutzen aus dieser Lektüre ziehen werden. Nabeel wird für Sie zu einem Freund werden, dessen Anliegen es war, das Gelernte an Sie weiterzugeben und Sie auf Ihrem geistlichen Weg weiterzubringen. Ich bin überzeugt, dass Nabeels Geschichte von allen gelesen werden sollte, die die Wahrheit lieben und sich danach sehnen, Gott persönlich zu kennen.

Also lesen und sehen Sie, wie Gott Nabeels Geschichte dazu gebraucht, Ihre eigene zu prägen.

Lee Strobel, Autor, *Der Fall Jesus* und *Glaube im Kreuzverhör*

DANKSAGUNG

Es erfüllt mich mit Demut, welche atemberaubenden Persönlichkeiten Gott diesem Projekt beratend und unterstützend zur Seite stellte. Ich möchte gerne damit beginnen, meinen lieben Freunden und meiner Familie zu danken, die Abschnitte aus diesem Buch gelesen und kommentiert haben. Ihre Ermutigung und ihre Ratschläge waren von unschätzbarem Wert. Besonders möchte ich Carson Weitnauer und meiner lieben Schwester Baji danken für ihre ausführlichen Rückmeldungen, wenn ich sie am meisten brauchte.

Mein Dank geht auch an Mark Sweeney und Madison Trammel für ihre Freundschaft und professionelle Begutachtung, mit der sie sorgfältig daran arbeiteten, dieses Buch zu verwirklichen.

Zweifelsohne ist eine der größten Segnungen dieses Buches die Mitwirkung von so vielen erstaunlichen Köpfen. Ich bin Lee Strobel, Dan Wallace, Ed Komoszewski, Rob Bowman, Keith Small, Gary Habermas und Josh McDowell für ihre herzlichen und aufschlussreichen Beiträge zu Dank verpflichtet. Ich bin unglaublich gesegnet, sie kennen und sogar als liebe Freunde betrachten zu dürfen.

Eine Extraportion Dankbarkeit geht an Abdu Murray, nicht nur für seine Beteiligung, sondern auch für seine regelmäßige Gemeinschaft und seine geistliche Unterstützung aus der Ferne. Als jemand, der die Schlacht des Übergangs vom Islam zum Christentum einige Jahre vor mir geschlagen hat, waren seine Erkenntnisse unschätzbar wertvoll. Ich danke ihm als dem älteren Bruder, den ich nie hatte.

Gleichermaßen half mir Mike Licona über die Jahre hinweg als Mentor, sowohl in meinem Denken als auch in meinen akademischen Bemühungen zu wachsen. Ein Großteil meines Dienstes hätte ohne ihn nicht stattgefunden, ganz zu schweigen von diesem Buch.

Noch jemand, dessen Einfluss weit über bloße Mitarbeit hinausgeht, ist David Wood. Ich bin ihm bis in alle Ewigkeit zu Dank verpflichtet, dass er dem Ruf treu gefolgt ist, einen jungen, eifrigen Muslim entgegen aller Wahrscheinlichkeit erreichen zu wollen. Mögen unsere Freundschaft und unser gemeinsamer Dienst erst der Anfang sein!

Wenn es jemanden gibt, ohne den dieses Buch nicht geschrieben worden wäre, dann ist das Mark Mittelberg. Vom ersten Vorschlag zu einem solchen Buch, über das Auswählen eines Agenten und eines Verlags, über seine Hilfe und Mitwirkung beim Schreiben, bis hin zur Vermarktung … Ich frage mich wirklich, wie viel von diesem Buch überhaupt von mir ist! Mark, als Ratgeber und Freund hast du mich zutiefst inspiriert und mich angetrieben, das Beste zu geben. Ich kann dir niemals genug dafür danken.

Schließlich möchte ich noch meiner Braut Michelle danken. Dafür, dass sie Wochen der Trennung ertragen hat, damit ich dieses Buch schreiben konnte, dafür, dass sie es bis spät in die Nacht gelesen hat, für ihre unbeugsame Liebe zu einem gefallenen Mann, und dafür, dass sie sich nie darüber beklagt hat – ich werde mich niemals angemessen revanchieren können. Gut, dass wir noch unser ganzes gemeinsames Leben vor uns haben, sodass ich es wenigstens versuchen kann!

An alle meine Freunde und Familienmitglieder, die zur Gestaltung dieses Buches beigetragen und mich unterstützt haben: Ich schätze eure Hilfe so sehr. Ich bete, dass euch Gott reichlich vergelten möge!

Dieses Buch ist meinen Eltern gewidmet

Ammi und Abba, eure Liebe zu mir versiegt niemals, auch wenn ihr glaubt, dass ich gegen euch gesündigt habe. Eure Liebe wird nur von Gottes Liebe zu Seinen Kindern übertroffen. Ich bete für euch: Möget ihr eines Tages erkennen, dass Seine Liebe wirklich bedingungslos ist und dass Er uns allen Vergebung angeboten hat. Möget ihr an diesem Tag Sein Erlösungswerk annehmen und wir wieder eine Familie werden. Ich liebe euch von ganzem Herzen.

EINFÜHRUNG

Die folgenden Seiten enthalten meine persönlichen Gedanken und meine prägendsten Erinnerungen, die aus meinem Herzen auf Tinte und Papier geflossen sind. Wenn du dieses Buch liest, trittst du in den Kreis meiner Familie und Freunde ein, hast teil am Glück meiner islamischen Jugend und kämpfst mit mir den Kampf der aufeinanderprallenden Kulturen, wie ihn in Amerika geborene Muslime erleben. Indem du mir über die Schultern schaust, bekommst du einen Einblick, wie anstößig das Christentum in den Augen von Muslimen ist, schlägst dich mit den historischen Tatsachen über das Evangelium herum und spürst, wie der Boden unter mir ins Wanken geriet, als ich die verborgenen Wahrheiten über den Islam kennenlernte.

Wenn du diese Geschichte liest, gehst du mit mir durch mein Leben und lernst mich sehr genau kennen, und ich bete dafür, dass du durch die Begegnung mit dem lebendigen Gott genauso verändert wirst wie ich.

Der Zweck dieses Buches

Aber dieses Buch ist mehr als nur mein Zeugnis. Beim Schreiben hatte ich drei Ziele im Hinterkopf:

1. Mauern niederzureißen, indem nicht-muslimische Leser einen Einblick in das Fühlen und Denken eines Muslims bekommen. Die geheimnisvolle Schönheit des Islams, die Milliarden begeistert, kann unmöglich nur durch reine Fakten vermittelt werden. Ich bete jedoch dafür, dass du, wenn du in meine Welt hineintrittst, deinen muslimischen Nachbarn verstehen lernst, sodass du ihn lieben kannst wie dich selbst. Die ersten beiden Teile dieses Buches sind genau zu diesem Zweck entstanden, und selbst wenn sie zunächst einseitig pro-islamisch erscheinen, dienen sie dazu, die vergangene Liebe zu meinem früheren Glauben zu vermitteln.

2. dich mit Fakten und Kenntnissen auszustatten und zu zeigen, wie viele starke Beweise für das Evangelium sprechen, im Gegensatz zum Islam. Die Geschichte selbst ist ein grandioses Zeugnis für die grundlegenden Wahrheiten des Evangeliums: Jesu Tod am Kreuz, Seine Auferstehung von den Toten und Sein Anspruch, Gott zu sein. Dabei forderte diese Geschichte meine islamische Theologie heraus, die auf den Fundamenten des Islams beruhte: dem göttlichen Ursprung des Korans und der Prophetenschaft von Muhammad. Als ich den Islam genauer studierte, erschütterte das, was ich dabei entdeckte, meine Welt: Es gibt keinen einzigen Grund zu glauben, dass Muhammad oder der Koran die Wahrheit über Gott lehren. Obwohl dieses Buch viel zu kurz ist, um alle Fakten und Argumente aufzuführen, die ich über die Jahre gesammelt habe, geben die Teile 3 bis 8 einen Überblick davon, was ich

begriffen habe und wie diese Dinge mich weg vom Islam und hin zu Jesus geführt haben.

3. den enormen inneren Kampf eines Muslims zu schildern, der sich mit dem Evangelium auseinandersetzt, einschließlich seiner Entsagungen und Zweifel.

Wie dieses Buch gelesen werden sollte

Glossar:

Dir werden beim Lesen eine Menge islamischer Begriffe begegnen. Ich habe sie für dich, wenn sie das erste Mal auftauchen, direkt im Text erklärt, außerdem findest du all diese Begriffe noch einmal zusammengefasst im Glossar ab S. 495.

Expertenbeiträge:

Diese sind wahrhaftig der verborgene Schatz dieses Buches. Unter diesen Experten finden sich sowohl erfolgreiche Evangelisten als auch ein ausgezeichneter Koranwissenschaftler, alles fachkundige Männer, die Muslimen barmherzig gegenüberstehen und für das Evangelium brennen. Sie alle haben liebenswürdigerweise dieses Werk ihre Stimmen ergänzt, indem sie ihre akademische Glaubwürdigkeit und ihre in vielen Jahren gewonnenen Einsichten zur Verfügung stellen. Drei Wissenschaftler spielten sogar während meiner Reise zu Jesus eine persönliche Rolle. Zu jedem der zehn Teile dieses Buches findest du einen solchen Expertenbeitrag, und ich empfehle dir, dass du jeden Beitrag gleich im Anschluss an das zugehörige Kapitel liest. Du findest sie im Kapitel „Expertenbeiträge“ am Ende des Buches.

Eine Bemerkung zur erzählenden Biografie:

Im heutigen digitalen Zeitalter geschieht es leider immer häufiger, dass Menschen unangemessen strenge Vorgaben an erzählende Biografien stellen. Bedingt durch ihren Charakter muss sich eine erzählende Biografie gewisse Freiheiten innerhalb der erzählten Geschichte herausnehmen. Bitte erwarte keine protokollarische Genauigkeit! Das ist nicht die Absicht dieses Buches, und um solchen Vorgaben gerecht zu werden, bräuchte es ein Echtzeit-Video, bei dem sich selbst meine Mutter zu Tode langweilen würde.

Die Wortwahl in meinen Zitaten ist nur eine Annäherung. Einige Gespräche, die hier zu einem einzigen Gespräch zusammengefasst sind, zogen sich in Wirklichkeit über mehrere Treffen hinweg. In anderen Fällen sind Geschichten auf der Zeitachse verschoben, damit sie in die thematische Einordnung passen. Bei anderen Gelegenheiten wurden Leute, die bei einem Gespräch anwesend waren, aus Gründen der Übersichtlichkeit aus der Erzählung weggelassen. Alle diese Mittel sind in erzählenden Biografien üblich; tatsächlich funktioniert auch unsere Erinnerung so. Bitte lies dieses Buch und die darin enthaltene erzählende Biografie unter diesem Gesichtspunkt.

Abschliessende Bemerkungen

Ich bin zutiefst dankbar, dass du dich entschieden hast, dieses Buch zu lesen. Es gibt viele unterschiedliche Sichtweisen von Gott, und diese Unterschiede sind wichtig! Nichts kommt dem einen wahren Gott gleich! Wenn ich gewusst hätte, wie grenzenlos die Liebe Gottes ist, wie sehr Seine Gnade uns verändern kann, wäre ich schon viele Jahre früher mit aller Kraft zu ihm gelaufen. Ich bete dafür, dass dieses Buch die Leser aufrüttelt, voller Überzeugung zu ihrem Vater zu laufen. Deswegen ist Jesus gekommen, damit wir das Leben haben und es in Überfluss haben (Johannes 10,10). Es ist mir eine Ehre, wenn du meiner Geschichte gestattest, ein Teil deiner eigenen Reise zu werden.

VORWORT

Auf der Suche nach Allah

Ich lag ausgestreckt in einer großen muslimischen Gebetshalle, zerbrochen vor Gott. Das Gebäude meiner Weltanschauung, alles, was ich bisher gekannt hatte, war in den letzten wenigen Jahren zerbröckelt. An diesem Tag brach meine Welt zusammen. Ich lag in den Trümmern und suchte nach Allah.

Das Echo sich entfernendender Schritte klang durch die Hallen der Moschee, als der feuchtwarme Sommerabend zu Ende ging. Die übrigen Anbetenden waren schon für die Nacht auf dem Weg nach Hause zu ihren Familien, meine Gedanken jedoch rasten weiterhin. Jede Faser meines Seins kämpfte mit sich selbst. Während ich die Stirn auf den Boden presste und mir das Herz in der Brust pochte, prüfte mein Geist jedes Wort, das meine Lippen in den muffigen Teppich flüsterten.

Es waren keine unbekannten Worte. Noch bevor ich meinen eigenen Namen wusste, wurde ich schon darin unterwiesen, diesen arabischen Satz 132 Mal zu rezitieren. Es war *Sajda*[1], der Teil der rituellen Gebete, bei dem sich Muslime vor Gott erniedrigen und seine Erhabenheit preisen. Die Worte

1 Sure 32 im Koran.

waren immer mit Leichtigkeit geflossen, aber an diesem Tag war es anders. Während meine Lippen ihre gewohnten Rituale ausübten, hinterfragte mein Geist alles, was ich jemals über Gott gelernt hatte.

Subhana rabbi al-ala.
Gepriesen sei mein Herr, der Höchste.

„Gepriesen sei mein Herr … Wer ist mein Herr? Wer bist Du, Herr? Bist Du Allah, der Gott meines Vaters und meiner Vorfahren? Bist Du der Gott, den ich immer angebetet habe? Der Gott, den meine Familie immer angebetet hat? Bist Du wirklich der Eine, der Muhammad ﷺ [2] als letzten Gesandten für die Menschheit und den Koran als unseren Wegweiser geschickt hat? Du bist doch Allah, der Gott des Islams, nicht wahr? Oder bist Du …“ Ich zauderte, kämpfte mit der Blasphemie, die ich im Begriff stand auszusprechen. Aber was, wenn die Blasphemie die Wahrheit wäre?

„Oder bist Du Jesus?“

Mein Herz gefror, als wäre es empört über meine Seele, die die Hölle riskierte.

„Allah, ich würde niemals behaupten, dass Dir irgendein Mensch gleichwertig wäre! Bitte vergib mir und habe Erbarmen mit mir, falls ich das gesagt habe, denn das meine ich nicht. Kein Mensch ist Dir ebenbürtig. Du bist unendlich viel größer als alle Schöpfung. Alles verneigt sich vor Dir, Allah *subhanahu wa´tala.*[3]“

„Nein, was ich sagen wollte, ist, dass Du, oh Allah, allmächtig

2 Dieses Symbol repräsentiert die arabische Wendung *sall Alaahu álayhi wa sallam*, was „Allah segne ihn und schenke ihm Heil“ bedeutet, eine muslimische Standardformel, die nach jeder Erwähnung von Muhammads Namen angeführt wird.

3 Die Formel *subhanahu wa´tala* wird oft nach der Nennung von Allahs Namen wiederholt und bedeutet „gepriesen und erhöht“.

bist. Ohne Zweifel kannst Du in deine Schöpfung eintreten, wenn Du das möchtest. Bist Du in diese Welt eingetreten? Wurdest Du Mensch? Und war dieser Mensch Jesus?

Oh Allah, die Bibel kann doch nicht wahr sein, oder?“

Wie auf parallelen Zeitachsen fuhren meine Lippen fort, *Sajda* zu beten, während mein Geist erbarmungslos mit sich selbst kämpfte. Dieser arabische Satz musste noch zweimal rezitiert werden, bevor *Sajda* abgeschlossen war.

Subhana rabbi al-ala.
Gepriesen sei mein Herr, der Höchste.

„Aber wie ist es vorstellbar, dass Allah, das höchste Wesen überhaupt, in diese Welt kommt? Diese Welt ist schmutzig und sündig, kein Ort für den Einen, der alle Herrlichkeit und alles Lob verdient. Und wie komme ich überhaupt auf die Idee, dass Gott, der großartige und brillante Schöpfer, durch den Geburtskanal eines Mädchens in diese Welt kommen könnte? *Audhu billah,*[4] das ist doch widerwärtig! Essen zu müssen, müde zu werden, zu schwitzen und Blut zu vergießen und schließlich an ein Kreuz genagelt zu werden. Ich kann das nicht glauben. Gott verdient unendlich mehr als das. Seine Majestät ist weitaus größer als das.

Aber was ist, wenn Ihm Seine Majestät nicht so wichtig ist wie Seine Kinder?“

Subhana rabbi al-ala.
Gepriesen sei mein Herr, der Höchste.

„Selbstverständlich sind wir wichtig für Ihn, aber Allah muss

4 Eine übliche muslimische Formel mit der Bedeutung „Ich suche Zuflucht zu Allah“, die gesprochen wird, nachdem etwas Unehrenhaftes, Blasphemisches oder etwas anderes Negatives gesagt oder angedeutet wurde.

doch nicht für uns sterben, damit Er uns vergeben kann. Allah ist so überaus mächtig, und Er kann uns problemlos vergeben, wenn Er das möchte. Er ist *al-Ghaffar* und *ar-Rahim!*[5] Seine Vergebung fließt aus Seinem innersten Wesen. Was hat das mit meinen Sünden zu tun, dass er in diese Welt kam, um an einem Kreuz zu sterben? Es ergibt überhaupt keinen Sinn, dass Allah an einem Kreuz starb. Wenn Er starb, wer regierte dann das Universum? *Subhannallah,*[6] Er kann nicht sterben! Das ist Teil Seiner Herrlichkeit. Solche Scharaden hat Er nicht nötig. Er kann einfach so von Seinem Thron aus vergeben.

Aber wie kann Allah gerecht sein, wenn Er willkürlich ‚einfach vergibt'? Gott ist nicht willkürlich. Er ist absolut gerecht. Wie könnte Er gerecht sein, wenn Er willkürlich vergeben würde? Nein, Er kann uns nicht einfach vergeben, nur weil Er das möchte'. Die Strafe für meine Sünden muss bezahlt werden."

Während ich mich vom Boden erhob und mich hinhockte, rezitierte ich den *Takbir*.

Allahu akbar.
Allah ist am größten.

„Gott, ich weiß, dass du wahrhaftig großartig bist, aber einige Dinge, die der Heilige Koran lehrt, sind alles andere als großartig. Es fällt mit gerade sehr schwer, das zu verstehen, Allah. Bitte, erbarme Dich über mich. Ich will Dich nicht in Zweifel ziehen, und ich bitte Dich um Erbarmen wegen meines Mangels an Wissen und Verständnis. Bitte, Allah, mögen all diese Zweifel

5 In der Hauptströmung des Islams herrscht das allgemeine Verständnis, dass Allah 99 Namen hat. Dies sind zwei davon und sie werden übersetzt mit „der Vergebende" bzw. „der Gnädige".

6 Eine sehr gebräuchliche Wendung mit der Bedeutung „Ehre sei Allah", die oft ausgerufen wird, wenn man gute Nachrichten erfährt oder etwas Positives gesagt wurde.

Dich nicht erzürnen. Ich muss irgendetwas falsch verstanden haben, aber es ist unmöglich, dass Du, der Du gut und liebevoll bist, solche Befehle gegeben hast, wie wir sie im Koran finden. Ich habe so viel Gewalt und Verachtung auf seinen Seiten gefunden, auf den Seiten eines Buches, das ich jeden Tag gelesen und geliebt habe, weil es Dein Wort ist.

Aber vielleicht zeigst Du mir gerade, dass der Koran doch nicht Dein Wort ist? So viel von dem, was ich gelernt habe, hat sich als falsch herausgestellt. Ich habe gelernt, dass der Koran niemals verändert wurde, aber die *Hadithe* und die Geschichte zeigen, dass er doch verändert wurde. Ich habe gelernt, dass er übernatürliche Erkenntnis über die Wissenschaft und die Zukunft besitzt, aber als ich Dich bat, mir zu helfen, das mit meinen eigenen Augen zu sehen, konnte ich es nicht finden. So viel von dem, was ich über den Koran zu wissen meinte, ist einfach nicht wahr. Ist es wirklich Dein Buch? Oh Allah, habe Erbarmen mit mir. Wer bist Du?“

At-tahiyyatu lillahi, was-salawatu wat-tayyibatu. As salamu ´alayka ayyuha n-nabiyyu wa rahmatullahi wa barakatu. As salamu ´alayna wa-´ala ´ibadi llahi salihin.
Alles Lob, alle Gebete und guten Dingen gebühren Allah. Allahs Friede sei mit Dir, oh Prophet, und Sein Erbarmen und Segen. Friede sei mit uns und mit allen gerechten Dienern Allahs.

„Ich preise Dich, Allah. Alle Anbetung gebührt mit Sicherheit Dir. Aber da ist so viel, was ich nicht verstehe. Warum rede ich in meinem Gebet zu Muhammad ﷺ? Er kann mich nicht hören. Er ist tot! Ich soll überhaupt keinen Menschen anbeten, nicht einmal einen Propheten. Und warum soll ich ihm Frieden wünschen? Ich bin nicht sein Fürsprecher. Ich weiß, diese Worte wurden zunächst rezitiert, als er noch lebte, aber warum brauchte Dein größter Prophet überhaupt jemanden, der für ihn um Frieden bittet? Hättest Du ihm nicht Zuversicht und Frieden geben können? Wenn nicht einmal er als Prophet Frieden und Zuversicht haben konnte, welche Hoffnung gibt es dann für mich?“

Getreu den Überlieferungen des Propheten und der Unterweisung meiner Eltern richtete ich meinen Zeigefinger himmelwärts und rezitierte die Proklamation:

Ashhadu alla ilaha illa llahu wa ashhadu anna Muhammadan ʹabduhu wa-rasuluh.
Ich bezeuge, dass niemand der Anbetung würdig ist außer Allah, und ich bezeuge, dass Muhammad Sein Diener und Gesandter ist.

„Oh Allah, habe Erbarmen mit mir. Wie kann ich bezeugen, dass Muhammad ﷺ Dein Gesandter ist? Es war immer so einfach! *Ammi*[7] lehrte mich, Muhammad ﷺ zu lieben, weil er der beste Mensch war, der jemals gelebt hat, und niemand kommt ihm gleich. Sie lehrte mich, dass seine Großzügigkeit übergroß war, seine Barmherzigkeit unvergleichlich und seine Liebe für die Menschheit unermesslich. Ich habe gelernt, dass er niemals Krieg führte, außer wenn er die ***Umma***[8] verteidigte, und dass er dafür kämpfte, dass Frauen und Unterdrückte mehr geachtet würden. Er war der perfekte militärische Anführer, er war der vollendete Politiker und er war der vorbildliche Nachfolger von Allah. Er war *al-Insan al-Kamil,* der vollkommene Mensch. Er war *Rahmatu-lil alameen,* Gottes leibhaftige Gnade für die ganze Welt. Es ist einfach zu bezeugen, dass solch ein Mann *Rasul Allah* ist, der Gesandte Gottes.

---

7 Urdu für „Mutter / Mama“.

8 Ein arabischer Begriff mit der Bedeutung „Gemeinschaft“ in Bezug auf alle Muslime.

Aber jetzt kenne ich die Wahrheit über ihn, und das kann ich nicht alles unter den Teppich kehren. Ich weiß Bescheid über seine erste Offenbarung, seine Überfälle auf Karawanen, seine Kinderbraut, seine Heirat mit Zainab, die Schwarze Magie, die über ihn gekommen war[9], sein Giftmord, seine Meuchelmorde, seine Folterungen, und ..."

Meine Gedanken verlangsamten sich, als sie bei der einen Sache angekommen waren, die ich einfach nicht übersehen konnte. „Und wie konnte Muhammad ﷺ, mein geliebter Prophet, *das* ... erlauben?"

Überwältigt von Mitleid schweifte mein Geist von den Gebeten ab. Ich hatte immer noch damit zu kämpfen, worauf ich während meiner Untersuchung des Korans gestoßen war. Wie konnte er nur? Ich malte mir das Entsetzen aus dem Blickwinkel der Opfer aus. Was, wenn das meine Familie gewesen wäre? Wo war die berühmte Barmherzigkeit des Propheten?

Ich stellte mir vor, dass ich dort war, unter dem roten Himmel der Wüste, genau zu jenem Zeitpunkt. Sofort stieg Zorn in mir auf, als ich die Zerstörung meines Volkes, Blut und Tod überblickte. Einige junge Soldaten bahnten sich hungrig einen Weg durch die Leichen und gingen auf Muhammad zu. Sie äußerten ihre barbarischen Wünsche und baten Muhammad um seine Führung. Muhammads Gesicht wurde rot und er begann zu schwitzen. Er empfing gerade eine Offenbarung von Allah.[10] Als er diese seinen Soldaten verkündete, breitete sich

9 Im Orient werden Schicksalsschläge auf den Zorn Gottes zurückgeführt oder als Folge Schwarzer Magie angesehen. Vgl. http://www.answering-islam.de/deutsch/buecher/graceandtruth/biographiemuhammads/gtbm-heft1/gtbm-kindheit.html (Anm. d. Übers.)

10 *Sahih Bukhari* 6.61.508: „die Göttliche Inspiration kam über ihn .. Das Gesicht des Propheten war rot und er atmete für eine Weile schwer, dann war er wieder erleichtert." Vgl. auch *Sahih Muslim* 30.5763: „Allahs Gesandter schwitzte bei kaltem Wetter, als die Offenbarung auf ihn herabkam" (übersetzt nach ebd.).

eine böse Freude auf ihren Gesichtern aus. Sie verschwanden in ihren Zelten, um begierig weiterzumachen. Allah hatte ihr Treiben gebilligt. Für einen Moment war alles still.

Plötzlich durchbohrte ein unerträglicher Lärm den Wüstenhimmel und meine Seele.

Es war meine Mutter, die da schrie.

Ich riss die Augen auf und wurde in die Realität zurückgeschleudert. Ich war immer noch in der Moschee und betete immer noch die *Salat.* Mein überwältigender Abscheu gegen Muhammad wurde von sofortiger Reue begleitet. Ich war schamlos gewesen vor Allah. Muhammad ﷺ war immer noch mein Prophet. Ich schwor ihm immer noch die Treue. Ich war zu weit gegangen.

Wie konnte ich so weitermachen? *Astaghfirullah.*[11]

Rasch beendete ich den Rest des Ritualgebets, indem ich meinen Kopf nach rechts und nach links drehte:

Assalaamo alaikum wa rahmutallah barakaathu:
Allahs Frieden und Seine Gnade und Segnungen mögen auf dir sein.

Nach einer Pause ließ ich mein Gesicht in die Hände fallen. Tränen trübten mir die Sicht. Die rituellen Gebete waren zu Ende, nun war es Zeit für die Gebete meines Herzens.

„Gott, ich möchte Deinen Frieden. Bitte habe Erbarmen mit mir und gib mir den Frieden, Dich zu kennen. Ich weiß überhaupt nicht mehr, wer Du bist, aber ich weiß, dass Du alles bist, was zählt. Du hast diese Welt geschaffen, Du gabst ihr eine Bedeutung, und entweder bestimmst Du ihren Zweck oder es gibt keinen.

Bitte, Gott Allmächtiger, sag mir, wer Du bist! Ich flehe Dich und nur Dich an. Nur Du kannst mich retten. Zu

11 Eine übliche Bußformel mit der Bedeutung „ich suche Vergebung bei Allah."

Deinen Füßen lege ich alles nieder, was ich gelernt habe, und ich gebe Dir mein ganzes Leben. Nimm weg, was Du möchtest, seien es meine Freude, meine Familie, meine Freunde oder sogar mein Leben. Aber lass mich Dich haben, oh Gott!

Erleuchte mir den Weg, den ich gehen muss. Es ist mir egal, wie viele Hindernisse auf diesem Weg sind, über wie viele Gruben ich springen oder wieder herausklettern muss, oder auf wie viele Dornen ich treten muss. Leite mich auf dem richtigen Weg. Wenn es der Islam ist, dann zeig mir, dass er wahr ist! Wenn es das Christentum ist, gib mir offene Augen, das zu sehen! Zeig mir nur, welcher Weg Deiner ist, lieber Gott, damit ich ihn gehen kann."

Obwohl ich es noch nicht wusste, sollten dieser Friede und dieses Erbarmen Gottes, um die ich so verzweifelt gebetet hatte, schon bald über mich kommen. Gott war dabei, mir übernatürliche Wegweisung in Form von Träumen und Visionen zu geben und dabei mein Herz und die Richtung meines Lebens zu verändern.

Teil I

DER RUF ZUM GEBET

Das Gebäude meiner Weltanschauung,
alles, was ich bisher gekannt hatte …

Kapitel 1

DIE GEBETE MEINER VÄTER

In der islamischen Welt wird die Sonne bei Tagesanbruch von lauten Stimmen über den Horizont geleitet. Die wichtigsten Glaubensinhalte der Muslime werden mehrmals von den Dächern und Minaretten verkündigt, beginnend mit einem *Takbir:*

Allahu akbar!
Ashado an-la illaha il-Allah!
Ashado an-na Muhammad-ur-Rasool Allah!

Allah ist am größten!
Ich bezeuge, dass es keinen Gott außer Allah gibt!
Ich bezeuge, dass Muhammad der Gesandte Allahs ist!

Adhan*: der muslimische Gebetsruf*

Das ist der Beginn von ***Adhan****,* dem Gebetsruf. Der Ruf erinnert die Muslime bereits beim Aufwachen daran, ihr Leben Allah zu widmen. Von auswendig gelernten gelegentlichen Gebeten bis zu komplizierten täglichen Ritualen sind fromme Muslime ganz durchdrungen davon, sich an Allah und die Erfüllung der islamischen Traditionen zu erinnern. Der *Adhan* ruft die Muslime, hallt in ihnen nach, sammelt sie und führt sie zusammen, wenn sie sich gemeinsam vor Allah niederwerfen.

Für den außenstehenden Betrachter mag es so aussehen, als würde durch den *Adhan* der Nachthimmel zerrissen, die Dunkelheit vom Tag getrennt und den muslimischen Ländern und Menschen Leben eingeflößt.

Es ist keine Überraschung, dass Muslime den *Adhan* nicht nur benutzen, um sich gegenseitig für den Tag aufzuwecken, sondern auch, um einander ins Leben zu erwecken. Es gibt einen ***Hadith***, eine Überlieferung des Propheten Muhammad, dass jedes muslimische Kind bei seiner Geburt den *Adhan* hören soll. Als ich geboren wurde, sprach mein Vater den *Adhan* sanft in mein Ohr und wiederholte dabei genau die Worte, die ihm sein Vater 28 Jahre zuvor gesagt hatte. Wie es die Tradition verlangt, waren das die ersten Worte, die je zu mir gesprochen wurden.

Hadith: *Überlieferungen der Aussprüche und Taten Muhammads.*

Meine Familie hat immer besonders darauf geachtet, dem *Hadith* zu folgen. Wir sind schließlich Qureshi, und die Qureshi sind der Stamm Muhammads. Als ich alt genug war, das Ansehen unseres Namens zu begreifen, fragte ich meinen Vater, ob wir ihn vom Propheten geerbt hätten.

„*Abba,*[1] sind wir die echten Qureshi, so wie Muhammad ﷺ?"

Er sagte: „*Jee mera, beyta*[2], Muhammad ﷺ hatte keine Söhne, die das Kindesalter überlebten, aber wir sind Nachkommen von *Hazrat* Umar." Umar war einer der vier **Kalifen**, der Männer, die die Sunniten für die göttlich geleiteten

1 Urdu für „Vater / Papa".

2 Urdu für „Ja, mein Sohn."

Nachfolger Muhammads halten. Unsere Abstammungslinie war wirklich vornehm; kein Wunder, dass meine Eltern stolz auf unser Erbe waren.

Als mein Vater Pakistan in den 70er-Jahren verließ, tat er es aus Liebe zu seiner Familie und seinem Erbe. Er wollte seinen Eltern und seinen Geschwistern ein besseres Leben bieten. Als er in die Vereinigten Staaten kam, trat er auf Anweisung seines älteren Bruders in die Navy ein. Als Seemann schickte er von jedem Lohnscheck Geld nach Hause, auch dann, wenn es alles war, was er hatte. Es sollte einige Jahre dauern, bis er kurzzeitig nach Pakistan zurückkehrte, weil seine Heirat mit meiner Mutter arrangiert worden war.

> ***Urdu:*** *Landessprache von Pakistan.*

Ammi, meine Mutter, führte ebenfalls ein an ihre Familie und ihre Religion hingegebenes Leben. Sie war die Tochter eines muslimischen Missionars. Ihr Vater, den ich *Nana Abu* nannte, und ihre Mutter, *Nani Ammi,* waren kurz nach ihrer Heirat nach Indonesien gezogen, um die Menschen zum Islam einzuladen. Dort wurde auch meine Mutter geboren, gefolgt von ihren drei Schwestern. Während *Nani Ammi* damit beschäftigt war, die Ernährung der Familie zu sichern, und *Nana Abu* durch die Mission oft abwesend war, hatte meine Mutter eine wichtige Aufgabe in der Erziehung ihrer Geschwister und in deren Unterweisung im Weg des Islams.

> ***Kalifen:*** *die Position der obersten Führer über die Muslime; normalerweise wird der Titel benutzt, um auf einen der vier Erben/Nachfolger Muhammads zu verweisen.*

Mit zehn Jahren kehrte *Ammi* mit ihren Geschwistern und *Nani Ammi* nach Pakistan zurück. Die Gemeinschaft empfing ihre Familie mit großem Respekt dafür, dass sie pflichtbewusst dem Ruf in die Mission gefolgt waren. Da *Nana Abu* immer noch Missionar in Indonesien war und nur zum Heimaturlaub nach Pakistan zurückkam, wuchsen *Ammis* fürsorgliche Aufgaben im Haus noch mehr, schließlich hatte sie fünf Geschwister zu beaufsichtigen und zu versorgen. Als sie ihren Schulabschluss als Klassenbeste machte und ein Stipendium für die medizinische Hochschule angeboten bekam, lehnte sie das Angebot ab. *Nani Ammi* brauchte zu Hause Hilfe, da sie den größten Teil ihrer Zeit als ehrenamtliche Sekretärin in den örtlichen ***Jamaat***-Büros verbrachte.

Nani Ammi selbst hatte praktisch ihr ganzes Leben in der aufopfernden Hingabe an den Islam verbracht. Nicht nur, dass sie die Ehefrau eines Missionars war, sondern sie war wie *Ammi* ebenfalls ein Missionarskind. Sie wurde in Uganda geboren, wo ihr Vater als Arzt arbeitete, während er die Menschen zum Islam rief. Als Missionarskind groß geworden war sie in die Rolle einer Missionarsfrau hineingewachsen und verbrachte ihre letzten rüstigen Jahre im Dienst für die Gemeinschaft, wodurch sie großen Respekt und Ansehen von Seiten der Gemeinschaft erlangte. Durch das alles war *Nani Ammi* vielleicht *Ammis* größtes Vorbild, und *Ammi* wünschte sich nichts mehr, als dieses Erbe in einer eigenen Familie weiterzuführen.

Jamaat: *das arabische Wort für Gemeinschaft, meist mit der Bedeutung „Gruppe" oder „Denomination" verwendet.*

Und obwohl ich das damals noch nicht wusste, war der Mann, der den *Adhan* in meine Ohren flüsterte, ein aufopferungsvoller, liebender Mann, der den edlen Namen Qureshi trug. Die Frau, die dabei zuschaute, war eine Missionarstochter, eine erfahrene Hausfrau mit dem brennenden Verlangen, dem Islam zu dienen. Ich war ihr zweites Kind, ihr erstgeborener Sohn. Sie riefen mich zum Gebet.

Kapitel 2

DER GLAUBE EINER MUTTER

Ich hatte eine sehr behütete und unbeschreiblich schöne Kindheit, körperlich, emotional, zwischenmenschlich. Ich war auf eine Art und Weise beschützt, die ich immer noch nicht erfassen kann. Die wenigen Narben, die ich aus dieser Zeit habe, sind alle körperlicher Art, Ergebnisse von kleinen Missgeschicken, an die ich mich noch lebhaft erinnere. Die größte Narbe – nicht mehr als fünf Zentimeter, aber immerhin – habe ich von einem offenen Fenster davongetragen, das mir auf die Hand fiel, als ich drei war. Dieser Tag hat sich mir vor allem deswegen so eingeprägt, weil ich dabei etwas über den Glauben meiner Mutter lernte.

Zu dieser Zeit war mein Vater in Norfolk, Virginia stationiert. Er war im elften Jahr bei der Navy und hatte die letzten davon damit verbracht, tagsüber zu arbeiten und nachts für einen Masterabschluss zu lernen. Nach der Offiziersanwärterschule wurde er vom Bootsmann zum Oberleutnant zur See befördert, und kurz danach war er stationiert worden. Selbstverständlich wusste ich damals nichts davon. Ich wusste nur, dass *Abba* hart für uns arbeitete, und obwohl ich mich nie ungeliebt fühlte, sah ich ihn nicht so oft, wie ich mir das wünschte.

Ammi wiederum war ein allgegenwärtiger Ruhepol und ermutigender Einfluss in unserem Leben. Sie schien immer für alles Energie zu haben. Egal, ob sie uns das Essen zubereitete, unsere Kleidung anfertigte oder uns die ***Akida*** lehrte, niemals schien sie müde zu werden oder sich zu beklagen. Sie hatte nur zwei unumstößliche Regeln für ihre geistige Gesundheit: kein Gequengel nach neun Uhr abends und keine Unterbrechung, während sie Chai trank, was sie recht oft tat.

Wenn wir Gäste hatten, war sie ein Paradebeispiel der Gastfreundschaft und betrachtete es als Ehre, unsere Gäste zu empfangen und zu bedienen. Es wurde mehr Essen zubereitet, als die Gäste jemals hätten zu sich nehmen können, das Haus war sauberer als am Tag, an dem es gebaut wurde, unsere Kleider waren frisch gebügelt und im Kalender wurden der Tag des Besuches und der darauffolgende freigehalten, für den Fall, dass die Gäste länger blieben. Es war normal für uns, dass sie sich trotzdem aufs Herzlichste für den Mangel an Essen und unsere ungepflegten Erscheinungen entschuldigte. Das war Teil des Protokolls. Die Gäste versicherten *Ammi*, dass sie seit Jahren nicht mehr so wunderbares Essen genossen hatten und dass wir Kinder Vorbilder für ihre eigenen waren. Zu diesem Zeitpunkt war jeder vollkommen zufrieden: die Gäste, dass sie so geehrt wurden, *Ammi*, dass sie so gelobt wurde, und wir Kinder, dass wir in den Gesprächen der Erwachsenen überhaupt erwähnt wurden.

Akida*: tief verwurzelte islamische Glaubensinhalte, Bekenntnisschrift.*

Manchmal blieben die Gäste einen ganzen Monat bei uns, und auch dann nahmen *Ammis* Gastfreundschaft und Diplomatie nie ab. Von allen Menschen, die bei uns zu Besuch waren, waren die beiden herausragendsten Gäste *Nani Ammi* und ihre ältere Schwester, die wir *Mama* nannten. *Mama* war eine wunderbare Frau. Sie hatte ein großes Herz mit einem großen Lachen in einem winzigen Körper. Sie war immer bereit, Brettspiele mit mir zu spielen, und sie tat das mit der unendlichen Geduld, die man für Dreijährige braucht, immer gewillt wegzuschauen, wenn ich gerade schummelte.

Am Tag des Missgeschicks war *Mama* gerade bei uns zu Besuch. Sie und *Ammi* waren oben, und ich spielte mit meinen *Hot Wheels*, kleinen Spielzeugautos, die mir *Ammi* immer kaufte, damit ich sie bei ihren Einkäufen in den Lebensmittelgeschäften nicht störte. Baji, meine ältere Schwester, und ich hatten ein Übereinkommen getroffen. Sie würde mit mir und meinen *Hot Wheels* spielen, wenn ich mit ihr und ihrer *Little-Pony*-Sammlung spielte. Sie wählte die Autos aus, die sie wollte, und ich nahm mir die Ponys, die ich wollte. Ich ging bei der Wahl meiner Ponys recht dreist vor und verbrachte den Rest der Zeit damit, Baji davon zu überzeugen, dass ich die besten ausgesucht hatte. Sie nahm immer den Lamborghini, und ich verbrachte dann den Rest der Zeit damit, sie zu überzeugen, dass der für mich übriggebliebene Pontiac besser war.

Baji hatte gerade aufgehört, mit meinen Hot Wheels zu spielen und ging die Ponys holen, während ich mit meinem Pontiac weiterspielte. Ich brauste damit durch den Flur und zwischen den Sofas hindurch. Dann schaute ich auf und sah das Fenster, eines von der Art, das beim Öffnen nach oben gleitet. Aus einer Laune heraus beschloss ich, dass es für den Pontiac an der Zeit war, einen Unfall zu haben. Entschlossen raste ich mit dem Auto am Fensterbrett entlang und ließ es gegen das Fenster krachen.

Bis heute kann ich mich nicht daran erinnern, dass das Fenster wirklich herunterkam. Ich erinnere mich nur an den stechenden Schmerz, die ungeheure Menge Blut und dass ich schluchzend nach *Ammi* schrie. Und ich erinnere mich daran, was dann passierte.

Als *Ammi* herunterkam und den Unfall sah, begann sie fast selbst zu weinen, aber im nächsten Augenblick hatte sie ihre

Gefühle unter Kontrolle. Als Navy-Ehefrau hatte sie gelernt, beide Rollen auszufüllen, Mutter und Vater, und jetzt war keine Zeit für Tränen. Stattdessen beschloss sie, rasch zu handeln und ihre Angst an Allah abzugeben.

Sie öffnete das Fenster, wickelte meine Hand in ein Tuch und zog flink ihre Burka an. Während sie Baji *Mamas* Obhut überließ, trug mich *Ammi* ins Auto und brachte mich ins Krankenhaus. Auf dem ganzen Weg dorthin rezitierte *Ammi* ***Du'as***. Sie verwendete *Du'as* aus dem Koran und aus den *Hadithen*, die sie auswendiggelernt hatte, sowie spontane eigene Gebete. Ihre Abhängigkeit von der souveränen Fürsorge Allahs gab ihr Kraft, stärkte ihre Entschlossenheit und zerstreute ihre Ängste.

Als wir im Krankenhaus ankamen, wurde ich unsanft in die Technik des Nähens eingeführt. Der Arzt versuchte, *Ammi* wegzuschicken, damit sie nicht zusehen musste, aber ich weigerte mich, von ihr getrennt zu werden. Während sie meine Hand nähten, betete *Ammi* laut weiter und ignorierte dabei die fragenden Blicke der Ärzte und Krankenschwestern. Amerikanische Muslime waren damals nicht alltäglich, noch viel weniger die muslimische Ehefrau eines Marineoffiziers, die eine komplette Burka trug und laut auf Arabisch und Urdu vor sich hin murmelte.

Du'a: *muslimische Gebete für konkrete Anlässe, im Gegensatz zum rituellen Gebet Salat; sie können frei gesprochen werden oder auswendig gelernt sein.*

Ihre energischen *Du'as* und ihr unerschütterliches Vertrauen in Allah, sogar angesichts eines schreienden Kindes und der kritischen Blicke des Krankenhauspersonals, waren ein Zeugnis ihres Glaubens, das ich nie vergessen habe. Den Rest meiner Kindheit hindurch lehrte sie mich viele *Du'as* aus dem Koran und dem *Hadith*, und ich bewahrte sie in meinem Herzen, weil ich ihre Kraft kannte. Ich hatte gesehen, wie sie meine Mutter in einer Zeit der Angst und Not stärkten, und das hinterließ Spuren in mir, die tiefer gehen als jede körperliche Wunde.

Kapitel 3

EINE VIERERGEMEINSCHAFT

Während ich aufwuchs, hatte ich das Gefühl, dass meine Familie und ich nie wirklich zu den anderen Menschen um uns herum gehörten. Es hat mich immer entmutigt, wenn ich darüber nachdachte. Abgesehen vom islamischen Traditionalismus bestand mein Leben aus einer Mischung aus Zeichentrickfilmen der 1980er, Plastikspielzeug und Wutausbrüchen. Ich hätte ziemlich gut zu den anderen Jungs gepasst. Leider fürchteten sich die Menschen vor dem, was sie nicht kannten, und mein muslimisches Erbe schreckte viele mögliche Freunde und ihre Familien ab. Ich war sehr einsam.

Mein muslimisches Erbe schreckte viele mögliche Freunde und ihre Familien ab. Ich war sehr einsam.

Was es noch schlimmer machte, war die Tatsache, dass die Navy meine Familie in regelmäßigen Abständen versetzte. Wir hatten niemals genug Zeit, um irgendwelche Wurzeln zu entwickeln. Viele meiner frühen Erinnerungen sind Schnappschüsse davon, wie wir entweder aus einem Haus auszogen, zu einem neuen hinfuhren oder darin einzogen und lernten, an einem neuen Ort heimisch zu werden. Aber diese

Erinnerungen sind mir immer noch lieb, und ich kann mich zum Beispiel noch lebhaft an unseren Umzug erinnern, als es an der Zeit war, Virginia zu verlassen.

Während fremde Leute unsere Möbel mitnahmen, stand ich heulend neben der Fliegengittertür auf der Veranda. Ich weinte untröstlich, weil ich nicht verstand, wer diese Männer waren oder was ich getan hatte, um dieses Schicksal zu verdienen, aber *Ammi* war da, um mich zu trösten. Freilich schmunzelte sie hin und wieder, und ich kann mich an einige Neckereien erinnern, als mein Lieblingssessel von einem Fremden mitgenommen worden war. Aber ich erinnere mich auch an ihre tröstende Umarmung und ihre beruhigende Stimme.

„*Kya baat hai?*", fragte sie, während sie mein Gesicht in die Hände nahm und es fest umarmte. „*Kya baat hai, mera beyta?*" – „Was ist los, mein Sohn?"

„Sie haben den Sessel mitgenommen! Den mit den Erdbeeren!"

„Und ist ein Sessel wichtiger für dich als deine *Ammi*? Ich bin immer noch da. Und auch *Abba* und Baji. Allah hat dir alles gegeben! Was brauchst du mehr, *Billoo*?" *Billoo* war der Kosename, den nur meine Eltern für mich benutzten, und sie benutzten ihn besonders dann, wenn sie ihre Liebe ausdrücken wollten. Sie sagten selten direkt: „Ich liebe dich"; das ist zu plump für traditionelle pakistanische Ohren. Liebe ist stillschweigend und selbstverständlich und zeigt sich in der Versorgung durch die Eltern und in der Ehrerbietung von Seiten der Kinder.

Diese Selbstverständlichkeit ist ein Grund, warum der Gehorsam eines Kindes in der muslimischen Kultur Priorität hat. In meinen Teenagerjahren rügte *Ammi* meinen Eigensinn oft mit den Worten: „Warum sagst du mir, dass du mich liebst, wenn du nicht tust, was ich sage?" Auch später, als ich erwog, Jesus nachzufolgen, wusste ich, dass diese Entscheidung den bei Weitem größten Ungehorsam bedeuten würde. Nicht nur, dass sich meine Eltern betrogen fühlen würden, es würde ihnen das Herz brechen.

Im behüteten Alter von vier Jahren kannte ich jedoch weder Kummer noch Familienstreit. Ich wollte nur meinen Erdbeersessel zurückhaben.

Als alles eingepackt war und wir für unsere Reise fertig waren, versammelte *Abba* die Familie und sagte: „Lasst uns beten." Ich ahmte *Ammi* und *Abba* nach und erhob meine hohlen Hände in Bauchhöhe. Wir beteten alle leise und baten Allah um eine sichere und schnelle Reise.

Abbas neue Dienststelle befand sich in Dunoon, Schottland. Rückblickend habe ich noch immer das Gefühl, dass Dunoon mein erstes richtiges Zuhause war. Es war nicht so, dass ich irgendwelche Freundschaften in der Schule schloss oder dass ich viele Jungs in der Nachbarschaft kannte – sogar der Erdbeersessel war beim Umzug verloren gegangen – es war vielmehr die Tatsache, dass ich enger mit meiner Familie zusammenwuchs und sich mein Glaube während jener Jahre vertiefte. Ich hatte meine *Ammi*, meinen *Abba* und Baji. Ich brauchte nichts außer meiner Familie.

Kapitel 4

DAS VOLLKOMMENE BUCH

Als ich in Schottland ankam, konnte ich noch nicht gut Englisch. Zu Hause sprachen wir immer Urdu, und wenn wir überhaupt eine Schrift lernten, dann war es Arabisch. Der Grund dafür war simpel: Der Koran war auf Arabisch geschrieben, und es verstand sich von selbst, dass Baji und ich lernten, ihn zu rezitieren.

Muslime glauben, dass Muhammad jedes einzelne Wort des Korans wortwörtlich durch den Erzengel Gabriel von Allah diktiert worden ist. Der Koran ist daher nicht nur auf der Sinnebene inspiriert, sondern auf einer tieferen Ebene der Worte selbst. Aus diesem Grund halten Muslime den Koran für unübersetzbar. Wenn er in irgendeine andere Sprache als Arabisch übersetzt wird, ist das nicht mehr der Koran, sondern vielmehr eine Auslegung des Korans. Ein Buch kann nur dann ein echter Koran sein, wenn es auf Arabisch geschrieben ist.

Deshalb ist es ein so wichtiger Glaubensgrundsatz, dass der Koran immer exakt derselbe geblieben ist – Wort für Wort, Punkt für Punkt. Imame und Lehrer erklären regelmäßig, dass der Koran vollkommen bewahrt wurde und unverändert blieb, seit Muhammad ihn von Gabriel gehört und seinen Schreibern diktiert hatte. Selbstverständlich hatte Muhammad mit dem Verfassen des Korans nichts zu tun; er war nur der Kanal von Allahs Offenbarung an die Menschheit, und pflichtbewusst bewahrte er die exakte Form. Hätte er das nicht getan und hätte er die Worte auch nur ein klein wenig verändert, wäre der Koran unwiederbringlich verloren gewesen. Aber so etwas durfte nicht geschehen. Niemand bezweifelte die vollständige Überlieferung des Korans. Die Worte mussten vollkommen sein.

Tatsächlich führt diese Betonung der Worte bei vielen Muslimen dazu, dass sie die Bedeutung ebendieser Worte vernachlässigen. Muslime, die den Koran regelmäßig rezitieren, gelten als fromm, wohingegen Muslime, die sich nur mit der Bedeutung des Korans befassen, lediglich als gelehrt gelten. Frömmigkeit ist die größere Ehre, und die meisten Muslime, die ich während meines Aufwachsens kennenlernte, konnten viele Kapitel des Korans auswendig aufsagen, selten jedoch die Bedeutung oder den Zusammenhang dieser Verse erklären.

Ammi wollte uns beides lehren, die Rezitation des Korans und die Übersetzungen, die Rezitation stand jedoch an erster Stelle. Soweit ich mich erinnern kann, legte mir *Ammi* jeden Tag eine traditionelle muslimische Gebetskappe auf den Kopf, setzte sich neben mich und lehrte mich, Arabisch zu lesen. Wir begannen mit einem Buch namens *al-Qaeda*, „Die Anleitung zum Lesen". Dort lernten wir die arabischen Buchstaben in ihren verschiedenen Formen und den jeweiligen Lauten kennen. Gleich nachdem wir nach Schottland gezogen waren, schloss ich *Qaeda* ab und kam zum Koran.

Ich erinnere mich noch lebhaft an diesen Moment, weil meine damalige Euphorie durch einen ziemlichen Schrecken gedämpft wurde. Nachdem wir mit der letzten Seite von *Qaeda* fertig waren, griff *Ammi* neben sich, nahm einen Koran und schenkte ihn mir. Es war *mein* Koran, das allererste Buch, das ich jemals geschenkt bekommen hatte.

Begeistert rannte ich zu Baji, um ihn ihr zu zeigen. Baji spielte auf dem Boden neben *Ammis* und *Abbas* Zimmer, also setzte ich mich neben sie und legte den Koran auf den Boden, um ihn ihr zu zeigen.

Plötzlich hörte ich, wie *Ammi* einen durchdringenden Schrei ausstieß, während sie in meine Richtung rannte. „Nabeel!" Ich war zu erschrocken, um zu antworten. Ich hatte sie weder jemals zuvor so schreien gehört, noch sie rennen gesehen. Blitzartig hob sie den Koran auf. „Leg den Koran *niemals* auf den Boden!"

„Okay."

„Halte ihn immer hoch. Lege ihn auf den ehrenwertesten Platz im Haus, wasch dir die Hände, bevor du ihn anfasst, und berühre ihn nur mit der rechten Hand. Das ist nicht irgendein Buch, das ist Allahs Wort. Behandle es mit dem Respekt, den Er verdient!

„Okay."

„*Jao*, geh." Sie war zutiefst beunruhigt und ich lief davon. Seit damals hielt ich den Koran immer hoch, wenn ich ihn trug. Auch Baji lernte aus meinem Fehler, denn als uns *Ammi* das nächste Mal zum gemeinsamen Lesen des Korans rief, kamen wir und hielten dabei unsere Korane mit durchgestreckten Armen so hoch wie möglich über unseren Köpfen. *Ammi* lächelte. Das war zwar nicht genau das, was sie gemeint hatte, aber sie war damit zufrieden.

Baji war die Ältere, also begann sie. *Ammi* zeigte auf jedes Wort, das Baji lesen sollte, indem sie ihren Finger langsam von rechts nach links über die Seite bewegte. Bei Baji war das weniger ein *Lesen* der Worte, als vielmehr ein *Singen*. Wir lernten, den Koran melodisch zu lesen, denn die Rezitation sollte so schön wie möglich klingen. Einige Männer widmen ihr ganzes Leben dieser Tätigkeit und perfektionieren ihre Tonlage, die Geschwindigkeit, die Aussprache und die Melodie.

Baji und ich waren allerdings keine Experten. Baji hatte einige Jahre Vorsprung vor mir und hatte dennoch bisher nur gelernt, den Koran passabel zu rezitieren. Als sie fertig war, war ich an der Reihe. Ich hatte vorher niemals im Koran gelesen und war schrecklich aufgeregt.

„*Billoo*, was rezitieren wir, bevor wir überhaupt anfangen?"

„*Bismillah-ir-Rahman ar-Raheem.*"

„Und was bedeutet das?"

„Im Namen Allahs, des Allerbarmers, des Barmherzigen."

„Aber warum rezitieren wir dieses Gebet?"

„Damit wir uns erinnern, dass alles Allah gehört, und damit wir nur gute Dinge tun."

„*Shabash*, gut gemacht! Weißt du, woher dieses Gebet kommt?"

„Nein."

„Es steht am Beginn jeder **Sure** im Koran."

„Jeder Sure?"

„Jeder Sure außer einer."

„Warum hat Allah eine Sure ausgelassen, *Ammi*?"

„Allah war sehr verärgert über die Menschen in dieser Sure, deshalb gab Er uns dort den *Bismillah*-Segen nicht. Aber Er liebt uns so sehr, dass Er einen zusätzlichen Segen in eine andere Sure hineingelegt hat. Und wie viele Suren gibt es insgesamt?"

„114."

„*Shabash*. Und du wirst sie bald alle lesen, *inshallah*. Baji war mit dem Koran fertig, als sie sieben wurde, und ich möchte, dass du das schon mit sechs schaffst. Machen wir weiter!"

***Sure:** ein Korankapitel.*

Im Lauf der Tage wurde mir der Koran immer vertrauter. Ich lernte, dass es zwei Koraneinteilungen gab: Es gab eine Unterteilung in 114 Kapitel und eine andere in 30 Teile. Die letztere ist ein System, das Muslime lange nach der Zusammenstellung des

Korans entwickelten, hauptsächlich deshalb, damit der gesamte Koran während der 30 Tage des **Ramadans** entsprechend rezitiert werden konnte. Die 30 Teile waren für mich aber aus einem anderen Grund wichtig: Immer, wenn ich mit einem davon fertig war, kaufte mir *Ammi* ein Glückwunschgeschenk. Der Mülleimer mit Super Mario war mein Favorit.

Als ich mit der Zeit ein akzeptables Tempo erreicht hatte, entwickelten *Ammi* und ich einen eigenen Ablauf. Wir setzten uns mit meinem Koran hin, öffneten ihn an der Stelle, die wir zuletzt gelesen hatten, und *Ammi* zeigte auf meinen Schlusspunkt für diesen Tag. Aus irgendeinem Grund wollte ich immer genau achtzehn Verse rezitieren. Wenn *Ammi* für diesen Tag mehr auswählte, beklagte ich mich, und wenn sie weniger auswählte, überlegte ich mir, einige zusätzlich zu lesen, um sie glücklich zu machen.

***Ramadan:** der heilige Monat der Muslime.*

Und so vergingen die Tage. Schließlich war ich mit dem Koran fertig, bevor ich sechs wurde, sehr zu *Ammis* Freude. Gleichzeitig hatte *Ammi* mir geholfen, die letzten sieben Suren auswendig zu lernen, damit ich sie während der täglichen Gebete rezitieren konnte. Meine Lieblingssure war *Surat al-Ikhlas*, Nummer 112, weil sie kurz, melodisch und gut zu behalten war. Außerdem war das die erste Sure, die ich auswendig gelernt hatte, und ich wiederholte sie während der *Salat* viele Male am Tag. Es war auch eines von *Ammis* Lieblingskapiteln, jedoch aus einem anderen Grund: In einem *Hadith* erklärte Muhammad seinen Gefährten, dass *Surat al-Ikhlas* so bedeutsam und folgenreich ist, dass die Rezitation dieser Sure genauso viel Wert hat, wie ein Drittel des gesamten Koran auf einmal zu rezitieren.

Was war die Botschaft, die Muhammad für so wichtig hielt? Im Wesentlichen Folgendes: Gott ist kein Vater und Er hat keinen Sohn.

Kapitel 5

GESCHICHTEN DES PROPHETEN

„Wir sind spät dran, gehen wir!"

Es war Samstagmorgen, und *Abba* stand an der Tür und wartete auf uns. Jeden Samstag fuhr unsere Familie von Dunoon nach Glasgow zur *Jamaat* ***Masdschid***. Das war für uns die liebste Zeit der ganzen Woche, wenn wir uns auf den Weg machten, um Zeit mit anderen Muslimen zu verbringen, die meisten davon ebenfalls mit pakistanischen Wurzeln. Sie waren alle genauso fehl am Platz wie wir, deshalb passten wir perfekt zusammen. *Ammi* schien nur für diesen Tag der Woche zu leben, weil das die einzige Gelegenheit außerhalb des Hauses war, bei der sie die Haare offen tragen – und sich selbst öffnen konnte. Muslimische Frauen nehmen ihre Burkas nur ab, wenn sie unter sich sind, und für gewöhnlich sind sie bei solchen Gelegenheiten sehr modebewusst.

Masdschid: *ein muslimisches Gebetshaus, oft auch Moschee genannt.*

So sehr sich *Ammi* darauf freute, sie verspätete sich immer. In der pakistanischen Kultur ist Pünktlichkeit nicht annähernd so wichtig wie in westlichen Ländern. Gemeinschaftliche

Aspekte stehen im Vordergrund. Es wird oft als überspannt angesehen, wenn man pünktlich ist, und bei jemandem zur angegebenen Uhrzeit zu erscheinen, gilt sogar als unhöflich. Was wäre, wenn die Gastgeber gerade die letzten Vorbereitungen für dein Kommen treffen? Einzutreffen, bevor sie fertig sind, würde sie in ihrer Gastfreundschaft beleidigen. Mit 15 oder 30 Minuten Verspätung bist du auf der sicheren Seite.

Abba jedoch hatte diesen Aspekt unserer Kultur im Ausbildungslager hinter sich gelassen. Er war nun Soldat, und unsere Unpünktlichkeit störte ihn. So sehr er sich auch bemühte, er war nicht imstande, *Ammis* Gewohnheiten zu ändern. Sie machte immer, was sie wollte, und *Abba* erinnerte sie immer daran, dass er der Mann im Haus war. Sie hörte einige Minuten lang zu, dann umgarnte sie ihn so lange, bis er wieder gute Laune hatte. Auch dieser Liebesstreit stand jeden Samstagmorgen auf dem Programm.

Aber diesen besonderen Samstag gab es nur einmal im Jahr. Es war der Tag, an dem unsere *Jamaat Sirat-an-Nabi* feierte, das Leben des Propheten. Das war nicht Muhammads Geburtstag, sondern ein Tag, den die Gemeinde ausgewählt hatte, um sich zu versammeln und Geschichten aus Muhammads Leben zu erzählen.

Muslime halten Muhammads Leben für mustergültig, und fromme Muslime eifern ihm so gut wie möglich nach. Damit sie das können, lernen Muslime Geschichten aus seinem Leben aus den Büchern ***Sira*** und *Hadith*. Sie lesen die Geschichten fast nie selbst; vielmehr hören sie diese in Predigten in der Moschee. Man ist angesehen, wenn man den *Hadith* gut gelernt hat und die Geschichten in ihrem richtigen Zusammenhang anführen und rezitieren kann. Der Moscheebesuch war also aus religiösen und gesellschaftlichen Gründen wichtig.

Sira: *Geschichten aus Muhammads Leben.*

Wir waren jedoch spät dran.

„*Challo!* Kommt schon!“

Der Morgen lief für *Ammi*, Baji und mich praktisch wie nach Drehbuch ab: Nachdem *Ammi* uns geweckt und die Morgengebete gesprochen hatte, zog sie uns an, machte uns Frühstück und schminkte sich. Gleich nach der Grundierung und kurz vor dem Lippenstift rief sie immer: „Ich bin fertig!“ Diesen Samstag nahm sie ihren Lippenstift mit ins Auto. Schon waren wir unterwegs nach Glasgow.

Um von Dunoon nach Glasgow zu kommen, mussten wir *Holy Loch* überqueren. Dieser Meeresarm war während des Kalten Krieges Ankerplatz für amerikanische Atom-U-Boote. *Abba* war Sicherheits- und Umweltoffizier für das U-Boot-Reparaturschiff. Natürlich wusste ich damals nichts davon. Ich wusste lediglich, dass es dort zwei Fähren gab, die uns über den *Loch* brachten, eine kleine rote und eine große schwarze, und in der schwarzen gab es einen Aufenthaltsraum, wo wir Käsesandwiches zu essen bekamen. Normalerweise hörten *Ammi* und *Abba* mit Zanken auf, sobald wir auf der Fähre waren, und an diesem Tag beschlossen sie, im Auto zu bleiben und uns auf den *Sirat-an-Nabi*-Tag vorzubereiten.

Ammi fragte uns ab, und entweder Baji oder ich antworteten, je nachdem, wer die Antwort wusste. „*Batao*, sagt mir, wann wurde Muhammad ﷺ geboren und wo?“

„Im Jahr 570 in Mekka.“

„*Shabash*, gut gemacht! *Ub batao*, nun sagt mir, wer war sein Vater?“

„Sein Name war Abdullah, aber er starb noch vor Muhammads ﷺ Geburt.“

„Und seine Mutter?“

„Ihr Name war Amina, und sie starb, als er sechs war.“

„Wer kümmerte sich dann um Muhammad ﷺ, als sie starb?“

„Sein Großvater Abdul Muttalib, aber nur zwei Jahre lang. Dann starb er."

„Und danach?"

„Sein Onkel, Abu Talib. Er lebte, bis Muhammad ﷺ viel älter war."

Das waren Routinefragen, alles Teil einer ordentlichen islamischen Erziehung für junge Muslime. Eltern sind oft stolz auf das auswendig gelernte Wissen ihrer Kinder, sowohl was Fakten über den Islam betrifft als auch Rezitationen, und *Ammi* und *Abba* waren da keine Ausnahmen.

„Okay, jetzt wird's schwierig. Erzählt mir eine Sache, die Muhammad ﷺ passierte, bevor seine Mutter starb."

Baji antwortete. „Eines Tages, als Muhammad ﷺ mit einigen anderen Kindern spielte, kamen zwei Engel zu ihm und öffneten seine Brust. Die anderen Kinder fürchteten sich und dachten, die Engel könnten ***Dschinn*** sein. Sie liefen weg. Die Engel nahmen Muhammads ﷺ Herz heraus und putzten es, bis es glänzte. Dann legten sie es ihm wieder in die Brust hinein und verschwanden."[3]

***Dschinn**: Geistwesen, werden oft als Dämonen angesehen.*

„*Shabash, guriya!*" Das war *Ammis* Kosename für Baji und bedeutet „Puppe".

„Jetzt du, Nabeel, *batao*: Wer war Muhammads ﷺ erste Frau, und wie kam es, dass sie heirateten?"

Das war eine einfache Frage. „Muhammads ﷺ erste Frau war Chadidscha. Sie war eine reiche Witwe, und Muhammad ﷺ arbeitete für sie als Kaufmann. Als sie sah, was für ein guter Geschäftsmann er war und wie ehrlich er mit Geld umging, bot sie ihm die Heirat an."

„Und wie alt waren sie?"

3 Sahih Muslim 1.311.

„Muhammad ﷺ war 25, und Chadidscha war 40."

„Gut, aber vielleicht war das nicht schwierig genug. *Ub batao, Billoo*, wie fand Muhammad ﷺ heraus, dass er ein Prophet war?"

„Eines Tages betete er in einer Höhle …"

„Was war der Name der Höhle?", warf *Abba* ein.

„Die Höhle von Hira. Er betete gerade, und ein Engel kam zu ihm und forderte ihn auf zu rezitieren. Aber Muhammad ﷺ wusste nicht, wie er rezitieren sollte, deshalb musste ihn der Engel dreimal dazu auffordern. Dann gab der Engel Muhammad ﷺ die ersten Verse des Korans."

„*Shabash*", fuhr *Ammi* fort. „Und welche Sure war das?"

Weder Baji noch ich wussten die Antwort auf diese Frage. Es war schwieriger, als es scheinen mag, weil der Koran nicht chronologisch ist. Das war keine konkrete Frage in den Büchern, die wir gelesen hatten, deshalb hatten wir nicht besonders darauf geachtet.

„Kein Problem, macht euch keine Sorgen. Für den Fall, dass euch heute jemand fragt, merkt euch, dass es *Surat al-Alaq* ist."

„*Jaani*, niemand wird sie fragen, welche Sure das ist. Stell ihnen die wichtigen Fragen." *Jaan* oder *Jaani* ist ein Urdu-Kosewort und bedeutet „mein Leben". Es wird für geliebte Menschen benutzt, und die Art, wie es *Abba* hier gebrauchte, bedeutet ungefähr „mein Liebling".

Aber *Ammi* wollte nichts davon wissen. „Der Name einer Sure ist also nicht wichtig, wohl aber der Name einer Höhle? Okay, gut. Dann soll der Mann des Hauses weiter die Fragen stellen!"

„Okay, das werde ich. *Challo, batao*: Wer erkannte Muhammad ﷺ als Erster als Propheten an?"

„Seine Frau Chadidscha."

„Und von den Männern?"

„Sein bester Freund, Abu Bakr."

„Was ist besonders an Abu Bakr?“

„Er wurde der erste Kalif, als Muhammad ﷺ starb.“ Das ist ein wichtiger Punkt, in dem sich die **Schiiten** nicht einig sind, aber das wussten Baji und ich noch nicht.

„Gut. Wer nahm den Islam unter den Kindern als erstes an?“

„Muhammads ﷺ Cousin Ali.“

„Und was ist besonders an Ali?“

„Er wurde der vierte Kalif.“

„Wie nahmen die meisten Leute in Mekka den Islam auf?“

„Sie verfolgten die Muslime, beleidigten sie und griffen sie jahrelang an.“

„Was geschah dann?“

„Muhammad ﷺ musste nach Medina fliehen.“

Abba verstummte. Wellen schlugen sanft gegen den Rumpf der Fähre, als sie anlegte. Nach den vielen aufeinanderfolgenden Fragen verlieh die kurze Pause der Stimmung besonderen Ausdruck. Worüber dachte *Abba* gerade nach?

***Schiiten:** Nachfolger der Schia, einer der beiden Hauptrichtungen des Islams.*

Als er schließlich sprach, klang seine Stimme nachdenklich, fast wehmütig. „*Billoo*, *batao*, was war die erste Schlacht, in der Muhammad ﷺ kämpfen musste? Erzähl mir Einzelheiten.“

„Das war die Schlacht von Badr. Die Mekkaner kamen nach Medina, um die Muslime anzugreifen und sie zu vernichten. Sie kamen mit 1000 Soldaten und vielen Pferden. Die Muslime hatten nur 313 Männer, sehr wenige Waffen und nur wenige Pferde.“

„Wer hat gewonnen?“

„Wir natürlich!“

„Warum?“

„Weil wir besser waren.“

„Nein, *beyta*. Sie hatten die ganze Zeit über die Oberhand. Wir haben gewonnen, weil Allah uns geholfen hat. Wenn die Schlacht normal vor sich gegangen wäre, hätten wir verloren, und Muhammad ﷺ wäre getötet worden, *audhu billah*. Gott wird den Muslimen immer helfen, weil wir Sein Volk sind. Okay, *beytee*, nun sag mir, wie heißen die anderen Schlachten, die in Medina stattgefunden haben?"

„Die Schlacht von Uhud und der Grabenkrieg", antwortete Baji, etwas zu fröhlich für das Thema.

„Warum kämpften die Muslime in diesen Schlachten? Haben wir jemanden angegriffen?"

„Nein, *Abba*. Muslime kämpfen nur, um sich zu verteidigen. Die Mekkaner griffen die Muslime an."

„Was taten die Muslime also, um die Mekkaner aufzuhalten?"

„Sie eroberten Mekka."

„Und wo ist das prophezeit?"

„In der Bibel! Deuteronomium!"[4], warf ich ein. Es gibt ein ganzes Fachgebiet in der islamischen Polemik, das „Muhammad in der Bibel" genannt wird, und unsere Bücher über Islamwissen sind voll mit Hinweisen auf biblische Prophetien über Muhammad. Ich war fasziniert davon. Außerdem sagte ich so gerne „Deuteronomium", obwohl ich keinen blassen Schimmer hatte, was das war.

„Okay, letzte Frage. Als Muhammad ﷺ Mekka eroberte, was machte er dann?"

„Er hat allen Mekkanern vergeben!"

„Ja …" *Abba* verstummte wieder, aber dieses Mal war mir klar, dass er eine leidenschaftliche Äußerung vorbereitete. Manchmal überwältigte ihn seine Liebe zum Islam derart, dass er sogar dem Wind eine Rede halten konnte, wenn ihm sonst

4 Muslimische Apologeten interpretieren 5. Mose 33,2 oft als Prophetie über Muhammads triumphale Rückkehr nach Mekka.

niemand zuhörte. Das passierte zwar nicht oft, aber wenn, dann war ich begeistert. Ich saugte es förmlich auf.

„Ja, er hat jedem vergeben. Das waren die gleichen Leute, die Muhammads ﷺ Onkel getötet hatten, die verantwortlich waren für Chadidschas Tod, die die Muslime jahrelang verfolgt und dann viele Kriege gegen die schutzlose Gemeinschaft angefangen hatten. Als Muhammad ﷺ schließlich die Gelegenheit bekam, sie zu vernichten, was sie ja auch verdient hätten, war er allen gnädig. Ist es da verwunderlich, dass Muhammad ﷺ *Rehmatullah* genannt wird, die Gnade Allahs?“

Abbas Augen waren auf den Horizont gerichtet. Wir hingen an jedem einzelnen seiner Worte und glühten vor Respekt und Stolz auf unseren Propheten.

„Viele Mekkaner sahen an diesem Tag Muhammads ﷺ Gnade und konnten nicht anders, als die Schönheit des Islams zu verkündigen. Ganz Arabien war so voller Ehrfurcht vor Muhammad ﷺ, dass sie alle Muslime wurden. Der Gesandte und die Botschaft waren unwiderstehlich und bald erstreckte sich das muslimische Weltreich von Spanien bis nach Indien. Das war die großartigste Zivilisation, die die Welt jemals gesehen hat. Während im Westen tiefstes Mittelalter herrschte, hatte der Islam sein goldenes Zeitalter.

***Hazrat:** ein Ehrentitel mit der Bedeutung „sehr geehrter“.*

Die westliche Gesellschaft verdankt dem Islam viel. Wissenschaft, Medizin, Mathematik, Philosophie ... Muslime hatten auf all diesen Gebieten einen großen Einfluss. Das ist auch der Grund, warum wir immer noch arabische Worte darin finden, wie z. B. ‚Algebra‘ und ‚Alchemie‘. Unglücklicherweise haben die westlichen Zivilisationen bei der Eroberung alles zerstört. Muslimische Gelehrte wurden ermordet, Bibliotheken wurden verbrannt, Städte wurden ausgelöscht. Die spanische Inquisition ist nur ein Beispiel, wie Christen die Muslime behandelten.“

„Aber warum behandelten die Christen Muslime so?", wunderte ich mich laut. „Sind sie nicht ***Hazrat Isa*** nachgefolgt?"

„*Beyta*, sie sind nicht *Hazrat Isa* nachgefolgt. Sie haben schon lange vorher aufgehört, ihm zu folgen. Sie machten Jesus zu einem Gott, entehrten Jesus auf diese Weise und lästerten Allah! Das ist der Grund, warum Allah Muhammad ﷺ und den Islam als letzte Botschaft für die Menschheit geschickt hat. Der Islam verkörpert alle Botschaften, die Allah durch die Propheten gesandt hatte: Adam, Noah, Abraham, Ismael, Isaak, Mose, David, Elia … all diese brachten die Botschaften Allahs zu ihrem Volk, und obwohl die Menschen ihre Botschaft zuerst angenommen hatten, wurde sie von späteren Generationen verfälscht. Das Licht wird trüber, je weiter es von der Quelle entfernt ist! Das ist der Grund, warum wir der Bibel heute nicht vertrauen können; sie ist verfälscht. Nur der Koran ist vollkommen. Nur der Koran ist unzerstörbar. Allah wird ihn bewahren, bis die Botschaft verbreitet und die ganze Welt muslimisch geworden ist. Dann kommt der Tag des Gerichts. Das ist der Tag, an dem der Islam den Sieg davontragen wird."

Isa: *der arabische Name für Jesus.*

Wir alle waren gebannt von *Abbas* Liebe für den Glauben und teilten seine Vision von einer weltumfassenden islamischen Zukunft. Da war nichts Gewaltsames an diesem Sieg. Es war eine romantische Vorstellung von Rechtfertigung und Schicksal.

Nach einer Weile brachte uns *Ammi* wieder zurück auf die Erde. „*Challo*, das ist genug. Wir sind in wenigen Minuten in der *Masdschid*. Machen wir uns bereit." Und sie hatte Recht. Wir näherten uns der Moschee. Die Zeit war stehengeblieben, und ich hatte nicht einmal gemerkt, dass wir die Fähre verlassen hatten. Ich liebte es, mich über religiöse Dinge zu unterhalten. Der Koran, Allah, Muhammad, Jahreszahlen, Namen, Orte … all das begeisterte mich. Sogar über Jesus und die Bibel zu reden, fand ich faszinierend. Für mich war das alles ein Teil von Allahs Plan für die Menschheit, ein Plan, der schließlich durch den großartigsten Mann in Kraft gesetzt wurde, der jemals gelebt hat, Muhammad ﷺ. Ihm gehörten unsere Herzen, ihm galt unsere Loyalität.

Kapitel 6

GERECHT DURCH DAS RITUALGEBET

Die Moschee von Glasgow war einer meiner Lieblingsorte während meiner Kindheit. Sie befand sich an einer seltsam gewinkelten Straßenkreuzung nahe des Flusses Clyde, in der Nähe der Hauptstraße. Das Gebäude war aus roten Ziegeln erbaut und mit einer grünen Kuppel bedeckt und hatte viele Geschosse mit unregelmäßig angeordneten Aufgängen, Türen und Korridoren. Es war der perfekte Ort, um mit den anderen muslimischen Jungen Verstecken zu spielen.

Neben den Spielen der Kinder gab es viele Gemeindeaktivitäten in der Moschee. Wir kamen aus unterschiedlichen Anlässen zusammen, an Feiertagen, zu Festen, bei Beerdigungen, zu Hochzeiten, für Picknicks und Partys, für so ziemlich alles, was man gemeinsam machen kann. Die Moschee bedeutet Muslimen sehr viel, besonders ausgewanderten Muslimen, die sich nach Gemeinschaft sehnen. Jedoch ist keines dieser Dinge die eigentliche Aufgabe einer Moschee.

Salat: *das muslimische Ritualgebet.*

Die wichtigste Aufgabe ist das Gemeindegebet ***Salat***. Das sind die obligatorischen rituellen Gebete, die von allen Muslimen täglich fünfmal verrichtet werden. Erst in stehender Position, dann in einer Verbeugung, darauf kurz auf den Knien, mit der Stirn auf den Boden; anschließend erheben sie sich wieder und kommen auf den Füßen zum Sitzen; so rezitieren Muslime die vorgeschriebenen arabischen Gebete an Allah.

Jedes dieser fünf täglichen Gebete hat einen eigenen Namen: *Fadschr, Zuhr, Asr, Maghrib* und *Ischa.* Während die Worte und die Körperhaltung bei allen Gebeten gleich sind, gibt es Unterschiede in der Anzahl der Wiederholungen. Jede Wiederholung wird ***Ra'ka*** genannt. Ein Muslim muss täglich 17 *Ra'ka* beten, zusätzlich können noch freiwillige Gebete gesprochen werden. In unserer *Jamaat* wurde gelehrt, dass man, wenn möglich, insgesamt 31 *Ra'ka* am Tag beten sollte.

Ra'ka: *Einheiten der Salat, die wiederholt werden, in jeweils stehender, vorgebeugter, mit dem Gesicht nach unten liegender und sitzender Körperhaltung.*

Die Gebetszeiten geben Muslimen den Tagesablauf vor; sie wachen mit dem *Adhan* zu *Fadschr* auf, machen eine Arbeitspause am späten Morgen für *Zuhr*, gehen nach *Asr* nach Hause, essen nach *Maghrib* zu Abend und gehen nach *Ischa* zu Bett. Nach dem Gebetsruf vollziehen Muslime für alle diese Gebete eine rituelle Reinigung, ***Wudu'*** genannt, eine zeremonielle Waschung der Arme, des Gesichts und der Füße. Oft sprechen sie auswendig gelernte *Du'as*, während sie die Reinigung durchführen. Dann eilen sie zum gemeinsamen Gebet.

Wudu': *zeremonielle Reinigung vor der Salat.*

Muslime auf der ganzen Welt beten ungefähr auf die gleiche Art und Weise. Sie alle richten ihren Blick auf den gleichen Punkt, nämlich in Richtung der Kaaba, das ist das muslimische Heiligtum in Mekka, das wie ein schwarzer Würfel aussieht. Es gehört zur islamischen Lehre, dass Abraham die Kaaba gemeinsam mit seinem Sohn Ismael errichtete, und als Muhammad in Medina Zuflucht nahm, wies er die Muslime an, ihren Blick während der *Salat* auf die Kaaba zu richten. Seitdem machen sie das so, egal, ob sie sich in der Heiligen Moschee befinden, in deren Innenhof die Kaaba steht, oder sonst irgendwo auf der Erde. Im Westen kann man eifrige Muslime beobachten, wenn sie zur Gebetszeit einen Kompass herausnehmen, um die exakte Richtung zu bestimmen. Ich habe sogar Gebetsteppiche mit eingebautem Kompass gesehen.

Das Gebet wird von einem Mann geleitet, der als **Imam** bezeichnet wird. Männer und Frauen beten getrennt, jedoch in ausreichender Nähe zueinander, damit auch die Frauen die Stimme des Imams hören können, wenn er das Gebet leitet. Während der Imam betet, spricht er einige Teile leise und für sich, andere Teile betet er laut. Teile eines jeden Gebets beinhalten die Rezitation des Korans, und der Imam rezitiert diese laut aus dem Gedächtnis.

In der mehrheitlich ungebildeten Gesellschaft Arabiens im 7. Jahrhundert war die Koranrezitation während des Gebets eine hervorragende Methode zur Verbreitung des Korans, und sie funktioniert auch heute noch. Daher ist die einzige Voraussetzung für einen Imam eine gute Korankenntnis und dass er problemlos große Teile daraus rezitieren kann. Hin und wieder macht ein Imam auch einen Fehler in der Rezitation, und dann ist es die Pflicht der Muslime in der vordersten Reihe, ihn zu korrigieren. Daher ist in den Reihen der *Salat* oft eine Art Frömmigkeitshierarchie zu finden, mit älteren, angesehenen Muslimen weiter vorn.

***Imam:** ein muslimischer Führer, normalerweise jemand, der in der Moschee das Gebet leitet.*

Abgesehen von dieser kleinen Ausnahme sind Muslime stolz auf die Gleichwertigkeit während der *Salat*. Egal, ob reich oder arm, Staatsmänner oder Arbeiter, alle Männer stehen Seite an Seite und beten wie mit einer Stimme. Das ist ein feierlicher Moment, in dem niemand sonst spricht, niemand an den Betenden vorübergeht und niemand unterbricht.

Niemand, außer natürlich ein fünfjähriger Schlingel aus Amerika. Ein paar Male gab mir jemand einen leichten Klaps, um meinen Übermut zu bremsen, während ich zwischen den Anbetenden herumrannte. Meine Eltern waren damit einverstanden; man braucht eine Moschee, um ein muslimisches Kind zu erziehen, und die Mitglieder unserer *Jamaat* vertrauten einander blind.

Einmal war ich während der *Salat* unruhig und zappelig. Wie aus dem Nichts spürte ich einen Klaps auf meinem Hinterteil. Ich drehte mich um, um zu sehen, wer das gewesen war, aber hinter mir stand niemand. Ich vermutete, dass es mein neben mir stehender Onkel gewesen war, weshalb ich ihn nach der *Salat* tränenreich wegen des Klapses beschuldigte. Ohne mit der Wimper zu zucken, zeigte er zum Himmel hinauf und sagte: „Nein, das war Allah." Meine Augen wurden groß, und ich dachte: „Wenn ich mich nur etwas schneller umgedreht hätte, hätte ich Allahs Hand gesehen!" 20 Jahre später gestand er mir, dass er es gewesen war, aber in der Zwischenzeit war ich tatsächlich für würdig befunden worden, von Gott selbst einen Klaps zu bekommen. Ich stand danach immer mit dem gebührenden Ernst bei der *Salat*.

Weil die Gebetshaltungen und die Worte auswendig gelernt sind,[5] gibt es während der *Salat* keinen Raum für frei gesprochene Gebete – für gar nichts Persönliches. Für die breite Mehrheit der Muslime ist das nur eine Pflichtübung, kein Ausdruck persönlicher Empfindungen.

---

5 Die einzige Ausnahme besteht in der Auswahl der Koranpassage.

Sicherlich kann man während des Rezitierens bei der Bedeutung der Worte verweilen und es dadurch etwas persönlicher machen, es kommt jedoch selten vor, dass das jemand bei jedem einzelnen der 17 vorgeschriebenen *Ra'ka* jeden Tag tut. Sogar dann kommen die Worte des Anbetenden nicht von Herzen, nicht zuletzt deshalb, weil sie in einer fremden Sprache geäußert werden. Das gilt sogar für arabisch sprechende Muslime. Araber sprechen umgangssprachliche Varianten des Arabischen, die sich je nach Region unterscheiden. Wenn sie eine Art von Arabisch lernen möchten, das dem klassischen Arabisch ähnlich ist, müssen sie das in der Schule tun. Die Sprache der täglichen Gebete ist somit für niemanden natürlich.

Das führt zu der Frage, warum Muslime weiterhin fünfmal am Tag beten. Was ist der Grund dafür, dieselben Worte täglich fünfmal zu rezitieren, wenn sie keinerlei persönliche Bedeutung haben? Ich habe mich das auch gefragt, als ich jung war, und als ich mich bei *Abba* erkundigte, sagte er: „Nabeel, vor Allah sind wir alle schmutzig und wir brauchen Seine Reinigung. Stell dir vor, du badest fünfmal am Tag. Wie sauber wärst du dann! Die *Salat* ist das geistliche Bad, das Allah uns Muslimen gegeben hat, um uns rein und sauber zu halten. Das ist der Grund, warum wir fünfmal am Tag beten."

Es gibt einige Sonderformen des Gebets. Am Freitag, dem muslimischen Ruhetag, hält der Imam eine Predigt und die Muslime beten eine abgeänderte Form des *Zuhr*-Gebets, ***Dschuma***-Gebet genannt. Das Wort *Dschuma* bedeutet „versammelt", und man kann es nur beten, wenn mindestens drei oder mehr Personen versammelt sind. Das *Dschuma*-Gebet ist so wichtig, dass das Wort *Freitag* auf Arabisch und auf Urdu danach benannt ist. *Ammi* und *Abba* erzählten uns, dass wir eine schwarze Narbe auf dem Herzen bekommen

Dschuma: *Freitag, der muslimische Ruhetag.*

würden, die durch nichts entfernt werden könne, wenn wir das *Dschuma*-Gebet dreimal in Folge versäumten.

Leider konnten wir die Moschee freitags nicht besuchen, weil wir zu weit entfernt wohnten und weil *Abbas* Arbeitszeiten das nicht zuließen. Natürlich konnten wir auch nicht zu den täglichen fünf Gebeten in die Moschee gehen. Aus diesem Grund beteten wir die täglichen *Salat* und *Dschuma* als Familie zu Hause. Wenn *Abba* gerade einen Einsatz hatte und auch sonst kein männlicher Verwandter bei uns war, leitete ich *Ammi* und Baji im Gebet. Das tat ich schon in jungen Jahren, sobald *Ammi* mich dazu für reif genug befand.

Obwohl ich die Leitung des Gebets genoss und obwohl einige Imame in unserer *Jamaat* wohlklingende Stimmen oder ein eindrucksvolles Auftreten hatten, war *Abba* mein bevorzugter Imam. Seine Geschwindigkeit, seine Stimme, seine Melodie und seine Körperhaltung vor dem Rest unserer Familie erschienen mir genau richtig. Sogar jetzt brauche ich nur die Augen zu schließen, um seine Stimme zu hören, wie er lange Passagen aus dem Koran rezitiert. Das ist der Grund, warum ich diese Passagen so gut kenne, weil ich sie von *Abba* oft genug gehört habe. Die *Salat* festigte die Rolle meines Vaters als meinem geistlichen Führer und meißelte mir den Koran unauslöschlich ins Herz. Das ist die Macht der *Salat*.

Kapitel 7

VIELFALT IM ISLAM

Das Jahr 1989 war für unsere *Jamaat* von großer Bedeutung. In diesem Jahr wurde das 100-jährige Bestehen unserer Religionsgemeinschaft, der ***Ahmadiyya***[6], gefeiert, und Menschen aus aller Welt kamen nach England, um dieses Jubiläum zu feiern. Unsere Familie betrachtete es als Allahs besonderen Segen, dass dieses bedeutende Ereignis genau während unseres Aufenthalts in Großbritannien stattfand. Es waren zehntausende Menschen gekommen, und wir waren mitten unter ihnen.

Die Feierlichkeiten fanden im ländlichen Tilford in England statt, wo große, stabile Festzelte als Versammlungshallen und festgetretenes Gras als Wege dienten. Es gab Zelte für das Gebet, für die Essensversorgung, für die Satellitenübertragung und für Souvenirstände. Diplomaten und andere Ehrengäste von überall aus der Welt waren eingeladen, um

6 Eine Religionsgemeinschaft des Islams, gegen die viele andere Muslimen vor allem wegen des Prophetenanspruchs des Gründers Ghulam Ahmad starke Vorbehalte haben. Sie wird daher und wegen abweichender Lehren von vielen nicht als muslimisch anerkannt, wobei jedoch die Übereinstimmungen weitaus größer sind als die Unterschiede, vergleichbar mit den unterschiedlichen christlichen Konfessionen. Von den in Deutschland lebenden Muslimen zählen ca. 1,7 % zu den Ahmadiyya (Anm. d. dt. Hrsg.).

an den Veranstaltungen teilzunehmen, und viele von ihnen kamen mit Botschaften der Toleranz und Multikulturalität.

Die weiblichen Diplomaten waren die einzigen Frauen, die den Bereich der Männer betreten durften. Der Bereich für die Frauen war fast genauso wie der Veranstaltungsbereich für die Männer, beide waren jedoch voneinander getrennt. Ich war noch jung genug, um auch in den Frauenbereich zu gehen, was ich oft genug tat, ohne schiefe Blicke zu ernten. Die Atmosphäre war dort viel lebendiger als im Männerbereich. Die Frauen trugen bunte Kleider, lachten laut und redeten die ganze Zeit miteinander und ignorierten dabei völlig die Ansprachen, die über Fernsehen aus dem Männerbereich übertragen wurden. Dort war die Atmosphäre immer feierlich und für einen Sechsjährigen ist feierlich gleich langweilig.

Ich hatte vor, während der Hauptveranstaltungen von der Versammlungshalle der Frauen zum Männerbasar zu gehen, wo eigens entworfene Jahrhundertfeier-Anstecker verkauft wurden. Auf meinem Weg dorthin packte mich ein älterer Mann fest an den Schultern, als ich gerade an ihm vorbeigehen wollte. Das ist niemals ein gutes Zeichen. Er drehte mich um, legte mir die Hände auf die Schulterblätter und führte mich zur Haupthalle der Männer. Er setzte mich auf einen Platz ganz weit vorne und dicht neben sich selbst. Das alles geschah, ohne dass er ein Wort gesprochen hätte, aber er sah mich mit sehr strengem Blick an, der alles sagte: „Setz dich hin und höre der Ansprache zu." Bis heute weiß ich nicht, wer das war; ich wusste nur, dass man einem Älteren bei einer *Jamaat*-Versammlung besser gehorcht, deshalb wandte ich meine Aufmerksamkeit dem Redner zu. Der Anstecker musste warten.

Der Redner war ein Missionar aus Pakistan und sein Akzent machte es außerordentlich schwer, ihn zu verstehen. Seine Muttersprache war Punjabi, eine mit Urdu verwandte Sprache, die in ländlichen Gebieten in Pakistan gesprochen wird.

Hier sprach er Englisch mit starkem Punjabi-Akzent und den entsprechenden Wortbeugungen. Das Ergebnis war nicht sehr erfreulich. Glücklicherweise sprach er über ein in unserer *Jamaat* sehr bekanntes Thema, sodass ich es schon viele Male zuvor gehört hatte.

Er verteidigte die Tatsache, dass wir Muslime waren.

„Die anderen Muslime behaupten, dass wir keine Muslime sind, aber warum schließen sie uns aus dem Islam aus? Laut Anas ibn Malik sagte Muhammad ﷺ: ‚Jeder, der die ***Schahada*** bekennt, ist Muslim.' Und die *Schahada* ist deutlich: ‚Es gibt keinen Gott außer Allah, und Muhammad ﷺ ist Sein Gesandter.' Sogar heute muss man nur die *Schahada* rezitieren und man wird in den Schoß des Islams aufgenommen."

Er sagte das direkt zu den Diplomaten, die auf ihren Sitzen hin und her rutschten.

„Um Muslim zu werden, reicht es, die *Schahada* zu rezitieren, sonst muss man nichts machen, wie unser geliebter Prophet Muhammad ﷺ in diesem wunderbaren *Hadith* sagt."

Schahada: *das Glaubensbekenntnis des Islams: „Es gibt keinen Gott außer Allah, und Muhammad ist Sein Gesandter".*

Der Missionar geriet immer mehr in Fahrt. Jahre später fand ich heraus, dass er erlebt hatte, wie seine Familie von anderen Muslimen verfolgt worden war. Einige Mitglieder seiner Gemeinde waren sogar umgebracht worden. Seine Redekunst hatte einen läuternden Effekt und er war ganz Feuer und Flamme. „Die *Schahada* abzulehnen macht einem zum Nicht-Muslim; die *Schahada* zu bekennen macht einen zum Muslim, und wir bekennen die *Schahada*. So ist es. Wir sind Muslime! Aber warum gebe ich mir überhaupt solche Mühe, das hier zu verdeutlichen, so, als wären wir eigentlich gar keine Muslime? Lehnen wir etwa unsere islamischen Pflichten ab? Nein!"

Wie aus der Pistole geschossen zählte der Missionar die grundlegenden Pflichten aller Muslime auf, die **Fünf Säulen des Islams.**

„Wir rezitieren die *Schahada*; wir beten die *Salat*; wir bezahlen ***Zakat*** für die Armen; wir fasten während des Ramadans ***(Saum);*** und wir machen eine Pilgerreise zur Kaaba, um den ***Haddsch*** zu erfüllen! Das sind die Dinge, zu denen wir von Allah im Koran aufgefordert werden, und wir befolgen sie. Wer kann bestreiten, dass wir Muslime sind?

Und wir legen ihnen das anhand von klaren Beweisen aus dem Koran und dem *Hadith* dar, aber weil sie etwas gegen uns finden wollen, kommen sie mit neuen Einwänden! Sie sagen zu uns: ‚Ihr gebt mit euren Taten vor, Muslime zu sein, aber ihr glaubt nicht an das, was Muhammad ﷺ gelehrt hat!' Sagt mir, was lehrte er, was wir nicht glauben?"

Der Missionar wechselte von den grundlegenden Pflichten zu den grundlegenden Glaubensinhalten, **Sechs Glaubensartikel** genannt.

„Wir glauben an den einzigen Gott Allah; wir glauben an unsichtbare Geistwesen; wir glauben, dass Allah Propheten in diese Welt gesandt hat; wir glauben, dass Er Seinen Propheten Heilige Bücher gab; wir glauben, dass es einen Tag des Gerichts geben wird; und wir glauben, dass Allahs Machtwort souverän über dem Universum steht! Was also glauben wir nicht?

Fünf Säulen des Islams: *die grundlegenden Pflichten jedes Muslims.*

Zakat: *Almosensteuer.*

Haddsch: *Pilgerfahrt nach Mekka.*

Sechs Glaubensartikel: *die grundlegenden Glaubensinhalte des Islams.*

Wir glauben jedoch keine Falschheiten! Wir glauben nicht wie die Schiiten, dass Allah einen Fehler machte, als Er Abu Bakr Kalif werden ließ! Wir glauben nicht wie die Sunniten, dass wir Menschen im Namen von Allah ermorden sollen, erst recht nicht andere Muslime! Das sind ungeheuerliche Überzeugungen, und wenn wir das glauben würden, wäre unser Ausschluss aus dem Islam gerechtfertigt!"

Ahmadi-Missionare sind nicht unbedingt dafür bekannt, sensible Themen zurückhaltend zu behandeln, besonders in Momenten der Leidenschaft. Seine Wortwahl war provokativ, vieles davon stimmte jedoch. Er bezog sich auf die große Trennung unter den Muslimen, die Trennung zwischen Schiiten und Sunniten. Es gibt drei Hauptzweige des schiitischen Islams, und insgesamt macht die Schia ungefähr 10 bis 15 Prozent der gesamten Muslime aus. Sie glauben, dass im frühen Islam die geistliche Autorität in der Erbfolge Muhammads weitergegeben wurde, deshalb hätte bei Muhammads Tod sein nächster männlicher Verwandter die Führung im Islam übernehmen müssen. Das wäre Ali gewesen. Als Muhammad jedoch starb, war kein Nachfolger benannt worden. Die Muslime wählten Abu Bakr als ersten Kalifen. Diejenigen, die Abu Bakrs Kalifat anerkennen, folgen einer der vier Schulen des sunnitischen Islam, das sind ungefähr 80 Prozent aller Muslime.

Kafir: *Ungläubiger, Nicht-Muslim.*

Die restlichen 5 bis 10 Prozent sind diejenigen, die in keine Kategorie richtig hineinpassen. Dazu gehörten wir.

„Muhammad ﷺ verkündigte, dass wir Muslime sind, wenn wir die *Schahada* rezitieren. Das tun wir. Der Koran sagt uns, dass wir die Fünf Säulen erfüllen müssen. Das tun wir. Der Islam lehrt uns, dass wir die Sechs Glaubensartikel glauben müssen. Das tun wir! Warum also nennen sie uns ***Kafir***?

Sie besitzen die Unverfrorenheit, uns *Kafir* zu nennen, weil wir zwei Worte im Koran nicht so auslegen wie sie. Zwei Worte! ‚*Khatam an-nabiyeen*, das Siegel der Propheten.' Nach der Meinung dieser gewalttätigen und ungebildeten Muslime rechtfertigt die Uneinigkeit über diese Worte die Ermordung ihrer Brüder im Islam, *astaghfirullah*!"

Der Imam bezog sich auf den strittigen Anspruch des Gründers unserer Religionsgemeinschaft, Mirza Ghulam Ahmad, dass er ein nachgeordneter Prophet nach Muhammad sei. Die meisten Muslime wenden ein, dass Sure 33, Vers 40 jedes Prophetentum nach Muhammad ausschließt. Daher sei Mirza Ghulam Ahmad ein falscher Prophet und seine Nachfolger nicht muslimisch. Aus diesem Grund waren in Ländern wie Pakistan und Indonesien hunderte, wenn nicht tausende *Ahmadi*-Muslime von orthodoxen Muslimen umgebracht worden.

„Sie haben die Religion des Friedens genommen und diese in eine Religion des Blutvergießens und der Gewalt verwandelt. Aber ***Inshallah***, Allah wird den Islam durch die *Ahmadiyya* wieder herstellen. Er hat bereits den Imam unserer Zeit gesandt, den Verheißenen Messias, und seine Nachfolger sind göttlich ernannte Kalifen!"

Diese Behauptungen Ahmads boten noch mehr Zündstoff. Nachdem er für sich beansprucht hatte, ein Prophet zu sein, kam die *Khatam an-nabiyeen*-Diskussion auf, daraufhin verteidigte sich Ahmad teilweise durch die Aussage, dass er gar kein neuer Prophet sei. Er argumentierte, dass die Anhänger vieler Religionen auf die Rückkehr ihrer Propheten warten würden. Die Juden warten auf Elia, die Hindus warten auf Krishna, die Buddhisten warten auf Buddha und die Christen warten auf Jesus. Ahmad beanspruchte, alle diese Personen gleichzeitig zu sein. Als krönenden Abschluss behaupteten seine Nachfolger, dass sie ein neues Kalifat errichtet hätten, ein Anspruch, der für Muslime auf der ganzen Welt sehr anstößig ist, weil sie immer noch auf das endgültige Kalifat warten.

Inshallah: *eine sehr häufig benutzte muslimische Redewendung mit der Bedeutung „So Allah will".*

„Wer kann Allah überlisten? Er ist der allerbeste Planer und Er wird die Welt durch den Islam und die *Ahmadiyyat* neu beleben! Das ist eine unvermeidbare Tatsache, die nicht einmal Satan ändern kann!"

Als der Missionar das sagte, ertönten vereinzelte Rufe aus der Versammlung, alle riefen dasselbe: *„Takbir!"* Tausende Männer, die in dem Zelt versammelt waren, antworteten einstimmig *„Allahu akbar!"* Die kräftigste Stimme setzte sich durch und donnerte wieder: *„Takbir!"* Mit entzündeter Leidenschaft brach das ganze Heer der Männer in den Ruf aus: *„Allahu akbar!" Ahmadis* klatschen normalerweise nicht Beifall, sondern fordern einander stattdessen dazu auf, Allah zu preisen und Seine Segnungen aufzuzählen.

Der Mann, der *„Tabkir!"* gerufen hatte, fuhr damit fort, die versammelten Muslime zu vereinen, er brüllte „Islam!", was mit *„Zindabad"*, lang möge er leben, beantwortet wurde. „Islam!" – *„Zindabad!"* – *„Ahmadiyyat!"* – *„Zindabad!"* Die Zeit schien stehen zu bleiben, während die unbekannte Stimme einen Ruf nach dem anderen donnerte und dabei eine Armee von Muslimen in der Anbetung Allahs anführte. Dass diese Armee aus pazifistischen Muslimen bestand, hätte die Beklemmung eines nicht eingeweihten Zuschauers nicht zerstreuen können. Das Gebrüll von tausenden Menschen war atemberaubend.

Ohne noch etwas hinzuzufügen, dankte der Missionar der Versammlung und beendete die Ansprache. Wenn ich heute darüber nachdenke, erkenne ich, dass das Thema Rechtgläubigkeit und Irrlehre facettenreich und kompliziert ist. Es stimmt, dass viele Muslime einander bei der geringsten Provokation Nicht-Muslime nennen. Das Etikett „Ungläubiger" wird auch bei geringfügigen Meinungsverschiedenheiten viel zu schnell ausgeteilt. Ich bezweifle, dass jemals irgendeine der Dutzenden islamischen Konfessionen der Anschuldigung entgangen war, Irrlehren zu verbreiten.

Abgesehen davon erhob der Gründer der *Ahmadiyya* einige ziemlich dreiste Ansprüche, an der viele Parteien Anstoß nahmen. Die Behauptung, das zweite Kommen Jesu zu erfüllen, greift sowohl Christen als auch Muslime an. Die Forderung nach Verehrung, wie sie einem Propheten gebührt, ist kein geringer Anspruch für Muslime, und man kann sich gut vorstellen, warum einige von den Orthodoxen die *Ahmadiyya* für eine Sekte halten.

Für mich jedoch deuten viele Dinge darauf hin, dass *Ahmadis* Muslime sind. Wie der Missionar festgestellt hatte, halten sich die *Ahmadis* an die zentralen Lehren und Gebräuche des Islams. Aufgrund ihres täglichen Lebenswandels und den zugrunde gelegten Glaubensinhalten unterscheiden sich die *Ahmadis* praktisch nicht von den Sunniten. In ähnlicher Weise sah ich mich damals, als ich ein *Ahmadi* war, weitaus mehr an den Islam gebunden als an die *Ahmadiyya*. Aber was vielleicht am wichtigsten ist, Muhammad selbst würde die *Ahmadis* als Muslime ansehen: „Schließt niemanden aus, der verkündet, dass es keinen Gott außer Allah gibt.“[7]

Jemand ist Muslim, wenn er ausschließlich Allah als Gott bekennt und Muhammad als Allahs Gesandten.

Daraus lernen wir folgende Lektion: Es gibt viele verschiedene Strömungen im Islam. Ob jemand Muslim ist, erkennt man vor allem daran, ob er ausschließlich Allah als Gott bekennt und Muhammad als Allahs Gesandten. Über diesen Punkt hinaus gibt es eine große Vielfalt im Islam.

7 Übersetzt nach: *Sunan Abu Daud* 14.2526

Kapitel 8

DER WEG DER SCHARIA

Wenn es um die ***Scharia*** geht, kann die Vielfalt im Islam zu völlig verschiedenen Betrachtungsweisen führen. *Scharia* ist kein Fachbereich, in dem sich der durchschnittliche Muslim gut auskennt. Als ich diesen Begriff zum ersten Mal hörte, war ich bei einem *Ijtema*, einem Turnier, das unsere *Jamaat* einmal im Jahr ausrichtet.

Die Turnierdisziplinen waren sowohl religiös als auch sportlich. Die religiösen Wettkämpfe beinhalteten Auswendiglernen des Korans, Koranrezitation, *Adhan*-Darbietung, Rezitation islamischer Gedichte, Redewettbewerbe, Auswendiglernen der *Hadithen* und allgemeine religiöse Wissenstests. Ich weiß nicht mehr, welche sportlichen Wettbewerbe es gab, denn *Ammi* hatte mich immer nur für die religiösen Disziplinen trainiert, insbesondere für den Redewettbewerb.

Scharia: *islamisches Recht.*

Ammi bereitete mich sehr sorgfältig auf meine Rede vor. Nicht nur, dass sie den gesamten Text geschrieben hatte, sie übte auch mit mir, wie ich die Rede halten sollte. In den Nächten vor dem Wettbewerb musste ich mich nach der

Ischa Salat hinstellen und Probeläufe absolvieren. Dabei stand *Ammi* hinter mir und bewegte meine Arme und Hände, als wäre ich ihre Marionette, wenn es Zeit für unterstreichende Gesten war. Sie ordnete an, wann ich eine Pause machen musste, um einen dramatischen Effekt zu erzielen, wann ich den Kopf drehen sollte und wie ich meine Geschwindigkeit und Lautstärke zu erhöhen hatte, um die größte Wirkung hervorzurufen. Später fand ich heraus, dass sie in Pakistan Kapitän ihres Debattier-Clubs gewesen war, was auch die Art erklärte, wie ihre Gespräche mit *Abba* abliefen.

***Ischa:** Abendgebet.*

Beim *Ijtema* trat ich in der Klasse der Sechs- bis Achtjährigen an. Das Thema meiner Rede lautete: „Sag immer die Wahrheit, egal, welche Konsequenzen es hat!" Ich gewann einen Preis für meine Rede, und dazu noch ein paar andere. *Ammi* und *Abba* nahmen auch an den Wettbewerben teil, die Wettbewerbe für die Erwachsenen kamen mir jedoch weniger ernsthaft vor als die Veranstaltungen für die Jungen. Das Turnier schien insgesamt mehr darauf ausgelegt zu sein, den Islam unter der jüngeren Generation zu verbreiten. Zu diesem Zweck fanden die Veranstaltungen für die Erwachsenen zeitversetzt statt und endeten nach den Wettbewerben für die Jugend, sodass die jungen Teilnehmer dabei sein konnten.

Ich beschloss, mich in den Stegreif-Redewettbewerb der Männer zu setzen. In diesem Wettbewerb wurde ein großes Themenspektrum abgefragt, zum Beispiel „Umreiße die Geschichte der *Ahmadi Jamaat*", „Was müssen wir tun, um unsere Kinder im Weg des Islams zu erziehen?" und „Woher wissen wir, dass Jesus nicht Gottes Sohn ist?"

Ein ungefähr 40-jähriger Mann, den ich Onkel Faizan nannte und der fließend Englisch sprach, zog die Aufgabe: „Erkläre die *Scharia*, einschließlich ihrer Quellen und Anwendung." Er stand auf und begann seine Rede mit einer feierlichen Begrüßung des Publikums.

„Angesehener Imam, verehrte Älteste, sehr geehrte Gäste und liebe Brüder, ***Assalaamo alaikum wa rahmutallah barakaathu.***“

Der Raum antwortete einstimmig: „*Wa alaikum salaam.*“

Assalaamo alaikum wa rahmutallah barakaathu: *ein erweiterter muslimischer Gruß mit der Bedeutung „Allahs Frieden und Seine Gnade und Segnungen mögen auf dir sein“.*

Onkel Faizan blickte flüchtig auf den Zettel mit seiner Aufgabe und begann. „Das Thema, das ich heute bekommen habe, lautet *Scharia*. *Scharia* ist das islamische Recht. Das Wort *Scharia* bedeutet ‚der Weg', also der richtige Weg, den wir gemäß Allahs Willen gehen müssen.“

Die Ältesten, die als Jury fungierten, sahen beeindruckt aus. Wenn ein nicht-arabischer Muslim arabische Begriffe so gut erklären konnte, gab das immer Extrapunkte, ob bei einem Turnier oder nicht.

Ermutigt von ihrer Reaktion fuhr er fort: „Es gibt kein Buch über *Scharia*. Wir müssen das Recht aus einer Hierarchie von Quellen ableiten, indem wir uns an einen Rechtsprozess halten, der ***Fiqh*** genannt wird. Die erste und wichtigste Quelle ist der Koran. Nichts kann den Koran ersetzen, weil er Gottes Wort ist. Aber der Koran ist nicht allumfassend. Als Muslime müssen wir viele Dinge tun und glauben, die nicht im Koran zu finden sind. Daher haben wir eine zweite Quelle, die *Hadithen*.“

Fiqh: *Islamische Rechtswissenschaft.*

Einige von uns aus der Menge waren betroffen von der unverblümten Äußerung, dass der Koran unzureichend sei. Obwohl es stimmt, sollte man es nicht so platt sagen. Es klang fast beschämend, als wäre der Koran weniger, als er sein sollte. Onkel Faizans Augen waren jedoch auf die Ältesten gerichtet, die keinerlei Reaktion zeigten, also fuhr er fort.

„Die *Hadithen* erklären und führen das weiter aus, was wir im Koran finden, aber sie widersprechen ihm niemals. Es gibt keinen Widerspruch im Islam. Wenn ein *Hadith* gefunden wird, der in irgendeiner Weise dem Koran widerspricht, dann ist er nicht echt und darf nicht berücksichtigt werden. Wenn kein *Hadith* gefunden wird, um eine Sache zu erklären, dann müssen wir uns an die dritte Quelle der *Scharia* wenden: die ***Ulema***, muslimische Gelehrte, die weise und erfahren im Islam sind." Onkel Faizan lächelte dem Imam freundlich zu, bei dem die Schmeichelei nicht ohne Wirkung blieb.

„Das sind die Quellen der *Scharia*, aber wo können wir sie sehen? Wir sehen sie überall im Leben eines frommen Muslims. Sie kommt darin zum Ausdruck, wie wir beten, wann wir fasten, wen wir heiraten, welche Lebensmittel wir vermeiden. Alle diese grundlegenden Dinge sind Themen der *Scharia*. Es gibt noch weit mehr detaillierte Angelegenheiten, ob wir zum Beispiel *Zakat* auf geschätzte Haushaltswerte zahlen müssen." Die Ältesten schmunzelten und gaben Onkel Faizan das Zeichen, zum Ende zu kommen.

***Ulema:** muslimische Religionsgelehrte.*

„Das war eine kurze Erklärung der *Scharia*, ihrer Quellen und ihrer Anwendung. *Shukria*, vielen Dank." Mit diesen Worten setzte er sich wieder auf den Boden und die Ältesten nickten zustimmend.

Wie ich später noch herausfinden sollte, war das eine stichhaltige Antwort auf die Frage, zumindest für die Sichtweise eines *Ahmadi*. *Ahmadis* haben sehr wenig Spielraum in ihrer Autoritätsstruktur, daher haben die *Jamaat*-Leiter das komplette Sagen in Bezug auf die Deutung der *Scharia*. Was die Leiter sagen, gilt. Bei den meisten Muslimen ist das nicht so.

Andere Muslime haben mehr Möglichkeiten. Wenn zum Beispiel eine sunnitische Frau von ihrem Ehemann geschieden werden möchte, muss sie die Zustimmung einer Autorität bekommen. Es muss sich um einen ***Mufti*** handeln, jemanden, der sich zumindest mit den Grundlagen der *Scharia* auskennt. Wenn sie ihren Fall vor einen *Mufti* bringt, muss er ihr ein Urteil mitteilen, welches ***Fatwa*** genannt wird. *Fatwas* sind nicht bindend, daher kann sie noch einen anderen *Mufti* aufsuchen, wenn ihr das Urteil nicht gefällt, und sehen, ob der andere *Mufti* ein vorteilhafteres *Fatwa* ausspricht.

Muftis von unterschiedlichen Rechtsschulen haben unterschiedliche Präzedenzfälle und sprechen daher unterschiedliche *Fatwas* aus. Zum Beispiel bestehen einige sunnitische Rechtsschulen auf der Zustimmung einer Frau, bevor sie verheiratet wird. Andere Schulen tun das nicht und fordern, dass die Frau den Wünschen ihrer Familie folgt. Weil niemand an eine bestimmte Schule gebunden ist, wählen manche Frauen Schulen danach aus, ob ihnen die *Fatwas* zusagen. Obwohl sunnitische Gelehrte diese Praxis des „*Fatwa*-Shoppings“ verhindern wollen, dient es als ausgezeichnetes Beispiel dafür, was *Ahmadis* aufgrund ihrer sehr strengen Autoritätsstruktur nicht möglich ist.

> ***Mufti:*** *ein muslimischer Rechtsexperte.*
>
> ***Fatwa:*** *ein Urteil oder Schiedsspruch durch eine muslimische Autorität.*

Es gibt noch eine weitere Dimension der Komplexität: Jede Denomination unterscheidet sich von den anderen darin, welche *Hadithen* sie für richtig hält. Da die *Hadithen* die zweite Stufe der *Scharia* sind, haben diese Meinungsunterschiede echte Konsequenzen. Die vielen unterschiedlichen Arten, wie Sunniten und Schiiten den Islam praktizieren, lassen sich auf diesen besonderen Umstand zurückführen. Ihre *Hadithen*-Bücher sind unterschiedlich. Zusammengenommen mit dem schiitischen Standpunkt hinsichtlich der Autorität der Imame führt dieser Umstand zu einer völlig anderen Sichtweise der *Scharia*.

Trotz aller Unterschiede muss man festhalten, dass es viele Überschneidungen innerhalb der Mehrheit der Muslime gibt. Zum Beispiel lehren alle vier Hauptschulen der Sunna und alle drei Hauptschulen der Schia, dass Menschen, die den Islam verlassen, wegen ihres Abfalls vom Glauben getötet werden müssen. Unterschiede bestehen lediglich im Hinblick auf die einschränkenden Umstände und die Umsetzung. Nur die abseits stehenden Gruppen wie liberale Muslime und *Ahmadis* stimmen mit dieser althergebrachten Praxis nicht überein.

Ich habe alle diese Einzelheiten nicht beim *Ijtema* gelernt, das war auch gar nicht nötig. Tatsächlich wissen die meisten Muslime über diese Dinge gar nicht Bescheid. Sie kennen den Islam in dem Umfang, wie sie ihn praktizieren, und mit dem Übrigen beschäftigen sich nur die Gelehrten. Mehr als alles andere dienten das *Ijtema* und andere ähnliche Zusammenkünfte dazu, dass wir in der Liebe zum Islam und in der Gemeinschaft zueinander wuchsen. Solche Veranstaltungen versicherten uns der Tatsache, dass unsere religiösen Führer die Antworten wussten, die uns vielleicht fehlten. Indem wir uns regelmäßig trafen und über Glaubensdinge sprachen, wurden wir eine starke Gemeinschaft.

Kapitel 9

DIE TRÄUME DER GLÄUBIGEN

Es war nach einem ähnlichen Treffen, als wir abends von Glasgow nach Dunoon zurückfuhren, dass *Ammi* und *Abba* offensichtlich wegen irgendetwas beunruhigt waren. Unsere Familie hatte jedes Zeitgefühl verloren und die Fähren über *Holy Loch* waren schon für die Nacht eingestellt. Um nach Hause zu kommen, mussten wir um den *Loch* herumfahren, was nicht weniger als zweieinhalb Stunden dauerte.

Aber das war schon früher hin und wieder passiert und *Ammi* und *Abba* waren deswegen nie beunruhigt gewesen. Der nächste Tag war ein Sonntag, also musste sich *Abba* auch über seine Arbeit keine Gedanken machen. Die beiden saßen vorne und sprachen nicht laut genug, als dass wir sie hinten hätten verstehen können, aber Baji und ich merkten, dass ihre Stimmen bedrückt klangen und Besorgnis mitschwang. Irgendetwas stimmte nicht.

Baji sprach als Erste. „*Abba*, was ist los?"

„Nichts, *beytee*. Kontrolliere deinen Sicherheitsgurt, schau nach, ob die Tür verschlossen ist und schlaf wieder ein. Es ist schon spät. Wir sind bald zu Hause, *Inshallah*." *Ammi* warf *Abba* einen beunruhigten Blick zu. Sie sagten nichts.

Gleich darauf fragte ich sie noch einmal: „Was ist los, *Ammi*?"

„Hast du nicht gehört, was *Abba* gesagt hat? Tu, was er sagt." Was auch immer es war, *Ammi* und *Abba* wollten nicht mit uns darüber sprechen, und es war unmöglich für uns, jetzt noch einzuschlafen. Aber weil weder Baji noch ich Schwierigkeiten bekommen wollten, taten wir so, als ob.

Nach einigen weiteren angespannten Minuten hatte *Ammi* einen Entschluss gefasst. Sie drehte sich zu *Abba* und sagt, „Sieht es für dich immer noch so aus?"

„Ja, es sieht noch so aus. Tatsächlich sieht es sogar noch mehr danach aus."

„Dann lass uns umkehren! Fahren wir zurück! *Challo*, das ist genug!"

Das schien genau das Stichwort gewesen sein, auf das *Abba* gewartet hatte. Er wendete das Auto und fuhr wieder Richtung Glasgow. Baji und ich wussten, dass wir immer noch nichts fragen durften. Die Spannung löste sich, die Stimmung wurde jedoch nicht besser.

„Soll ich ein Hotel suchen?", fragte *Abba*.

„Nein, wir können bei Maliks bleiben. Sie werden das verstehen."

Ammi hätte nichts Besseres sagen können, um meine Angst augenblicklich in Freude zu verwandeln. Die Maliks waren eine Familie aus der *Masdschid*, der wir besonders nahe standen. Ich nannte Mr. und Mrs. Malik „Onkel" und „Tante", nicht nur, weil man ältere Leute in der pakistanischen Kultur normalerweise so nennt, sondern weil sie für mich wie ein zweites Elternpaar waren. Egal, ob ich ganz besonders artig war oder gerade auslotete, wie weit ich es mit meinen Unfug noch treiben konnte, sie nahmen mich immer mit Wärme und Liebe auf.

Onkel und Tante hatten fünf Kinder, die unsere Freunde waren. Der älteste Sohn der Familie war 13 und das Vorbild meiner Kindheit. Ich war begeistert von der Aussicht, Zeit mit ihm zu verbringen. Die außergewöhnliche Heimfahrt war vorerst vergessen.

Was dieses unverhoffte Ereignis noch aufregender machte, war die Tatsache, dass ich zum ersten Mal bei Freunden übernachten würde. Außer wenn wir verreisten und Verwandte besuchten, übernachteten wir eigentlich immer zu Hause. Pyjama-Partys waren uns gänzlich unbekannt, nicht nur, weil man dazu Freunde braucht, sondern auch, weil *Ammi* der Gedanke unangenehm war, uns über Nacht nicht in ihrer Obhut zu haben.

Wir verbrachten den Abend ganz vergnügt, spielten Brettspiele und guckten Filme. Als unsere Eltern zu Bett gingen, beschlossen meine Freunde, einen neuen Gruselfilm in den Videorekorder zu schieben: *Predator* mit Arnold Schwarzenegger.

Wenn ich gesagt habe, dass ich eine behütete Kindheit hatte, dann meinte ich das auch. Einige Filmszenen erschreckten mich zutiefst. Nicht einmal die Neckereien meiner Freunde konnten mich überreden, zum Fernseher zurückzukehren. Ich ging ins Bett und versuchte einzuschlafen. Meine Träume in jener Nacht waren unruhig, voll von Verbrecherjagden, Leuchtpunktvisieren und unerträglichen österreichischen Akzenten. Ich wachte müder auf, als ich zu Bett gegangen war.

Am nächsten Morgen, nach einem königlichen, schottisch-pakistanischen Frühstück, bedankte sich *Ammi* bei Tante, als sie in der Tür stand. Sie warteten, bis *Abba* und Onkel außer Hörweite waren und sprachen verstohlen miteinander. *Ammi* kümmerte sich nicht besonders darum, dass ich in der Nähe war, denn sie wusste, dass ich nicht viel geschlafen hatte und immer an ihr hing, wenn ich nicht ganz in Ordnung war.

Tante sah auf die Straße und sprach in sehr sachlichem Ton. „Jetzt ist es heller Tag. Du kannst mir ruhig erzählen, was er gesehen hat."

„Manche Träume möchte man nicht einmal am hellen Tag erzählen."

Also das war des Rätsels Lösung. *Abba* hat einen Traum gehabt. In unserer Kultur werden Träume genau beachtet, weil ein bekannter *Hadith* lehrt: „Die Träume des Gläubigen sind prophetisch."[8] Tatsächlich sind Träume die einzige Möglichkeit, die ich kenne, durch die der durchschnittliche Muslim etwas direkt von Gott zu hören erwarten kann.

Es gibt gute Gründe für diese Erwartungshaltung: Träume werden oft Wirklichkeit. *Abba* hatte viele prophetische Träume. Ein Beispiel stammt aus der Zeit, als er Soldat wurde. Er musste einen Eignungstest für die Beförderung zum Oberbootsmann absolvieren. Am Tag, als dieser Test stattfand, träumte er, dass er und fünf seiner Freunde auf einem Schlachtfeld unter schwerem Feuer waren. In der Ferne stand ein Zaun, und diesen mussten sie erreichen, um in Sicherheit zu sein. Alle sechs rannten los. *Abba* kam als Erster über den Zaun, und einer seiner Freunde kam hinter ihm. Die übrigen vier schafften es nicht.

Träume sind die einzige Möglichkeit, durch die der durchschnittliche Muslim von Gott zu hören erwartet.

Einige Wochen später bekam er sein erfolgreiches Testergebnis. Er fand heraus, dass alle fünf Freunde an diesem Test teilgenommen hatten, und der einzige weitere, der ihn bestanden hatte, war derjenige, der es im Traum über den Zaun geschafft hatte.

Nani *Ammi* hatte einmal einen wiederkehrenden Traum über ihren Vater, kurz nachdem dieser gestorben und beerdigt worden war. Er klopfte völlig durchnässt vom Regen an ihre Tür und bat sie um Hilfe. Nachdem sie diesen Traum in drei

8 Übersetzt nach: *Sahih Bukhari* 9.87.116

aufeinanderfolgenden Nächten gehabt hatte, beschloss sie, sein Grab aufzusuchen. Als sie dort ankam, stellte sie fest, dass ein Tier ein Loch in das Grab gebuddelt hatte und die Monsunregenfälle alles überflutet hatten.

Allein in meiner Familie hatten Menschen hellseherische Träume von Krankheiten, Fehlgeburten, Entbindungen, Todesfällen und vielen anderen Ereignissen. Einen Traum nahm man nicht auf die leichte Schulter, erst recht nicht, wenn er auf ein vermeidbares Unheil hindeutete.

Tante war der Meinung, dass *Ammi* mit jemandem über *Abbas* Traum sprechen müsse, daher beharrte sie: „Ich möchte ***Sadqa*** für dich geben und für dich beten. Sag mir, was er gesehen hat."

Ammi gab nach. „Okay, ich erzähle es dir, aber ich bin nicht sicher, was es bedeutet, und du darfst es auch niemandem weitersagen. Vor zwei Nächten hatte er einen Traum. Wir waren alle im Auto und fuhren eine dunkle Straße entlang. Die Straße war sehr eng und auf beiden Seiten brannte Feuer. Es war ein dunkles Feuer, das kein Licht aussandte. Er konnte überhaupt nichts sehen. Als er sich umdrehte, um nach Baji und Nabeel zu sehen, waren sie verschwunden."

Sadqa: *ein freiwilliges Opfer, meistens um Unglück abzuwenden.*

Ammi wurde still und beobachtete *Abba* und Onkel, wie sie beim Auto standen. Immer noch sachlich fragte Tante: „Was denkst du, was der Traum bedeutet?"

Ammi antwortete: „*Astaghfirullah*, ich möchte nicht darüber nachdenken!"

„Was ist letzte Nacht auf der Straße passiert?"

Ammi zögerte, bevor sie fortfuhr. „Die lange Straße nach Dunoon ist tückisch, schon bei Tageslicht. Wir haben uns nichts gedacht, allerdings ging auf dem halben Weg nach Hause die

Straßenbeleuchtung aus. Es war dunkel und erinnerte sehr an den Traum. Das ist der Grund, warum wir umgekehrt sind. Was auch immer der Traum bedeutet, ich denke, Allah hat uns davor bewahrt."

__Alhamdolillah__: eine muslimische Redewendung mit der Bedeutung „Allah sei gepriesen"; das islamische Gegenstück zum Hallelujah.

Schließlich wandte sich Tante mit einem Lächeln an *Ammi*. „***Alhamdolillah***. Lass uns Allah danken, *Du'a* beten, bevor ihr fahrt, und *Sadqa* opfern. Denk nicht mehr darüber nach. Ruf mich an, wenn ihr zu Hause angekommen seid, damit ich weiß, dass ihr alle in Sicherheit seid." *Ammi* lächelte zurück und umarmte sie. Tante war eine echte Freundin.

Wir trafen uns beim Auto, beide Familien brachten *Du'a* dar und beteten leise für unsere sichere und schnelle Heimfahrt. Obwohl das so üblich war, hatte es an diesem Morgen eine zusätzliche Bedeutung.

Als wir im Auto waren und aus der Stadt hinausfuhren, fragte ich *Abba*, ob er einen schlechten Traum gehabt hätte. Er blickte zu *Ammi*, aber sie sagte nichts.

„Ja, *Beyta*."

„Ich hatte letzte Nacht auch einen schlechten Traum, *Abba jaan*. Es wird wieder gut."

Abba schmunzelte. „Es gibt verschiedene Arten von Träumen, *Billoo*."

„Was ist der Unterschied?"

„Wenn du einen Traum von Gott hast, wirst du den Unterschied erkennen."

„Gibt Allah dir viele Träume?"

„Ja, *Beyta*. Zu viele." Damit war das Thema beendet. Einige Tage später beschloss *Abba*, zu Allah zu beten und ihn zu bitten, dass diese prophetischen Träume aufhörten.

Das ist jetzt über 20 Jahre her, und *Abba* hat nicht mehr viele Träume empfangen. Ich dagegen sollte einen Punkt in meinem Leben erreichen, an dem ich viele Stunden auf dem Gesicht liegend damit verbrachte, Allah um Führung durch Träume zu bitten. Und wie sich herausstellte, hatte *Abba* Recht gehabt. Als ich einen solchen Traum hatte, wusste ich, dass er von Ihm war.

Kapitel 10

DER MONAT DER SEGNUNGEN

Meine Jahre in Schottland waren wie ein Märchen. Die Landschaft und die Menschen hatten mein Herz in ihren Bann gezogen. Unser Haus lag an einem Hügel, und an kalten Morgen hallten oft Dudelsackklänge aus der Ferne wider. Die Berge rund um Dunoon schienen genau zu diesem Zweck gemacht zu sein. Heidelbeerbüsche wuchsen um unseren Garten herum, gerade außerhalb der Reichweite der grasenden Schafe hinter dem Stacheldrahtzaun. Ich begann meine offizielle Ausbildung in der *Sandbank*-Grundschule, der einzigen Schule in unserem Stadtteil, und ich schloss einige enge Freundschaften in der Moschee. Mehr als einmal wurden wir von Fremden zum Abendessen eingeladen, während wir an einer roten Ampel warten mussten. Ich liebte Schottland und meine Zuneigungsbeteuerungen für dieses Land kamen mir mit einem starken schottischen Akzent über die Lippen.

Der Kalte Krieg war inzwischen zu Ende, sodass der Stützpunkt für Atom-U-Boote nicht länger gebraucht wurde. Es war für uns wieder einmal an der Zeit, umzuziehen. Ich konnte nur an einen einzigen positiven Aspekt bei der Sache denken: Der Ramadan würde viel einfacher.

Der Ramadan ist der heilige Monat Muslime. Für den Zeitraum von 30 Tagen fasten Muslime von Sonnenaufgang bis Sonnenuntergang, kein Essen oder Wasser darf ihre Lippen berühren. Diese Praxis ist eine Pflicht für alle gesunden Muslime, es ist die vierte Säule des Islams. Am Ende der 30 Tage feiern Muslime einen ihrer beiden Hauptfesttage, ***Eid al-Fitr***.

Der Ramadan war in Schottland schrecklich schwierig, weil die Tage dort so lang sind. Schottland liegt ganz hoch im Norden, kurz vor Island. Während des schottischen Sommers geht die Sonne schon um vier Uhr dreißig auf und erst um zehn Uhr abends wieder unter. Wenn der Ramadan in die Sommermonate fällt, wie während unseres Aufenthaltes dort, müssen Muslime über 18 Stunden fasten. Dass man so lange nichts essen darf, ist schlimm genug; das Verbot, Wasser zu trinken, ist jedoch am schwierigsten. Das Ganze 30 Tage lang durchzuhalten, ist ein Test für Standhaftigkeit und Glauben.

Eid al-Fitr: *einer der beiden muslimischen Hauptfesttage; er bezeichnet das Ende des Ramadans.*

Aber der Islam ist oft nicht so streng, wie einige das wahrnehmen. Es gibt zum Beispiel Ausnahmen zu den Fastenauflagen. Wenn ein Muslim krank oder auf Reisen oder aus einem anderen Grund nicht imstande ist zu fasten, hat er verschiedene Möglichkeiten. Eine Möglichkeit, seiner Verpflichtung gerecht zu werden, besteht darin, einen bedürftigen Menschen mit einer Mahlzeit zu versorgen, und dann das versäumte Fasten nachzuholen, wenn er dazu in der Lage ist.

So wichtig das Fasten auch ist, es wäre ein bedauerliches Missverständnis, wenn man beim Ramadan nur an das Fasten denken würde. Es ist eine Zeit, Gemeinschaft aufzubauen, zerbrochene Beziehungen wiederherzustellen, nach Reinheit zu streben und – das Wichtigste von allem – seinen Glauben zu stärken. Verwandte werden eingeladen, Geschenke gekauft,

Feste vorbereitet. Wie ein einmonatiges Weihnachtsfest ist das in den muslimischen Ländern auf der ganzen Welt eine ausgedehnte Zeit des Feierns.

Der islamische Kalender ist ein Mondkalender, und es ist schwierig vorherzusagen, wann der Ramadan genau beginnt. Meistens gibt es eine Nacht der Unsicherheit. Jedes Jahr stand ich mit *Abba* vor unserem Haus und starrte voller Erwartung und Spannung in den Himmel, in der Hoffnung, dass die Wolken auflockerten, damit wir einen Blick auf den Mond werfen konnten. Wenn Neumond war, neigten wir die Köpfe und rezitierten ein auswendig gelerntes *Du'a*. Dann ging *Abba* in die Küche und gab *Ammi* Bescheid. Ich kann mich nicht erinnern, dass sie jemals mit uns draußen war, weil sie immer das Essen für den nächsten Morgen vorbereitete. Und es gab viel vorzubereiten.

So wichtig das Fasten auch ist, es wäre ein bedauerliches Missverständnis, wenn man beim Ramadan nur an das Fasten denken würde.

Normalerweise standen wir eine Stunde vor Sonnenaufgang auf. Nach *Wudu'* beteten wir bis zu acht *Ra'ka* als freiwilliges Gebet, bevor wir uns zum Essen hinsetzten. Die Mahlzeit vor dem Sonnenaufgang heißt ***Sehri*** und dient den beiden Zielen, uns mit Energie für den Tag zu versorgen und unseren Tag gemeinsam zu beginnen. Während sie unser Essen zubereitete, sang *Ammi* in der Küche meistens Loblieder für Allah oder Muhammad. Sie tischte Joghurt und Eier, die Grundlage des *Sehri*, auf, wir konnten jedoch auch Kichererbsen, Linsen, Hühnchenspieße, Müsli, Milch und Obstsaft erwarten und was immer *Ammi* noch für das Morgenmahl für nötig hielt.

Wenn wir in die Küche kamen, begann sie, *Roti* oder *Paratha* zu machen, pakistanische Fladenbrote. Sie bestand darauf, dass wir unsere Fladenbrote frisch und warm aßen. *Ammi* liebte es, Essen zu servieren, niemals war sie jedoch glücklicher, als wenn sie ihrer eigenen Familie das *Sehri* zubereiten konnte. Sie setzte sich erst zum Essen nieder, wenn wir fast fertig waren, und sie sicher sein konnte, dass es für jeden genügend frisches Brot gab.

Während des *Sehri* schauten wir immer auf die Uhr. Wir platzierten einen Ramadankalender auf dem Kühlschrank, auf dem die genauen Zeiten für den Sonnenaufgang aufgeführt waren, damit wir wussten, wann wir mit Essen aufhören mussten. Kurz vor Sonnenaufgang ging ich zum Gebetsteppich und begann den *Adhan*. Unsere Familie aß und trank weiter, bis der *Adhan* beendet war.

Eines Morgens, als es Zeit für den *Adhan* war, sagte *Ammi* halb im Scherz: „*Billoo*, rufe den *Adhan* heute langsam, ich brauche noch mehr Zeit zum Essen!" Obwohl der *Adhan* feierlich sein sollte, begann ich ihn so schnell ich konnte und hatte Spaß an *Ammis* amüsiertem Aufschrei vom Esstisch: „Nabeel! Du solltest dich schämen, dass du deiner Mutter das antust!"

Tagsüber waren Baji und ich in der Schule, und wenn *Ammi* auch nur die geringste Sorge hatte, dass sich das Fasten störend auf den Unterricht auswirken könnte, erlaubte sie uns nicht, das Fasten zu halten. Als wir darauf hinwiesen, dass alle unsere muslimischen Freunde in ihren Schulen fasteten, antwortete sie: „Bin ich ihre Mutter? Ihr müsst erst fasten, wenn ihr alt genug seid, und noch seid ihr nicht alt genug. Ihr übt nur. Vielleicht halten ihre Mütter sie für alt genug, aber vergleicht euch niemals mit anderen Kindern." Obwohl sie so tat, als sei sie böse, wussten wir, dass sich *Ammi* niemals wirklich über unseren Wunsch zu fasten ärgerte.

***Sehri:** die Mahlzeit, die Muslime vor dem Fasten einnehmen.*

Das stimmte vor allem deshalb, weil sie sich wie die meisten Muslime besondere Mühe gab, während des Ramadans fröhlich zu sein, und das mit Erfolg. *Ammi* verbrachte ihre

Tage während des Ramadans damit, den Koran zu rezitieren und zu beten. Das schien sie immer neu zu beleben. Oft las sie den gesamten Koran zweimal, jeweils zwei der 30 Abschnitte über den Tag verteilt.

Am Abend ging meine Familie oft zum ***Iftar***-Mahl zu Leuten aus unserer Moschee. *Iftar* ist das Fastenbrechen, und das ist eine Zeit, wenn sich die ganze Gemeinde versammelt und feiert. In den Büchern der *Hadith* wird gesagt, dass Muhammad sein Fasten üblicherweise mit einer Dattel brach, deshalb tun die Muslime auf der ganzen Welt das auch. Natürlich aßen wir unsere Datteln immer schon im Auto auf dem Weg zum *Iftar*, weil wir uns verspäteten.

Iftar: *die Mahlzeit, die Muslime nach dem Fasten einnehmen, oft in großen Versammlungen.*

Nach dem Fastenbrechen mit einer einzelnen Dattel beten die Gemeindemitglieder gemeinsam das *Maghrib*-Gebet, bevor sie die gesamte Mahlzeit zusammen verzehren. Nach einer Zeit der Geselligkeit wird wieder *Adhan* zum *Ischa*-Gebet ausgerufen, und nach *Ischa* wird oft eine Reihe von freiwilligen Gebeten, ***Tarawih*** genannt, dargebracht, die während des Ramadans gebetet werden. *Iftar* in der örtlichen Moschee haben normalerweise einen ***Hafiz*** als Imam, einen Mann, der den gesamten Koran auswendig gelernt hat. Es ist das Ziel des Imams, den gesamten Koran im Verlauf des Ramadans während dieser *Tarawih*-Gebete zu rezitieren, deshalb können diese Gebetsversammlungen manchmal ein bis zwei Stunden pro Nacht dauern. Während des größten Teils der Gebetsversammlung stehen die Anbetenden still mit gefalteten Händen da und hören der Rezitation zu. Nach Ende des *Tarawih* gehen

Tarawih: *freiwillige Gebete im Ramadan während der Nacht.*

Hafiz: *ein Mann, der den gesamten Koran auswendig gelernt hat.*

alle nach Hause, um nach nur wenigen Stunden wieder aufzustehen.

Vielerorts gehen die Muslime für *Iftar* jede Nacht in ein anderes Haus. Üblicherweise ist es Aufgabe des Gastgebers, für die Mahlzeit zu sorgen, und das bedeutet, dass es mehr Essen gibt, als jeder essen kann. Die Ironie des Ramadans besteht darin, dass sich die Menschen jeden Morgen und jeden Abend mit Essen vollstopfen und am Ende der Fastenzeit zugenommen haben.

Ich durfte erst nach unserem Wegzug aus Schottland regelmäßig am Fasten während des Ramadans teilnehmen. Wir verließen Schottland 1990 und kamen an eine U-Boot-Basis in Groton, Connecticut. Es gab in Groton keine Moschee, sodass ich mich dort nie richtig zu Hause fühlte und keine richtigen Freunde kennenlernte. Das nennenswerteste Ereignis war der tragische Verlust meines schottischen Akzents. In Schottland hatte ich alles darüber gelernt, wie man als Muslim lebt, und dort hatte ich mich in meinen islamischen Glauben verliebt.

Drei Jahre später zogen wir wieder um, diesmal zurück nach Virginia. *Abba* stand kurz davor, Kapitänleutnant zu werden, und danach würde er nie mehr vom Militär versetzt werden. In Virginia Beach fand ich echte Freunde, wurde erwachsen und schlug die Richtung für meine Zukunft ein. Hier spürte ich zum ersten Mal, wie der Stachel meiner islamischen Kultur auf meine amerikanische Umgebung stieß. Und hier beschloss ich schließlich, den Islam und alles, was ich wusste, hinter mir zu lassen.

Teil 2

EIN BOTSCHAFTER FÜR DEN ISLAM

Gewiss bist Du derjenige, der Muhammad als letzten Gesandten für die Menschheit und den Koran als unseren Führer geschickt hat …

Kapitel 11

DIE DRITTE KULTUR

In der siebten Klasse fand ich endlich richtige Freunde. David, Ben und Rick waren wie Brüder für mich und wir machten alles gemeinsam. *Ammi* nahm schweren Herzens zur Kenntnis, dass ich älter wurde, und nach und nach durfte ich auch mehr Zeit weg von zu Hause verbringen, zum Beispiel bei außerschulischen Aktivitäten, und manchmal erlaubte sie mir auch, einen Freund zu Hause zu besuchen.

Bevor ich jedoch ins Teenageralter kam, führte *Ammi* ein ernstes Gespräch mit mir. Eines späten Abends, als wir gerade die *Ischa Salat* beendet hatten, hielt mich *Ammi* zurück, als ich vom Gebetsteppich aufstehen wollte. „Nabeel, bleib noch einen Moment hier."

Sofort spürte ich, dass das kein normales Gespräch werden würde. „Was gibt's, *Ammi*?"

„*Beyta*, ich wünschte, es gäbe einige andere muslimische Jungs in deiner Schule, damit du nicht der einzige Vertreter des Islams bist und echte Gemeinschaft erfahren kannst. Das war jedoch nicht Allahs Wille. Denke immer daran: Egal, wo du bist oder was du tust, du bist ein Botschafter für den Islam. Du wirst immer ein Botschafter für den Islam sein."

Ich hörte genau zu, beeindruckt von ihrer Ernsthaftigkeit und Eindringlichkeit. „Wenn Menschen dein Gesicht sehen, werden sie denken: ‚Das ist ein muslimischer Junge!' Es spielt keine Rolle, was du tust. Du kannst der Jahrgangsbeste sein, und sie werden denken: ‚Schaut euch den muslimischen Jahrgangsbesten an!' Du kannst der Präsident der Vereinigten Staaten sein, und sie werden denken: ‚Schaut euch den muslimischen Präsidenten an!' Im Westen ist der Islam den Menschen fremd und viele sind dagegen. Sie werden dich immer in erster Linie als Muslim sehen. Das ist deine Identität, und du musst sie annehmen."

So sprach *Ammi* nicht oft. Ihre Worte erfüllten mich mit einem Gefühl der Verantwortung. Ich konzentrierte mich ganz auf ihre Worte und runzelte dabei die Augenbrauen.

Sie umarmte mich und hielt mich fest. „*Billoo*, mach dir keine Sorgen! Das ist eine gute Sache. Es ist ein Segen und eine gute Gelegenheit für dich, den Islam zu repräsentieren und den Menschen zu helfen, seine Schönheit zu verstehen. Werde Jahrgangsbester, dann werden die Leute denken: ‚Wow, der Islam bringt gute Studenten hervor!' Werde Präsident, dann werden die Leute denken: ‚Der Islam bringt gute Führungskräfte hervor!' Aber selbst wenn du Hausmeister wirst, sei der allerbeste."

Ich nickte zustimmend, obwohl ich meine Zweifel daran hatte, dass sie mit einer Karriere als Hausmeister einverstanden gewesen wäre.

„*Shabash, beyta*. Was auch immer du tust, tu es mit größtem Respekt, mit Ehrlichkeit und Würde, damit die Leute den Islam loben. Behandle deine Lehrer mit höchstem Respekt! Behandle sie so, wie du mich behandelst. Wenn ich sie besuche, möchte ich sie sagen hören, dass du der Schüler in der Klasse bist, der ihnen den größten Respekt erweist. Trinken ist im Islam nicht erlaubt, aber du darfst auch nicht fluchen und niemals alleine mit einem Mädchen Zeit verbringen. Sei eine so tugendhafte Person, dass niemand auch nur mit dem Finger auf dich zeigen kann. In ihren Herzen werden sie dich loben, weil sie wissen, dass du ehrenhaft bist, oder sie werden dich ablehnen, weil sie sich selbst nicht leiden können. So oder so, sie werden wissen, dass der Islam dich zu so einem guten Menschen gemacht hat."

Und genau das tat ich. In der Schule sprach ich über meinen islamischen Glauben mit denen, die es hören wollten; ich trat für die Dinge ein, die mir wichtig waren; und ich arbeitete hart daran, meine Moral und meinen Ruf aufrechtzuerhalten. Ich kannte Leute aus meiner Klasse, die tranken, Drogen nahmen und sexuelle Erfahrungen machten, obwohl wir erst in der siebten Klasse waren. Glücklicherweise gehörte keiner meiner Freunde dazu, deshalb war es für mich nicht so schwierig, den Islam weiter so zu repräsentieren, wie ich es bisher immer gemacht hatte.

Doch es sollte sich einiges ändern.

Jugendjahre sind immer schwierig. Teenager entwickeln ihre eigene Identität und lösen sich allmählich von der ihrer Eltern. Jede Lebenssituation hält ihre eigenen Herausforderungen bereit. Die Herausforderung in meiner Familie bestand für Baji und mich nicht nur in einer völlig anderen Persönlichkeit, sondern auch einem völlig anderen Denkmuster. Wir standen im Spagat über einer Kluft und unsere Füße standen in keiner der Kulturen auf festem Grund.

Die erste Veränderung nahm ich bei einem Familientreffen wahr. Fast alle von *Ammis* Geschwistern lebten im Nordosten und wir trafen uns mehrmals im Jahr. Als ich ins Teenageralter kam, erwarteten meine Eltern, Tanten und Onkel von mir, dass ich mich wie ein braver pakistanischer Teenager verhielt, und das wollte ich auch. Mein Problem war nur, dass ich keinen braven pakistanischen Teenager kannte. Daher wusste ich nicht, wie man sich als solcher verhält. Auch *Ammi* konnte mir das nicht beibringen.

Letztendlich versuchte ich, meine älteren Cousins und die jüngeren unter meinen Onkeln in ihrer Art des Redens nachzuahmen, jedoch fehlte mir die Gewandtheit, die man braucht, um sich in der pakistanischen Kultur auf dem schmalen Grat zwischen witzig und unhöflich zu bewegen. In der amerikanischen Kultur gelang mir das ganz gut, sogar auf recht charmante Weise. Immer öfter geriet ich mit meinen Eltern auf der Heimfahrt von Familientreffen aneinander, weil ich unhöflich gewesen war.

Mein Verstand wurde zum kritischen Denken erzogen, was jedoch nicht in unsere Kultur passte.

Ich bemerkte auch, dass ich nach Ansicht meiner Verwandten viel zu viele Fragen stellte. In unserer Kultur muss man den Älteren einfach nur gehorchen. Durch Gehorsam zeigt man ihnen, dass man sie respektiert und, unter gewissen Umständen, dass man sie liebt. Fragen werden oft als regelrechte Infragestellung der Autorität angesehen. In der Schule dagegen brachten die Lehrer uns bei, kritisch zu denken, und dass es gut war, alles zu hinterfragen.

Mein Verstand wurde zum kritischen Denken erzogen, was jedoch nicht in unsere Kultur passte.

Das soll nicht heißen, dass ich keine schlechten Charaktereigenschaften gehabt hätte; natürlich hatte ich die. Ich war ein hochmütiger und egoistischer Jugendlicher, und schon das brachte mich oft genug in Schwierigkeiten. Gute Eltern versuchen, ihre Kinder über diese Mängel hinweg zu prägen und anzuleiten, wie auch meine Eltern es taten. Aber einiges von dem, was meine Eltern als Unverschämtheit auffassten, war vielmehr das Aufeinanderprallen der Kulturen; ich war einfach aus einem anderen kulturellen Stoff geschnitten als meine Eltern. Sie dachten, ich wäre feines pakistanisches Leinen, aber ich war eher ein asiatisch-amerikanisches Baumwollgemisch.

Das gleiche traf leider auch in der Schule zu. Ich war zu sehr Pakistani, um gut zu meinen amerikanischen Freunden zu passen. Es gab immer eine Barriere, egal, wie viel wir gemeinsam unternahmen oder wie nahe wir uns standen. Ich werde niemals die letzte Schulwoche in der Mittelschule vergessen, als eine Jahresabschlussfeier stattfand. Es wurden in bestimmten Spaßkategorien Sieger gekürt, und ich bekam den Titel verliehen „Erfindet höchstwahrscheinlich den Taschencomputer und vergisst vor dem Waschen, ihn aus der Hose zu nehmen." Der Abend war wirklich lustig bis zu dem Zeitpunkt, als Fotos gemacht wurden. Als mein Freund Ben mit seinen besten Freunden ein Foto machen wollte, fragte er nur David und Rick. Das fuhr mir wie ein eisiges Messer durch das Herz. Es tut noch immer weh, wenn ich an dieses Ereignis denke, es war jedoch nicht seine Schuld. Ich passte einfach nirgends richtig dazu.

Niemand verstand mich, nicht einmal ich selbst. Ich gehörte nicht mehr zur traditionellen pakistanischen Kultur und ich gehörte auch nicht zur amerikanischen Kultur. Ich hatte eine dritte Kultur, in der ich niemandem begegnete.

Kapitel 12

MUSLIME IM WESTEN

Ich lag flach auf dem Bauch und spähte durch das Treppengeländer auf ein geheimes Treffen eine Etage tiefer. Unsere Familie hatte sich bereits früher an diesem Tag für die Beerdigungsfeierlichkeiten für meinen Großvater versammelt. Alle waren emotional aufgewühlt, aber den ganzen Tag über herrschte noch eine weitere, unausgesprochene Spannung. Obwohl die Erwachsenen mich und meine Cousins ins Bett geschickt hatten, hatte ich mich wieder herausgeschlichen. Ich brauchte Antworten.

Eine ältere Cousine saß in der Ecke des Wohnzimmers meines Onkels, das Gesicht in die Hände vergraben, die Älteren um sie herum im Halbkreis. Die Stimmung war sorgenvoll und schwermütig. Niemand sprach.

Schließlich brach meine Großmutter sanft das Schweigen. „Bist du noch rein?"

Wie ein Blitz warf die Mutter meiner Cousine ein: „Natürlich ist sie rein!" Aber alle Augen waren auf meine Cousine gerichtet. Langsam, ohne die Hände vom Gesicht zu nehmen, nickte sie.

Ammi begann, in einem Ton mit meiner Cousine zu schimpfen, den ich bisher nur gehört hatte, wenn sie mit Baji schimpfte, wenn auch in weit weniger ernsten Angelegenheiten. „Wenn du rein bist, dann vergiss ihn! Sieh nach vorne und heirate einen guten *Ahmadi*-Muslim, bevor unser Ruf weiter befleckt wird. Oder wenigstens einen Nicht-*Ahmadi* Muslim. Aber einen Hindu! *Astaghfirullah!*"

Unter Tränen und mit vor dem Gesicht gekreuzten Fingern wimmerte meine Cousine: „Aber ich liebe ihn."

Eine Tante kicherte und flüsterte „Ich kann nicht glauben, dass ihr Verstand so funktionsgestört ist." Sie wandte sich an meine Cousine und schimpfte: „Du weißt gar nicht, was Liebe ist! Lass dich nicht amerikanisieren. Hör auf die Älteren!"

Da verstummte das Gespräch erneut, und in der Stille wurden die Gefühle noch stärker. Die Männer im Raum sprachen nicht. Ihre Anwesenheit diente nur dazu, den Ernst der Diskussion zu bestätigen und die Emotionen der Frauen im Zaum zu halten.

Nach einigen Augenblicken fügte die Mutter meiner Cousine hinzu: „Dein Großvater war Missionar. Kannst du dir vorstellen, wie er sich gefühlt hätte, wenn er herausgefunden hätte, dass seine eigene Nachkommenschaft unser Erbe entehrt? Den Islam entehrt?"

„Wir können uns das nicht vorstellen", behauptete meine Großmutter und sah meine Cousine direkt an. „Wegen dem, was du getan hast, ist er heute nicht mehr hier."

Das war die einzige persönliche Anschuldigung, die ich jemals von meiner Großmutter gehört habe. Sie sagte das mit einem orientalischen Sinn für liebevolle Strenge, aber bis zum heutigen Tag verfolgt diese Anschuldigung meine Cousine.[1] Sie war allerdings nicht die Einzige, die wegen solcher Angelegenheiten mit der weiteren Familie aneinander geriet. Das

1 Diese Darstellung basiert auf einer Rekonstruktion von mehreren Gesprächen, einige davon habe ich zufällig belauscht, an anderen habe ich selbst teilgenommen.

Aufeinanderprallen der Kulturen – die der Einwandereleltern und die ihrer im Westen geborenen Kindern – ist besonders in den emotional stürmischen Teenagerjahren ein Thema, und es macht eine entscheidende Tatsache deutlich: Muslimische Einwanderer aus dem Orient sind völlig anders als ihre im Westen geborenen Kinder.

Die Menschen aus orientalisch-islamischen Kulturen leiten Wahrheit normalerweise über Autoritätshierarchien ab, nicht über individuelles Denken.[2] Selbstverständlich denken auch im Orient Einzelpersonen kritisch, aber im Durchschnitt wird das weniger geschätzt und ist weniger verbreitet als im Westen. Führungspersonen haben den Part des kritischen Denkens übernommen. Sie wissen es besser. Sich aus mehreren Quellen zu informieren und dann einen Sachverhalt kritisch zu prüfen, um daraus eine Wahrheit abzuleiten, das ist eine Aufgabe für Spezialisten, nicht für den einfachen Mann.

Muslimische Einwanderer aus dem Orient sind völlig anders als ihre im Westen geborenen Kinder.

Dieses Phänomen führt zu starken Gegensätzen im Denken von Muslimen, die in solchen Kulturen aufgewachsen sind. Eine Sache hat entweder Autorität oder eben nicht. Sie ist entweder vertrauenswürdig oder verdächtig. Sie ist entweder gut oder böse. Grautöne sind in autoritätsbasierten Kulturen viel weniger verbreitet.

In aller Regel vermitteln orientalische Lehrer den Muslimen, dass der Westen christlich und seine Kultur freizügig sei und dass die Menschen den Islam ablehnen würden. Also erwartet der durchschnittliche muslimische Immigrant, dass die

2 Das mag an der autoritativen Natur des frühen Islams liegen oder vielleicht an der relativ hohen Analphabetenrate in modernen islamischen Gesellschaften, was eine mündliche, in Autoritätsstrukturen verankerte Lehrkunst erfordert.

Menschen im Westen Christen mit häufig wechselnden Partnerschaften und Feinde des Islams sind.

Wenn sie nach Amerika kommen, bewirken ihr kulturelles Anderssein und ihre Vorurteile oft, dass sie von den Menschen im Westen isoliert bleiben. Wie *Ammi* bauen viele nur Beziehungen zu anderen Auswanderern aus ihrem Land auf, sodass ihre Sichtweise nie korrigiert wird. Was noch schlimmer ist, manche Muslime werden tatsächlich von Menschen im Westen bzw. von Christen schlecht behandelt, was sie in ihrer Ansicht bestätigt, dass alle Menschen im Westen bzw. alle Christen so sind.

Wenn der seltene Fall eintritt, dass jemand einen Muslim zu sich nach Hause einlädt, könnten die Unterschiede in Kultur und Gastfreundschaft dazu führen, dass der Muslim sich unwohl fühlt. Der Gastgeber muss dann bereit sein nachzufragen, zu lernen und sich anzupassen, um das zu überwinden. Es gibt einfach aufgrund der Umstände zu viele Hindernisse für muslimische Einwanderer, Christen und den Westen zu verstehen. Diese Hindernisse kann man nur mit einer besonderen Kombination aus Liebe, Demut, Gastfreundschaft und Ausdauer überwinden, und nicht viele Menschen machen sich diese Mühe.

Es gibt einfach aufgrund der Umstände zu viele Hindernisse für muslimische Einwanderer, Christen und den Westen zu verstehen.

Das erklärt, warum unsere Familien hart dafür kämpften, dass wir nicht „amerikanisiert" wurden. Der Begriff hat nichts mit der Nationalität zu tun, sondern mit ihrer Vorstellung von Kultur. Amerikanisiert zu sein bedeutet, nicht auf seine Eltern zu hören, sich weniger konservativ zu kleiden und mehr Zeit mit seinen Freunden als mit seiner Familie zu verbringen. Fluchen, Trinken und Dates sind schlichtweg inakzeptabel.

Eines der größten Missverständnisse überhaupt besteht darin, dass muslimische Einwanderer die westliche Unmoral oft mit dem Christentum assoziieren. Jemand, der unkritisch denkt, leitet aus einem Zusammenhang eine Ursache ab. Der Westen ist christlich, der Westen ist amerikanisiert, also ist er amerikanisiert, weil er christlich ist. Nach Ansicht vieler Muslime hat das Christentum diese freizügige, herrschsüchtige westliche Kultur hervorgebracht. Daher muss das Christentum gottlos sein.

Ich erinnere mich, wie ich *Ammi* und *Abba* einmal darauf hinwies, dass die aufreizend angezogenen Menschen im Fernsehen vielleicht gar keine Christen seien. Ihre Antwort darauf war: „Was meinst du damit? Nennen sie sich nicht selbst ‚Christen'? Siehst du nicht, dass sie ein Kreuz tragen?" Als ich einwandte, dass einige möglicherweise nur dem Namen nach Christen seien und vielleicht nicht einmal an Gott glauben würden, antworteten meine Eltern, dass diese Leute eben Christen seien, ohne an Gott zu glauben. Für meine Eltern war Religion nicht mit Glauben gleichzusetzen, sondern mit kultureller Identität. Es ist eine Tragödie, dass ihnen niemals jemand Gelegenheit gab, etwas anderes zu denken. Wenn sie nur einen einzigen Christen gut kennengelernt hätten, der anders lebte, hätten ihre falschen Vorstellungen korrigiert werden können, und sie könnten das Christentum in einem rechtschaffeneren Licht sehen.

Das alles ist für ihre Kinder anders, die als Muslime der zweiten Generation im Westen aufwachsen. Die Kinder der zweiten Generation sind so unterschiedlich und verschieden wie ihre westlichen Spielkameraden. Wenn man über sie überhaupt etwas sagen kann, dann das: Fast durchgängig sehen sie die Welt wie westliche Menschen und dennoch richten sie sich am Islam aus.

Einige sind vielleicht wie ich damit aufgewachsen, kritisch zu denken, und sie lieben den Islam immer noch. Ich habe viele hochgebildete Cousinen, die eine Burka tragen und bereit sind, diese Entscheidung mit wohlüberlegten Argumenten zu verteidigen. Andere, wie einige meiner Cousins, haben alles vom Islam und ihrer Kultur abgestoßen mit Ausnahme der Bezeichnung „Muslim".

Ob ein junger Muslim mit seiner Kultur verbunden bleibt oder ob er sich nur dem Namen nach als Muslim definiert, hat oft mit dem Druck beim Aufeinanderprallen der Kulturen zu tun. Wenn die Eltern extrem fromm sind wie meine, dann wird sich ihr Kind viel eher bemühen, einen traditionellen Lebensstil zu führen. Wenn die Eltern nur dem Namen nach Muslime sind, wird sich ihr Kind aller Wahrscheinlichkeit auch nur dem Namen nach mit dem Islam beschäftigen.

Welche Freunde das Kind hat und was diese glauben, hat ebenfalls großen Einfluss, ebenso wie das, was es in der Schule lernt. Baji sieht die Dinge anders als ich. Sie trägt immer noch die Burka und liebt den Islam, aber sie hat den Islam mit dem westlichen Pluralismus vermischt. Sie glaubt, dass Allah die Menschen zum Christentum, Hinduismus, Judentum oder irgendeiner anderen Religion führen könne, und dass sie dennoch alle Erlösung erlangen würden, weil alle Wege zu Allah führen. Sie glaubt das, obwohl wir im selben Haus aufgewachsen sind. Ihre Erfahrungen außerhalb unseres Zuhauses haben sie völlig anders geprägt als mich.

Obwohl meine Cousine schließlich „wieder zu sich kam" und den Hindujungen nicht heiratete, ist es unwahrscheinlich, dass sie sich von dieser Episode jemals völlig erholen wird. Einer meiner Cousins wurde streng getadelt, als er versuchte, ein philippinisches Mädchen zu heiraten, aber auch er „kam wieder zu sich", erholte sich vollständig und heiratete schließlich ein pakistanisches Mädchen. Ein anderer Cousin wollte ein amerikanisches Mädchen heiraten, wurde streng zurechtgewiesen, zog es aber durch und heiratete sie trotzdem.

Alle diese amerikanischen Muslime der zweiten Generation sind meine Verwandten. Sie alle führen ihre Abstammung auf die gleiche Stadt in Pakistan zurück, sie sind alle in der gleichen *Jamaat* aufgewachsen und sie sind ungefähr im gleichen Alter. Trotzdem sehen und verarbeiten sie die Welt extrem unterschiedlich.

Das Wichtigste von allem aber ist, dass keiner von ihnen die Welt wie seine Eltern sieht, nicht einmal annähernd. Dennoch nennen sie sich alle Muslime und identifizieren sich mit dem Glauben ihrer Eltern.

Was aber bedeutet es dann, Muslim in der westlichen Welt zu sein? Es kann alles Mögliche bedeuten. Wenn du wirklich wissen willst, wie jemand ist und was er glaubt, musst du ihn kennenlernen und ihn persönlich fragen. Aber bevor wir damit beginnen, sollten wir zuallererst herausfinden, ob er ein Einwanderer ist oder ein Muslim der zweiten Generation. Dieser eine Umstand macht oft einen riesigen Unterschied.

Kapitel 13

OHNMÄCHTIG ODER AUSGETAUSCHT

Meine spezielle Mischung von ‚Orient trifft Westen' war von islamischer Apologetik geprägt. Ich musste nicht lange mit dem postmodernen Relativismus ringen, der meine Generation so eingenommen hat. Für mich war es offensichtlich, dass Wahrheit existiert. Was wäre die Alternative? Wenn es keine Wahrheit gibt, dann wäre es wahr, dass es keine Wahrheit gibt, und damit sind wir wieder bei der Wahrheit. Es gibt keine Alternative; Wahrheit muss existieren.

Traditionell haben Muslime und Christen dieses Verständnis schon immer geteilt. Beide glauben an Wahrheit, nicht zuletzt deshalb, weil sie annehmen, dass ihr Glaube wahr ist. Aber diese gemeinsame Sichtweise reicht noch viel weiter. Sie haben nahezu gleiche Ansichten über Monotheismus, geistliche und physische Reiche, Engel und Dämonen, Gut und Böse, die Inspiration der Schrift, ein letztes Gericht und viele nebensächliche Überzeugungen.

Diese Gemeinsamkeiten sind ein zweischneidiges Schwert. Sie bilden eine gemeinsame Plattform für den Dialog, weil beide Seiten einander oft verstehen können und die Welt aus einem ähnlichen Blickwinkel sehen. Aber diese Gemeinsamkeiten verschärfen vielleicht auch Uneinigkeiten über den sensibelsten Unterschied zwischen den beiden Religionen: ihre Sichtweisen von Jesus und Muhammad.

Christen glauben, dass Jesus der fleischgewordene Gott ist, und das bildet einen unverzichtbaren Bestandteil des wahren christlichen Glaubens.[3] Muslime glauben, dass Jesus nicht mehr als ein Prophet war, und ihn für den fleischgewordenen Gott zu halten, ist Blasphemie und bewirkt laut dem Koran die ewige Verdammnis in der Hölle.[4]

Aber diese Gemeinsamkeiten verschärfen vielleicht auch Uneinigkeiten über den sensibelsten Unterschied zwischen den beiden Religionen: ihre Sichtweisen von Jesus und Muhammad.

Muslime glauben, dass Muhammad der Gesandte Gottes ist, und diese Überzeugung ist so wichtig, dass sie die Hälfte der *Schahada* ausmacht, des grundlegenden islamischen Bekenntnisses. Christen glauben, wenn jemand etwas anderes als das Evangelium von der Errettung durch Jesus lehrt, so ist er ein Irrlehrer.[5]

Dieser Unterschied in den Glaubensinhalten ist der Grund, warum sich der Dialog zwischen Muslimen und Christen meistens auf Jesus und Muhammad konzentriert. Als junger muslimischer Teenager dachte ich, dass ich als guter Botschafter des Islams nicht nur einen untadeligen Ruf haben, sondern auch bei diesen Streitpunkten die Oberhand behalten müsse.

Menschen aus dem Westen wissen meistens relativ wenig über Muhammad. Ich konnte von ihm erzählen, was ich wollte, und die anderen glaubten mir. Natürlich versuchte ich niemanden zu betrügen, aber es war einfach aufgrund

3 Römer 10,9

4 5,72

5 Galater 1,6-9

ihrer Unkenntnis nicht schwierig, durchschnittlichen Christen gegenüber Argumente für Muhammad anzubringen. Ich erzählte ihnen alles, was ich in meiner frühen Kindheit über Muhammad gelernt hatte, besonders von seiner Barmherzigkeit bei seiner Rückkehr nach Mekka. Ich brachte es fertig, dass die Menschen einen viel positiveren Eindruck von Muhammad und dem Islam bekamen, als sie bis dahin gehabt hatten.

Im Hinblick auf Jesus widersprechen Muslime Christen vor allem in zwei Dingen: dass Jesus am Kreuz starb und dass Jesus behauptete, Gott zu sein. Der Koran verneint diese beiden Ansichten ausdrücklich.[6] Um ein guter Botschafter zu sein, musste ich nur diese beiden Themen beherrschen und überzeugend dafür argumentieren, dass Jesus weder beanspruchte, Gott zu sein, noch dass er am Kreuz starb. Für letzteres schrieb der Gründer unserer Religionsgemeinschaft ein kleines Buch zur Ausrüstung der *Jamaat*. Es heißt *Jesus in Indien.* Ich habe es viele Male gelesen.[7]

Meine erste Gelegenheit, die gelernten Argumente anzuwenden, hatte ich in einem Schulbus vor unserer Mittelschule, während wir darauf warteten, nach Hause zu fahren. Es war kurz vor Ostern, und ich besprach mit meiner Schulkameradin Kristen meine Pläne für die anstehenden Schulferien. Unsere Klasse hatte früher Schulschluss, deshalb konnten wir in den Bus steigen, bevor er überfüllt war. Weil wir zu den ältesten Schülern gehörten, waren die Plätze ganz hinten für uns reserviert.

Wir setzten uns rechts und links vom Gang nebeneinander, während sie mir von ihren Plänen für Karfreitag[8] erzählte.

---

6 4,157; 5,116

7 Mirza Ghulam Ahmad, *Jesus in Indien.* (http://www.ahmadiyya.de/bibliothek/art/jesus-in-indien/) Originalauflage in Indien.

8 *Good Friday* (engl. für Karfreitag) bedeutet wörtlich „Guter Freitag".

„Karfreitag?" Ich hatte keine Ahnung, was das war.

„Karfreitag ist der Tag, an dem Jesus am Kreuz starb."

„Und warum feiert ihr diesen Tag?"

„Das ist der Tag, an dem er durch seinen Tod am Kreuz unsere Sünden auf sich nahm", antwortete sie ohne Umschweife, was mich sehr amüsierte. Ich hatte schon mitbekommen, dass Christen das glauben, es aber noch nie von jemandem direkt gehört.

„Wie nimmt sein Tod am Kreuz deine Sünden weg?"

„Das haben sie uns in der Kirche erzählt. Ich weiß es nicht. Wir gehen nicht oft in die Kirche. Ich habe nie gefragt." Kristen war nicht defensiv; sie war ehrlich. Das war einer der Gründe, warum ich mich so gerne mit ihr unterhielt. Sie war brutal ehrlich und bedrohlich intelligent. Später schwärmte ich etwas für sie, aber das konnte ich mir selbst nicht eingestehen. Hätte ich das getan, hätte ich meine Kultur infrage stellen müssen, und das stand nicht zur Option. Ich war ein Botschafter. Aber ich gestand mir zu, gemein zu ihrem späteren Freund zu sein.

Ich beschloss, der Unterhaltung eine andere Richtung zu geben. „Also, ich glaube, er starb überhaupt nicht am Kreuz."

„Warum glaubst du das?" Sie war neugierig geworden, also spielte ich meinen Trumpf aus.

„Wegen der Bibel."

„Was meinst du damit?"

„Also, erstens wissen wir, dass Jesus nicht am Kreuz sterben wollte. Als er im Garten Gethsemane war, bat er seinen Vater, diesen bitteren Kelch von ihm wegzunehmen. Offensichtlich war der bittere Kelch sein bevorstehender Tod am Kreuz und Jesus betete die ganze Nacht, dass Gott ihn retten sollte, bis er sogar Blutstropfen schwitzte."

Ich machte eine Pause und wartete auf ihre Zustimmung. Sie nickte.

„Ich weiß nicht, wie es dir geht, aber ich denke, dass Gott Jesus liebte. Auf gar keinen Fall konnte Gott die Gebete von

Jesus unerhört lassen. Ich glaube, das sagt sogar der Brief an die Hebräer. Als Jesus dann an das Kreuz genagelt wurde, blieb er nur für drei Stunden dort hängen, wie man sieht, wenn man nachrechnet. Drei Stunden an einem Kreuz bringen niemanden um. Man ließ die Leute immer mehrere Tage am Kreuz hängen. Er wurde zu früh wieder abgenommen." Sie sah aus, als müsste sie irgendetwas verarbeiten und ich machte eine kurze Pause, um zu sehen, ob sie die naheliegende Frage stellte. Sie stellte sie.

„Warum wurde er dann abgenommen?"

„Genau aus dem Grund, den die Bibel nennt! Pilatus befahl, dass er abgenommen wurde. Pilatus' Frau hatte einen Traum gehabt und bat ihren Ehemann, nicht zu erlauben, dass Jesus getötet würde. Sie konnte ihren Mann wohl dazu überreden, Jesus zu retten, nachdem die Juden von seinem Tod überzeugt waren. Also gab Pilatus die Anweisung, Jesus vom Kreuz abzunehmen. Dann legten sie ihn ins Grab." Ich hielt inne, weil Kristen offenbar einen Einwand hatte.

„Aber seine Jünger sahen ihn danach und sie dachten, dass er vom Tod auferstanden sei. Wieso hätten sie das glauben sollen, wenn sie ihn doch selbst abgenommen hatten?"

„Ich habe nicht gesagt, dass die Jünger ihn abgenommen haben. Es waren Josef von Arimathäa und Nikodemus. Pilatus konnte nicht mit den Jüngern zusammenarbeiten, denn dann wäre es offensichtlich gewesen, dass er Jesus half. Deshalb arbeitete er mit Josef von Arimathäa und Nikodemus zusammen. Josef nahm den Körper von Jesus und legte ihn in das Grab, und Nikodemus brachte 50 Kilo Aloe und andere Arzneimittel sowie Leinentücher, um Jesus gesund zu pflegen. Gott benutzte diese Arzneien, um Jesus zu heilen, während er drei Tage lang im Grab lag."

Kristen unterbrach mich mit einer Frage, über die ich nicht nachgedacht hatte. „Aber warum sollte Gott das alles tun, um

Jesus zu retten? Hätte Er Jesus nicht einfach einige Tage vorher in den Himmel aufnehmen können, wenn Er nicht wollte, dass Jesus am Kreuz starb?" Das war ziemlich schlau. Unter diesem Aspekt hatte ich es noch gar nicht betrachtet. Aber unsere *Jamaat* hatte mir eine Antwort darauf gegeben, warum Allah wollte, dass Jesus lebt.

„Jesus selbst sagte, dass er zu den verlorenen Schafen von Israel gesandt wurde. Die verlorenen Schafe sind die jüdischen Stämme, die während der jüdischen Diaspora über ganz Asien verstreut wurden. Allah rettete Jesus vom Tod am Kreuz, damit er zu den verlorenen Schafen gehen und dort das Judentum reformieren konnte, wie er es schon in Israel getan hatte."

Wir waren so in unser Gespräch vertieft, dass wir gar nicht bemerkt hatten, wie die Schüler in den Bus eingestiegen waren. Auf dem Sitzplatz vor mir hörte ein Junge, der eine Klasse unter uns war, aufmerksam zu, nun aber hatte er genug. Er erregte unsere Aufmerksamkeit mit einem lauten und verächtlichen Grunzen, drehte sich nach einem Blick auf mich verärgert wieder nach vorne und sagte: „Ekelhaft."

Ich dachte bei mir selbst: „Wenn er ein Argument hat, soll er es sagen. Die Wahrheit bringt die Lüge zum Schweigen."

Kristen hatte ihn auch gesehen und schaute zu mir, um sicherzugehen, dass ich nicht beleidigt war. Ich war es nicht, aber sie sagte dennoch laut: „Das ist eine echt interessante Sichtweise. Danke für die Information."

Das Argument in meiner Diskussion mit Kristen, oft als „Ohnmachtstheorie" bezeichnet, wird von *Ahmadi*-Muslimen und Nicht-*Ahmadi*-Muslimen gleichermaßen benutzt. Es ist ein Lieblingsthema von muslimischen Versammlungsrednern, wie zum Beispiel Ahmad Deedat und Shabir Ally. Diese Theorie kam Ende des 18. Jahrhunderts, im Zeitalter der Aufklärung, auf, als man damit begann, die angebliche Auferstehung Jesu mit naturalistischen Theorien zu erklären. Muslime wie

Mirza Ghulam Ahmad brachten eine theistische Wendung hinein, um plausibler zu machen, dass Jesus die Kreuzigung überstanden habe. Das Argument lautet: „Wenn Gott das große Wunder tun konnte, Jesus von den Toten aufzuerwecken, warum konnte Er nicht das viel kleinere Wunder tun, ihn am Kreuz lebendig zu erhalten?"

Die Ohnmachtstheorie ist allerdings weder die ursprüngliche muslimische Erklärung für den scheinbaren Tod Jesu, noch ist es die Mehrheitsmeinung. Viele Muslime glauben an die „Substitutionstheorie". Schon früh in der islamischen Geschichte wurde behauptet, dass Jesus ausgetauscht worden sei, bevor er ans Kreuz kam. Allah übertrug das Gesicht Jesu auf jemand anderen, und dieser jemand wurde anstelle von Jesus gekreuzigt. So verstehen sie den Koranvers: „Sie haben ihn (in Wirklichkeit) nicht getötet und (auch) nicht gekreuzigt, vielmehr erschien ihnen (ein anderer) ähnlich."[9]

Natürlich stellt sich dann die Frage: Wer wurde anstelle von Jesus getötet? Verschiedene Leute stehen zur Auswahl. Manche sagen, dass ein junger frommer Freiwilliger die Ehre wollte, für Jesus zu sterben. Andere sagen, dass Simon von Kyrene, der für Jesus das Kreuz getragen hatte, an dessen Stelle gekreuzigt wurde. Wieder andere sagen, dass Allah in ausgleichender Gerechtigkeit das Gesicht Jesu auf den Körper von Judas übertrug. Die letzte Ansicht ist die heutzutage wohl populärste.

Eine andere Mehrheitsmeinung befasst sich mit der Himmelfahrt Jesu. Der Koran lehrt, dass „Gott ihn zu sich (in den Himmel) erhoben hat", was dazu führt, dass Muslime an die Himmelfahrt und die spätere Rückkehr Jesu glauben.[10] Deshalb warten die meisten Muslime wie die Christen auf die

9 4,157

10 4,158

Rückkehr des Messias. Unsere *Jamaat* hat diese Sicht infrage gestellt, weil Ahmad beanspruchte, der Messias zu sein. Unter Berufung auf die Bibel behauptete er, dass die Juden fälschlicherweise auf die Rückkehr Elias aus dem Himmel warten würden. Jesus sagte, dass Johannes der Täufer der zurückgekehrte Elia sei. Ebenso erwartete die Welt die Rückkehr Jesu, doch Ahmad war angeblich Jesus.

Selbstverständlich vertrat ich energisch die Meinung, die meine *Jamaat* lehrte, deshalb bestand ich auf der Ohnmachtstheorie und der Position, dass Jesus nach Indien reiste, wo er in hohem Alter starb, anstatt in den Himmel aufzufahren.[11] Je öfter ich meine Sichtweise vertrat, desto mehr fühlte ich mich in meinem Glauben bestärkt, und meine Gespräche mehrten sich, als ich feststellte, dass niemand durchschlagende Argumente hatte, die meiner Sichtweise widersprachen. Ich hatte den Eindruck, dass ich die Hälfte der Argumente beherrschte, die ich brauchte, um ein guter Botschafter für den Islam zu sein, und über die andere Hälfte zu sprechen, schien noch einfacher zu sein. Und ich hatte Recht, so war es auch.

11 Die *Ahmadi Jamaat* lehrt, dass 4,158 eine geistliche Himmelfahrt meint, keine leibhaftige.

Kapitel 14

DER VATER IST GRÖSSER ALS JESUS

In der zehnten Klasse veränderte sich mein Leben deutlich. Ich verbrachte immer mehr Zeit mit meinen Freunden, entweder am Telefon oder in der Schule. Ich machte mir viel mehr Gedanken um meine Kleidung, die immer noch *Ammi* für mich aussuchte. Ich fragte *Ammi*, ob ich anstatt der Brille Kontaktlinsen tragen könnte, um meinem Ruf als „Nerd" entgegenzuwirken. Ohne Erfolg.

Es wurde schwierig, dem Sog der westlichen Kultur zu widerstehen. Ich durfte noch immer weder auswärts übernachten noch durfte ich in Schuldiscos gehen. Meine Freunde und ich standen uns sehr nahe, und das machte es erst recht schwierig, wenn ich an solchen Veranstaltungen nicht teilnahm.

Doch ich repräsentierte weiterhin stolz den Islam, besonders, wenn meine Überzeugungen direkt angesprochen wurden, wie es eines Tages während des Lateinunterrichts der Fall war.

An der Princess Anne Highschool gab es zwei Lateinlehrer, und beide waren ganz begeistert, wenn ihren Schülern der Unterricht gefiel. Die Lehrerin, die Latein 2 unterrichtete, Mrs. Earles, war viel netter und lockerer zu mir, als sie hätte sein sollen. Ich liebte Latein, und ich liebte ihren Unterricht. Aber mit der Zeit wurde ich, angespornt durch den ausbleibenden Tadel, immer spitzbübischer. Ich war ein Schüler, der ziemlich oft seine Hausaufgaben vergaß, und wenn ich mich ein paar Stunden vor der jeweiligen Schulstunde wieder daran erinnerte, versuchte ich, sie irgendwie noch auf die Schnelle nachzuholen. Mrs. Earles´ Unterricht fand genau vor der Spanischstunde statt, deshalb machte ich meine Spanisch-Hausaufgaben oft im Lateinunterricht. Ich versteckte mein Spanischbuch unter dem Lateinbuch und schrieb, wenn sie den Blick zur Tafel wandte, im Glauben, dass sie nichts bemerkte. Nach einem halben Jahr stellte ich fest, dass sie es sehr wohl bemerkte, meinen Streichen gegenüber aber höchst tolerant war.

Ich arbeitete gerade wieder einmal an meinen Spanisch-Hausaufgaben, als sich das Mädchen vor mir umdrehte und sagte: „Nabeel, darf ich dich etwas fragen?“ Sie hieß Betsy und galt in unserem Jahrgang als entschiedene Christin. Jeder wusste, dass sie evangelikale Christin war und sie trat oft für ihren Glauben ein. Obwohl sie freundlich und sanftmütig war und anderen gerne half, konnte sie in ihrem Auftreten auch sehr unnachgiebig sein, wodurch sich der Rest von uns unbehaglich fühlte. Wir hielten sie für ein bisschen verrückt.

„Ja, klar.“ Ich hatte keine Ahnung, was mich erwartete. Wenn sie einen Stift gewollt hätte, hätte sie mich nicht gefragt, ob sie mir eine Frage stellen dürfe, sondern mich direkt um den Stift gebeten. Abgesehen davon wäre ich für so eine Bitte nicht der Richtige. Ich vergaß meine Stifte immer.

Sie zögerte einen Moment, dann nahm sie ihren Mut zusammen und fragte: „Weißt du über Jesus Bescheid?“

Nun war ich sicher, dass sie verrückt war. Wir waren mitten in einer Lateinstunde. Trotzdem bekam ich augenblicklich Respekt vor ihr. Warum hatten mich andere Christen nie danach gefragt? Sie dachten doch, dass ich Jesus brauchte, um in den

Himmel zu kommen, nicht wahr? Machte es ihnen nichts aus, dass ich in der Hölle enden würde, oder waren sie von ihrem Glauben gar nicht wirklich überzeugt?

Ich überlegte, wie ich meine Antwort unter den gegebenen Umständen formulieren sollte. Ich schaute von meinen Spanisch-Hausaufgaben auf, um die Situation abzuschätzen. Mrs. Earles hatte den Raum offenbar für unbestimmte Zeit verlassen, und die meisten Schüler um uns herum unterhielten sich miteinander. Ich wusste nicht, wie ausführlich ich antworten sollte, weil mir klar war, wie schnell ich mich in Leidenschaft redete und dann kein Ende mehr fand. Ich beschloss, meine Antworten kurz zu halten.

„Ja."

Ihre Augen wurden groß. Das war eindeutig nicht die Antwort, die sie erwartet hatte. „Wirklich? Was hältst du von ihm?"

„Also, ich bin ja Muslim. Muslime glauben, dass Jesus sündlos war und von der Jungfrau Maria geboren wurde. Er reinigte die Aussätzigen, machte die Blinden sehend und weckte Menschen vom Tod auf. Jesus ist der Messias, das Wort Gottes."[12]

Betsy war verblüfft. Mit dieser Antwort hatte sie offensichtlich nicht gerechnet und nun wusste sie nicht, wie sie weitermachen sollte. Also fuhr ich für sie fort.

Warum hatten mich andere Christen nie danach gefragt? Machte es ihnen nichts aus, dass ich in der Hölle enden würde, oder waren sie von ihrem Glauben gar nicht wirklich überzeugt?

„Aber Jesus war nicht Gott. Er war nur ein Mensch." Ich hatte die Fronten für sie abgesteckt und wartete nun auf ihre Kriegserklärung.

„Wow, du weißt viel mehr über Jesus, als ich dachte. Das ist toll! Ich glaube in vielen Dingen das Gleiche, aber ich stimme

---

12 3,49; 3,45

nicht in allem mit dir überein. Darf ich dir meine Sicht erläutern?" Sie antwortete sanft, aber unnachgiebig. Das war ein sehr raffinierter Schachzug, denn sie war dabei ganz sie selbst.

„Klar, leg los!" Es wurde langsam interessant.

„Also, ich weiß nicht, ob du das weißt, aber ich bin Christin."

„Ja, das dachte ich mir schon." Ich lächelte, und dachte bei mir selbst: „Die ganze Welt weiß, dass du Christin bist, Betsy." Sie strahlte und war wirklich glücklich, weil ich wusste, dass sie Christin war.

„Wir glauben, dass Jesus Gottes Sohn ist, und das ist sehr wichtig für uns. Weil er Gottes Sohn war, war er ohne Sünde und konnte so unsere Sünden auf sich nehmen."

Mit dieser Aussage hatte ich massive Probleme, aber ich hatte die Fronten schon abgesteckt, deshalb blieb ich beim Thema der Gottheit Jesu. Ich beschloss, ihr den Wind aus den Segeln zu nehmen.

„Betsy, ich glaube nicht, dass die Bibel, wie wir sie heute haben, Gottes Wort ist. Sie ist im Laufe der Zeit zu oft verändert worden. Aber nehmen wir einmal an, ich würde das glauben. Wo hat Jesus gesagt: ‚Ich bin Gott'?"

Betsy überlegte einen Moment. Sie schien nicht allzu beunruhigt zu sein, aber sie konnte sich ganz offensichtlich nicht daran erinnern, ob Jesus das überhaupt gesagt hatte. Nach einer unangenehmen Pause, die für sie überhaupt nicht unangenehm zu sein schien, sagte sie: „Im Johannesevangelium sagt Jesus: ‚Der Vater und ich sind eins.'"

Das war genau die Antwort, die ich von ihr erwartet hatte, und ich war bereit. „Ja, aber in Johannes betet Jesus auch für seine Jünger, dass sie wie er eins mit dem Vater sein sollen. Dabei macht er ganz deutlich, was er mit ‚eins' meint. Er meint vereinigt in Geist und Willen. Wenn er ‚eins' als ‚ein Wesen' gemeint hätte, wie hätte er für seine Jünger beten können, dass sie ‚eins' seien in der gleichen Weise? Er betete doch nicht für seine Jünger, dass sie alle ein Wesen werden sollten, oder?"

„Das ist ein gutes Argument", sagte sie nachdenklich. Gutes Argument? Ich brachte grade ihre Weltanschauung ins Wanken, und sie stimmte mir zu? Geriet denn dieses Mädchen überhaupt nie aus der Fassung?

„Also, ich weiß es zwar gerade nicht, aber es steht ganz bestimmt dort. Ich kann nachsehen und es dir später sagen."

„Ich würde es dir gönnen, Betsy, aber du wirst nichts finden. Jesus hat niemals gesagt, dass er Gott ist", wandte ich ein. „Er bewies uns das genaue Gegenteil. Er fühlte quälenden Hunger, Durst, Einsamkeit und Versuchung. Er weinte und er blutete. Er nannte sich selbst nicht ‚Gottes Sohn', er nannte sich den ‚Sohn des Menschen'. Er war sehr offensichtlich menschlich."

Betsy nickte weiter, „Ja, ich gebe dir Recht. Jesus ist ein Mensch, aber er ist auch Gott."

„Wie kann jemand Mensch und Gott sein? Der Mensch ist sterblich, Gott ist unsterblich. Der Mensch ist begrenzt, Gott ist unendlich. Der Mensch ist schwach, Gott ist allmächtig. Ein Mensch zu sein bedeutet, nicht Gott zu sein, und Gott sein bedeutet, kein Mensch zu sein."

„Jesus hat niemals gesagt, dass er Gott ist", wandte ich ein. „Er bewies uns das genaue Gegenteil."

Das schien ihr zu denken zu geben. Sie war aus dem Gleichgewicht geraten, deshalb beschloss ich, etwas härter vorzustoßen.

„Als Jesus nach Galiläa kam, konnte er keine Wunder tun, wie uns das Markusevangelium sagt. Nicht dass er es nicht wollte, sondern er konnte es nicht. Ist es möglich, dass Gott keine Wunder tun kann? Als ihn eine Frau in der Menge berührte, hatte er keine Ahnung, wer das gewesen war. Müsste Gott etwas so Einfaches nicht wissen?"

Ich machte eine kurze Pause, damit sie meine Worte verarbeiten konnte, und fuhr fort.

„Als ihn ein Mann ‚gut' nannte, sagte er, dass er nicht gut sei, sondern dass nur Gott gut ist.[13] Er macht einen Unterschied zwischen sich und Gott. Er tut das noch einmal, als er sagt, dass er nicht weiß, wann die Welt zu Ende geht, weil das nur Gott weiß. Er macht es sehr deutlich, dass er nicht Gott ist."

Betsy erwiderte nichts. Darüber hatte sie noch nie nachgedacht. Ich beschloss, dass es Zeit für den Gnadenstoß war.

„Betsy, falls noch eine Frage offen bleibt, im Johannesevangelium sagt Jesus: ‚Der Vater ist größer als ich.' Und ich stimme Jesus zu. Gott ist größer als Jesus. Ich meine, du solltest ihm auch zustimmen."

Betsy wusste nicht, was sie sagen sollte. Ich wartete ab.

„Also, ich weiß gar nicht, was ich sagen soll." Mit ihrer üblichen Vorgehensweise kam sie nicht weiter. „Weißt du was, ich lese das alles einmal nach. In der Zwischenzeit möchte ich dich zu einem Theaterstück in unserer Kirche einladen, in dem ich mitspiele. Würdest du gerne kommen?"

„Klar, klingt super. Aber ich habe noch keinen Führerschein. Kann ich meinen Vater mitbringen?"

„Sicher. Bring so viele Leute mit, wie du willst. Hier ist eine Einladung. Sag mir, an welchem Tag ihr kommen wollt." Betsy gab mir einen Flyer für die Veranstaltung und lächelte.

Ich sah etwas hinter ihren lächelnden Augen, das ich noch nie bei ihr gesehen hatte. Sie war aufgeregt. Ich lächelte zurück.

13 Das ist in Wirklichkeit eine falsche Darstellung von Markus 10,18 und Lukas 18,19, wie man sie in der islamischen Polemik häufig findet. In keinem der beiden Fälle leugnet Jesus, dass er gut ist.

Kapitel 15

DIE TORE ZUM HIMMEL UND DIE FLAMMEN DER HÖLLE

Ich war ganz begeistert, dass ich in eine Kirche eingeladen worden war. Ich war schon vorher einmal in einer – katholischen – Kirche gewesen und in meiner Erinnerung verschwamm dieser aufregende Besuch in einem von lateinischen Worten durchdrungenen Nebel. Ehrlich gesagt verwirrte mich das alles so sehr, dass ich nicht einmal dahinterkam, warum ich überhaupt eingeladen war. Ich erinnere mich, dass einige meiner Freunde dort waren, auch Ben und seine Familie, obwohl sie gar nicht katholisch waren. Einmal, als unsere Reihe gerade aufgestanden war, gingen alle nach vorne, um sich etwas vom Priester geben zu lassen. Ich wusste nicht, was ich tun sollte, deshalb ging ich mit den Leuten mit. Bens Mutter packte mich am Arm und drückte mich auf meinen Sitz zurück. Erstaunt sah ich sie an. Sie schüttelte energisch den Kopf. Der Priester, der bis dahin recht feierlich gewesen war, versuchte, sich das Lachen zu verkneifen.

Niemand hatte mir erzählt, dass protestantische Kirchen völlig anders sind, deshalb erwartete ich etwas Ähnliches. Für mich sah der Altarraum der First Baptist Norfolk Church wie eine Art Zuschauerraum aus. Ich vermutete, dass der ganze Kirchenkram woanders stattfand, aber mir war nicht klar, wo.

Ich saß mit *Abba* auf der Galerie, etwas weiter hinten. Obwohl keiner von uns beiden wusste, worum es in dem Stück ging, war *Abba* froh, dass ich die Einladung angenommen hatte. Er sagte, dass es andernfalls unhöflich gewesen wäre und dass es eine gute Möglichkeit war, die Gespräche mit Betsy weiterzuführen. Er war stolz auf mich, dass ich meinen Glauben weitergab, und hoffte, mir bei der Verarbeitung des Theaterstücks helfen zu können.

Das Stück nannte sich „Die Tore zum Himmel und die Flammen der Hölle“ und es stellte sich heraus, dass hier die christliche Heilsbotschaft dargeboten wurde. Im Lauf dieses Stücks fand ich heraus, dass Christen diese Botschaft „das Evangelium“ nennen. Ich hatte gedacht, dass sich das Wort *Evangelium* nur auf die vier Bücher über Jesus bezöge. Während des Stücks wurde die Botschaft laut und deutlich verkündet: Nimm Jesus als deinen Herrn an und du kommst in den Himmel. Anderenfalls kommst du in die Hölle.

Verschiedene Szenarien wurde vorgeführt, wobei jede Szene damit endete, dass jemand starb und entweder in den Himmel oder die Hölle kam, je nachdem, ob er Jesus angenommen hatte oder nicht. Die verwendete Symbolik war nicht gerade subtil. Wenn jemand in die Hölle geschickt wurde, blitzten rote und gelbe Lichter durch den Raum, aus den Lautsprechern erschallte eine donnernde Kakophonie und der tobende Satan zerrte den Sünder von der Bühne.

Wenn aber jemand Jesus angenommen hatte, wurde er von strahlenden Engeln durch eine helle Tür geleitet und war ganz verzückt vor Freude. In der letzten Szene fuhr ein Mann mit dem Auto und sein Beifahrer sprach mit ihm über Jesus. Der Mann sagte, dass er viele böse Dinge getan und Gott sein ganzes Leben lang ignoriert habe. Der Beifahrer konnte den Fahrer davon überzeugen, dass er ein Sünder war und Jesus brauchte, also sprach der Fahrer ein Gebet. Gerade als er betete, passierte ein schrecklicher Unfall. Beide Männer starben, dramatisch dargestellt durch das Verlöschen der Lichter. Als die Lampen wieder angingen, erklang schöne Musik und der Fahrer wurde in den Himmel geleitet.

Ich bin nicht sicher, ob das so beabsichtigt war, aber es war raffiniert, das Stück mit dieser Szene enden zu lassen, kurz bevor wir alle in unsere Autos stiegen, um nach Hause zu fahren. Wir begannen das nachfolgende Gespräch, sobald wir uns angeschnallt hatten. „Nabeel, was hältst du von diesem Stück?"

„Ich denke, es war dumm, *Abba*. Sie versuchen offensichtlich mit den Ängsten und Gefühlen der Menschen zu spielen."

„Ja, ich gebe dir recht, *beyta*, aber manchmal ist das gar nicht schlecht. Wir sollten uns vor der Hölle und vor Allahs Zorn fürchten."

Ich war verblüfft. „Also fandst du das Stück gut?"

Abba lachte. „Das habe ich nicht gesagt! Ich denke, es gab etwas wesentlich Schlimmeres als ihre Versuche, den Menschen Angst zu machen."

„Die ganze Botschaft ist falsch", begann ich und sammelte meine Gedanken. „Sie vermitteln den Menschen, dass sie ihr ganzes Leben lang tun können, was sie wollen, sie müssen nur ein Gebet sprechen, dann kommen sie in den Himmel."

Abba nickte. „Richtig. Aber was ist falsch daran? Was ist das Ziel von Religion?"

„Das Ziel von Religion ist es, gute Menschen und eine gute Gesellschaft hervorzubringen. Wenn die Menschen tun können, was sie wollen, geben sie ihren sündigen Begierden nach und die Gesellschaft bricht auseinander. Sie haben einen Blankoscheck zum Sündigen. Sogar Hitler wäre in den Himmel gekommen, wenn er Jesus angenommen hätte."

Abba ermunterte mich, weiterzumachen. „Und darum ..."

„Und darum ist Amerika so, wie es ist. Die Christen lehren, dass man keine Rechenschaft ablegen muss für seine Taten."

„Gut. Sehr gut, *beyta*. Wenn dich deine Freundin in der Schule fragt, was du denkst, sag ihr das auf alle Fälle. Aber belass es nicht dabei. Du musst die Lüge mit der Wahrheit wegfegen. Was ist die Wahrheit über das Gericht?“

„Allah wird uns aufgrund unserer Entscheidungen in dieser Welt richten. Alles, was wir tun, wird von Engeln aufgeschrieben: Einer ist an unserer rechten Seite und schreibt unsere guten Taten auf, und einer ist an unserer linken Seite und schreibt unsere schlechten Taten auf. Wenn wir dann vor Allah stehen, werden unsere Taten laut vorgelesen. Niemand wird für uns eintreten können; weder unsere Familie, noch Jesus, nicht einmal Muhammad ﷺ. Allah wird unsere guten und unsere schlechten Taten in die Waagschale legen, und wenn unsere guten Taten schwerer wiegen als die schlechten, schenkt uns Allah das Paradies.“

***Abrogationslehre:** die Meinung, dass Lehren und Verse des Korans widerrufen wurden, normalerweise durch spätere Koranoffenbarungen.*

„Was ist mit den Christen, *Billoo*? Können Christen in den Himmel kommen?“

„Ja. Der Koran sagt, wenn Christen und Juden an einen einzigen Gott glauben und gute Taten vollbringen, können sie in den Himmel kommen.“[14]

Ich hatte mich auf einen Koranvers bezogen, der unter Muslimen kontrovers diskutiert wird. Einige Muslime argumentieren, dass dieser Vers durch einen späteren Koranvers aufgehoben würde, der sagt: „Wenn sich aber einer eine andere Religion als den Islam wünscht, wird es nicht (als Ersatz für den wahren Glauben) von ihm angenommen werden.“[15] Andere Muslime, darunter auch unsere *Jamaat*, bringen diese Verse dadurch in Einklang, dass sie sagen, „Islam“ beziehe sich hier nicht auf das

14 5,69

15 3,85

Glaubenssystem, sondern auf die weitere Bedeutung des Wortes, *Frieden*.

Die letztgenannte Deutung ist offensichtlich ziemlich schwach, aber nur, wenn man an die **Lehre von der Abrogation** glaubt. Sure 2,106 und Sure 16,101 lehren offenbar beide, dass Allah ältere Teile des Korans durch neuere aufheben kann. Traditionell haben Muslime ein Fachgebiet der Koranexegese entwickelt, welches *„das Abrogierende und das Abrogierte"* genannt wird, und worin sie sich bemühen, die Kriterien und die Geschichte der Koranabrogation zu definieren. Manche muslimische Gelehrte behaupten, dass bis zu 500 Verse im Koran nicht mehr gültig seien, weil sie durch spätere Verse aufgehoben würden. Andere wiederum lehrten, dass weniger als fünf Verse aufgehoben würden. Unabhängig von der genauen Anzahl glauben die meisten strenggläubigen Konfessionen im Islam an die Abrogationslehre.

Einige wenige Muslime stimmen mit dieser Ansicht nicht überein, und die *Ahmadi Jamaat* ist eine davon. Diese Muslime argumentieren, wenn irgendein Teil des Korans aufgehoben werden könnte, wäre er nicht das ewige Wort Gottes.

Aber damals wusste ich noch nichts von diesen Dingen. Ich wusste nur das, was unsere *Jamaat* über Erlösung lehrte, und dass jeder, der an einen einzigen Gott glaubt, in den Himmel kommen könne, wie zumindest ein Vers aus dem Koran deutlich feststellt.

„Und an wie viele Götter glauben Christen, *Billoo*?"

„Manche glauben an einen, manche an drei."

„Ja, und der Koran sagt, es wäre besser für sie, wenn sie damit aufhörten, ‚drei' zu sagen.[16] Deshalb freut es mich, dass du mit deinen Freunden solche Gespräche führst. Sie müssen auf jeden Fall hören, dass es nur einen Gott gibt. Wenn du sie zum Islam und zur *Ahmadiyyat* führen könntest, wäre es noch besser."

16 5,73

Bevor wir unsere Unterhaltung über die Erlösung beendeten, fügte er rasch hinzu: „Aber verbring nicht zu viel Zeit mit diesen Mädchen. Mädchen sind gefährlich für dich, speziell in diesem Alter. Du bist wie ein Feuer, und sie sind wie Öl. Sogar wenn ihr euch gar nicht voneinander angezogen fühlt, passiert es nach einiger Zeit, dass du entflammst, wenn du nur mit ihr zusammen bist. So bist du eben gemacht."

„Okay, *Abba*, ist ja gut! Ich hab's verstanden. Können wir über etwas anderes reden?"

Ammi und *Abba* waren immer allzu bereit, mir die „Feuer-und-Öl-Geschichte" zu erzählen. Damit sollte ich daran erinnert werden, dass wir zum richtigen Zeitpunkt als Familie zusammenkommen und darüber sprechen würden, wen ich gerne heiraten wolle. Wenn ich ein Mädchen im Auge hätte, würden meine Eltern mit ihr sprechen und versuchen, eine Heirat zu arrangieren. Wenn nicht, würden meine Eltern eine passende Ehefrau für mich finden. Ich würde vorher kein Date haben, erst recht nicht mit einem westlichen Mädchen. Das hätte einen Bruch mit der Tradition bedeutet.

Kapitel 16

WERTVOLLE TRADITIONEN

Die Tradition gibt dem Islam seine äußere Struktur, sie ist der Körper, der durch die Seele der islamischen Lehre belebt wird. Wir nahmen sie in uns auf, indem wir in den muslimischen Lebensstil eintauchten; jeder einzelne Tag war von Tradition durchdrungen. Ich bemühte mich, die *Salat* jeden Tag fünfmal zu beten, rezitierte ausführlich viele *Du'as*, befolgte die komplizierten Anweisungen für die zeremoniellen Waschungen und nahm mir regelmäßig ein Beispiel an Muhammad. Mehr als eine Milliarde Muslime halten wie ich an den Traditionen fest, ob sie nun für einen Ehepartner beten, die richtige Länge des Bartes festlegen oder entscheiden, ob sie Gold tragen oder nicht.

Die Wichtigkeit der Hadithen in der islamischen Welt kann gar nicht hoch genug eingeschätzt werden.

Diese Traditionen entstammen jedoch nicht dem Koran, sondern den *Hadithen*. Von Hochzeitsritualen bis zu kriegerischen Einschränkungen, von Handelsrecht bis Zivilklagen, die überwiegende Mehrheit der *Scharia* und der islamischen Lebensweise ist von den *Hadithen* abgeleitet.

Die Wichtigkeit der *Hadithen* in der islamischen Welt kann gar nicht hoch genug eingeschätzt werden.

Als Baji und ich größer wurden, war es *Ammi* und *Abba* sehr wichtig, dass wir die *Hadithen* und ihre Vorschriften lernten. Sie lasen oft aus den *Hadithen*-Sammlungen vor und hielten uns dazu an, den arabischen Wortlaut auswendig zu lernen und seine Bedeutung zu verstehen. Das erste Mal forderten sie uns eines Abends im Anschluss an das *Maghrib*-Gebet auf, einen *Hadith* auswendig zu lernen, während unsere Familie noch auf den Gebetsteppichen kniete.

***Sahih Bukhari:** klassische Hadithen-Sammlung, gilt bei Sunniten als zuverlässigster Bericht über Muhammads Leben.*

„*Beytee*, *beyta*, wir möchten, dass ihr diesen kurzen *Hadith* auswendig lernt. *Hazrat* Umar erzählt, dass Muhammad ﷺ Folgendes sagte: ‚Taten werden entsprechend dem Vorsatz bewertet'"[17]

Nachdem wir den arabischen Wortlaut einige Male rezitiert hatten, waren *Ammi* und *Abba* überzeugt, dass wir den *Hadith* auswendig konnten. Sie wollten wissen, ob wir noch Fragen hatten.

Ich hatte einige. „*Abba*, aus welchem Buch der *Hadithen* ist das?"

„Dieser *Hadith* stammt aus ***Sahih Bukhari***. Was kannst du uns über *Sahih Bukhari* erzählen?"

„Es ist das zuverlässigste Buch der *Hadithen* und wurde von Imam Bukhari zusammengestellt. Die *Hadithen* wurden erst lange nach Muhammads ﷺ Tod in Büchern gesammelt. Es kursierten viele falsche *Hadithen*, sodass es schwer war, die richtigen zu bestimmen. Imam Bukhari überprüfte 500.000 *Hadithen* und suchte die 5000 genauesten heraus."

17 *Sahih Bukhari* 1.1.1 (www.islamische-datenbank.de)

Ammi fuhr fort und fragte: „Und wie machte er das?"

„Wenn Imam Bukhari einen *Hadith* hörte, beurteilte er zuerst, ob der Erzähler des *Hadith* zuverlässig war oder nicht. Wenn derjenige einen schlechten Ruf hatte, wenn er jemals in Schwierigkeiten geraten war oder sogar wenn er Tiere schlecht behandelt hatte, vernachlässigte Imam Bukhari diesen *Hadith*. Wenn er diesen Erzähler für zuverlässig hielt, fragte er ihn, von wem er den *Hadith* gehört habe, und von wem dieser Jemand ihn gehört habe und von wem dieser Jemand ihn gehört habe, bis er bei Muhammad ﷺ angelangt war. Imam Bukhari beurteilte den Ruf jedes Einzelnen in der Überlieferungskette, und wenn alle zuverlässig waren, dann schrieb er den *Hadith* in sein Buch."

Isnad: *Kette der Überlieferung eines einzelnen Hadith.*

Sira: *die Sira-Literatur beschäftigt sich ausschließlich mit dem Leben des Propheten Muhammad, ist aber nicht durch die Kette der Überlieferung gesichert.*

Diese Kette der Überlieferung wird ***Isnad*** genannt und ist für die klassischen muslimischen Gelehrten unermesslich wichtig. Der Islam entstand in einer auf Autorität begründeten Gesellschaft. Die Gelehrten beantworteten die Frage „Ist dieser *Hadith* echt?" also damit, dass sie auf die Vollmacht derer verwiesen, die sie überliefert hatten. Ohne *Isnad* wird ein *Hadith* als wertlos erachtet. Muslime vertrauen der ***Sira***-Literatur weniger als speziell den *Hadithen*, weil es bei *Sira* keinen *Isnad* gibt.

Ammi fuhr fort. „Sehr gut. *Beytee*, was ist das zweitzuverlässige Buch der *Hadithen*?"

„Ich weiß es nicht, *Ammi*." Baji war jetzt 18 Jahre alt und ging aufs College. Sie genoss diese ausführlichen Fragen nicht mehr wie früher, aber *Ammi* ließ nicht so schnell locker.

„Doch, du weißt es. *Challo*, beantworte nur diese eine Frage, dann ist es vorbei. Was kommt nach *Sahih Bukhari*?"

„*Sahih Muslim*?“

„*Shabash*. Nabeel, kennst du noch andere?“

„Ich kenne *Sunan Abu Daud*, und ich weiß, dass es noch sechs weitere gibt, die wir für authentisch halten, und der Rest ist eine Mischung aus zuverlässigen und unzuverlässigen *Hadithen*. Die sechs werden ***Sahih Sittah*** genannt, die ersten drei sind *Sahih Bukhari*, *Sahih Muslim* und *Sunan Abu Daud*.“

Abba führte die Liste für mich fort: „Und die anderen drei sind *Sunan Tirmidhi*, *Sunan Ibn Majah* und *Sunan Nisai*.[18] Das sind die besten sechs Bücher der *Hadithen*, dabei sind jedoch *Sahih Bukhari* und *Sahih Muslim* die zuverlässigsten.“

Ammi fügte rasch hinzu: „Aber sogar die genauesten *Hadithen* sind Worte Muhammads ﷺ, keine Worte Allahs. Wir dürfen die *Hadithen* nicht mit dem Koran gleichsetzen.“

Sahih Sittah: *die sechs Hadith-Bücher, die bei sunnitischen Muslimen als authentisch gelten.*

Ich hakte bei dieser Erklärung nach. „Aber wenn Muhammad ﷺ das gesagt hat, müssen wir ihm nicht trotzdem gehorchen?“

Abba warf ein: „Selbstverständlich! Aber trotzdem, Muhammad ﷺ ist nicht Gott. Der Koran ist das einzige reine und vollkommene Buch auf der Welt. Die *Hadith*-Bücher ähneln eher der Bibel, weil sie Menschenwerk sind. Wir finden darin göttliche Wahrheit, aber wir müssen uns vor Verfälschung hüten. Wir müssen die Wahrheiten, die aus anderen Quellen stammen, immer mit dem Koran vergleichen. *Challo*, das ist genug für heute. Vergesst den *Hadith* nicht, den ihr heute gelernt habt! Wir werden ihn euch morgen auswendig aufsagen lassen!“

18 Sunniten sind bei den letzten dreien manchmal nicht einer Meinung und setzen *Muwatta Imam Malik* an diese Stelle.

Mich interessierten die *Hadithen* sehr, weniger wegen ihres Inhalts als wegen ihrer Geschichte und der Methoden, wie muslimische Gelehrte sie beurteilten. Ich wollte mich darin üben, echte *Hadithen* von erfundenen zu unterscheiden. Ich begann, *Ammi* und *Abba* genauer nach den Systemen der *Hadithen*-Einstufung zu fragen und stieß bald an die Grenzen ihres diesbezüglichen Wissens. Um mehr zu lernen, musste ich bis zum nächsten *Jamaat*-Treffen warten. Dort konnte ich die Experten danach fragen, wo ich die richtigen Bücher kaufen konnte, um mehr herauszufinden.

Und so geschah es, dass *Ammi* und *Abba* beschlossen, während des nächsten Sommers nach Großbritannien zurückzukehren, um an einem *Jamaat*-Treffen teilzunehmen. Ich nahm mir vor, dort einige Nachforschungen anzustellen. Ich hatte jedoch nicht eingeplant, dass ich Gott auf sehr persönliche Weise kennenlernen würde. Gott wirkte ein Wunder, das mein Leben für immer verändern sollte.

Kapitel 17

ZEICHEN AM HIMMEL

Ich war zum ersten Mal wieder in Großbritannien, seit wir acht Jahre zuvor nach Connecticut gezogen waren. Ich konnte meine Aufregung kaum zügeln. *Abba* hatte uns nicht einmal aus dem Flughafen Heathrow hinausgelotst, als ich mir schon eine Flasche Irn-Bru[19] und eine Tüte Hula Hoops Chips besorgt hatte.

***Jalsa:** spirituelle Jahresversammlung der Ahmadiyya Muslim Jamaat; mehrtägige Veranstaltung zur Ehre Allahs und des Propheten Muhammad, dient der spirituellen Erbauung.*

Wir waren auf dem Weg nach Tilford, dem gleichen Ort, den wir schon vor neun Jahren anlässlich der Hundertjahrfeier besucht hatten. Während wir an idyllischen englischen Städten vorüberfuhren, hatte ich das Gefühl, eine Reise durch meine Vergangenheit zu machen. Die engen Straßen, die dicht zusammengedrängten Gebäude und die kleinen Fahrzeuge riefen Erinnerungen an meine geliebte Kindheit wach. Nicht einmal der Gedanke an das englische Essen störte mich.

19 Ein koffeinhaltiger Softdrink aus Schottland (Anm. d. Übers.).

Diese *Jamaat*-Versammlung wurde *Jalsa* genannt. Unsere Familie besuchte jedes Jahr die amerikanische *Jalsa* in Washington, D.C., und normalerweise nahmen wir auch an der kanadischen *Jalsa* teil. Aber die britische *Jalsa* war anders. Hier lebte das Oberhaupt unserer *Jamaat* und es war immer etwas ganz Besonderes, in seiner Gegenwart zu sein. Seinetwegen nahmen zehntausende *Ahmadis* an der britischen *Jalsa* teil.

So schön es war, dass ich ihn bald wiedersehen würde, am meisten freute ich mich auf meine Freunde aus Schottland, die Maliks. Abgesehen von einem Brief, den ich vom jüngsten Bruder bekommen hatte, als ich in der siebten Klasse war, hatte ich überhaupt nichts von ihnen gehört. Damals war E-Mail noch nicht so verbreitet und internationale Telefongespräche waren extrem teuer.

Als wir jedoch bei der *Jalsa* ankamen, wurde mir klar, dass ich gar nicht wusste, ob meine Freunde überhaupt da waren. So wichtig das Treffen auch war, es gab unzählige Gründe, weshalb sie vielleicht nicht teilnehmen konnten. Sie durch Zufall zu treffen, wäre ein Ding der Unmöglichkeit. Nicht nur, dass ich sie unter den unzähligen Menschen kaum gefunden hätte, wir waren auch alle in den letzten sieben Jahren erwachsen geworden, sodass ich mir nicht sicher war, ob ich sie überhaupt erkennen würde. Ich wollte sie unbedingt wiedersehen, aber ich wusste nicht, wie ich das anstellen sollte.

Also wandte ich mich an Gott.

Schon in sehr jungem Alter hatte *Ammi* mich gelehrt, in solchen Situationen zu beten, ich kannte allerdings kein *Du'a*, um Menschen zu finden. Ich hatte ein Gebet auswendiggelernt, das man bei der Suche nach verloren gegangenen Sachen rezitiert. Abgesehen davon, dass wir das gleiche Gebet rezitieren, wenn wir hören, dass jemand gestorben ist, schien es mir für diese Gelegenheit nicht passend. Stattdessen betete ich einfach aus dem Herzen, indem ich den Kopf neigte und die Augen schloss.

„Gott, kannst du mir bitte helfen, meine Freunde zu finden?“ Weiter hatte ich nichts zu sagen, deshalb sagte ich nichts.

Als ich die Augen wieder aufmachte, war ich von dem Anblick, der sich mir bot, völlig verblüfft. Vor mir in der Luft sah ich zwei farbige Streifen, einer golden und einer silbern, wie mit einer himmlischen Bürste wundersam in den Himmel gemalt. Sie zielten in die Ferne und wollten mich offensichtlich irgendwo hinführen.[20]

Ich erinnere mich noch an die Worte, die ich im Schock sprach: „Machst du Witze? Ich soll diesen Streifen da folgen?“

Ich bin mir nicht sicher, ob ich mit Gott oder mit mir selbst sprach. Ich wusste jedoch sicher, dass niemand sonst außer mir die Streifen sehen konnte. Sie befanden sich nicht so sehr am Himmel als vielmehr in meiner Wahrnehmung des Himmels. Sie waren weder einen Kilometer noch einen Meter entfernt, auch nichts dazwischen. Sie waren einfach da. Und sie warteten auf mich.

Die *Jalsa* war überfüllt und alle befanden sich außerhalb der Zelte, weil gerade kein Vortrag stattfand. Ich folgte den Streifen in die Menschenmassen und schob mich wie auf einem pakistanischen Basar durch die Menge.

Und tatsächlich, die Streifen wirbelten über dem Marktplatz der *Jalsa*, dem gleichen Ort, wo ich vor fast zehn Jahren nach einem Anstecker hatte schauen wollen. Dieses Mal wurde ich nicht von einem ruppigen älteren Teilnehmer abgefangen. Stattdessen verliefen die Streifen nach unten und lösten sich über einem Platz neben einem Zelt mit Bekleidungsartikeln

---

20 Gott kann durch Träume und Visionen zu Menschen sprechen (siehe auch Hiob 33,14-18). Sie sollen dazu dienen, Menschen von Sünde oder Hochmut abzubringen oder sie vor dem geistlichen bzw. physischen Tod zu bewahren. Jedoch kommen längst nicht alle Träume und Visionen von Gott und müssen anhand der Bibel überprüft werden. Gerade Muslime erleben häufig, dass Gott durch Träume zu ihnen spricht, damit sie den Weg zu ihm finden. Zuverlässiger als Träume ist jedoch immer das Wort Gottes, die Bibel. Siehe auch: Nachwort, S. 400 (Anm. d. dt. Hrsg.).

auf. Als ich mir einen Weg dorthin bahnte, sah ich zwei Männer davor stehen, die sich miteinander unterhielten und Gebetskappen anprobierten. Es dauerte einen Moment, aber dann erkannte ich sie: Es waren die älteren Malik-Brüder.

Ich rannte zu ihnen und packte sie an den Armen. Als sie mich erkannten, freuten wir uns gemeinsam. Sie staunten darüber, wie groß ich geworden war, und wiederholten ständig: „Früher warst du doch so klein!" Und so schleiften sie mich durch die *Jalsa* und stellten mich allen Leuten aus Glasgow wieder vor, die ich damals gekannt hatte. Wir waren überglücklich. Einstweilen waren die Streifen am Himmel vergessen.

Als ich später am Abend im Bett über die Ereignisse des Tages nachdachte, kam ich an den goldenen und silbernen Streifen nicht vorbei. Für mich gab es keine andere Erklärung: Sie bedeuteten, dass Gott existieren muss.

Natürlich hatte ich schon immer geglaubt, dass Gott existiert. Gebetserhörungen, prophetische Träume und vernünftige Gründe deuteten für mich auf die Existenz Gottes hin, aber dennoch war da noch Raum für Zweifel. Vielleicht waren die beantworteten Gebete Zufälle, oder die prophetischen Träume wurden mit der Zeit überhöht, um mit der Wirklichkeit übereinzustimmen, oder die Logik der Argumente hatte eventuell ihre Schwächen. Gewiss, ich war mir zu 99 Prozent sicher, dass Gott existiert, aber dieser Schatten des Zweifels war immer da gewesen.

Doch jetzt gab es keine im Geringsten plausible Alternative. Wie könnte ich sonst erklären, was an diesem Tag passiert war? Ich hatte keine Ahnung gehabt, wo sich meine Freunde aufhielten, aber als ich betete, wurde ich auf übernatürliche Weise zu ihnen geführt.

Ich begann, über andere Erklärungen nachzudenken. Vielleicht hatte ich mir die Streifen nur eingebildet? Nein, das war ausgeschlossen, da ich ja direkt zu meinen Freunden ging. Wusste ich vielleicht im Unterbewusstsein, wo sich meine Freunde befanden? Nein, auch das war unmöglich. Ich hatte nicht einmal gewusst, ob sie überhaupt bei der *Jalsa* anwesend waren, geschweige denn, dass sie sich genau dort auf dem Marktplatz aufhielten. Vielleicht war ich aber auch während meiner Zeit in Schottland eine übersinnliche Verbindung mit meinen Freunden eingegangen, die so lange schlummerte, bis ich sie an diesem Nachmittag suchte, woraufhin ich unsere emotionalen Bande ganz konkret mit den Augen wahrnehmen konnte? Das war ehrlich gesagt noch die beste naturalistische Erklärung, die mir einfiel, auch wenn sie nicht nur über die Grenzen des Naturalismus hinausging, sondern jegliche Grenze der Glaubwürdigkeit überschritt.

„Nein", sagte ich zu mir selbst. „Es gibt keine andere Möglichkeit. Gott ist real, und Er erhört meine Gebete, selbst die kleinen, in denen es nur darum geht zu erfahren, wo meine Freunde sind." Seit diesem Tag glaubte ich nicht mehr nur, dass Gott real war. Ich wusste, dass Gott real war. Und ich wusste, dass sich Gott um mich kümmert.

Seit diesem Tag glaubte ich nicht mehr nur, dass Gott real war. Ich wusste, dass Gott real war.

Der Zeitplan hätte nicht besser sein können. Als ich, wieder zu Hause, an der Princess Anne Highschool in die elfte Klasse kam, war eines meiner Pflichtfächer „Theorie des Wissens", und es diente als Einführungskurs in die allgemeine Philosophie und Erkenntnistheorie. Unser Lehrbuch hieß *Der Mensch ist die Maßeinheit*, und eine der ersten Diskussionen im Unterricht lautete: „Wie können wir wissen, ob Gott existiert?" Die Diskussionen waren tiefgründig und erschütterten den Glauben von vielen Theisten in der Klasse.

Obwohl sich unsere Gespräche auf objektive Argumente konzentrierten, so, wie es auch sein soll, gelangte ich zu der

Überzeugung, dass subjektives Wissen viel mehr Macht haben kann. Ich würde niemals irgendjemanden davon überzeugen können, dass ich die Streifen tatsächlich gesehen hatte oder dass sie mich wirklich zu meinen Freunden geführt hatten. Aber das brauchte ich auch nicht. Es war ein Zeichen für mich, und wenn ich vorher nur zu 99 Prozent von der Existenz Gottes überzeugt gewesen war, so war ich es nun zu 100 Prozent.

Vier Jahre später, als meine Welt auseinanderzubrechen begann, machte dieses eine Prozent den entscheidenden Unterschied aus.

Kapitel 18

EHRE UND AUTORITÄT

„Theorie des Wissens“ war eine der vielen Schulstunden, die ich gemeinsam mit meinem besten Freund David hatte. Unsere Freundschaft hatte sich seit der siebten Klasse immer weiter vertieft und in den höheren Klassen waren wir unzertrennlich. Wir hatten sechs unserer sieben Fächer gemeinsam, wurden Co-Kapitäne des akademischen Quiz-Teams und starteten im Debattier-Club als Duo. In der elften Klasse belegten David und ich überraschenderweise den fünften Platz beim Landeswettbewerb, obwohl wir beide Neulinge waren. In der zwölften Klasse gewannen wir die Landesmeisterschaft.

David und ich hatten einige Diskussionen über Religion und die Existenz Gottes. Wir waren nicht einer Meinung und es war offensichtlich, dass das viel mit unserer Erziehung zu tun hatte. Er zögerte, sich von seinem Agnostizismus zu lösen, und mein Ausgangspunkt war der Islam. Die Diskussionen in „Theorie des Wissens“ schienen sein Zögern zu unterstützen, und obwohl sie meine Überzeugung von Gottes Existenz nicht erschütterten, traten einige entscheidende Unterschiede zwischen der orientalischen und der westlichen Kultur deutlich hervor.

Als mir meine Eltern beibrachten, meine Überzeugungen zu überprüfen, wurde von mir in erster Linie erwartet, eine Verteidigung für das aufzubauen, was sie mich gelehrt hatten. In „Theorie des Wissens“ taten wir scheinbar das Gleiche – wir prüften unsere Überzeugungen – aber in der Praxis war es das genaue Gegenteil. Wir nahmen unsere Ansichten kritisch unter die Lupe, forderten sie heraus, überprüften sie auf Schwachstellen, Dehnbarkeiten und Grenzen hin. Einige Schüler tauschten sie sogar ganz aus.

In islamischen Kulturen werden Menschen mit hohem sozialen Status als Autoritäten anerkannt, wohingegen in der westlichen Kultur die Vernunft die höchste Autorität ist.

Dieser Unterschied zwischen orientalischer und westlicher Erziehung macht außerdem deutlich, wie anders die Kinder muslimischer Einwanderer sind als ihre Eltern: In islamischen Kulturen werden Menschen mit hohem sozialen Status als Autoritäten anerkannt, wohingegen in der westlichen Kultur die Vernunft die höchste Autorität ist. Dieses alternative Verständnis von Autorität durchdringt die Denkweise und bestimmt die moralische Einstellung der gesamten Gesellschaft.

Wenn Autorität mehr von der Position als von der Vernunft abgeleitet wird, ist es gefährlich, eine Führungsperson infrage zu stellen, denn das kann das ganze System durcheinanderbringen. Uneinigkeit wird gerügt und Gehorsam wird belohnt. Richtiges und falsches Verhalten wird gesellschaftlich beurteilt, nicht individuell. Die Rechtschaffenheit eines Einzelnen wird somit dadurch beurteilt, wie sehr er den gesellschaftlichen Erwartungen entspricht, und nicht durch eine individuelle Festlegung, was richtig und falsch ist.

Daher führt eine von der Position abhängige Autorität zu einer Gesellschaft, die richtig und falsch anhand von Ehre und Schande festlegt.

Wenn andererseits Autorität von der Vernunft abgeleitet wird, sind Fragen willkommen, da kritisches Hinterfragen die eigentliche Basis der Autorität festigt. Von jedem Menschen wird erwartet, dass er sein eigenes Verhalten kritisch prüft. Richtiges und falsches Verhalten werden individuell beurteilt. Die Rechtschaffenheit eines Menschen wird dadurch bestimmt, ob er das tut, von dem er weiß, dass es richtig oder falsch ist.

Vernunftabhängige Autorität schafft eine Gesellschaft, die richtig und falsch anhand von Schuld und Unschuld festlegt.

Viel von der westlichen Unfähigkeit, den Orient zu verstehen, leitet sich aus der paradigmatischen Spaltung zwischen Kulturen der Ehre und der Schande einerseits und Kulturen von Schuld und Unschuld andererseits ab. Freilich ist die Sache recht komplex und es finden sich Elemente beider Paradigmen sowohl im Osten als auch im Westen, die Ehre-Schande-Skala ist jedoch dasjenige Paradigma, das den Osten bestimmt, was für Menschen aus dem Westen schwer zu verstehen ist.

Dieses Vertrauen auf von der Position abhängige Autoritäten erklärt so manche Besonderheiten in Teilen der muslimischen Welt, die viele Menschen aus dem Westen verwirren: Praktiken, wie zum Beispiel Ehrenmorde, Kinderbräute, die sechs Jahre oder jünger sind, und Blutfehden. Aus welchen Gründen auch immer halten die gesellschaftlichen Autoritäten in diesen Regionen solche Bräuche für zulässig, oder sogar wünschenswert. Solche Praktiken lassen sich durch kein Maß an bloßer Vernunft ändern, ebenso wenig durch Verbote, die von außen angeordnet werden. Die substantielle Veränderung muss im Inneren der Gesellschaft geschehen.

Ehrenmorde und Blutfehden stellen jedoch normalerweise für Kinder, die als westliche Muslime der zweiten Generation aufwachsen, kein Problem dar. Wir ringen dafür mit dem Ehre-Schande-Prinzip, das uns sagt: „Es ist in Ordnung, solange du nicht erwischt wirst.“ Wenn es keine Schande gibt, ist es nicht falsch.

Ich habe dieses Prinzip als Heranwachsender oft genug beobachtet, allerdings bin ich gezwungen, nur harmlose Vorkommnisse zu erzählen. Die harmloseste Sache, an die ich mich erinnern kann, hat mit Gratisnachfüllungen zu tun. Viele meiner muslimischen Freunde meinten, dass es absolut zulässig war, in Fast-Food-Restaurants Wasser zu bestellen und dann zum Spender zu gehen, um dort Limo nachzufüllen. Wir taten das, ohne mit der Wimper zu zucken, und auch ich selbst machte das oft.

Aber eines Tages wurde einer meiner Freunde in einem Taco Bell in Virginia Beach dabei erwischt, wie er Mountain Dew Code Red[21] anstelle von Wasser nahm. Ein junger Angestellter hatte über den Tresen geblickt und meinen Freund dabei beobachtet, wie er Limo einfüllte. Ohne jedes Feingefühl schob er die Hand meines Freundes vom Getränkespender weg und sagte laut: „Du hast Wasser bestellt. Du kannst keine Limo nehmen!“

In diesem Moment drehten sich alle Leute um, um zu sehen, was da los war, und mein Freund wurde augenblicklich rot. Es war offensichtlich, dass der Angestellte Recht hatte, denn die Becher für Wasser waren transparent und die Becher für Limo waren undurchsichtig. Der Angestellte hatte ihn ganz offensichtlich ertappt. Die Limo war für alle deutlich sichtbar.

In diesem Moment stellte sich für meinen Freund heraus, dass seine Entscheidung schlecht gewesen war. Er hatte im Beisein von vielen Menschen Schande erlitten. Limonade zu klauen wurde für ihn erst ein Thema, als er erwischt wurde. Allerdings war es das auch danach nicht wirklich. So seltsam das auch für einen Menschen

21 Eine rosafarbene koffeinhaltige Kirschlimonade (Anm. d. Übers.).

aus dem Westen klingen mag, es war weitaus schändlicher für ihn, von einem Mindestlohn-Arbeiter zur Rechenschaft gezogen zu werden, als dabei erwischt zu werden, Limonade zu klauen. Also stritt er es ab und behauptete nachdrücklich: „Ich nehme Wasser!" Er füllte den Rest des Bechers mit Wasser und ging vom Tresen weg, als ob es absolut normal wäre, dass gewöhnliches Wasser sprudelte und eine dunkelrosa Farbe hatte.

Bei einer anderen Gelegenheit erntete einer meiner Cousins fröhlichen Spott vom Rest der Familie, weil er bei einem kleinen Versicherungsbetrug erwischt worden war. Um die Schande etwas abzumildern, machte mein Cousin aus der Angelegenheit eine lustige Geschichte für uns.

Er erzählte uns, wie er Angebote für seine Autoversicherung eingeholt und dabei herausgefunden hatte, dass er eine Menge Geld sparen könnte, wenn er lügen und der Versicherungsgesellschaft erzählen würde, dass er verheiratet sei. So dachte er sich eine lange Vorgeschichte dazu aus, wie er seine Frau kennengelernt hatte, was sie für ihren Lebensunterhalt tat, und sogar welche Eselsbrücke er benutzte, um sich ihren Geburtstag zu merken. Er wollte dem Vertreter erzählen, dass er leider keine Papiere habe, weil sie immer noch in Pakistan lebe. Als er genügend Details erfunden hatte, rief er bei einer Versicherungsgesellschaft an, überzeugte sie, dass er verheiratet sei, und sicherte sich den niedrigeren Tarif.

Nur ein anderes Familienmitglied und ich tadelten ihn dafür, und wir beide waren in Amerika geboren. Die Älteren lachten und sagten, dass wir uns entspannen sollten, weil die Versicherungsgesellschaften trotzdem noch genügend Geld hätten. Mein Cousin stimmte übermütig zu.

Über ein Jahr später hatte er einen Unfall mit Blechschaden und musste einen Pannenruf machen. Als er den Unfallhergang am Telefon schilderte, fragte ihn der Vertreter, ob seine

Frau bei ihm sei. Mit den Gedanken ganz beim Unfall antwortete er, dass er keine Frau habe. Unbeeindruckt fragte ihn der Vertreter, ob er jemals verheiratet gewesen sei, und mein Cousin antwortete: „Nein." Kurz danach wurde der Versicherungstarif meines Cousins entsprechend angepasst, sodass er nun etwa doppelt so viel zahlte wie vorher.

Als die Geschichte zu Ende war, brüllte die Familie vor Lachen. Weil er eine so gute Geschichte erzählt hatte, konnte er die Schande, beim Lügen erwischt worden zu sein, in die Ehre umwandeln, ein guter Geschichtenerzähler zu sein. Um die Alternative, nämlich das Richtige zu tun, ging es überhaupt nicht, geschweige denn um Schuld.

Das sind zwei recht harmlose Beispiele dafür, wie eine Schamkultur die Dinge anders bewertet als eine westliche Schuldkultur. Natürlich gibt es im Islam eine hoch entwickelte Auffassung von Moral, deshalb dürfen wir die Dinge nicht übermäßig vereinfachen und annehmen, dass Muslime machen, was sie wollen, wenn sie meinen, dabei nicht erwischt zu werden. Sicher ist allerdings, dass Schuld im Osten ein weniger bestimmender Faktor ist als Scham.

Um die Alternative, nämlich das Richtige zu tun, ging es überhaupt nicht, geschweige denn um Schuld.

Um auf die westlichen Muslime der zweiten Generation zurückzukommen, ist es nun vielleicht einfacher, den Spagat zwischen diesen beiden Kulturen zu verstehen. Wenn ein junger Muslim etwas tut, das gesellschaftlich nicht akzeptabel ist, wird er versucht sein, das zu vertuschen, und hat dann mit innerer Schuld zu kämpfen. Die natürliche orientalische Neigung, schändliche Wahrheiten zu vertuschen, verschärft die westliche Neigung, sich schuldig zu fühlen.

Für mich wurde das auf der Highschool zum großen Problem. Alle meine Freunde wussten, dass ich Muslim war und daher keine Beziehung zu einem Mädchen haben durfte. Ich hatte mein Bestes gegeben, um ein Botschafter für meine Kultur zu sein, indem ich anderen erzählte, dass ich mit der Vorstellung einer arrangierten Ehe zufrieden war. Und ich hatte auch wirklich kein Problem damit – bis ich begann, mich wirklich für Mädchen zu interessieren.

In der zwölften Klasse verliebte ich mich in ein Mädchen, das zugab, dass sie auch an mir interessiert war. Gemessen an den allgemeingültigen westlichen Maßstäben war das eine ziemlich unschuldige Beziehung mit Händchenhalten und romantischen Worten. Ich hielt sie jedoch trotzdem geheim, weil ich damit gegen meine orientalischen Maßstäbe verstieß und mich sehr schuldig fühlte. Nach einigen Wochen beendete ich die Sache wieder, obwohl ich immer noch Gefühle für sie hegte. Nicht lange danach begann sie eine Beziehung mit meinem besten Freund David. Meine Gefühle für sie waren unvermindert und nach einer Weile fühlte ich mich sehr schuldig, weil ich in die Freundin meines besten Freundes verliebt war. Ich bekannte David, dass ich eine geheime Beziehung mit ihr gehabt hatte, bevor die beiden zusammenkamen, und dass ich immer noch Gefühle für sie hatte.

Keiner meiner Freunde verstand, warum ich das vor ihnen verheimlicht hatte, am allerwenigsten David. Er fühlte sich von mir zutiefst betrogen, weil ich nicht offen zu ihm gewesen war und weil ich Gefühle für seine Freundin hegte. Das führte wenige Tage vor den Abschlussprüfungen zu einem Zerwürfnis zwischen David und mir, wobei alle meine Freunde auf der einen Seite standen und ich auf der anderen.

Wieder einmal stand ich ohne Freunde da, doch dieses Mal war ich zutiefst verletzt und völlig verwirrt. Was war passiert? Warum stand ich am Ende immer alleine da? Ich wusste, dass ich etwas falsch gemacht hatte, aber war es so falsch, dass ich es verdiente, alle meine Freunde zu verlieren? Ich ging auf keine

Abschlussparty, ich wurde zu keiner Reise mehr eingeladen, die wir für die Zeit vor dem College geplant hatten, ich konnte mich weder von meinen Freunden verabschieden, bevor sie aufs College gingen, noch mich mit ihnen treffen, wenn sie für die Ferien nach Hause kamen.

Hätte ich zu dieser Zeit mein eigenes Verhalten besser verstanden, hätte ich manches anders gemacht. Hätten sie mich verstanden, wären sie von meinen Geheimnissen weniger verletzt gewesen. Hätten wir all das gewusst – vielleicht hätte ich die Freunde meiner Kindheit heute noch.

Aber für mich und für die anderen, denen es wie mir geht, bestimmt die Spaltung zwischen Ost und West den ganzen Verlauf unseres Lebens.

Manche glauben, dass es keine kulturellen Unterschiede zwischen Ost und West gibt, dass alle Menschen die Welt auf die gleiche Art und Weise sehen. Andere betrachten die Unterschiede zwischen orientalischen und westlichen Denkmuster lediglich mit gewisser Neugier. Aber für mich und für die anderen, denen es wie mir geht, bestimmt die Spaltung zwischen Ost und West den ganzen Verlauf unseres Lebens. Genau deshalb hatte ich während meiner frühen Kindheit keine Freunde, und deshalb war ich wieder alleine, als ich in das Erwachsenendasein gestoßen wurde.

Glücklicherweise dauerte der schlimmste Schmerz nur einen Sommer lang. Einige Monate später, im August 2001, begann ich das College mit der Erwartung, mich selbst neu zu erfinden und neue Freunde zu gewinnen. Jedoch ereignete sich nur drei Wochen nach Collegebeginn eine neue Krise, und diese betraf unsere ganze Nation. Die Welt würde nie mehr die gleiche sein.

Kapitel 19

DIE RELIGION DES FRIEDENS

Es war am Anfang meiner vierten Woche an der Old Dominion University (ODU). Baji und ich besuchten beide aus demselben Grund die ODU: Es war die beste Universität in der Nähe unseres Zuhauses, und *Ammi* und *Abba* wollten uns nicht weiter fortgehen lassen. Wir fuhren oft zusammen, nur dienstags kam Baji nach mir, um nicht im Verkehr warten zu müssen. Ich musste um acht Uhr in meinem Anatomielabor sein.

Dieser Dienstagmorgen begann wie jeder andere. Ich war um 10.30 Uhr im Anatomielabor fertig und machte mich auf den Weg Richtung Webb Center, dem Studentenwerk an der ODU. Ich hatte bis zum Nachmittag frei, bis sich der Debattier-Club zum Üben traf. Ich war dem Team in der ersten Vorlesungswoche beigetreten und gespannt, ob ich meinen High School-Erfolg im College würde wiederholen können.

Als ich durch den Eingang des Studentenwerks schlenderte, eilte die Anführerin des Debattier-Clubs grade mit großen Schritten heraus. Ich hatte keine Ahnung, dass irgendetwas nicht stimmte, deshalb fragte ich: „Was ist los?“

Ohne stehen zu bleiben, sagte sie: „Der zweite Turm ist gerade eingestürzt." Verwirrt sah ich hinter ihr eine Menschenmenge vor den Fernsehern im Foyer stehen, also ging ich dorthin.

Die Nachrichtensender wiederholten immer wieder denselben Film, in dem der Nord- und der Südturm des World Trade Centers einstürzten. Immer wieder zeigten sie die Bilder davon, wie ein Flugzeug in einen der beiden Türme hineinstieß und beide Türme nacheinander in sich zusammenfielen. Es wirkte wie eine Szene aus einem Spielfilm, wir waren jedoch wie gelähmt von einem sehr realen Grauen.

Niemand rührte sich und niemand sagte etwas. Nach einigen Momenten klingelte mein Telefon. Es war *Abba*, seine Stimme klang ungewöhnlich gepresst. „Nabeel, wo bist du? Warum bist du nicht ans Telefon gegangen?"

„Ich bin an der Uni. Ich hatte keinen Empfang im Anatomielabor."

„Komm sofort heim! Ist Baji bei dir?"

„Nein, ist mit ihr alles in Ordnung?"

„Sie geht auch nicht ans Telefon. Such sie und komm dann sofort nach Hause."

Immer noch erschüttert von den Bildern versuchte ich, mir auf das alles einen Reim zu machen. „*Abba*, was ist passiert? Warum soll ich heimkommen?"

Überrascht fragte *Abba*: „Weißt du das denn nicht? Es hat einen Anschlag gegeben."

„Ja, aber warum soll ich deswegen nach Hause kommen?"

„Nabeel! Sie machen die Muslime dafür verantwortlich! Die Menschen werden emotional reagieren, und sie könnten das an dir oder Baji auslassen. Es ist deine Aufgabe, sie zu finden, dafür zu sorgen, dass sie in Sicherheit ist, und dann nach Hause zu kommen."

„Aber *Abba*, ich …"

Abba verschwendete keine weitere Zeit. „Nabeel! Tu, was ich sage! Ich muss Baji anrufen. Halte dein Telefon bereit." Damit legte er auf.

Ich sah die Menschen an, die vor den Fernsehern standen. Waren diese Menschen meine Feinde? Konnten sie mich wirklich verletzen? Die Gefahr bestand inzwischen nicht mehr nur im Fernsehen, sondern in meiner unmittelbaren Umgebung. Ich war zu einem Teil dieses makabren Spielfilms geworden und musste eine Rolle übernehmen. Schnell ging ich hinaus und rief Baji an.

Zu meiner großen Erleichterung hob sie ab. „*Assalaamo alaikum?*"

„Baji, weißt du nicht, was passiert ist? Wo bist du?"

„Doch, ich bin im Auto. Ich fahre grade nach Hause."

„Warum bist du nicht ans Telefon gegangen, als *Abba* dich angerufen hat?"

„Ich war gerade bei 7-Eleven und hab Fernsehen geguckt. Ein Polizist hat mich beiseite genommen. Er meinte, es wäre draußen vielleicht nicht sicher für mich, weil ich eine Burka trage. Er hat mir angeboten, mich zu meinem Auto zurückzubegleiten, und jetzt bin ich auf dem Weg nach Hause."

„Wirklich? Das war aber nett von ihm. Okay, fahr vorsichtig. Wir sehen uns gleich zu Hause!"

Den Rest des Tages klebten wir regelrecht vor dem Fernseher. *Abba* traf Vorkehrungen, um den Rest der Woche frei zu nehmen, und forderte uns auf, das Gleiche zu tun. Wir verließen das Haus nur einmal, und zwar um amerikanische Flaggen zu kaufen, die schnell ausverkauft waren. Wir brachten die Flaggen gut sichtbar an jedem Auto an sowie auf unserem Grundstück, und behielten für alle Fälle noch ein paar in der Garage.

Die Menschen sollten wissen, dass wir nicht der Feind waren, egal, was sie in den Nachrichten hörten.

Mein Vater empfand das nicht als Paranoia. Während der Operation Wüstensturm[22] waren Mitglieder meiner Familie ins Visier genommen und schikaniert worden. *Nani Ammi* war einmal an einer Tankstelle in New York nicht bedient worden, weil sie eine Burka trug. *Nani Ammi*, meine liebe, kleine Großmutter. Eine entfernte Tante war auf einem Parkplatz sogar angegriffen und in den Bauch geschlagen worden, während sie ihre Einkäufe erledigte. Und wirklich, nicht lange nach den Anschlägen vom 11. September wurde die Moschee, die am Rand der ODU lag, verwüstet und alle Fenster eingeschlagen. Ich kannte die Leute, die die Reparatur der Moschee bezahlten. Es waren gute, fleißige Menschen.

Einige Tage später stellte sich heraus, dass die Flugzeugentführer tatsächlich Muslime gewesen waren. Aber was für ein Islam war das?

Einige Tage später stellte sich heraus, dass die Flugzeugentführer tatsächlich Muslime gewesen waren und dass dieser Anschlag auf unsere Nation im Namen des Islams ausgeführt worden war. Aber was für ein Islam war das? Ganz offensichtlich nicht der Islam, den ich kannte. Freilich, ich hörte auch von Muslimen in fernen Ländern, die im Namen Allahs Gräueltaten verübten; das geschah jedoch in so weiter Ferne, dass ich hier keinen Widerspruch wahrnahm.

Das hier traf uns jedoch ganz persönlich. Es traf uns ins Herz.

In den nächsten Wochen wiederholten die Nachrichtensender unbarmherzig die Bilder von den einstürzenden Türmen. Wieder und wieder erhielt ich den Beweis, dass tausende unschuldige Menschen im Namen meines Gottes niedergemetzelt worden waren. Schließlich wurde es mir zu viel. Ich

22 Offensive der Anti-Irak-Koalition gegen den Irak während des Zweiten Golfkrieges (Anm. d. Übers.).

musste ein für alle Mal die Wahrheit über meinen Glauben herausfinden. Ich musste herausfinden, wie ich meinen Islam, eine Religion des Friedens, mit dem Islam im Fernsehen, einer Religion des Terrors, in Einklang bringen konnte.

In den folgenden zwölf Jahren habe ich gelernt, dass die Frage weitaus komplexer ist, als sie zuerst scheint. Als allererstes müssen wir den Begriff *Islam* definieren. Wenn wir mit *Islam* den Glauben von Muslimen meinen, dann kann der Islam eine Religion des Friedens oder eine Religion des Terrors sein, je nachdem, wie er gelehrt wird.

Im Westen wird den Muslimen normalerweise eine sehr pazifistische Version des Islams beigebracht. Genau wie Baji und ich lernen westliche Muslime, dass Muhammad nur Verteidigungsschlachten geschlagen habe und dass sich gewalttätige Verse im Koran auf spezielle, defensive Zusammenhänge bezögen. Der Dschihad wird hier als ein vorwiegend friedliches Unterfangen definiert, als ein innerer Kampf gegen die niederen Begierden des Einzelnen. Wenn man westliche Muslime nach ihrer Religion fragt, berichten sie ehrlich, was sie glauben: dass der Islam eine Religion des Friedens sei.

Im Orient sehen die Muslime den Islam oft weitaus weniger zahm. Sie lernen, dass der Islam allen anderen Religionen und Lebensweisen überlegen sei, und dass nach Allahs Wünschen der Islam auf der ganzen Welt verbreitet werden solle. Sie definieren Dschihad oft als vorwiegend physisches Unterfangen, als einen Kampf gegen die Feinde des Islams. Wenn diese Muslime nach ihrer Religion gefragt werden, berichten sie ehrlich, was sie glauben: dass der Islam die Welt beherrschen werde.

Wenn wir den Islam also anhand der Glaubensüberzeugungen seiner Anhänger definieren, kann er eine Religion des Friedens sein oder eben auch nicht. Aber wenn wir den Islam auf eher traditionelle Weise definieren, nämlich als ein System von

Glaubenshaltungen und Bräuchen, wie sie von Muhammad gelehrt wurden, dann ist die Antwort ziemlich eindeutig.

Die frühesten historischen Berichte zeigen, dass Muhammad Angriffskriegszüge[23] führte und durchaus Gewalt anwendete, um seine Ziele zu erreichen.[24] Er benutzte den Begriff *Dschihad* sowohl in geistlichem als auch in physischem Zusammenhang, jedoch hatte der physische Dschihad für Muhammad eine besondere Bedeutung.[25] Der friedlich ausgeübte Islam leitet sich aus späteren, westlichen Interpretationen von Muhammads Lehren ab, wogegen die gewalttätigeren Varianten des Islams tief in der Rechtgläubigkeit und Geschichte verwurzelt sind.[26]

---

23 Sogar die erste bedeutende Schlacht in der islamischen Geschichte, die Schlacht von Badr, war das Ergebnis von Muhammads Angriff gegen eine mekkanische Karawane, dem Nakhla-Überfall. Siehe *Sahih Bukhari* 5.59.287; A. Guillaume, trans., *The Life of Muhammad: A Translation of Ibn Ischaq's Sirat Rasul Allah* (New York; Oxford Universitay Press, 2002), S. 289

24 Übersetzt nach: *Sahih Bukhari* 1.2.25: Der Gesandte Allahs, Allahs Segen und Friede auf ihm, sagte: „Mir wurde befohlen, dass ich die Menschen solange bekämpfe, bis sie bezeugen, dass kein Gott da ist außer Allah, und dass Muhammad der Gesandte Allahs ist, und bis sie das Gebet verrichten und die Zakah entrichten. Wenn sie dies tun, so bewahren sie ihr Leben und ihre Güter vor mir, es sei denn, sie begehen eine nach dem Islam strafbare Handlung und ihre Rechenschaft ist (letzten Endes) bei Allah." (www.islamische-datenbank.de). Vgl. *Sahih Muslim* 19.4366: Es ist von Umar erzählt worden, dass er hörte, dass der Gesandte Allahs sagte: „Ich werde die Juden und die Christen von der Arabischen Halbinsel vertreiben und werde niemanden übrig lassen außer Muslime." Siehe auch Ibn Kathirs Buch *The Battles of the Prophet* und Koran 9,5; 9,29 und 9,111.

25 Wenn man die Abschnitte über den Dschihad in *Sahih Bukhari* liest, wird dieser Punkt deutlich, Band 4, Buch 52.

26 „Wenn man muslimische Literatur liest – zeitgenössische und klassische – kann man erkennen, dass der Beweis für die Vorrangstellung des geistlichen Dschihad nichtig ist. Heute ist es sicher, dass kein Muslim, der in einer nicht-westlichen Sprache (wie Arabisch, Persisch, Urdu) schreibt, jemals behaupten würde, der Dschihad sei vorwiegend

Selbstverständlich glauben Muslime im Westen und im Orient wie alle anderen Menschen nur das, was sie beigebracht bekommen. Selten findet eine kritische Untersuchung der historischen Ereignisse statt, und die wenigen, die diese Anstrengung unternehmen, gehen meist genauso vor wie ich in meinem „Theorie des Wissens"-Kurs: Man versucht, das zu verteidigen, was man bereits glaubt, und ignoriert oder unterschätzt dabei möglicherweise Hinweise auf das genaue Gegenteil. Das ist nur natürlich, weil es sehr schwierig ist, Überzeugungen zu verändern, die einem ans Herz gewachsen sind.

Das war bei mir der Fall. Ich wollte aus tiefstem Herzen die Wahrheit über den Islam erfahren, doch es würde so gut wie unmöglich werden, den Glauben meiner Kindheit alleine durch persönliche Nachforschungen auf den Prüfstand zu stellen. Ich würde auch weiterhin Wege finden, um schwierige Wahrheiten zu ignorieren. Was ich brauchte, war etwas, das mir meine Vorurteile nicht durchgehen ließ. Ich brauchte etwas, das mir meine schlechten Argumente erbarmungslos immer wieder vor Augen führte, immer und immer wieder, bis ich ihnen nicht mehr ausweichen konnte.

Ich brauchte einen Freund, einen intelligenten, unnachgiebigen, nicht-muslimischen Freund, der willens war, mich herauszufordern. Selbstverständlich musste er nicht nur mutig und hartnäckig genug sein, um mit jemandem wie mir zurechtzukommen, sondern ich musste ihn auch genug mögen und ihm vertrauen, um mit ihm über das zu sprechen, was mich am meisten bewegte.

---

gewaltlos oder würde durch den geistlichen Dschihad ersetzt. Solche Behauptungen werden nur von westlichen Gelehrten gemacht, hauptsächlich von solchen, die den Sufismus studieren und/oder im interreligiösen Dialog arbeiten, und von muslimischen Apologeten, die versuchen, den Islam in einer möglichst harmlosen Art darzustellen." (David Cook, *Understanding Jihad* [London: University of California Press, 2005], 165-66).

Ich ahnte nicht, dass uns Gott bereits miteinander bekannt gemacht hatte und ich bereits auf dem Weg war, der mein Leben für immer verändern sollte.

Teil 3

DAS NEUE TESTAMENT AUF DEM PRÜFSTAND

Oh Allah, die Bibel kann doch nicht Recht haben, oder?

Kapitel 20

EIN FREUND WIE EIN BRUDER

Es gibt einen einfachen Grund, warum ich Straßenpredigern nie zugehört habe: Sie schienen sich nie für mich zu interessieren. Es war nicht so, dass sie mich störten. Ich fand ihre Leidenschaft bewundernswert und ich schätze Leute, die für das einstehen, was sie glauben. Es war eher so, dass sie mich wie einen Punkt auf ihrer Agenda behandelten. Hatten sie eine Vorstellung davon, welche Auswirkungen ihre Botschaft auf mein Leben haben könnte? Kümmerte es sie überhaupt?

Natürlich gibt es auch Straßenprediger, die ihre Botschaft weitergeben und trotzdem freundlich grüßen, sich für die Sorgen anderer Leute interessieren und für persönliche Nöte beten, ich bin ihnen nur nie begegnet. Was ich sah, waren Männer, die an Straßenecken standen und die Öffentlichkeit mit ihren Überzeugungen behelligten. Ohne Zweifel erreichten sie so ein paar Menschen, weitaus mehr stießen sie jedoch von sich.

Leider habe ich gemerkt, dass viele Christen über Evangelisation genauso denken: Da drängt jemand irgendwelchen Fremden, denen er zufällig begegnet, seine christlichen Überzeugungen auf. Das Problem bei dieser Vorgehensweise liegt darin, dass das Evangelium eine radikale Lebensänderung fordert, und nicht viele Menschen lassen sich gerne von Fremden sagen, dass sie ihr Leben ändern müssen. Was wissen die schon über das Leben des jeweils anderen?

Wenn andererseits ein wahrer Freund genau die gleiche Botschaft mit aufrichtiger Ernsthaftigkeit weitergibt und über konkrete Umstände und Kämpfe spricht, dann wird die Botschaft laut und deutlich gehört.

Wirksame Evangelisation erfordert Beziehungen. Da gibt es nur wenige Ausnahmen.

In meinem Fall kannte ich keinen Christen, der sich ernsthaft um mich bemühte, keinen, der mit mir durch dick und dünn ging. Ich hatte eine Menge christlicher Bekannter und ich bin sicher, sie wären meine Freunde gewesen, wenn ich Christ geworden wäre; diese Art von Freundschaft ist jedoch an Bedingungen geknüpft. Es gab niemandem, den ich kannte, der sich bedingungslos um mich bemühte. Und weil sich kein Christ um mich kümmerte, kümmerte ich mich auch nicht um ihre Botschaft.

Wirksame Evangelisation erfordert Beziehungen. Da gibt es nur wenige Ausnahmen.

Aber das sollte sich nun langsam ändern.

Es dauerte einige Wochen nach dem 11. September, bis das Leben wieder einen Anschein von Normalität bekam. Baji und ich nahmen wieder am Unterricht teil, *Abba* ging seiner Arbeit nach und *Ammi* fühlte sich sicher genug, um Besorgungen zu erledigen. Obwohl der Islam im Rampenlicht der Nachrichten stand und ein generelles Misstrauen gegen Muslime in der Luft lag, war die Welle der emotionalen Übergriffe nicht so groß, wie wir erwartet hatten. Zwar war unsere Moschee mutwillig beschädigt worden und wir hörten immer wieder von anti-muslimischen Stimmungen, wir erfuhren jedoch von keinem einzigen körperlichen Angriff gegen Muslime. Wir fühlten uns sicher genug, um wieder in unser Leben zurückzukehren, und das war keinen Moment zu früh.

Der erste Debattier-Wettbewerb des Jahres lag vor uns. Die Debattier-Wettbewerbe im College waren im Unterschied zu den Wettbewerben an der Highschool mehrtägige Veranstaltungen, oft in anderen Bundesstaaten. Der erste Wettbewerb für unser Team sollte in West Chester, Pennsylvania, stattfinden.

Am Tag unserer Abfahrt beschloss *Ammi*, mich zur ODU zu bringen, um sich von mir zu verabschieden. Als wir an der geisteswissenschaftlichen Fakultät ankamen, kam einer der anderen Studenten aus dem Debattier-Club auf uns zu, um uns zu begrüßen. Ich hatte ab und an bei den Übungseinheiten mit ihm gesprochen, aber wir kannten uns nur flüchtig. Er stürzte auf uns zu und begann, mir mit meinem Gepäck zu helfen, während er sich *Ammi* vorstellte.

„Hi, Mrs. Qureshi. Ich bin David Wood."

Ammi war erfreut, jemanden aus dem Team kennenzulernen, bevor sie mich sonstwohin schickte. „Hallo David, freut mich. Reist du zusammen mit Nabeel?"

„Ja. Er hat mir erzählt, dass Sie etwas beunruhigt sind, aber wir passen gut auf ihn auf. Machen Sie sich keine Sorgen."

Das war das Beste, was David *Ammi* hätte sagen können. „Nabeel, ich sage dir, das ist ein guter Junge. Bleib in seiner Nähe!"

„*Acha, Ammi*, das mache ich."

„Nimm dein Telefon mit, okay, Nabeel? Ruf mich an, wenn du im Hotel angekommen bist, damit ich weiß, dass es dir gut geht und du mir deine Hotelzimmernummer geben kannst."

„*Acha, Ammi*, ist in Ordnung. Es wird schon alles gutgehen. Mach dir keine Sorgen."

Ammi zu sagen, dass sie sich keine Sorgen machen solle, war so, als würde man ihr sagen, dass sie aufhören solle zu atmen, deshalb überhörte sie es einfach. „Und vergiss nicht, auch *Abba* anzurufen, damit er weiß, dass es dir gut geht."

„*Acha, Ammi!*"

Ammi sah David an. „Erinnere Nabeel daran, dass er uns anrufen soll. Er ist sehr vergesslich."

David konnte sich das Grinsen nicht verkneifen. „Ich werde dafür sorgen!"

Schließlich war *Ammi* zufriedengestellt. „Danke, David. Ich bin so froh, dass ich einen von Nabeels Freunden kennengelernt habe. Nach der Reise musst du einmal zum Essen zu uns nach Hause kommen. Dann koche ich ein typisches pakistanischen Essen für dich."

Ohne zu zögern, sagte David: „Das lasse ich mir nicht zweimal sagen. Danke, Mrs. Qureshi!"

„Okay Jungs, viel Spaß. Benimm dich! Nabeel, ruf mich an. Und vergiss nicht, die *Salat* zu beten!"

Ammi nahm mein Gesicht in beide Hände und küsste mich auf die Wange, wie sie es getan hatte, als ich vier Jahre alt war, nur, dass ich mich jetzt zu ihr hinabbeugen musste. David platzte fast vor unterdrückter Schadenfreude und erwartete, dass mich *Ammis* Liebesbezeugungen verlegen machen würden. Aber das war normal in unserer Familie und ich genoss es eher, so viel Liebe von ihr zu bekommen.

Als sie zum Auto zurückging, rief sie mir noch den traditionellen pakistanischen Abschiedsgruß zu: „*Khuda hafiz, beyta.*" Möge Gott dich beschützen.

„*Khuda hafiz, Ammi.* Hab dich lieb."

Als sie aus der Parklücke fuhr, starrte mich David nur mit einem komischen Grinsen auf dem Gesicht an.

„Was?"

„Ach, nichts, nichts. Sie weiß schon, dass du nur für drei Tage weg bist, oder?"

„Ja, aber ich bin nicht oft weg von zu Hause." Ich nahm einige Taschen und machte mich auf den Weg ins Gebäude, um die anderem aus dem Team zu treffen.

„Aha." David nahm die restlichen Taschen und folgte mir noch immer grinsend. „Hey, weißt du was? Es ist schon eine Weile her, dass du mit deiner Mutter gesprochen hast. Du solltest sie wirklich anrufen."

Ich blieb stehen und funkelte David an, dann drehte ich mich um und sah die Hauptstraße hinunter. *Ammi* war noch immer dort und wartete an einer roten Ampel, um links abzubiegen. Sie beobachtete uns, wie wir in das Gebäude gingen.

Gespielt boshaft drehte ich mich zu David um und sagte „Weißt du was? Das mache ich. Danke, David, für deine aufrichtige Anteilnahme an meinem Verhältnis zu meiner Mutter." Ich zog mein Telefon heraus und rief *Ammi* an. David kicherte.

Und das war der grandiose Beginn unserer Freundschaft, bei dem wir die Nettigkeiten einfach übersprangen und direkt zu brüderlicher Neckerei übergingen. In der darauffolgenden Zeit behaupteten viele, dass David und ich das genaue Gegenteil des jeweils anderen waren. Wir waren beide genau gleich groß – 190 cm – aber ich hatte dunkle Haut und schwarze Haare, während David helle Haut und blonde Haare hatte. Ich wog schlanke 79 Kilo, während David mühelos 20 Kilo Muskeln mehr hatte als ich. Ich achtete sehr sorgfältig auf meine äußere Erscheinung, während David Jeans und T-Shirts vorzog. Ich hatte eine verhätschelte Kindheit gehabt, während David in einer Wohnwagensiedlung aufgewachsen war und eine raue Vergangenheit hinter sich hatte.

Doch der größte Unterschied war mir nicht bewusst. David war ein Christ mit festen Überzeugungen und hatte die letzten fünf Jahre seines Lebens damit verbracht, die Bibel zu studieren und zu lernen, wie man Jesus nachfolgt. Obwohl das Evangelium seine Leidenschaft war, bombardierte er mich nicht sofort mit seinen Überzeugungen. Die Diskussionen ergaben sich vielmehr ganz natürlich, nachdem wir Freunde geworden waren und im Rahmen unseres gemeinsamen Lebens. Tatsächlich war ich derjenige, der das Thema zur Sprache brachte.

Kapitel 21

MEINE AUGEN ÖFFNEN

Die Fahrt nach West Chester war ein Riesenspaß. Alle in der Mannschaft lernten einander kennen, bereiteten sich auf ihre Debatten vor, erzählten sich gegenseitig ihre Lebensgeschichten und lachten miteinander. Es war für mich eine sehr aufschlussreiche Erfahrung, weil ich hier zum ersten Mal Leute näher kennenlernte, die alle völlig unterschiedliche Lebensstile und Gedanken hatten. Ein Mädchen aus der Mannschaft trat für die Legalisierung von Drogen ein, einer der Jungs lebte mit seiner Freundin zusammen und ein anderer Junge zusammen mit seinem Freund.

„Willkommen im College", dachte ich.

Zum Abendessen hielten wir an einem italienischen Restaurant in Maryland. Die Kellner bereiteten einen Tisch vor, an dem wir alle Platz hatten und der sich neben der Küche befand, sodass wir eine gute Sicht auf alle Köche hatten. David und ich hatten die vergangenen Stunden damit verbracht, uns besser kennenzulernen. Wir beschlossen, beim Abendessen nebeneinander zu sitzen und uns eine Pizza zu teilen.

David hatte eine recht gute Menschenkenntnis, und er erkannte schnell, dass ich von scherzhaften Kommentaren nicht beleidigt bin. Im Gegenteil, ich schätze es immer, wenn Menschen bei mir ihre Masken ablegen und völlig ungefiltert sprechen. Politisch korrekt muss man nur bei Bekannten sein, nicht bei Freunden.

Während wir also die Speisekarte lasen, drehte er sich scheinbar besorgt zu mir um und sagte: „Nabeel, da du bestimmt Heimweh hast, habe ich nach einer Pizza gesucht, die dich vielleicht aufmuntert. Leider haben sie nur eine mediterrane Pizza, keine orientalische."

Unbeeindruckt antwortete ich: „Du hast Glück, denn für dich haben sie eine weiße Pizza. Die schmeckt bestimmt fade und geschmacklos. Du wirst sie lieben."

David lachte. „Du bist mir ja einer. Ich hoffe, das ist ein wirklich typisches Restaurant. Es gibt eine Möglichkeit, das herauszufinden, musst du wissen."

„Ach ja?"

„Ja, pass mal auf." Und damit drehte sich David zur Küche und rief: „Hey, Toni!"

Sofort sahen drei der Köche in unsere Richtung und wir fingen an, hysterisch zu lachen. „David, bei deiner nächsten Aktion warte bitte, bis sie unser Essen fertig haben!"

So verlief der Abend in fröhlicher Unbekümmertheit. Als wir schließlich im Hotel ankamen, teilte uns unser Trainer mit, dass es für die vier Jungs zwei Zimmer gab, die wir uns teilen mussten. Es verstand sich von selbst, dass David und ich ein Zimmer zusammen belegten.

Der Rest der Mannschaft wollte ausgehen und feiern. Die meisten wollten zum Trinken oder Tanzen in eine Bar in der Nähe gehen, während andere nach einem passenden Ort suchten, wo sie verschiedene Sachen rauchen konnten. Ich hatte mich nie auf solche Aktivitäten eingelassen und wollte damit auch gar nicht erst anfangen. David beschloss ebenfalls, nicht mitzugehen, was mich neugierig machte. Ich fragte mich, was ihn vom Rest der Mannschaft unterschied und mir ähnlicher machte.

Ich musste nicht lange warten, um das herauszufinden.

Während ich meine Sachen auspackte, setzte sich David in einen Sessel in der Ecke des Raumes und streckte die Füße aus. Er zog seine Bibel hervor und begann zu lesen.

Ich kann kaum beschreiben, wie verblüfft ich darüber war. Noch nie in meinem Leben hatte ich jemanden gesehen, der in seiner Freizeit die Bibel las. Ich hatte nicht einmal davon gehört, dass es so etwas überhaupt gibt. Natürlich wusste ich, dass Christen die Bibel verehren, aber ich nahm an, dass alle im Herzen wussten, wie sehr sie im Laufe der Zeit verändert worden war und dass es keinen Sinn hatte, darin zu lesen.

Als ich feststellte, dass David Christ war, schloss ich sofort daraus, dass er besonders verblendet sein müsse. Da wir völlig offen miteinander waren, fragte ich ihn einfach.

„Also David“, begann ich, während ich meine Sachen weiter auspackte, „bist du ein … Hardcore-Christ?“

David sah amüsiert aus. „Ja, ich glaube schon.“

„Dir ist aber klar, dass die Bibel verfälscht wurde, oder?“

„Ach ja?“

„Ja. Sie wurde im Lauf der Zeit verändert. Das weiß doch jeder.“

David war nicht überzeugt, interessierte sich aber ernsthaft dafür, was ich zu sagen hatte. „Wie kommt das?“

„Naja, es ist offensichtlich. Schau dir einmal an, wie viele Bibeln es gibt. Es gibt die *King James Version*, die *New International Version*, die *Revised Standard Version*, die *New American Standard Bible*, die *English Standard Version*[1], und wer weiß,

1 Beispiele für deutsche Bibelversionen: *Elberfelder, NeÜ, Luther, Schlachter, Gute Nachricht, Hoffnung für alle, Neue Genfer Übersetzung* usw. (Anm. d. Übers.).

wie viele andere noch. Wenn ich genau wissen will, was Gott gesagt hat, wie soll ich wissen, welche Bibel ich nehmen soll? Sie sind alle unterschiedlich."

„Okay. Hältst du die Bibel nur aus diesem einzigen Grund für nicht vertrauenswürdig?" Davids Ruhe und seine beherrschte Antwort verwunderten mich. Normalerweise reagierten die Menschen überraschter.

„Nein, es gibt massenhaft Beweise."

„Okay, ich höre."

Ich wandte mich von meinem Koffer ab und sammelte meine Gedanken. „Es hat Zeiten gegeben, als Christen ganze Abschnitte der Bibel herausnahmen, die ihnen nicht passten, und Sachen hinzufügten, die sie dort haben wollten."

„Was, zum Beispiel?"

„Ich kenne die genauen Belegstellen nicht, aber ich weiß, dass sie die Dreieinigkeit zur Bibel hinzufügten. Später, als sie dafür zur Rede gestellt wurden, entfernten sie die Stelle wieder."

„Oh, ich weiß, wovon du sprichst. Du meinst 1. Johannes 5."

Ich hatte keine Ahnung, was „1. Johannes 5" bedeutete, aber ich sprang ihm fast ins Gesicht, weil er den Fehler eingestand. „Du hast es also die ganze Zeit gewusst!"

„Ich weiß, was du meinst, aber ich glaube, du siehst das nicht richtig."

„Inwiefern?"

„Die Christen fügen nicht einfach Dinge hinzu oder nehmen sie raus, als gäbe es da eine große Verschwörung von Menschen, die den Text der Bibel kontrollieren. Stell dir doch nur mal für eine Sekunde vor, dass jemand Sachen hinzufügen wollte. Wie, glaubst du, könnte er alle Bibeln auf der Welt verändern?"

„Naja, vielleicht nicht alle", gab ich zu, während ich zu meinem Bett ging und mich David gegenüber hinsetzte, „aber es wäre ausreichend."

„Wofür ausreichend?“

„Um den Text erfolgreich zu verändern.“

Er sah unbeeindruckt aus. „Nabeel, willst du mir weismachen, die Christen überall auf der Welt würden zulassen, dass irgendjemand ihre heiligen Texte verändert ... und dass eine solch massive Veränderung im Lauf der Geschichte niemals aufgedeckt worden wäre? Also wirklich.“

__Manuskript:__ eine physische Kopie eines Textes, entweder in Teilen oder als Ganzes.

„Nicht auf der ganzen Welt, aber ich kann mir vorstellen, dass jemand in einer bestimmten Region damit durchkommt.“

„Du stimmst mir also zu, dass, wenn in einem bestimmten Teil der Welt Abschnitte hinzugefügt woden wären, anderswo in der Welt Bibeln ohne diese Zusätze existieren müssten?“

„Ich denke schon.“

„Also, da hast du es“, sagte er bestimmt. „Das erklärt die unterschiedlichen Versionen der Bibel und das Problem mit 1. Johannes 5.“

„Äh, was?“ Ich fühlte mich, als hätte ich mit David eine Partie Schach gespielt und David hätte mich unerwartet „schachmatt“ gesetzt.

„Die Tatsache, dass es auf der ganzen Welt **Manuskripte** der Bibel gibt, bedeutet, dass wir sie miteinander vergleichen und sehen können, welche Veränderungen vorgenommen wurden. Das ist ein Bereich in der Bibelforschung, der ‚Textkritik‘ genannt wird. Wenn irgendetwas verändert wurde, wie der Vers über die Dreieinigkeit in 1. Johannes 5, dann können wir die Abänderung leicht finden, indem wir die Stellen mit anderen Manuskripten vergleichen. Das erklärt die größeren Unterschiede zwischen verschiedenen Bibelversionen. Aber du darfst das nicht falsch verstehen; es gibt nur eine Handvoll größerer Unterschiede.“

„Und was ist mit all den geringfügigen Unterschieden?"

„Also, das sind zum größten Teil nur stilistische Unterschiede in der Übersetzung. Es gibt auch verschiedene Koranübersetzungen, nicht wahr?"

„Ja, aber alle wurden auf Grundlage des arabischen Texts übersetzt, nicht aus anderen Sprachen."

„Das ist mit der Bibel auch so. Die meisten Unterschiede zwischen einzelnen Bibelversionen haben lediglich mit der Übersetzung zu tun, nicht mit dem zugrundeliegenden hebräischen oder griechischen Text."

Ich ließ alle diese neuen Informationen erst einmal auf mich wirken und begann, David in einem neuen Licht zu sehen. Woher hatte er alle diese Informationen? Warum hatte ich bisher nichts davon gehört? Ich konnte es kaum glauben.

Meine Skepsis gewann die Oberhand. „David, das glaube ich dir nicht. Ich muss das selbst sehen."

Er lachte. „Gut! Du hättest mich enttäuscht, wenn du dich nicht weiter damit befassen würdest. Aber wenn du es anfängst, dann richtig!"

Ich stand auf und ging wieder zurück zu meinem Koffer. „Ach, keine Sorge. Darauf kannst du dich verlassen ..."

Nachdem ich mit dem Auspacken fertig war, konzentrierten wir uns auf die letzten Vorbereitungen für den Wettbewerb. Die ganze Zeit musste ich über unser Gespräch nachdenken. Ich war immer noch völlig davon überzeugt, dass die Bibel verfälscht war, aber hier musste ich mich mit stärkeren Argumenten auseinandersetzen, als ich bisher gehört hatte. Ich freute mich darauf, nach Hause zu kommen und mich intensiver mit der Materie zu beschäftigen.

Kapitel 22

TEXTEVOLUTION

Bald waren wir wieder am College und holten den Unterricht nach. David studierte die Fächer Biologie und Philosophie und ich bereitete mich auf ein Medizinstudium vor. Es stellt sich heraus, dass wir zwei Fächer gemeinsam hatten: Chemie und Evolutionstheorie.

Manchmal war es gut, dass wir gemeinsam Unterricht hatten. David und ich lernten regelmäßig gemeinsam Chemie im beiderseitigen Einvernehmen, dass zwischen uns Krieg herrschte. Wir versuchten uns gegenseitig zu übertreffen. Nach jeder Prüfung hängte unser Professor die Noten außerhalb des Hörsaals aus und David und ich stießen einander förmlich aus dem Weg, um sie einzusehen. Wegen unseres freundlichen Wettstreits hatten David und ich immer die besten Noten des Kurses.

Bei anderer Gelegenheit war es nicht so gut, dass wir zusammen Unterricht hatten. In Evolutionstheorie konnten wir nur schlecht aufpassen. Die Dozentin gab sich keine Mühe, ihren Atheismus zu verbergen, und ihre Randbemerkungen amüsierten uns oft. Als überzeugte Theisten fanden wir die meisten atheistischen Argumente belanglos und nicht aussagekräftig. Immer, wenn unsere Professorin etwas ansatzweise Atheistisches sagte, drehten wir uns zueinander um und machten Witze darüber ... oder über sie. Schließlich waren wir Collegestudenten.

Eines Tages wandte sie sich nach einer kurzen pro-atheistischen Tirade wieder der Taxonomie zu, der Klassifikation aller lebenden Wesen in Reich, Stamm, Klasse, Ordnung, Familie, Gattung und Art. Ich lehnte mich zu David hinüber und flüsterte: „Nach eingehender Beobachtung komme ich zu dem Schluss, dass ihr Haar ein eigenständiges Leben hat. Ich versuche gerade herauszufinden, in welchen Stamm ich es einordnen soll."

Es gab auch Ansätze aus der Evolutionstheorie in den Argumenten, die ich gegen die Bibel benutzte.

David antwortete ernsthaft: „Das ist wirklich kniffelig, Nabeel. Es hat anscheinend Selbstverteidigungsmechanismen entwickelt, die an die von Skorpionen erinnern. Was meinst du?"

„Sehr scharfsinnig, David. Ich hätte gesagt, es sieht eher aus wie Moos oder Flechten, aber jetzt, wo du es sagst, könnte es auch sehr gut ein fühlendes Wesen sein."

Die nächsten Minuten versuchten wir, uns das Lachen zu verkneifen, und diese Art von ungezogenen Scherzen brachte mich schließlich dazu, den Evolutionskurs abzubrechen. Wir konnten uns einfach nicht konzentrieren, wenn wir zusammen waren.

Während meiner Collegezeit lernte ich, dass sich die Evolutionstheorie in viele Bereiche eingeschlichen hatte: Biologie, Soziologie, Anthropologie, Kommunikationswissenschaft, Psychologie und sogar Religionswissenschaft. Tatsächlich gab es auch in den Argumenten, die ich gegen die Bibel benutzte, Ansätze aus der Evolutionstheorie. Ich behauptete, dass sich die Bibel im Laufe der Zeit verändert habe, weil die jeweiligen Machthaber sie entsprechend ihrer Ziele verfälscht hätten. Später brachte ich ein evolutionäres Modell für die Entstehung der Evangelien vor, dass nämlich das früheste Evangelium, Markus, eine viel menschlichere Sicht auf Jesus habe als die späteren Evangelien und dass sich die Göttlichkeit Jesu in den Evangelien allmählich entwickelt hätte.

Aber zu diesem Zeitpunkt konzentrierten David und ich uns auf den ersten Punkt, die inhaltliche Richtigkeit der Bibel, speziell des Neuen Testaments. Wie die meisten Muslime befasste ich mich bei Weitem nicht so intensiv mit dem Alten Testament wie mit dem Neuen Testament. So wie ich es sah, stimmte das Alte Testament weitgehend mit dem Koran überein: Es führt viele Propheten auf, die auch im Koran vorkommen; es zeigt, wie die Propheten gegen Polytheisten kämpften; und es sagt nichts über die Dreieinigkeit. Das Neue Testament dagegen widerspricht muslimischen Glaubensinhalten, deshalb diskutierten wir darüber.

Eines Tages nach einer Chemiestunde führten David und ich unsere Diskussion über das Neue Testament fort. „Also, David, ich habe mich etwas näher mit der Textkritik beschäftigt und ein Problem gefunden."

„Und zwar?"

„Es sieht so aus, als hätte ich Recht, dass ganze Abschnitte der Bibel Hinzufügungen sind. Bibelgelehrte sagen, dass das Ende von Markus nicht im Urtext stand, ebenso wenig die Geschichte in Johannes über die Frau, die beim Ehebruch ertappt wurde.[2] Du weißt schon, die Geschichte, wo Jesus sagt: ‚Wer von euch ohne Sünde ist, werfe als erster einen Stein auf sie'?"

„Ja, ich kenne die Geschichte. Du hast Recht, sie sind nicht im Urtext enthalten. Worauf willst du hinaus?"

---

2 Markus 16,9-20; Johannes 7,53-8,11.

Ich war überrascht, dass er diesen Punkt so bereitwillig eingestand. „Siehst du das nicht als Problem an? Ich meine, ganze Teile der Bibel sind gar nicht wirklich Gottes Wort."

„Ich weiß, was du meinst, aber nein, das ist kein Problem. Verstehst du nicht? Grade weil wir diese Zusätze identifizieren können, heißt das, dass wir auch Veränderungen feststellen können."

„Das ist richtig, aber unabhängig davon, ob man es feststellen kann, es bedeutet, dass die Bibel verändert wurde."

„Spätere Manuskripte, ja. Aber was ist dabei, wenn ein späteres Manuskript Veränderungen aufweist? Man würde doch eine spätere Abschrift nicht für genauer halten als eine frühere. Die frühen Manuskripte zählen, und wir haben viele frühe Schriften des Neuen Testaments ohne diese Zusätze."

Ich bedachte seinen Einwand sorgfältig. „Wie viele und wie früh?"

„Also, wir haben viele Manuskripte aus dem zweiten Jahrhundert im griechischen Original und Dutzende mehr aus dem dritten Jahrhundert. Wir besitzen auch noch zwei vollständige Neue Testamente aus dem frühen vierten Jahrhundert.[3] Wenn du wissen willst, wie sehr sich die Bibel vom vierten bis zum 21. Jahrhundert verändert hat, musst du nur die Manuskripte nehmen und vergleichen."

Das war ein interessanter Vorschlag. Damit war jede Spekulation aus der Diskussion entfernt. Ich versicherte mich, dass ich ihn richtig verstanden hatte. „Du willst also sagen, dass wir heutzutage vollständige Bibeln aus den ersten drei Jahrhunderten haben?"

„Jawohl."

„Und wie sehr unterscheiden sie sich von den heutigen Bibeln?"

3 *Codex Sinaiticus* und *Codex Vaticanus.*

David sah mir direkt in die Augen. „Nabeel, die modernen Übersetzungen haben diese Manuskripte als Grundlage."[4]

Ich dachte über seine Worte nach, aber die Tatsache, dass es mehrere Versionen gab, ließ mir keine Ruhe. Es bedeutete, dass der Wortlaut der Bibel nicht festgelegt war. „Sind die genauen Worte nicht wichtig, David? Als Muslim glaube ich, dass der Koran exakt so ist, wie er Muhammad diktiert wurde. Nicht ein einziges Wort wurde jemals verändert.[5] So, wie du es sagst, scheinst du zu glauben, dass die genauen Worte der Bibel nicht von Bedeutung sind."

„Die Worte sind von Bedeutung, aber nur in dem Sinn, dass sie eine Botschaft ausdrücken. Die Botschaft hat Priorität. Darum kann die Bibel übersetzt werden. Wenn die Inspiration an die Worte selbst gebunden wäre statt an ihre Botschaft, dann könnten wir niemals eine Bibel übersetzen, und wenn wir sie nicht übersetzen können, wie sollte es dann ein Buch für alle Menschen sein?"[6]

Ich weiß nicht, ob David meine Sicht von der Inspiration des Korans infrage stellen wollte, aber das, was er sagte, ergab einen Sinn.

---

4 Die *King James Version* ist ein Beispiel für eine Bibel, die keine moderne Übersetzung ist. Ihre Grundlage ist der *Textus Receptus*, ein griechischer Text, der älter ist als wichtige neuere Manuskriptfunde. Trotzdem unterscheiden sich moderne Übersetzungen und solche, die auf dem *Textus Receptus* basieren, nicht sehr, und sie beinhalten mit Sicherheit keine lehrmäßigen Unterschiede.

5 Das ist ein weiterer häufiger Irrtum unter Muslimen. Siehe Kapitel 42 „Hadith und die Geschichte des Korans."

6 Christen glauben durchaus an die Verbalinspiration der Bibel, d.h. sie ist ebenfalls Wort um Wort, Buchstabe um Buchstabe inspiriert (vgl. Mt 5,18). Jedes einzelne Wort hat göttliche Bedeutung und Übersetzungen sollten sich daher immer am Urtext orientieren. Jedoch ist die Bedeutung nicht auf den Buchstaben der Urtexte beschränkt, so dass Gott durch gute Übersetzungen genauso zu den Menschen spricht wie durch die Originale.

Während ich schweigend über seine Sichtweise nachdachte, fuhr er fort: „Nabeel, ich meine, wir sollten für einen Moment einen Schritt zurückgehen und das etwas umfassender betrachten. Du willst behaupten, dass die Bibel unwiederbringlich verändert wurde. Aber da musst du etwas genauer werden. Es gibt 66 Bücher in der Bibel; über welchen Teil sprichst du? Wann wurde er verändert, und wie? Handelte es sich um gravierende Veränderungen?"

Ich blieb still. Meine Lehrer hatten mir nie irgendwelche Einzelheiten beigebracht. Sie wiederholten nur immer wieder, dass die Bibel verändert worden sei. Ich schwieg weiterhin.

„Wenn du meinst, dass es eine gravierende Veränderung gab, dann solltest du dafür Indizien vorbringen. Eine Vermutung reicht nicht. Du brauchst einen Beweis."

Obwohl das, was David sagte, einen klaren Sinn ergab, wollte ich mich nicht in die Ecke drängen lassen. „Wie gesagt, das Ende von Markus, eine Geschichte in Johannes und der Zusatz in 1. Johannes 5 über die Dreieinigkeit sind alles Beispiele dafür, wie die Bibel verändert wurde."

„Und ich sagte dir, dass kaum noch ein Wissenschaftler diese Abschnitte als Teile der Bibel betrachtet. Du musst mir eine größere Veränderung in einem Text zeigen, den wir gegenwärtig als Teil der Bibel ansehen."

Ich kämpfte weiter. „Was wäre, wenn es noch andere Abschnitte gäbe wie diese drei, die wir bisher nur noch nicht gefunden haben?"

„Das ist wieder nur eine Hypothese, Nabeel. ‚Was wäre, wenn' ist kein gutes Argument. Wie lautet die Behauptung? Wo ist der Beweis? Wenn es keine Einzelheiten gibt, gibt es auch kein Argument."

Es war klar, dass ich ins Schwimmen geriet. David lehnte sich zurück und zog das Fazit: „Als die Bücher des Neuen Testaments geschrieben wurden, verbreiteten sie sich sehr schnell. Sie wurden viele Male kopiert, wobei die Kopien weit weg zu anderen Christen geschickt wurden, damit auch diese die Schriften lesen konnten. Nachdem sie sie gelesen hatten, kopierten auch diese Christen die Bücher oft, bevor sie sie weiterschickten. Wie kann bei dieser Art der Verbreitung von Texten ohne zentrale Kontrolle der Text einheitlich und nicht nachweislich verändert werden? Wie kann jemand die Worte korrumpieren? In den ersten Jahrhunderten nach Christus gab es niemanden, der Kontrolle über die Christenheit hatte. Wir haben dutzende Manuskripte, die aus der Zeit davor stammen, und es sind genau die gleichen wie die Bibeln von heute. Es gibt einfach kein denkbares Modell dafür, wie das Neue Testament wesentlich verändert wurde, zumindest kein Modell, das mit den historischen Tatsachen übereinstimmt."

„Es gibt kein denkbares Modell dafür, wie das Neue Testament wesentlich verändert wurde."

Ich lenkte vorerst ein. „In Ordnung. Lass mich das ein wenig verdauen." David hatte meine Meinung nicht geändert, weil ich tief im Innersten wusste, dass die Bibel verfälscht war. Aus irgendeinem Grund konnte ich jedoch nicht sagen, wie. Ich begann, mich ernsthaft damit auseinanderzusetzen.

In der Zwischenzeit beschloss ich, einen anderen Ansatz auszuprobieren: zu leugnen, dass die Bibel überhaupt jemals vertrauenswürdig gewesen war.

Kapitel 23

ZURÜCK ZUR ZUVERLÄSSIGKEIT

Kurze Zeit später nahm David *Ammis* Einladung wahr und besuchte uns zu Hause. Als ich ihm die Haustür öffnete, ging er schnurstracks auf den Kühlschrank zu, was *Ammi* schrecklich amüsierte. Sie fand es liebenswert.

Aber wenn er zuerst seine Nase benutzt hätte, hätte er sich nicht um den Kühlschrank gekümmert. *Ammi* liebte es, für Gäste zu kochen, und wie es ihre Gewohnheit war, wartete auf dem Tisch ein Festmahl für uns. Sie hatte *Lammkorma* vorbereitet, *Ziegenbiryani*, *Hühnchenmakhani*, *Rindernihari* und vieles mehr. Bestimmt gab es auch Gemüse, aber das ignorierte ich immer.

Als wir uns zum Essen setzten, sah David glücklich verwirrt aus. Wir begannen mit *Nihari*, einem köstlichen Rindercurry, aber es gab kein Essbesteck am Tisch. Ich zeigte David, wie man mit *Roti* isst, indem ich das Fladenbrot mit den Fingern zerriss und damit Essensstücke aufschaufelte. David machte es mir vorsichtig nach. Er stand die Mahlzeit ohne irgendwelche Unfälle durch, weshalb ich mir die Frage stellte, ob Gott wohl die ganze Zeit mit ihm war.

Bald darauf waren wir im Wohnzimmer, lagen auf den Sofas und sonnten uns in der angenehmen Erinnerung an unser

Festessen. David lag auf dem Rücken und starrte an die Decke. Obwohl er zum Chemielernen gekommen war, stellte ich fest, dass er keinen Angriff meinerseits erwartete und dass es daher der perfekte Zeitpunkt war, ihn wegen der Zuverlässigkeit des Neuen Testaments zu bedrängen.

„Einfach mal angenommen", verkündete ich von meiner Chaiselongue aus, „ich würde akzeptieren, dass das Neue Testament nicht verändert wurde."

„Hallelujah", murmelte er, ohne einen Muskel zu bewegen.

„Selbst wenn es nicht verändert wurde, ist es dadurch nicht automatisch vertrauenswürdig. Mit anderen Worten, wie kann ich wissen, dass das stimmt, was darin steht?"

David drehte sich in gespielter Verwunderung zu mir um. „Aber Nabeel! Wie kannst du so etwas sagen? Sagt nicht der Koran, dass ***Indschil*** das Wort Allahs ist?" Offenkundig hatte sich David mit dem Islam beschäftigt, deshalb konnte er mich besser verstehen. Und er hatte Recht. Meine Sichtweise war unter Muslimen nicht üblich, die oft glauben, dass die Evangelien des Neuen Testaments das *Indschil* darstellen.

„Ich bin nicht überzeugt davon, dass der Koran über die Evangelien des Neuen Testaments spricht. Vielleicht bezieht er sich auf ein anderes Buch, das Jesus empfangen hat, eines, das wir vielleicht nicht mehr haben." Das war eine Theorie, die ich bei muslimischen Debattenführern gehört hatte.

Indschil: *das Buch, von dem Muslime glauben, dass Allah es Jesus gegeben hat; oft wird angenommen, dass es sich dabei um die Evangelien des Neuen Testaments handelt.*

David dachte darüber nach. „Also, ich komme noch auf deine Frage zurück, aber zuerst frage ich mich, ob du nach Möglichkeiten suchst, das Neue Testament anzuzweifeln. Die einzigen Evangelien, die kurz nach der Zeit von Jesus entstanden sind, sind die Evangelien des Neuen Testaments."

„Moment“, warf ich ein. David stellte eine kühne Behauptung auf und ich wollte sichergehen, dass wir uns richtig verstanden hatten. „Willst du sagen, dass die Evangelien des Neuen Testaments früher entstanden sind als die ganzen anderen Berichte über das Leben Jesu?“

„Ja. Alle anderen Berichte über das Leben Jesu sind viel später entstanden.“

„Aber ich habe gehört, dass es viele verschiedene Evangelien gab und dass die Christen beschlossen, lediglich diese vier in die Bibel aufzunehmen.“

„Es gab zwar andere Evangelien, aber sie entstanden alle viel später, in der Mitte des zweiten Jahrhunderts oder noch später. Die vier Evangelien des Neuen Testaments sind alle im ersten Jahrhundert entstanden, direkt nachdem Jesus gelebt hat. Das ist ein Grund dafür, warum gerade diese von den frühen Christen ausgewählt wurden.“

Ich versuchte, auf meinem Standpunkt zu beharren. „Aber was wäre, wenn das *Indschil* ein weiteres Evangelium wäre, das Jesus geoffenbart wurde, das aber nach seinem Tod verloren ging?“

„Dabei gibt es mindestens zwei kritische Probleme, Nabeel. Einerseits ist es reine Spekulation. ‚Was wäre, wenn‘ ist kein gutes Argument, wenn es keine Beweise gibt. Andererseits weißt du, dass der Koran den Christen sagt, dass sie ‚nach dem *Indschil* entscheiden sollen‘.[7] Das bedeutet, dass sie es zu Muhammads Zeit noch hatten. Das *Indschil* ist keine verlorengegangene Schrift.“

Ich wollte ihm etwas entgegnen, wusste aber nicht sofort, wie ich meine Position verteidigen sollte. Je länger ich über sein Argument nachdachte, umso mehr hinterließ es einen sauren Nachgeschmack in meinem Mund. Meine gelöste Stimmung war verflogen.

---

7 5,46-47; 5,66-68.

David fuhr fort. „Wenn wir objektiv etwas über das Leben Jesu erfahren wollen, müssen wir uns den Evangelien zuwenden, weil sie mit hoher Wahrscheinlichkeit richtig sind. Wo sonst sollten wir anfangen?"

Ich setzte mich auf, um über diesen Punkt nachzudenken. „Naja, auch wenn sie das Beste sind, bedeutet das nicht, dass sie auch von Nutzen sind."

„Das ist richtig, aber diese Bücher wurden kurz nach der Kreuzigung Jesu geschrieben, noch zu Lebzeiten der Jünger. Das ist wesentlich besser als so manch andere Biografie. Die wichtigsten Biografien über Alexander den Großen wurden beispielsweise erst ungefähr 400 Jahre nach seinem Tod geschrieben.[8] Wenn wir überzeugt sind, dass wir irgendetwas über Alexander wissen, dann sollten wir noch viel mehr von dem überzeugt sein, was wir über Jesus wissen."

„Ja, aber nur, weil die Evangelien besser sind als andere Biografien, bedeutet das nicht, dass sie auch vertrauenswürdig sind."

„Du verstehst mich nicht. Die Evangelien sind nicht nur zeitlich näher an Jesus als andere Biografien an ihren jeweiligen Hauptpersonen, sondern sie sind so nahe, dass zu dieser Zeit noch Augenzeugen am Leben waren. Angenommen, die Evangelien wurden innerhalb der christlichen Gemeinden herumgereicht, dann mussten die Augenzeugen davon gehört und etwas dazu beigetragen haben."

„Wenn wir objektiv etwas über das Leben Jesu erfahren wollen, müssen wir uns den Evangelien zuwenden, weil sie mit hoher Wahrscheinlichkeit richtig sind. Wo sonst sollten wir anfangen?"

Ich lächelte. „Das klingt für mich nach Spekulation, David. Wo ist der Beweis?"

„Also, frühe Kirchenväter berichten, dass genau das passiert ist. Nach den Angaben von Papias, einem Schriftsteller, der um

8 Verfasst von Arrian und Plutarch.

100 n. Chr. geschrieben hat, basiert das Markusevangelium auf einem Augenzeugenbericht von Petrus.[9] Papias verweist ebenfalls auf Johannes und Matthäus als Jünger.[10] Daher ist es mehr als nur eine Spekulation, dass Augenzeugen zu den Evangelien beigetragen haben; es ist historisch überliefert, dass sie sie sogar verfasst haben."

„Und was ist mit Lukas?"

„Lukas war der Reisebegleiter von Paulus und kein Jünger. Aber er sagt am Anfang seines Evangeliums, dass er Augenzeugen befragt hat, und da seine Aussagen mit Markus und Matthäus übereinstimmen, ergibt das einen Sinn."

Das klang schwach. „Ich weiß nicht. Du gibst zu, dass Lukas kein Augenzeuge war, was problematisch ist. Außerdem habe ich gehört, dass sich in seinem Evangelium viele historische Fehler finden."

David hatte eine Antwort parat. „Lukas hat uns die meisten historischen Fakten geliefert und damit gibt er den Leuten mehr Gelegenheiten, ihn zu hinterfragen. Aber je mehr die Archäologie herausfindet, desto mehr erweist er sich als korrekt. Zum Beispiel haben einige Wissenschaftler angenommen, dass Lukas 3,1 fälschlicherweise Lysianas als Tetrachen von Abilene bezeichnet. Sie behaupteten, Lysianas habe 50 Jahre vorher gelebt, Lukas müsse sich also in seiner Aussage geirrt haben, dass dieser zur Zeit Jesu gelebt habe. Christliche Apologeten wandten ein, dass es auch einen zweiten Lysianas gegeben haben könnte, skeptische Wissenschaftler hielten das jedoch für apologetische Spekulation.

Bei einer Ausgrabung fanden Archäologen dann eine Inschrift aus der Zeit Jesu, die einen zweiten Lysianas erwähnt, der Tetrarch von Abila war. Das beweist, dass Skeptiker

9 Eusebius, *Kirchengeschichte.*

10 Ebd.

manchmal zu schnell sind in ihrer Kritik von Lukas und dass Lukas eine zuverlässige Quelle für historische Informationen darstellt."

Das alles war für mich neu und faszinierend. Aber ich wollte nicht zugeben, nicht einmal mir selbst gegenüber, dass die Evangelien vertrauenswürdig sind. Mir war mein ganzes Leben lang erzählt worden, dass ich ihnen nicht vertrauen könne, und es wäre beschämend für mich zuzugeben, dass meine Lehrer Unrecht gehabt hatten. Also bohrte ich weiter. „Können wir da wirklich sicher sein, David? Ich meine, ich habe diese Inschriften nicht gesehen, und selbst wenn ich sie gesehen hätte, könnte ich sie nicht auf ihre Echtheit hin überprüfen. Außerdem bin ich nicht sicher, wie sehr ich den Kirchenbüchern trauen kann."

Das schien David zu verärgern. „Schau Nabeel, du hast Erkenntnistheorie studiert. Du weißt, dass du, wenn du nur wolltest, sogar anzweifeln könntest, dass wir uns gerade miteinander unterhalten, oder dass wir überhaupt existieren! Es ist wie in *Matrix*[11]. Wir alle könnten lediglich Gehirne in Gefäßen sein, angeregt durch Reize verrückter Wissenschaftler. Das kannst du auch nicht widerlegen.

Deshalb hängt alles davon ab, wie skeptisch du sein willst. Du kannst so skeptisch sein, wie du willst, aber sei nur nicht inkonsequent. Wenn du so skeptisch an die Bibel herangehst, dann erwarte ich von dir, dass du genauso skeptisch bist, wenn wir den Koran betrachten."

Die bloße Andeutung, mein Glauben könne infrage gestellt werden, machte mich munter. „Der Koran kann auch dem stärksten Skeptizismus standhalten, David. Es ist einfach zu beweisen, dass der Koran niemals verändert wurde und über Muhammad von Allah selbst kam."

11 Science-Fiction-Film aus dem Jahr 1999, in dem die Welt lediglich eine computergenerierte Simulation ist, in der die Menschen gefangen sind.

Beharrlich antwortete David: „Nabeel, so skeptisch, wie du heute bist, bin ich mir nicht sicher, ob du überhaupt an irgendwelchen Überzeugungen festhalten könntest. Aber das sehen wir dann, wenn wir so weit sind, jetzt aber frage ich dich: Erkennst du nicht, dass wir es nur mit verschiedenen Wahrscheinlichkeitsebenen zu tun haben? So etwas wie absolute Sicherheit gibt es nicht, zumindest nicht in der realen Welt."

„Ja, das stimmt."

„Gut. Also ist es die bei Weitem beste Erklärung, dass die Evangelien eine zuverlässige Quelle für das Leben von Jesus sind, auf jeden Fall zuverlässiger als alles andere, was wir haben. Stimmst du mir wenigstens darin zu?"

Eine Kluft begann sich aufzutun zwischen meinem Herzen und meinem Kopf. Das, woran ich glauben wollte, kämpfte mit den Beweisen für das Neue Testament. Ich war innerlich zerrissen.

Eine Kluft begann sich aufzutun zwischen meinem Herzen und meinem Kopf. Ich war innerlich zerrissen.

Da ich nicht weiterwusste, sah ich kurz zu unseren Chemieaufgaben hinüber, in denen es um Elektronegativität und Bindungsstärke ging. „Wirklich schade, dass Religion nicht wie Naturwissenschaft ist. Dann könnten wir einfach im Labor beweisen, welche Behauptungen wahr sind."

„Ich weiß nicht, Nabeel. Sogar die Naturwissenschaft ist induktiv und stützt sich auf Beobachtungen und beste Erklärungen, nicht immer auf deduktive Schlüsse. Ich glaube nicht, dass die Grundlagen für unsere Diskussion so völlig anders sind."

Ich starrte ihn ungläubig an. „Jetzt diskutierst du nur um des Diskutierens willen! Du willst in allem anderer Meinung sein als ich, oder?" David lachte. „Es tut mir leid, das sagen zu müssen, aber auch darin bin ich nicht einer Meinung mit dir! Einigen wir uns darauf, dass wir vorläufig unterschiedlicher Meinung sind." Ich nickte bejahend, und damit wandten wir unsere Aufmerksamkeit für den Rest des Abends der Chemie zu.

Aber in den hintersten Winkeln meiner Seele war ich nicht anderer Meinung als David ... nicht wirklich. Wenn seine Fakten korrekt waren, dann ergaben seine Argumente einen Sinn. Ich wollte mir das jedoch nicht eingestehen, der Preis war mir zu hoch. Ich würde zugeben müssen, dass meine Eltern und Lehrer die Bibel falsch einschätzten. Aber sie waren so felsenfest überzeugt, so gottergeben, so aufrichtig. Konnten sie sich wirklich irren?

Also gestand ich David nicht ein, dass seine Argumente Sinn ergaben. Genau genommen gestand ich es nicht einmal mir selbst ein.

Teil 4

DIE SACHE MIT DEM KREUZ

Essen zu müssen, müde zu werden, zu schwitzen und Blut zu vergießen, und schließlich an ein Kreuz genagelt zu werden. Ich kann das nicht glauben. Gott verdient unendlich viel mehr.

Kapitel 24

LACKMUSTESTS

In den nächsten Jahren schlug ich tiefe Wurzeln an der ODU. Ich trat vielen Organisationen und Ehrenverbindungen bei, in der Hoffnung, eine tolle Collegezeit zu haben und meinen Lebenslauf damit aufzumöbeln. Neben der Mitgliedschaft in einer Handvoll Clubs wurde ich Präsident des Debattier-Teams, beaufsichtigte die Übungen und fungierte als Kontaktperson zum Büro der Studentenaktivitäten. Ich arbeitete auch in der Zulassungsabteilung, wo ich PowerPoint-Präsentationen erstellte und als Fremdenführer einsprang, wenn gerade nicht genug da waren. Durch meine vielen Tätigkeiten außerhalb des regulären Stundenplans lernte ich viele Leute kennen und es fehlte mir nie an Gesellschaft.

Aber es war keine Frage, dass während der gesamten Collegezeit David mein bester Freund war und ich seiner. Wenn ich zwischen zwei Unterrichtsstunden nichts zu tun hatte oder wenn Essenszeit und niemand sonst da war, rief ich zuerst David an. Obwohl ich mit den meisten meiner Freunde herumalbern konnte, war ich doch mit niemandem so tief verbunden wie mit David. Mein Glaube war mir wichtig, und auch David war sein Glaube wichtig. Auf dieser Ebene waren wir miteinander verbunden, einer Ebene, die tiefer und persönlicher war als die meisten anderen Freundschaften.

Außerdem war es förderlich, dass David und ich beide die meiste Zeit entweder in der naturwissenschaftlichen oder der geisteswissenschaftlichen Fakultät verbrachten. Wir sahen uns regelmäßig und gingen oft gemeinsam von unseren naturwissenschaftlichen Vorlesungen, die meistens früher am Tag stattfanden, zu unseren geisteswissenschaftlichen Vorlesungen.

So zum Beispiel immer nach Chemie. David und ich arbeiteten in verschiedenen Laborräumen, und wenn wir uns danach trafen, tauschten wir Geschichten über unsere Heldentaten aus. Am Anfang übertrieben wir nur ein bisschen, aber bald erfanden wir die wahnwitzigsten Geschichten, nur um die Geschichte des jeweils anderen zu übertreffen. Dieses gegenseitige Ausstechen machte unheimlich viel Spaß.

Einmal konnte ich mit einer eindrucksvollen Meisterleistung von Säure-Base-Titration[1] aufwarten. Ich mochte dieses Thema wirklich sehr und erfasste es intuitiv, wahrscheinlich, weil wir unseren Fortschritt visuell prüfen konnten. Wenn wir während einer Titration nicht wussten, ob unsere Flüssigkeit sauer oder basisch war, mussten wir nur Lackmuspapier[2] hineintauchen. Wurde das Papier rosa, war die Flüssigkeit sauer. Wurde das Papier violett, war sie basisch. Durch das Lackmuspapier konnten wir leicht feststellen, in welchem Stadium sich das Experiment befand.

Nach dem Labor wartete ich draußen im Hof auf David. Er war zu spät dran. Als er schließlich aus dem Gebäude kam, verschwendete ich keine Zeit und erzählte ihm sofort meine Geschichte.

---

1 Chemisches Verfahren, um die Konzentration von Säuren oder Basen in einer Lösung zu bestimmen (Anm. d. dt Hrsg.).

2 Lackmus ist ein Farbstoff, mit dessen Hilfe der ph-Wert einer Substanz ermittelt werden kann (Anm. d. dt. Hrsg.).

„Alter, ich habe nur 15 Minuten für meine Titrationen gebraucht. Ich habe nicht einmal Lackmuspapier benötigt. Ich musste nur einen Blick darauf werfen und *zack!* war ich fertig. Seitdem warte ich auf dich."

„Ach ja? Also, als ich ins Labor kam, habe ich ein Becherglas mit Säure und ein Becherglas mit Base bekommen. Ich habe sie nebeneinander gestellt und ihnen befohlen, sich selbst zu titrieren. Sie haben aus Angst und Ehrfurcht gehorcht. Deshalb habe ich nur eine Minute gebraucht."

„Aha. Warum kommst du dann so spät?"

„Ich habe eine Stunde gebraucht, um allen Professoren Autogramme zu geben."

„Und deshalb bist du so spät dran?"

„Und deshalb bin ich so spät dran."

Ich nahm meinen Rucksack und wir gingen zur geisteswissenschaftlichen Fakultät. Wir erfanden ein Riesending nach dem anderen und versuchten beide, das letzte Wort zu haben, wessen chemische Fähigkeiten die legendärsten waren. Der Weg war kurz und entspannend und führte uns an den großen Glasfenstern der Bibliothek und an einem beruhigenden Springbrunnen beim neuen Rundfunkgebäude vorbei.

Als unser Geplänkel schließlich abflaute, wurde Davids Gesicht langsam ernst. Er sah ein bisschen besorgt aus. Die Sorgen meines Freundes waren auch meine Sorgen, deshalb wurde ich auch ernst.

„Hey Dave. Was hast du auf dem Herzen?"

„Ich habe gerade über etwas nachgedacht. Ich möchte wissen, was du darüber denkst, aber bitte antworte mir ganz ehrlich."

So redete David normalerweise nicht, deshalb war meine Aufmerksamkeit geweckt. „Ja, klar. Was gibt´s?"

„Wir albern hier herum und streiten, wer besser ist in Chemie. Das ist ein sinnloser Spaß. Versteh mich nicht falsch, wir haben einen Riesenspaß und das ist großartig. Aber wir sind vor allem auf das Lachen aus; die Diskussion an sich ist sinnlos."

Ich nickte.

„Es macht auch viel Spaß, wenn wir über die Bibel und das Christentum reden, aber ich frage mich, ob wir nicht nur herumalbern und auch hier versuchen, einander zu übertreffen. Weißt du, was ich meine? Ich frage mich, ob unsere Gespräche über den Glauben mehr sind als nur unterhaltsame Diskussionen."

„Was meinst du damit? Natürlich sind sie das."

„Lass es mich anders ausdrücken. Nehmen wir einmal an, dass das Christentum wahr ist. Stell dir nur für einen Moment vor, dass Jesus wirklich Gott ist und dass er wirklich am Kreuz für deine Sünden gestorben und von den Toten auferstanden ist. Er liebt dich und möchte, dass du dein Leben damit verbringst, ihm zu folgen und ihn bekannt zu machen."

„Okay, ich stelle es mir vor. Es fällt mir zwar schwer, aber ich versuche es."

„Sehr gut. Angenommen, das Christentum wäre wahr, würdest du es kennen wollen?"

„Wie bitte?" Ich verstand die Frage nicht.

„Wenn das Christentum wahr wäre, würdest du es kennen wollen?"

„Warum sollte ich nicht?"

„Aus allen möglichen Gründen. Zum einen müsstest du dir selbst eingestehen, dass du dich all die Jahre geirrt hast, und das ist nicht leicht. Es würde auch bedeuten, dass du dein gesamtes Leben durchforsten und alles aussortieren müsstest, was du jemals über Gott und Religion zu wissen gemeint hast. Das ist echt schwer. Ich würde das, glaube ich, nicht machen wollen."

Ich antwortete nicht sofort, sondern ging langsam mit David weiter.

Die Bäume entlang des Weges lichteten sich, als wir die geisteswissenschaftliche Fakultät erreichten. Wir blinzelten, als wir aus dem Schatten traten, stellten unsere Rucksäcke neben dem Brunnen ab und machten eine Pause. Ich sah an David vorbei auf die Wasseroberfläche.

Nach einem Augenblick antwortete ich. „Ja und nein."

Ich sah zu David hinüber. Er wartete.

„Ja, ich würde es kennen wollen, weil ich die Wahrheit wissen und Gott folgen möchte. Er ist die wichtigste Sache auf der Welt. Aber, nein, ich würde es nicht kennen wollen, weil es mich meine Familie kosten würde. Sie würden den Sohn verlieren, den sie sich immer gewünscht haben, und sie würden den Respekt der ganzen Gemeinde verlieren. Wenn ich Christ werden würde, würde das meine Familie zerstören. Ich bin nicht sicher, ob ich damit leben könnte. Nach allem, was sie für mich getan haben? Nein."

Es folgte eine bedeutungsschwere Stille. Das Geräusch des fließenden Wassers wusch jede Unbehaglichkeit weg und wir standen wieder eine Weile da und sagten nichts.

Schließlich fragte David: „Also, wer, denkst du, wird gewinnen: Gott oder deine Familie?" Es war eine schonungslose Frage, aber genau so musste ich es hören.

„Gott."

Selbst als ich noch sprach, fegte eine Welle aus Trotz über mich hinweg. Ich kam zur Besinnung und drehte mich zu David. „Aber keine von diesen ganzen Spekulationen ist von Belang. Das Christentum ist nicht wahr. Der Islam ist wahr. Wirst du das zugeben, wenn du es erkennst, David?"

David sah mich ungläubig an. „Nabeel, du tust es schon wieder! Es tut mir leid, das sagen zu müssen, aber immer wenn wir über unseren Glauben sprechen, sieht es so aus, als ob du nur die Diskussion gewinnen willst, anstatt ehrlich nach der Wahrheit zu suchen. Du scheinst einfach vorauszusetzen, dass das Christentum falsch ist."

Wenn mir irgendjemand sonst diese Vorwürfe gemacht hätte, wäre ich wahrscheinlich weggegangen und hätte nicht weiter diskutiert. Aber er war mein bester Freund, und ich wusste, dass er mich gern hatte. Ich dachte sorgfältig über seine Worte nach.

„Vielleicht hast du Recht. Ich glaube unter keinen Umständen, dass das Christentum wahr sein könnte."

Wenn mir irgendjemand sonst diese Vorwürfe gemacht hätte, wäre ich wahrscheinlich weggegangen. Aber er war mein bester Freund.

„Warum nicht, Nabeel? Du konntest deine Position in keiner unserer Diskussionen verteidigen. Du dachtest, dass die Bibel im Lauf der Zeit oft verändert wurde, aber du konntest diese Meinung nicht belegen. Du dachtest, sie sei nicht vertrauenswürdig, aber du warst nicht in der Lage, das zu belegen."

„Naja, vielleicht deshalb, weil ich mich mit diesen Dingen nicht so gut auskenne. Ich bin kein Gelehrter, ich habe nicht alle Antworten." Diese Aussage offenbarte eine versteckte Realität: Obwohl meine Erziehung westlich war, fußte sie auf dem orientalischen Fundament der Autorität.

David blieb konzentriert. „Was könnte dich dazu bewegen, das Christentum eventuell doch für wahr zu halten?"

Ich dachte kurz darüber nach, bevor ich antwortete: „Mein Vater hat mich alles gelehrt, was ich über Religion weiß, und er weiß weit mehr als ich. Wenn ich sehen würde, dass sogar er keine Einwände mehr hätte, dann würde ich mir die Dinge genauer ansehen."

„Dann würdest du meinen, dass das Christentum eventuell doch wahr ist?"

„Nur eventuell."

David überlegte kurz. „Meinst du, dein Vater wäre zu einem Gespräch bereit?"

„Selbstverständlich", antwortete ich ohne Zögern.

„Ich habe einen Freund namens Mike, der einmal im Monat ein Treffen in seinem Haus veranstaltet, wo die unterschiedlichsten Menschen zusammenkommen und über Religion sprechen. Wir nennen diese Veranstaltungen ‚Dream-Team'-Treffen. Ich weiß, dass er gern bereit wäre, sich mit deinem Vater zu unterhalten. Meinst du, das könnte klappen?"

„Ja, sicher. Ich bespreche das mit meinem Vater, aber ich glaube nicht, dass er damit ein Problem hat. Wir machen mit."

„Okay, gut. Lass uns ein Thema auswählen, damit wir uns nicht verzetteln. Worüber sollen wir diskutieren?"

„Also, wenn es eine Art Lackmustest in Bezug auf die Unterschiede zwischen Islam und Christentum gibt, dann der, ob Jesus am Kreuz starb."

„In Ordnung. Wir sprechen über den Tod Jesu am Kreuz. So machen wir es." David und ich drehten uns wieder um und schauten über das Wasser und dachten über die Auswirkungen dessen nach, was gerade geschehen war.

Jahre später fand ich heraus, dass das ein wichtiger Wendepunkt für David gewesen war. Wenn ich gesagt hätte, dass ich nicht wissen wollte, ob das Christentum wahr ist, hätte David unsere Gespräche nicht fortgeführt. Er hatte schon lange vorher erkannt, dass Menschen, die der Wahrheit aus dem Weg gehen wollen, dabei normalerweise erfolgreich sind.

Es war auch für mich ein Wendepunkt. Ich war davon überzeugt, dass *Abba* in der Lage wäre, alles geschickt zu bewältigen, was ihm in den Weg geworfen wurde, deshalb war ich nicht auf den Verlauf des Gesprächs vorbereitet.

Kapitel 25

DIE OHNMACHTSTHEORIE WIRD ANS KREUZ GENAGELT

Kurz nach dem offenen Gespräch mit David am Brunnen fragte ich *Abba*, ob er bereit sei, sich mit Mike zu treffen und über den Tod Jesu zu sprechen. Wie erwartet antwortete *Abba* begeistert. Wie ich liebte er es, über religiöse Dinge zu sprechen, weil er von der Wahrheit des Islams überzeugt war. Er betrachtete jede Gelegenheit, über unsere Glaubensüberzeugungen zu sprechen, als eine Gelegenheit, Gott zu ehren und zu verherrlichen.

Allerdings ergab sich wegen Abschlussprüfungen, Familienreisen und anderen Verpflichtungen in der nächsten Zukunft keine Möglichkeit, zu einem von Mikes Treffen zu gehen. Erst in meinem zweiten Studienjahr kam es dazu.

David und ich hatten zusammen das Fach Genetik und eines Tages erzählte er mir während des Unterrichts, dass ein Freund von Mike in die Stadt kam, jemand, der den **historischen Jesus** studiert hatte. Wenn wir wollten, könnten wir uns am Wochenende zu fünft treffen. Das klang nach einer ausgezeichneten Gelegenheit, also sorgte ich dafür, dass *Abba* und ich Zeit hatten. Bald sollte endlich der Tag kommen, auf den wir gewartet hatten.

Es ergab sich, dass das Treffen nicht weit von unserem Zuhause stattfand, praktisch in unserer eigenen Nachbarschaft. Der Gastgeber Mike Licona war schon seit einiger Zeit mit David befreundet. Als ehemaliger Taekwondo-Trainer und Versicherungskaufmann hatte er die letzten Jahre das Neue Testament studiert und kürzlich das Studium mit einem Masterabschluss in Religionswissenschaft beendet. Im Moment dachte er über eine Promotion nach.

Als wir bei ihm zu Hause ankamen, begrüßte er uns herzlich. Mit seinen guten 1,90 m war er eine recht eindrucksvolle Erscheinung, aber trotz seiner respekteinflößenden Körpergröße und seines Kampfkunsttrainings hatte er freundliche Augen und eine sanfte Stimme.

Mike stellte uns seinen Freund vor, Gary, der ebenfalls recht imposant aussah. Er schien ungefähr fünf Jahre älter zu sein als *Abba* und hatte scharfsinnige blaue Augen und einen gepflegten Bart. Er sah aus wie eine Mischung aus dem Weihnachtsmann und einem angriffslustigen Monteur. Gary streckte mir die Hand entgegen.

Historischer Jesus: *die Person Jesu, wie die historischen Berichte sie beschreiben.*

„Hallo, ich heiße Gary Habermas. Ich bin ein Freund von Mike, einer seiner ehemaligen Professoren."

„Nabeel Qureshi. Sehr erfreut. Danke, dass Sie zu diesem Treffen gekommen sind. Ich habe gehört, dass Sie sich mit dem historischen Jesus auskennen?"

Gary schmunzelte. „Das kann man wohl so sagen. Ich habe ein paar Bücher darüber geschrieben."

Das war mein erster Hinweis darauf, dass die Dinge für *Abba* und mich an diesem Abend vielleicht nicht so gut laufen würden. Ich beschloss, ihm noch weitere Fragen zu stellen, um herauszufinden, an wen wir da geraten waren. „David hat mir erzählt, dass Sie die Thematik gut kennen, aber es war mir nicht klar, dass Sie auch Bücher darüber geschrieben haben. Wie lange beschäftigen Sie sich schon mit der Materie?“

„Also, meine Dissertation behandelt die Historizität der Auferstehung Jesu. Die habe ich 1976 geschrieben, und seitdem studiere ich den historischen Jesus, das sind nun über 26 Jahre.“

Ich lächelte und nickte und beschloss, an diesem Abend lieber *Abba* den Großteil der Unterhaltung zu überlassen.

Wir unterhielten uns noch ein bisschen, um uns besser kennenzulernen, dann nahmen wir in Mikes Wohnzimmer Platz. Mike saß mit dem Rücken zum Fenster und Gary links von ihm. Ich saß Mike gegenüber in einem Lehnstuhl, *Abba* rechts von mir. David saß ein Stück von uns entfernt, in einem Sessel in einer Ecke des Raumes. Er unterbrach das angeregte Gespräch, als es an der Zeit war zu beginnen.

„Also, ich werde kurz die Hintergründe umreißen und dann an Nabeel und seinen Vater übergeben. Wir möchten über die Kreuzigung Jesu sprechen. Nabeel und Mr. Qureshi glauben, dass Jesus nicht am Kreuz starb, wohingegen die übrigen von uns wissen, dass das einfach nicht wahr ist.“

Garys Mund blieb offen stehen und ich schüttelte den Kopf. Aber *Abba* kannte David schon etwas und wusste, dass er ein bisschen frech war, deshalb schmunzelte er, und Mike tadelte David fröhlich: „Benimm dich, David!“

„Okay, okay. Aber ihr beiden glaubt, dass Jesus gekreuzigt wurde, nicht wahr? Gekreuzigt, aber nicht am Kreuz getötet?“

Abba antwortete: „Das ist richtig.“

Mike stieg ein. „Dann beginnen wir doch am besten genau hier. Sagen Sie uns, warum Sie das glauben.“

Damit hatten *Abba* und ich das Wort. *Abba* erledigte den Löwenanteil beim Reden und erörterte den Fall überwiegend wie in Mirza Ghulam Ahmads Buch *Jesus in Indien*. Es war die gleiche Argumentation, wie ich sie vor Jahren bei meiner

Schulkameradin Kristen im Schulbus angewandt hatte, nur dass *Abba* noch zusätzliche Argumente anführte.

Mike und Gary hörten aufmerksam zu und stellten nur Zwischenfragen, um Missverständnisse zu vermeiden. Sehr zu Davids Enttäuschung unterbrachen sie *Abba* nicht und warfen keine Gegenargumente ein. Nach einer halben Stunde veränderte sich die Stimmung im Raum unterschwellig. Mike und Gary suchten nach einer Gelegenheit, etwas zu erwidern.

Als *Abba* das **Turiner Grabtuch** erwähnte, meldete sich Gary zu Wort. „Warten Sie, glauben Sie, das Turiner Grabtuch ist echt? Glauben Sie, dass das Abbild von Jesus auf diesem Tuch ist?"

Abba dachte noch einmal über seine Behauptung nach. „Ja, das glaube ich. Warum, was meinen Sie?"

„Also, ich glaube, es gibt eine Menge guter Gründe dafür, Ihnen zuzustimmen, aber ich bin überrascht, dass Sie glauben, es sei Jesus. Der Mann auf dem Grabtuch ist ziemlich eindeutig tot."

Turiner Grabtuch: *eine kontroverse Reliquie, die oft für das Grabtuch von Jesus selbst gehalten wird und auf übernatürliche Weise sein Bild tragen soll.*

Die Imame in unserer *Jamaat* verkündeten zwar die Authentizität des Grabtuchs, behaupten jedoch, dass Jesus noch lebte, als das Grabtuch auf ihn gelegt wurde. Weil er einige Argumente davon gehört hatte, antwortete *Abba*: „Aber Blut gerinnt, wenn ein Mensch stirbt, und der Mann in dem Grabtuch blutete noch."

„Sie haben Recht, aber der Blutfluss auf dem Tuch zeigt eine Trennung von Serum und geronnenem Blut, was nur nach dem Tod passiert. Sie sehen also einen Beleg für die Totenstarre, ein weiterer Hinweis dafür, dass der Körper tot war."

Weil *Abba* nicht allzu sehr vertraut war mit den Einzelheiten des Grabtuchs, beschloss er, bei der Darstellung des Evangeliums zu bleiben. „Aber sogar in der Bibel heißt es, dass Blut und Wasser heraussprudelten, als Jesus an der Seite durchbohrt wurde. Das bedeutet, dass sein Herz noch schlug. Wie könnte sonst Blut heraussprudeln?"

Gary schüttelte den Kopf. „Wenn sein Herz noch schlug, was war dann das Wasser? Was der Autor des Evangeliums als ‚Wasser' bezeichnet, war entweder das Serum, nachdem es sich zersetzt hatte, oder es war Flüssigkeit aus der Herzgegend. Wie auch immer, Jesus musste tot sein, damit es ‚Blut und Wasser' geben konnte."

Mike hatte ein Neues Testament in der Hand und fügte hinzu: „Das griechische Wort, dass Sie mit ‚heraussprudeln' übersetzen, bedeutet eigentlich nur ‚herauskommen'. Es bedeutet nicht, dass das Herz noch schlug. Abgesehen davon haben Sie, wenn Sie Johannes zitieren, ein noch größeres Problem: Johannes sagt explizit, dass Jesus tot war. Sehen Sie? 19,33: ‚Er [war] schon gestorben'."

Abba bat Mike, ihm die Bibel zu zeigen, und Mike zeigte ihm den Vers. Er war auf Griechisch, deshalb half es *Abba* nicht allzu viel, aber *Abba* sah weiterhin auf den Vers, indem er zwischen Mikes griechischem Neuen Testament und seiner eigenen *King James*-Übersetzung hin- und herwechselte.

Gary ließ ihm einen Moment Zeit und ergriff wieder das Wort. „Ich glaube nicht, dass ein Mensch eine solche Speerwunde, wie sie Jesus zugefügt wurde, überleben könnte. Der eigentliche Grund, warum sie ihn in die Brust stachen, war, dass sie sicher sein wollten, dass er tot war. Der Speer drang Jesus ins Herz und hätte ihn unverzüglich getötet."

„Aber die Bibel sagt nicht, dass der Speer ins Herz drang", beharrte *Abba*, „er durchbohrte nur seine Seite. Außerdem hing er nur für wenige Stunden am Kreuz; er konnte das leicht überleben."

„Also, da wäre ich mir nicht so sicher. Wir kennen die gesamte Geschichte der Kreuzigungspraxis und ich kann Ihnen eines versichern: Die Methode war nicht sanft genug, dass man sie hätte überstehen können. Soweit wir wissen, hat niemals jemand eine komplette römische Kreuzigung überlebt.[3] Die Römer hatten die Kreuzigung als demütigende, qualvolle und todsichere Hinrichtungsmethode entwickelt. Sind Ihnen der Auspeitschungsprozess sowie der Rest der Kreuzigung bekannt?“

Abba schüttelte den Kopf.

„Sie benutzten etwas, das Flagrum genannt wird, eine Peitsche, die dafür gemacht war, die Haut vom Leib zu reißen, was zu übermäßigem Blutfluss führte. Nach nur wenigen Hieben löste sich die Haut des Opfers in Fetzen ab und die Muskeln zerrissen. Nur wenige Hiebe später wurden die Muskeln wie Brei. Arterien und Venen wurden bloßgelegt. Manchmal traf das Flagrum auch den Bauch und die Bauchwand gab nach, wodurch die Eingeweide des Opfers herausquollen. Offenbar starben viele Menschen schon während der Auspeitschung.“[4]

Wenn Jesus tatsächlich eine solche Folter durchgemacht hatte, dann würde ich es schwer haben, meine Überzeugung zu verteidigen, dass Jesus am Kreuz überlebt hatte.

Das alles war neu für mich und ich war entsetzt. Ich wusste, dass die Bibel davon spricht, wie Jesus ausgepeitscht wurde, aber sie erwähnt keine Einzelheiten. Wenn Jesus tatsächlich eine solche Folter durchgemacht hatte, dann würde

3 Von einem Mann, einem Freund von Josephus Flavius, ist bekannt, dass er vom Kreuz abgenommen wurde und überlebt hatte, das geschah allerdings, bevor der Kreuzigungsprozess abgeschlossen war. Es war kein Todesstoß vollstreckt worden, und von den Obrigkeiten wurden alle Anstrengungen unternommen, ihn lebend abzunehmen. Gemeinsam mit zwei anderen wurde er heruntergenommen, und alle drei wurden medizinisch behandelt. Trotzdem starben die beiden anderen. Josephus Flavius, *Aus meinem Leben* (Vita).

4 Weiterführende Literatur siehe Martin Hengel, *Crucifixion* (Philadelphia: Fortress, 1977).

ich es schwer haben, meine Überzeugung zu verteidigen, dass Jesus am Kreuz überlebt hatte. Aber Gary war noch nicht fertig.

„Nach der Auspeitschung wurden die Opfer mit den Armen an einen Querbalken genagelt. Die Nägel gingen direkt durch die Armnerven, was sehr starke Schmerzen verursachte und die Hände völlig unbeweglich machte. Dann wurde ein ca. 18 cm langer Nagel durch beide Füße getrieben, und das Kreuzigungsopfer musste an den Armen hängen, eine Position, die das Atmen fast unmöglich machte. Der Gekreuzigte musste seine wenige restliche Energie dafür aufbringen, sich gegen den Nagel in seinen Füßen zu stemmen, damit er ausatmen konnte. Wenn er wieder hinabsank, konnte er einatmen, aber er musste sich erneut nach oben drücken, um wieder auszuatmen. Wenn seine ganze Energie erschöpft war und er sich nicht länger hochdrücken konnte, erstickte er."

Mike fügte rasch hinzu: „Und das machte es für die Wachen recht einfach zu sagen, wann jemand tot war; sie mussten lediglich darauf achten, ob das Opfer aufgehört hatte, sich nach oben zu drücken. Aber die Wachen entwickelten noch andere Methoden, um sicherzugehen, dass die Opfer wirklich tot waren. Manchmal brachen sie ihnen die Knie, ein anderes Mal zerschmetterten sie den Kopf des Opfers, manchmal verfütterten sie den Körper an die Hunde oder durchbohrten, wie im Fall Jesu, das Herz des Opfers."

Ich fühlte, wie mit jedem Argument unser Standpunkt schwerer zu verteidigen wurde, aber *Abba* war noch nicht fertig. „Jesus betete im Garten Gethsemane, dass der bittere Kelch von ihm weggenommen werden solle. Offensichtlich wollte er nicht sterben! Sollte Gott das nicht respektieren?"

Mike antwortete: „Ja, aber er sagte auch zu Gott: ‚Dein Wille geschehe, nicht meiner.' Auf der menschlichen Ebene der körperlichen Schmerzen wollte Jesus natürlich nicht gekreuzigt werden. Aber auf einer höheren Ebene wollte Jesus, dass Gottes Wille geschehe, deshalb war er bereit, gekreuzigt zu werden. Er machte das deutlich, als er während eines früheren Zeitpunkts seines Dienstes nach Jerusalem zurückkehrte, dabei seinen Tod vorhersagte und freiwillig darauf zuging."[5]

Gary fügte an: „Und es gibt noch etwas, das ich hinsichtlich Ihres Standpunkts klären möchte. Es sieht so aus, als würden Sie die Evangelien zitieren, um Ihre Ansicht damit zu unterstützen, aber Sie berücksichtigen keinerlei Verse, die Ihrer Sicht widersprechen. Zum Beispiel haben Sie den Traum der Frau des Pilatus zitiert, obwohl dieser nur ein einziges Mal in einem einzigen Evangelium vorkommt,[6] dagegen ignorieren Sie die Stellen, an denen Jesus seinen Tod vorhersagt, obwohl das mehrere Male in jedem Evangelium vorkommt.[7] Warum ist das so?"

Abba antwortete ehrlich: „Weil es nicht möglich ist, dass Jesus am Kreuz starb. Er wurde von Gott geliebt und er rief laut, dass er gerettet werden wollte. Wenn es Verse gibt, die besagen, dass er seinen Tod am Kreuz vorhersagte, müssen diese von Christen hinzugefügt worden sein."

Ich spürte, dass ich rot wurde. Aus meinen früheren Gesprächen mit David wusste ich, dass es schwierig war, gegen die textliche Richtigkeit des Neuen Testaments zu argumentieren, aber es war nicht das, was ich beschämend fand. Vielmehr wurde mir klar, dass *Abba* Verse wie Rosinen herauspickte, um seine Ansichten zu untermauern. Ich beschloss, das Wort zu ergreifen.

„*Abba*, ich glaube, sie wollen sagen: Wenn wir keinen guten Grund dafür haben, einen bestimmten Vers anzuzweifeln, ist es inkonsequent, diejenigen zu verwenden, die uns passen, und die zu ignorieren, die uns nicht passen."

5 Markus 8,31.

6 Matthäus 27,19.

7 Matthäus 16,21; 17,23; 20,18; Markus 8,31; 10,34; Lukas 9,22; 18,33; Johannes 12,33; 18,32.

Abba drehte sich zu mir um, zutiefst bestürzt, dass ich gegen seine Autorität verstieß. Er schien sich verraten zu fühlen und ich bedauerte meine Worte. Ab diesem Punkt sagte er nicht mehr viel. Ich übernahm den Rest des Gesprächs, was recht kurz wurde.

„Okay, ich verstehe eure Position, aber ich sehe auch noch Raum für Zweifel. Gibt es Wissenschaftler, die mit *Abba* und mir übereinstimmen, dass Jesus nicht am Kreuz starb?"

Mike antwortete „Also, im 17. Jahrhundert behaupteten einige Gelehrte, dass Jesus nicht am Kreuz gestorben sei, die Theorie hielt sich jedoch nur kurz. David Strauss, ein hochgeachteter nicht-christlicher Gelehrter, brachte es auf den Punkt: Dass Jesus am Kreuz überlebt hätte, wäre nicht nur höchst unwahrscheinlich gewesen, es hätte außerdem die christliche Bewegung im Kern erstickt.[8]

Sehen Sie, im Garten Gethsemane hatten die Jünger noch Angst, mit Jesus in Verbindung gebracht zu werden, aber später waren sie bereit, für ihn zu sterben, als sie ihn als den auferstandenen Herrn verkündigten. Wenn Jesus die Kreuzigung einfach nur überlebt hätte, wäre er körperlich am Ende und dem Tod nahe zu ihnen gekommen. Das aber hätte die Jünger kaum von Grund auf verändert und sie dem Tod gegenüber gleichgültig gemacht. Diese Unerschrockenheit war die typische Gesinnung der frühen christlichen Bewegung, und ohne diese Gesinnung gäbe es kein Christentum."

Gary fügte hinzu: „Das sind nur einige Gründe, warum praktisch kein Wissenschaftler auf diesem Gebiet den Tod Jesu am Kreuz leugnet. Im Gegenteil: Die meisten Wissenschaftler stimmen darin überein, dass der Tod Jesu durch Kreuzigung sicherer belegt ist als irgendetwas anderes in seinem Leben."

8 David Strauss, *Das Leben Jesu, kritisch bearbeitet* (Tübingen: Osiander, 1835/1836).

Ich bohrte weiter: „Sie reden von christlichen Wissenschaftlern, richtig?“

„Christliche, nicht-christliche, was immer Sie wollen. Und, wie ich bereits sagte, es gibt noch andere Gründe, alle überzeugend. Zum Beispiel gibt es mehrere nicht-christliche Quellen aus dem ersten Jahrhundert nach Christus, die den Tod Jesu am Kreuz bezeugen, und noch viel mehr christliche Quellen, die das bestätigen. Außerdem gibt es keine gegenteilig lautende Überlieferung, zumindest nicht für einen langen Zeitraum. Aber um deine Frage zu beantworten, ich rede von nahezu jedermann.“

Mike schloss mit den Worten: „Die Wissenschaftler sind so gut wie alle derselben Meinung: Der Tod Jesu am Kreuz gehört zu den sichersten Tatsachen der Geschichte.“

Ich ließ diese Worte in mir sacken. Bald deutete *Abba* an, dass es an der Zeit war aufzubrechen. Ich wollte bleiben und mich noch ein bisschen unterhalten, aber *Abba* war unnachgiebig. In der Stille während der Heimfahrt klangen Mikes abschließende Worte in mir nach. Wollte ich an der islamischen Version der Kreuzigung Jesu festhalten – egal, ob an der Substitutionstheorie oder der theistischen Ohnmachtstheorie – musste ich anscheinend die historischen Fakten ignorieren. Der Koran forderte von mir, die Augen gegenüber den Beweisen zu schließen und blind zu glauben.

Es gab keine Grautöne: Der christliche Anspruch stimmte zu 100 Prozent mit den Beweisen überein.

Hier waren also die Ergebnisse unseres Lackmustests, und es gab keine Grautöne: Der christliche Anspruch stimmte zu 100 Prozent mit den Beweisen überein.

Aber noch schlimmer war, dass ich gesehen hatte, wie *Abba* widerlegt worden war. Aus dem einen oder anderen Grund hatte er beschlossen, eine offenkundige Wahrheit während unseres Gesprächs zu ignorieren, und das gefiel mir überhaupt nicht. Ich erkannte, dass ich den Dingen nicht länger unkritisch vertrauen konnte, die meine Eltern mich gelehrt hatten. Ich zweifelte nicht an ihrer Aufrichtigkeit, ihrer Hingabe oder ihrer Liebe, aber ich begann an ihrem Verständnis von der Wahrheit zu zweifeln.

Es war, als ob ganz plötzlich ein Schleier der Sicherheit gelüftet worden wäre, und ich sah die Möglichkeiten der Welt in einem neuen Licht. Es war, als hätte ich mein ganzes Leben lang farbige Brillengläser getragen, und nun waren sie zum ersten Mal abgenommen worden. Alles sah anders aus, und ich wollte alles sorgfältiger untersuchen.

Vielleicht, nur vielleicht, sollte ich mich für die entfernte Möglichkeit öffnen, dass die christliche Botschaft eventuell doch wahr sein könnte.

Kapitel 26

EIN MUSLIM IN DER KIRCHE

Als wir zu Hause ankamen, erwartete uns *Ammi* an der Tür. Sie wollte wissen, wie das Treffen verlaufen war. Ich berichtete ihr von unserer Unterhaltung und betonte, dass wir in der Lage gewesen waren, unseren Standpunkt deutlich zu machen. Aber da *Abba* immer noch zögerlich sprach und ich bestrebt war, den Raum schnell zu verlassen, bezweifle ich, dass sie überzeugt war. Sobald ich konnte, entschuldigte ich mich und ging nach oben.

Das Zimmer am Ende unseren oberen Flurs war eigentlich als Abstell- oder Wäschekammer geplant gewesen, aber als *Abba* das Haus bauen ließ, bat er die Bauhandwerker, es zu einem kompletten Schlafzimmer zu erweitern. Er richtete dort seine Bibliothek ein und bestückte die Wände mit Bücherregalen, jedes einzelne voll bis zum Rand. Immer, wenn ich etwas über Religion lesen wollte, musste ich nur zum entsprechenden Bereich in *Abbas* Bücherregal gehen, einige Bücher herausziehen, mich mit dem Bauch auf den Boden plumpsen lassen und zu lesen beginnen. Das tat ich oft nur zum Spaß.

Aber an diesem Tag wollte ich nicht nur zum Spaß lesen. Meine Mission war es, die immer größer werdende Spannung zwischen meinem Herzen und meinem Verstand aufzulösen.

Ich zog die Bücher heraus, die wir über Jesus besaßen, fast alle von muslimischen Autoren und Wissenschaftlern verfasst. Ich begann, die Literatur systematisch zu sichten, und suchte nach Informationen, die mir Antworten auf das geben würden, was ich gerade gehört hatte.

Eine Sache fiel mir nun zum ersten Mal auf: Die Bücher, die *Abba* über das Leben Jesu besaß, waren allesamt polemisch. Sie begannen mit dem Ergebnis, führten Fakten an, die ihre Position unterstützten, und stellten ihre Thesen auf. Wie Gary bei *Abbas* Argument aufgezeigt hatte, war das Verfahren weder sorgfältig noch fair. Sie setzten sich nicht mit Gegenargumenten auseinander. Dadurch blieben ihre Thesen ungeprüft und brüchig.

Obwohl ich mehrere Male gesehen hatte, wie unsere Argumente scheiterten, kam ich nun zu der Überzeugung, dass es an unserer schlechten Methodik lag. Orientalische Autoren konnten leidenschaftliche Thesen aufstellen, die das Herz überzeugten, westliche Autoren dachten hingegen mehr systematisch und geradlinig und rüsteten sich mit ausgezeichneten Gegenargumenten und gemäßigteren Standpunkten aus. Wenn ich westliche Methodik mit orientalischer Leidenschaft verbinden würde, könnte ich vielleicht die überzeugendste und vertretbarste These überhaupt aufstellen.

Es war an der Zeit, systematischer vorzugehen, aber ich hatte keine Ahnung, wo ich anfangen sollte. Genau in diesem Moment rief David an. Ich klappte mein Telefon auf.

„Nabeel!“, begann er fröhlich. „Wie fandest du das Gespräch?“

„Ich bin noch dabei, es zu verarbeiten. Ich glaube, ich muss etwas über Methodik lernen.“

„Ach ja? Wie denn?“

„Weiß nicht. Hast du eine Idee?“

„Allerdings, ja! Ich habe gemerkt, dass du am Ende des Gesprächs noch nicht gehen wolltest, deshalb habe ich Mike und Gary gefragt, ob sie noch eine andere Gelegenheit zum Gespräch hätten. Jedenfalls wollen sie morgen gemeinsam zu Mittag essen, und sie hätten nichts dagegen, wenn wir mitkommen. Das ist im Anschluss an den Gottesdienst, bei dem Gary Gastprediger ist. Willst du mitkommen? Du könntest sie alles über historische Methodik fragen, und …"

Ein zweites Treffen würde bedeuten, dass ich begann, Mike und Gary als Autoritäten anzusehen.

„Langsam, warte." Mein Gehirn konnte seinen Vorschlag nicht verarbeiten. „Du willst, dass ich mit dir in die Kirche gehe?"

„Wenn du möchtest."

„Und was soll ich meinen Eltern sagen?"

„Was meinst du damit?"

Ich versuchte, ihm ein Gefühl dafür zu vermitteln. „Du denkst, sie würden mich einfach mit dir in die Kirche gehen lassen? Damit ich mit Mike und Gary reden kann? Nicht nach dem heutigen Tag."

„Nimm den Daumen aus dem Mund, lass dir ein paar Brusthaare wachsen und sag es ihnen einfach. Meine Güte, du bist schließlich erwachsen."

Ich seufzte verzweifelt. „Das verstehst du nicht. Es ist komplizierter."

Für meine Eltern würde ein zweites Treffen bedeuten, dass ich begann, Mike und Gary als Autoritäten anzusehen. Vor allem, wenn ich *Abba* nicht zum Treffen mitnahm, was außer Frage stand. Ich würde nicht freimütig sprechen können, wenn er dabei wäre.

Ich wollte ihnen keinen Grund zu unnötiger Sorge geben und, ehrlich gesagt, auch keine Gelegenheit, es mir nicht zu erlauben. Ich beschloss, meinen Eltern zu sagen, dass ich mich mit David treffen wollte, was zwar die Wahrheit war, aber eben nicht die ganze Wahrheit. Während der nächsten Jahre gab es noch einige Gelegenheiten, bei denen ich meinen moralischen Kompass neu ausrichten musste, indem ich zugunsten des höheren Nutzens zwischen ganzen Wahrheiten und Teilwahrheiten hindurchnavigierte. Das gefiel mir nie, aber andererseits hatte ich das Gefühl, in der Klemme zu sitzen.

Ich ging am nächsten Tag zu Davids Haus, und er fuhr mich zu seiner Kirche. Es war eine College-Kirche mit dem Namen „Campus Impact" und eine völlig neue Erfahrung für mich. Auf der Bühne stand eine sogenannte Worship-Band: Sänger und eine Band, die Gitarre, Schlagzeug und andere Instrumenten spielten, während die Leute klatschen und mitsangen. Es gab witzige Ankündigungen, eine kurze Pause, in der die Leute scheinbar genötigt wurden, einander zu begrüßen, und ein Gefäß, das die Leute weiterreichten, um Geld zu sammeln.

Ich dachte: „Wenn es das ist, was es bedeutet, Gott als Christ anzubeten, dann möchte ich nichts damit zu tun haben."

Ich hatte so etwas noch nie zuvor gesehen und es kam mir sehr ehrfurchtslos vor. Anbetung sollte eine ernste, besinnliche Zeit der Verbundenheit zwischen Mensch und Gott sein, diese Leute jedoch schlugen auf ihren Schlagzeugen herum und sammelten Geld ein. In der Moschee darf während deiner Anbetung niemand vor dir stehen, damit du dich darauf konzentrieren kannst, Gott anzubeten. Dass während der Anbetungszeit auch noch Mädchen auf der Bühne standen, schien an einen Frevel zu grenzen.

Somit störte mich die Anbetungszeit und hinterließ einen sauren Nachgeschmack in meinem Mund. Ich dachte: „Wenn es das ist, was es bedeutet, Gott als Christ anzubeten, dann möchte ich nichts damit zu tun haben."

Für mich war die Predigt das Hauptereignis. Als Gary an der Reihe war, hielt er eine Predigt über die Unsterblichkeit.

Er brachte Gründe vor, dass die Auferstehung Jesu ein historisch nachweisbares Ereignis mit enormen Auswirkungen sei. Es bedeute, dass das Leben nicht aufhöre, wenn wir sterben, dass wir unsterblich seien. Das könne entweder Grund zur Freude oder zu ernster Besorgnis sein, je nachdem, wie das Leben nach dem Tod aussieht.

Aber laut Garys Ausführungen beantwortete die Auferstehung Jesu auch diese Frage. Sie bedeute, dass die christliche Botschaft wahr sei und wir wissen könnten, dass wir für immer mit Gott im Himmel sein werden, wenn wir Jesus als unserem Herrn und Erlöser vertrauen.

An diesem Punkt war meine muslimische Seele nicht mit Gary einer Meinung. Ja, Gott macht uns in einem gewissen Sinn unsterblich. Obwohl unsere Körper sterben, wird unsere Seele nie aufhören zu sein. Aber sogar wenn Jesus bereits von den Toten auferstanden war, machte das nicht alles andere über das Christentum automatisch wahr.

Nach der Kirche gingen wir in ein Restaurant mit dem Namen „The Max" und zwischen einzelnen Bissen Salat äußerte ich meine Bedenken.

„Gary, nehmen wir einmal an, die Auferstehung Jesu hat tatsächlich stattgefunden. Das bedeutet doch nicht automatisch, dass wir ihn als unseren Herrn und Erlöser akzeptieren sollten. Das bedeutet doch nur, dass er vom Tod auferstanden ist."

„Ja, aber erstmal musst du die Frage stellen: ‚Warum?' Warum starb er am Kreuz und warum ist er auferstanden?" Gary machte eine Pause, damit ich darüber nachdenken konnte, und fuhr dann fort: „Außerdem musst du mit der Tatsache fertig werden, dass dieser Mann offensichtlich die Wahrheit über sich selbst gesagt hat."

„Welche Wahrheit?", fragte ich und hörte auf zu essen.

„Dass er göttlich ist."

„Moment mal. Das ist etwas ganz anderes. Ich glaube nicht, dass Jesus behauptet hat, Gott zu sein."

Gary nickte leicht. „In Ordnung, aber du solltest zumindest Folgendem zustimmen: Wenn Jesus von den Toten auferstanden ist, dann bedeutet dass, dass Gott ihm Sein Bestätigungsstempel aufgedrückt hat."

„Ja, natürlich, aber ich glaube ja bereits, dass Gott Jesus annimmt."

David warf ein: „Nabeel, gestern erst hast du mir gesagt, du wolltest Methodik lernen, was bedeutet, dass du in deiner Untersuchung und Argumentation objektiver werden willst, nicht wahr?"

„Absolut."

„Dann ist die Tatsache, dass du etwas bereits glaubst, kein guter Grund dafür, es auch weiterhin zu tun. Du brauchst bessere Gründe, solche, die auf objektiven Fakten beruhen. Wenn die Auferstehung stattgefunden hat, dann haben wir einen guten Grund zu glauben, dass Gott Jesus annimmt. Darum geht es."

Ich drehte mich wieder zu Gary um. „Okay, das habe ich verstanden. Und wenn schon? Was bedeutet das für mich?"

Obwohl diese Frage an Gary gerichtet war, fuhr David fort: „Es bedeutet, dass du nachsehen musst, ob Jesus wirklich behauptet hat, Gott zu sein."

„Okay, das mache ich gerne. Aber wie? Und das ist auch meine wichtigste Frage dabei: Wie kann ich das alles mehr oder weniger objektiv untersuchen? Wie soll ich das methodologisch angehen?"

Mike, der bisher fast nur zugehört hatte, wurde munter. „Ich arbeite gerade an einem Buch, das Gary und ich gemeinsam herausgeben möchten, wo wir genau diese Frage in Hinblick auf die Auferstehung Jesu behandeln.[9] Historiker

9 Gary R. Habermas und Michael R. Licona, *The Case for the Resurrection of Jesus* (Grand Rapids, MI: Kregel, 2004).

benutzen sorgfältig bestimmte Kriterien und Techniken, wenn sie die Vergangenheit untersuchen. Ihr systematischer Ansatz wird **Historische Methode** genannt."

Mike begann einige der grundlegenden Kriterien der Historischen Methode zu erklären, wie zum Beispiel das **Kriterium der mehrfachen Beglaubigung** und das **Kriterium der frühen Bezeugung**. Dabei stellte ich fest, dass die Historische Methode überwiegend fair und sorgfältig arbeitet und sich der Vernunft bedient.[10]

Historische Methode: *Kriterien und Techniken, die Historiker zur systematischen Untersuchung der Vergangenheit benutzen.*

Kriterium der mehrfachen Beglaubigung: *ein Prinzip der Historischen Methode, laut dem ein überliefertes Ereignis wahrscheinlich historisch genauer ist, wenn es von mehreren unterschiedlichen Quellen berichtet wird.*

Kriterium der frühen Bezeugung: *ein Prinzip der Historischen Methode, laut dem frühere Berichte eines Ereignisses wahrscheinlich genauer sind als spätere Berichte.*

Zusammenfassend äußerte Mike noch ein letztes Argument: „Nabeel, das Wichtigste ist, dass du bei deiner Untersuchung einheitlich sein musst. Lies beide Seiten eines Arguments. Stimme einer Theorie erst zu, wenn du ein paar geprüft hast. Beobachte, bei welchem Argument die meisten Fakten und Aspekte behandelt werden, wie gut diese untersucht werden und wie wichtig diese Fakten und Aspekte für das Gesamtargument sind. So finden wir schließlich die beste Erklärung für die Vergangenheit."

Dieser Begriff interessierte mich. „Die beste Erklärung?", fragte ich.

„Ja, darum geht es beim Studium der Geschichte. Es wird immer konkurrierende Theorien geben, und keine Theorie

10 Für eine ausführliche Diskussion der Historischen Methode im Kontext der Auferstehung Jesu siehe Michael R. Licona, *The Resurrection of Jesus: A New Histographical Approach* (Downers Grove, IL: InterVarsitay, 2010).

über die Vergangenheit ist jemals perfekt. Aber es gibt oft eine beste Erklärung und manchmal übertrifft diese alle anderen. Im Fall der Ereignisse rund um den Tod Jesu ist die beste Erklärung, dass er vom Tod auferstanden ist. Und diese übertrifft alle anderen Theorien bei Weitem."

Ich dachte über diese Informationen nach und überlegte, wie ich sie anwenden konnte. „In Ordnung, ich glaube, ich habe verstanden. Ich mache Folgendes: Ich werde die Hauptthemen des Christentums und des Islams in historisch untersuchbare Begriffe setzen, um herauszufinden, welches wahrscheinlicher wahr ist. Sagt mir bitte, ob ihr mir hierbei zustimmt: Wenn wir feststellen können, dass Jesus behauptete, Gott zu sein, dass er am Kreuz starb und dass er vom Grab auferstand, dann wäre das ein starkes Argument für das Christentum."

Die drei nickten.

Ich fuhr fort: „Wenn wir aber feststellen, dass Jesus nicht am Kreuz starb, dass er nicht von den Toten auferstand oder dass er nicht behauptete, Gott zu sein, dann hätte ich gute Gründe, das Christentum für falsch zu halten. Seht ihr das auch so?"

„Wenn wir feststellen können, dass Jesus behauptete, Gott zu sein, dass er am Kreuz starb und dass er vom Grab auferstand, dann wäre das ein starkes Argument für das Christentum."

David fragte genauer nach: „Meinst du, dass alle drei falsch sein müssen, um das Christentum zu widerlegen?"

Ich schüttelte den Kopf. „Nein, wenn irgendeines dieser drei Argumente nicht zwingend ist, dann ist die ganze Sache nicht zwingend. Wenn Jesus zum Beispiel behauptete, Gott zu sein und dann am Kreuz starb? Es gibt viele Menschen, die das behaupteten und am Ende tot waren. Aber wenn er danach vom Tod auferstand, das wäre etwas."

Daraufhin fragte Gary: „Also, gestern haben wir über den Tod Jesu am Kreuz gesprochen. Was meinst du? Findest du die Sache überzeugend?"

„Ich glaube, sie ist überzeugend genug, dass ich fürs Erste seine Auferstehung und seine Göttlichkeit untersuchen werde. Über seinen Tod am Kreuz denke ich später nach."

Mike lächelte. „Ich bin wirklich froh, dass du deinen Verstand benutzt, um sorgfältig und bewusst mit deinem Glauben umzugehen. Zu viele Menschen bleiben einfach bei dem, was sie von ihren Eltern gelernt haben, oder sie gehen mit der Menge oder, noch schlimmer, sie werden verbittert. Du machst mir Hoffnung, Nabeel. Ich bin froh, dich zu kennen."

Ich lächelte zurück. Mike und Gary waren nette Kerle. Sie versuchten weder, mich dazu zu drängen, das eine oder das andere zu glauben, noch schienen sie mich für einen Außenseiter zu halten, für „diesen muslimischen Jungen". Ich war einer wie sie, jemand, der mit ganzen Herzen und Verstand nach Gott und der Wahrheit strebte.

Und nun hatte ich auch meine Suchmethode gefunden: den historischen Fall von Jesu Tod, seiner Göttlichkeit und seiner Auferstehung zu beurteilen. Wenn diese drei Beweismittel kräftig bezeugt waren, dann wäre das ein starkes Argument für das Christentum. Wenn nicht, wäre der Fall dürftig. Andere Faktoren, wie zum Beispiel meine Meinung zu Gottesdiensten, waren nicht relevant.

Wir beendeten unser Mittagessen, verabschiedeten uns und gingen getrennte Wege. Ich sah sowohl Gary als auch Mike erst wieder, als über ein Jahr später ein bedeutender muslimischer Debattierer in die Stadt kam. Sein Ziel war es, vor Hunderten von Menschen Gründe gegen die Auferstehung Jesu vorzubringen.

Sein Gegner? Mein neuer Freund Mike.

Kapitel 27

DEBATTE ÜBER DIE AUFERSTEHUNG

Die Debatte war von muslimischen Organisationen angefragt worden, deshalb wurde sie in der Norfolk Moschee stark beworben. Schon Wochen vorher waren Poster aufgehängt worden, Flyer wurden verteilt, und eine aufgeregte Stimmung durchdrang die Gespräche. Das war eine großartige Gelegenheit, einem muslimischen Gelehrten, einem **Scheich**, dabei zuzusehen, wie er christliche Argumente kritisch hinterfragte. Dass Mike selbst der Gegner in dieser Debatte war, machte das Szenarium fast zu schön, um wahr zu sein. Würden die Argumente, die er bei *Abba* und mir für den Tod Jesu vorgebracht hatte, auch der Prüfung eines muslimischen Wissenschaftlers standhalten?

***Scheich:** ein muslimischer Leiter, meistens mit einem Hochschulabschluss in islamischer Theologie.*

Der muslimische Debattierer war ein bekannter Apologet namens Shabir Ally aus Toronto. Er hatte eine sympathische Bühnenpräsenz, was ich besonders an ihm schätzte. Sein sanftmütiges Auftreten half nach dem 11. September, das Klischee der Gewalttätigkeit von Muslimen zu bekämpfen, was ich für die beste Vorgehensweise hielt. Trotzdem trug er mutig seine muslimische Gebetskappe, einen dicken schwarzen Bart und ein wallendes Gewand, wie es in muslimischen Kulturen üblich ist. Obwohl er kein *Ahmadi* war, befürwortete er einige *Ahmadi*-Argumente, was ihn aus meiner Sicht zu einem perfekten Debattierer machte.

David hatte das Privileg, Shabir vor der Debatte in der Stadt herumzufahren. Shabir bat David, sich gemeinsam den neuen Kinofilm von Mel Gibson, *Die Passion Christi*, anzusehen. So sahen die beiden zusammen den Film, bevor David ihn zum Veranstaltungsort der abendlichen Debatte an der Regent University brachte.

Weil sich Shabir noch frisch machen wollte, war David besonders früh da und konnte die besten Plätze reservieren. Gary war wegen der Debatte ebenfalls in der Stadt und ich traf ihn zufällig im Foyer vor Beginn der Veranstaltung. Links neben mir saß David, rechts Gary und um uns herum weitere 700 Zuschauer. Die Debatte war bald im Gange.

Mike war ein gewinnender Redner und als Einstieg erzählte er davon, wie er an den Punkt gelangt war, an dem er seine Überzeugungen überprüfen wollte. Er hatte nicht einfach nur das übernommen, was seine Eltern glaubten, sondern sich vielmehr selbst auf die Suche nach der Wahrheit über das Leben und über Gott gemacht. Das, worüber er sprechen wollte, waren die Dinge, die ihn von der Wahrheit des Christentums überzeugt hatten. Ich konnte die Spannung kaum aushalten, weil ich genau an demselben Punkt meines Lebens stand wie er damals.

Er fuhr mit seiner Eingangsdarstellung fort, indem er die Wichtigkeit der Auferstehung betonte: „Die Auferstehung Jesu ist deshalb so bedeutend, weil die Wahrheit des Christentums von diesem Ereignis abhängt. Der Sühnetod Jesu und die Auferstehung waren seit Anbeginn fundamentale

Lehren des Christentums. Wenn also Jesus nicht von den Toten auferstanden ist, bricht die Grundlage zusammen und das Christentum ist falsch. Wenn Jesus andererseits wirklich vom Tod auferstanden ist, dann ist das ein guter Grund zu glauben, dass das Christentum wahr ist. Aus diesem Grund ist die heutige Debatte viel, viel mehr als nur eine akademische Diskussion. Das ewige Schicksal unserer Seelen hängt sehr wohl davon ab, was wir mit Jesus und seiner Auferstehung anfangen."

Ich dachte bei mir selbst: „Du hast Recht, Mike. Das Christentum hängt von der Auferstehung ab und es gibt Seelen, die in der Schwebe sind. Hoffentlich ist dein Plädoyer überzeugend!"

Zwei Dinge waren an Mikes Argumentation nicht zu leugnen: Sie war historisch begründet und kurz und klar. Er umriss seine Argumentation wie folgt: „Heute möchte ich Ihnen drei Fakten vorstellen, die eindeutig bewiesen sind und von einer großen Mehrheit von Wissenschaftlern akzeptiert werden. Zusammengefasst ist die beste Erklärung für diese drei Fakten, dass Jesus vom Tod auferstanden ist.

Fakt Nummer eins: der Tod Jesu durch Kreuzigung. Dass Jesus gekreuzigt wurde und durch diesen Vorgang starb, wird von nahezu 100 Prozent aller Wissenschaftler bestätigt, die sich damit beschäftigen."

Nach der Nennung der jeweiligen Tatsache lieferte Mike den Beweis. Für die Tatsache, dass Jesus durch Kreuzigung starb, befasste er sich eingehend mit den Argumenten, die er und Gary mit mir vor ungefähr 18 Monaten durchgesprochen hatten, einschließlich des quälenden Vorgangs der Auspeitschung und der mehrfachen Bezeugungen vom Tod Jesu durch Kreuzigung. Er fügte hinzu, dass nach der Expertenmeinung moderner medizinischer

Wenn Jesus nicht von den Toten auferstanden ist, bricht die Grundlage zusammen und das Christentum ist falsch.

Fachleute Jesus den historischen Vorgang der Kreuzigung keinesfalls überlebt haben könne.

Nachdem er die erste Tatsache ausreichend erörtert hatte, ging Mike zur nächsten über. „Fakt Nummer zwei: das leere Grab. Eine eindrückliche Zahl von 75 Prozent von Wissenschaftlern, die sich mit diesem Thema befassen, bestätigen das leere Grab."

Mike erklärte, dass es viele Gründe dafür gebe zu glauben, dass das Grab Jesu einige Tage nach seiner Kreuzigung leer gewesen sei. Erstens fußte die christliche Bewegung auf der Überzeugung, dass Jesus auferstanden und nicht mehr tot war. Das Christentum nahm seinen Anfang in Jerusalem, und wenn der Leichnam Jesu noch im Grab gewesen wäre, hätten die jüdischen Anführer in Jerusalem das Christentum leicht beenden können, indem sie die Leiche Jesu in der ganzen Stadt gezeigt hätten. Dass sie das nicht getan haben, spräche eindeutig dafür, dass das Grab leer war.

Ein weiterer Grund für die Annahme eines leeren Grabes liegt im jüdischen Auferstehungsverständnis. Die meisten Juden glaubten an eine leibhaftige Auferstehung: dass genau der Körper, der gestorben und begraben worden war, am Tage der Auferstehung auferweckt und in einen unsterblichen Körper verwandelt werden würde. Wenn also die Jünger die Auferstehung Jesu verkündigten, gingen sie davon aus, dass genau dieser Körper auferweckt wurde, und genau das bedeutet das leere Grab.

Der letzte Grund hatte mit der Meinung der jüdischen Anführer zu tun. Als sie nach Jesus gefragt wurden, sagten sie, dass die Jünger seinen Leichnam gestohlen hätten und gaben somit zu, dass das Grab leer war.

Zusammenfassend zitierte Mike William Wand, einen ehemaligen Oxford-Professor: „Alle uns vorliegenden, streng historischen Beweise sprechen für das [leere Grab], und die Wissenschaftler, die das ablehnen, sollten zugeben, dass ihre Gründe dafür wissenschaftlich-historisch nicht haltbar sind.“[11]

Damit kam Mike zum letzten Punkt der Beweisführung: „Fakt Nummer drei: Zeugenaussagen über die Auferstehung Jesu. Mehrfach sehen wir, dass die Jünger Jesu glaubten, dass er auferstanden und ihnen erschienen war. Nicht nur seine Jünger bezeugten das, sondern auch Gegner Jesu.“

Mike verwies auf einige frühe Quellen, um dieses Argument zu stützen. Er erklärte, dass die frühe Kirche auf der Lehre der Auferstehung Jesu aufgebaut war, und dass die Jünger bereit waren, für diesen Glauben zu sterben. Doch nicht nur die Jünger waren bereit, für diesen Glauben zu sterben, sondern sogar auch einige Menschen, die die Botschaft Jesu zu dessen Lebzeiten abgelehnt hatten, namentlich Paulus und Jakobus.

Dieses Argument erschien mir fraglich. Auch wenn die Menschen bereit gewesen waren, für ihre Überzeugung, dass Jesus ihnen erschienen war, zu sterben, bedeutete das nicht, dass es tatsächlich so gewesen war. Aber Mike ging auch darauf ein und erklärte, dass es zumindest deutlich machte, wie sehr sie an die Auferstehung geglaubt und dass sie hinsichtlich ihrer Überzeugungen nicht gelogen hatten. Sein Argument war einleuchtend: „Lügner sind schlechte Märtyrer.“

Nach der Darstellung der drei Fakten fasste Mike seine Beweise zusammen: „Als Nächstes wollen wir das Beweismaterial zu diesen drei Fakten zusammentragen. Wir haben erkannt, dass diese Fakten historisch gut belegt sind und von der beeindruckenden Mehrheit der Wissenschaftler bestätigt werden. Im Grunde sehen das so gut wie alle Wissenschaftler so, die sich damit befassen, einschließlich der Skeptiker. Die Auferstehung Jesu kann alle diese Fakten ohne Mühe erklären. Da es keinerlei

11 William Wand, *Christianity: A Historical Religion?* (Valley Forge, PA: Judson, 1972), S. 93-94.

andere plausible Theorien gibt, die diese Fakten erklären könnten, können wir die Auferstehung Jesu voller Überzeugung als ein Ereignis betrachten, das wirklich stattgefunden hat."

Mit anderen Worten behauptete Mike, dass die Auferstehung Jesu die beste Erklärung für die bekannten Tatsachen sei. Jede andere Theorie zwang diejenigen, die den Fall untersuchten, dazu, die Tatsachen zu verzerren, zu verdrehen oder zu ignorieren.

Ich lehnte mich auf meinem Sitz zurück und dachte über die Argumente nach. Irgendetwas schien damit nicht zu stimmen. Konnte es wirklich so einfach sein?

Ich zog andere Erklärungen in Betracht. „Was wäre, wenn die Menschen, die dachten, den auferstandenen Jesus gesehen zu haben, nur Halluzinationen hatten?" Dann wäre das Grab nicht leer, oder? Außerdem, wie wahrscheinlich ist es, dass so viele Menschen bei unterschiedlichen Gelegenheiten exakt dieselbe Halluzination hatten? Mike zitierte während der Debatte 1. Korinther 15, wo steht, dass 500 Menschen zur gleichen Zeit den auferstandenen Jesus sahen. Gibt es so etwas wie Massenhalluzinationen? Überdies erklärt das auch nicht, warum Feinde Jesu wie zum Beispiel Paulus den auferstandenen Jesus gesehen hatten. Er hätte keinen Grund gehabt, Halluzinationen von der Rückkehr Jesu zu haben.

„Was, wenn sie nicht Jesus sahen, sondern jemand anderen?" Ich überlegte kurz, aber auch das funktionierte nicht. Auch dann wäre das Grab nicht leer gewesen. Außerdem, wäre es wirklich möglich, dass die Jünger jemand anderen mit Jesus verwechseln konnten? Sie waren 1000 Tage oder mehr mit Jesus zusammen gewesen. Das war keine gute Erklärung.

„Was wäre, wenn Jesus nicht am Kreuz gestorben ist?" Das war die *Ahmadi*-Meinung und Mike und Gary hatten alle diesbezüglichen Argumente zurückgewiesen. Aber als Shabir mit seiner Eingangsdarstellung begann, wurde deutlich, dass er genau diese Meinung erörtern wollte. Eine Welle der Aufregung überkam mich: Würde dieser gefeierte Champion unsere Position am Ende doch noch verteidigen?

Shabir begann zu sprechen und es war sofort deutlich, dass er sich auf der Bühne wohlfühlte und mit den Informationen gut vertraut war. „Die Tatsache, dass ich Muslim bin, könnte mich von Vornherein gegen die Beweise für die Auferstehung Jesu einnehmen. Dem möchte ich zunächst zustimmen, es dann aber beiseite legen und die Fakten genau betrachten. Ich finde den Beweis für die Auferstehung nicht überzeugend. Wenn jemand zu mir sagen würde, dass ein Mensch gestorben ist und dann drei Tage später wieder lebend gesehen wurde, würde ich ihn fragen: ‚Bist du sicher, dass er wirklich tot war?‘

Wissenschaftler, die die Evangelien durchforstet haben, fragen: ‚Was verursachte den Tod Jesu?‘ Ärzte, die die Berichte gelesen haben, können sich hinsichtlich der Todesursache Jesu nicht einigen. Wenn wir nur die Erzählungen nehmen, die wir im Text finden, kann man nicht sicher sein, dass Jesus wirklich am Kreuz starb.“

Shabir hatte noch viel mehr zu sagen, aber das war das Herzstück seiner Verteidigung. Als die Debatte fortschritt, wurde jedoch deutlich, dass Shabir weit mehr leugnen und ignorieren musste als es ein objektiver Nachforscher hätte tun müssen. Er stritt ab, dass Jesus den üblichen Kreuzigungsvorgang durchlitten hatte, aber er gab keinen Grund dafür an; er leugnete die Richtigkeit des Kreuzigungsberichts von Johannes, wenn er auch eingestand, dass dieser Bericht bezüglich des historischen Vorgangs der Kreuzigung zutreffend war; er stimmte zu, dass nicht-muslimische Wissenschaftler allgemein folgern, Jesus sei durch Kreuzigung gestorben, aber er stritt paradoxerweise ab, dass die Kreuzigung irgendeine wichtige Rolle in ihrer Beurteilung spielte; er ignorierte die klaren Aussagen aller Evangelien, dass Jesus gestorben war; immer weiter leugnete und ignorierte er sehr wichtige Teile des Datenmaterials, um für seine Sache zu plädieren.

So hingerissen wir alle von Shabirs Redekunst und seinen rhetorischen Fähigkeiten auch waren, der Blick auf seine Argumente führte zu zwei Schlussfolgerungen: Sein Skeptizismus hinsichtlich der Tatsachen war ungerechtfertigt, und er behandelte seine eigene Position nicht auch nur annähernd mit der gleichen Skepsis. Diese Widersprüchlichkeit musste das Ergebnis seiner Voreingenommenheit sein, die sogar ich als Muslim erkennen konnte, der ihm zustimmen wollte.

Nach der Debatte gingen Mike und Shabir in unterschiedliche Räume, um Publikumsfragen zu beantworten. Ich erhob mich langsam von meinem Sitz, enttäuscht und nachdenklich, was das alles bedeutete. Ich ging in der Halle auf und ab und dachte eine Stunde lang über die Debatte nach, bis Mike, David, Gary und ich schließlich zusammen zum Parkplatz gingen. Es war dunkel und kalt, und wir konnten sehen, wie unser Atem im fahlen Licht der Straßenbeleuchtung gefror, wenn wir sprachen.

Mike wandte sich mir zu und sagte: „Nabeel, es würde mich sehr interessieren, was du denkst. Wenn du 100 Punkte vergeben und diese zwischen Shabir und mir aufteilen könntest, wie würdest du sie aufteilen?"

„Das kommt darauf an, wofür ich die Punkte vergeben soll", begann ich. „Wenn wir über Bühnenpräsenz und rednerische Überzeugungskraft reden, müsste ich Shabir 80 Punkte geben und dir 20."

Mike zuckte mit den Schultern. „Naja, danke für deine Ehrlichkeit. Ich stolperte manchmal über meine Worte und meine Folien funktionierten nicht richtig, das sehe ich ein. Aber ich glaube, mich interessiert mehr die Argumentation. Was denkst du über den gesamten Fall?"

Ich überlegte einen Moment. „Ich denke, auf diesem Gebiet hast du gewonnen, Mike. Ich würde dir 65 geben und Shabir 35."

Gary stieß einen Freudenschrei aus. „Hey, wie großartig, Mike! 2:1 für die Auferstehung, und das von einem Muslim, der viel darüber nachgedacht hat. Also, Nabeel, du findest die Argumentation ziemlich gut, hm?"

Nun zuckte ich mit den Schultern. „Da ist immer noch Raum für Zweifel, aber objektiv gesehen scheint es mir die beste Erklärung zu sein."

David konnte der Versuchung nicht widerstehen, mich zu knuffen. „Also, Nabeel, bist du schon Christ?"

„Träum weiter!", lachte ich und schlug David auf die Schulter. „Wir haben uns noch nicht damit beschäftigt, ob Jesus behauptet hat, Gott zu sein, was mir noch wichtiger ist. Außerdem, wenn wir den Islam untersuchen, zeige ich dir mal, wie wirklich überzeugende Argumente aussehen. Dagegen kommt nichts an. Was die bisherigen Argumente betrifft, hat das Christentum dem Islam lediglich die Auferstehung voraus."

„Das Einzige, was wir haben, ist die Auferstehung? Mensch, das ist alles, was wir brauchen!"

Gary sah Mike an, als könnte er nicht glauben, was er gerade gehört hatte. „Das Einzige, was wir haben, ist die Auferstehung? Mensch, das ist alles, was wir brauchen!"

Wir unterhielten uns noch einige Minuten lang auf dem Parkplatz über die Debatte, bis die eisige Kälte stärker war als unser Bedürfnis nach weiterer Gemeinschaft. Ich umarmte Gary, ohne zu wissen, wann ich ihn wiedersehen würde. Mike lud mich ein, zu den monatlichen Diskussionsabenden bei sich zu Hause zu kommen, und ich sagte ihm, dass ich versuchen wollte zu kommen. David ging mit mir zu meinem Auto zurück und wir saßen noch zwei weitere Stunden im Auto und diskutierten über das Christentum und den Islam.

Als ich schließlich von der Regent University nach Hause aufbrach, hatte ich einige Punkte in meinem Kopf geklärt. Es war klar, dass sie mich mit ihren stärksten Argumenten zuerst erwischt hatten, und die waren zweifelsohne stark. Die historischen Beweise sprachen eindeutig für den Tod Jesu am Kreuz, und die beste Erklärung für die Ereignisse in Zusammenhang mit seinem Tod war, dass Jesus vom Tod auferstanden war.

Aber nun war ich an der Reihe. Ich war dabei, die besten Argumente zusammenzustellen, um zu beweisen, dass Jesus niemals behauptet hatte, Gott zu sein. In meinem Herzen wusste ich, dass diese Sache die entscheidende Schlacht war und dass ich bereit war, in den Krieg zu ziehen.

Teil 5

JESUS: STERBLICHER MESSIAS ODER GOTTGLEICHER GOTTESSOHN?

Bist Du in diese Welt hineinkommen? Bist Du Mensch geworden? Und war dieser Mensch Jesus?

Kapitel 28

GENETIK UND JESUS

MGB 101 war ein Hörsaal im Stil eines Amphitheaters und der drittgrößte Raum auf dem Campus einer Universität mit 20.000 Studenten. Ungeachtet dieser Unermesslichkeit saßen David und ich so weit wie möglich vom Professor und den anderen Studenten entfernt. Das hatte einen guten Grund: Wir fanden die Redeweise des Professors umwerfend komisch und konnten es oft nicht vermeiden, in Gelächter auszubrechen.

Dr. Osgood war ein ausgezeichneter Lehrer und so geschickt in der Wissensvermittlung, dass weder David noch ich außerhalb des Unterrichts lernen mussten, um den Stoff mit links zu meistern. Er benutzte jedoch eigenartige Begriffe und im Laufe der Zeit konzentrierten wir uns immer mehr auf seine Wortwahl. Besonders gerne verwendete er das Wort *Comic*, und zwar für alles von einem Diagramm bis zu einem Video. Das war jedes Mal komödiantisches Gold, die Schatzkammer floss allerdings bereits über.

Er zeigte auf das projizierte Bild an der Vorderwand. „Das nächste Thema, das Sie bewältigen müssen, ist die DNA-Replikation. Auf ihrem Weg zum unvermeidlichen Tod teilen sich Zellen hunderte oder tausende Male und durchlaufen dabei einen präzisen Prozess, bei dem sie ihre genetischen Information durch jede Generation von Tochterzellen hindurch vervielfältigen. Wenn der Prozess nicht nahezu fehlerlos wäre, wäre das Überleben der Arten unmöglich. Um die Mechanismen der DNA-Replikation zu verstehen, müssen wir noch einmal zum DNA-Molekül zurückkommen. Hier haben wir einen Comic von einer DNA."

Ich unterdrückte ein Kichern, indem ich mich räusperte.

„Ich habe bereits erwähnt, dass die DNA eine Doppelhelix aus zwei Zucker-Phosphatsträngen ist, die untereinander durch Basen verbunden sind. Beachten Sie nun, dass der Kohlenstoff das Phosphat in jedem einzelnen Strang eines DNA-Durchlaufs von 5′ zu 3′ bindet. Das ist die Grundlage für die Direktionalität jedes einzelnen Strangs."

David lehnte sich zu mir und kommentierte flüsternd. „‚Direktionalität'? Noch länger und komplizierter geht es wohl nicht?" Wir brachen in Kichern aus.

Aber Dr. Osgood war noch nicht fertig.

„Entsprechend der Form der Basen läuft jeder einzelne Strang in eine andere Richtung. Wenn man die beiden Stränge zusammen nimmt, hat die DNA Antidirektionalität."

David und ich drehten uns mit vor Staunen weit geöffneten Augen zueinander. Das war zu viel Futter für uns. Unsere Gehirne brauchten einen Moment, um das zu bestätigen, dass er wirklich gerade ‚Antidirektionalität' gesagt hatte. Als ob Dr. Osgood einen Kanister konzentriertes Lachgas auf uns gekippt hätte, wurden David und ich von stillen Lachkrämpfen überrollt. Wir schüttelten uns einige Minuten lang und konnten nicht damit aufhören. Als die anderen Studenten schließlich begannen, uns mit Blicken zu töten, mussten wir es irgendwie schaffen, mit den Lachen aufzuhören. Ich biss mir so fest ich konnte auf die Lippen.

Als ich meinen Körper wieder unter Kontrolle hatte, schrieb ich das Wort *Antidirektionalität* auf ein loses Blatt und gab es

David. Nach einem weiteren Lachanfall kritzelte David etwas auf den Zettel und gab ihn mir zurück. Jetzt stand dort *Pseudoantidirektionalität.* Wieder brachen wir in Gelächter aus. Als ich mich wieder erholt hatte, machte ich weiter und gab den Zettel zurück. Einige Minuten und ein paar hundert Kalorien später hatten wir das Wort *Quasipseudoantidirektionalitätigungskeitschaftsismus* quer über die ganze Seite stehen. Wir mussten auf unseren Stühlen so heftig lachen, dass sich die Schrauben lockerten.

Die Stunde hatte gerade erst begonnen, aber wir beschlossen, besser zu gehen. Keiner von uns beiden konnte mehr aufpassen und wir machten uns keine Freunde, wenn wir blieben. Schnell schlüpften wir aus dem Unterricht hinaus, ein weiterer Vorteil, wenn man hinten sitzt.

Wir scherzten und lachten auf unserem Weg zum Debattier-Saal, wo wir eine Stunde zu früh ankamen. Ich machte eine Pause zum Atemholen, ließ meinen Rucksack von der Schulter gleiten und setzte mich vorne im Klassenraum hin. David setzte sich auf seinen üblichen Platz hinten. Wir kamen von unserem Hochgefühl wieder herunter und jeder überlegte, wie er die neugewonnene Zeit am besten nutzen konnte.

Ich überlegte gerade, ob ich mir den Stoff der Genetikvorlesung ansehen sollte, die wir gerade verlassen hatten, als mir ein Gedanke kam: „Weißt du, David, die Genetik ist das Hauptproblem des christlichen Glaubens."

David schaute typisch amüsiert. „Ach ja?"

„Ja. Denk mal darüber nach. Warum haben wir Kinder? Genau genommen, warum reproduzieren sich alle Arten?"

David sagte nichts, sondern wartete ab. Inzwischen hatte er gelernt, dass es am besten war, mich erst einmal ausreden zu lassen, um sich wirklich mit meinen Gedanken auseinandersetzen zu können.

„Reproduktion dient dem Überleben. Es ist genau, wie Dr. Osgood sagt: Zellen sterben irgendwann, deshalb reproduzieren sie sich davor, so oft sie können. Das Problem ist offensichtlich: Warum braucht Gott einen Sohn, wenn Er unsterblich ist?“

Nach einer dramatischen Pause, die an David anscheinend spurlos vorüberging, fuhr ich fort: „Die Juden haben das verstanden, deshalb sagten sie niemals, dass Gott einen Sohn gezeugt habe. Und Jesus war Jude. Es muss in der Zeit nach Jesus gewesen sein, dass sich die römische Kultur mit der frühen Kirche vermischte. Die Römer hatten eine ganze Menge Geschichten von Göttern, die Frauen schwängerten und dadurch Gottmenschen hervorbrachten.“

David stellte eine klärende Frage: „Glaubst du, dass die Christen das lehren?“

„Etwa nicht? Du sagst, dass der Heilige Geist Maria aufsuchte und sie schwängerte. Es müsste für die Christen nur logisch sein, dass Jesus ein Halbgott ist, weil er von einem Menschen und einem Gott geboren wurde. Aber sehen wir uns die Sache an: Die Bibel beschreibt einen völlig menschlichen Jesus. Das erklärt seinen Hunger, seinen Durst, seine blutenden Wunden, sein Unwissen und seinen Tod.“

Obwohl ich meine Argumente spontan zusammengefügt hatte, waren diese Gedanken kaum neu, nicht einmal meine eigenen. Zwei Jahrzehnte täglicher islamischer Unterweisung, unterstützt durch die Rezitation der Koranworte „Er hat weder gezeugt, noch ist er gezeugt worden“[1], verbanden sich mit einem kritischen Verstand und dem brennenden Wunsch, den Glauben meiner Väter zu verteidigen. Mein erbitterter Kampf gegen Jesus als Herrscher war eine logische Folge von allem, was mich ausmachte. An diesem Punkt leistete ich Widerstand und wollte nicht ohne Kampf nachgeben.

Aber ob aus Gedankenverlorenheit, aus einer plötzlichen Eingebung bzw. einer Führung des Heiligen Geistes heraus

---

1 112,3

oder weil ihm das Thema nicht vertraut war, David schlug nicht zurück. „Nabeel, hast du irgendwelche christlichen Bücher über die Göttlichkeit Jesu gelesen?“

„Nein, aber ich habe schon mit einer Menge Christen darüber gesprochen.“

„Gut, dann machen wir das. Ich gebe dir morgen ein Buch und du liest es, wenn du Gelegenheit dazu hast. Dann reden wir darüber.“

Ich war erstaunt. David ließ nur selten ein Wortgefecht aus: „Warum sprechen wir nicht jetzt darüber?“

„Weil ich mir das Zeug ansehen muss, das wir in Genetik verpasst haben.“

„Und wessen Schuld ist das, David?“

„Deine genauso wie die von irgendjemand anderem, mein Lieber!“

„Hey, du hast mit dem ganzen *Quasipseudo*-Quatsch angefangen!“

Und so zankten wir uns durch die Stunde, wir lernten weder Genetik noch debattierten wir über Theologie. Das war auch besser so. Meine Reaktion auf die Göttlichkeit Jesu war so stark von meiner islamischen Identität beeinflusst, dass eine Diskussion an diesem Punkt ausschließlich kontraproduktiv und polarisierend gewesen wäre.

Mein erbitterter Kampf gegen Jesus als Herrscher war eine logische Folge von allem, was mich ausmachte.

Was zuerst nötig war, war ein kleiner Überfall, ein Weg vorbei an der islamischen Reflexreaktion gegen die Göttlichkeit Jesu. Das Buch, das mir David geben wollte, sollte mir die richtigen Fragen stellen und mich auf den richtigen Pfad bringen. Das ermöglichte mir einen wichtigen Fortschritt, ungeachtet der Tatsache, wie schmal er war.

Kapitel 29

JESUS ERSCHAFFT ZIMMERLEUTE

Ich sah auf das Buch hinab, das David mir über den Tisch schob. Der Lärm beim Mittagessen in der Mensa zwang mich zu besonderer Konzentration, so verblüfft war ich über den Titel des Buches und die kompakte Größe. Stirnrunzelnd blätterte ich durch die Seiten, bevor ich es über den Tisch zurückschob. „Ich weiß bereits, dass Jesus mehr als ein Zimmermann ist."

David war in einer außergewöhnlich ausgelassenen Stimmung. Freitage hatten das so an sich. „Ja, aber er ist weit mehr als ein Zimmermann. Er erschafft sogar Zimmerleute."

Ich lächelte. „Ich weiß, das sagst du, aber das steht nicht in der Bibel."

„Doch, tut es. Die Bibel sagt, dass alle Zimmerleute durch Jesus geschaffen sind."

„Komm David, ich meine es ernst." Ich täuschte zur Bekräftigung einen finsteren Blick vor.

Davids Lächeln wurde breiter. „Ich auch. Was glaubst du, bedeutet es, wenn es in der Bibel heißt: ‚Alle Dinge sind durch Jesus entstanden'?"

„Das steht in der Bibel?" Mein finsterer Blick war nicht mehr nur vorgetäuscht.

„Ja."

„Aber nicht in den Evangelien. Ich muss das in den Evangelien sehen."

„Soweit mir bekannt ist, ist ..." Er täuschte einen massiven Hustenanfall vor, bevor er laut verkündete: „Das EVANGELIUM NACH JOHANNES", er hustete wieder, „ein Evangelium."

„Das steht bei Johannes?"

„Ja." Er lächelte scheinheilig.

Das widersprach allem, was muslimische Lehrer über das Thema Jesus in der Bibel lehrten. War es möglich, dass ein Evangelium wirklich Jesus als den Schöpfer beschrieb? Warum hatte ich das bisher noch nicht gehört? Keiner der Christen, mit denen ich gesprochen hatte, hatte das jemals erwähnt, und ich hatte so viele herausgefordert. Wenn ich es mir recht überlegte: Hätte mir irgendjemand anderes als David das erzählt, hätte ich ihm nicht geglaubt, sondern stattdessen angenommen, dass er sich das nur ausgedacht hätte. Aber ich kannte David gut, und er würde so etwas nicht mit mir machen. Vielleicht verdrehte David irgendetwas. Ich wusste es nicht, aber ich war neugierig.

David sah, wie es in meinem Kopf arbeitete und schob mir das Buch zurück, aber dieses Mal dramatisch in Zeitlupe. Als ich die Hand ausstreckte, um es zu nehmen, zog er es schnell zurück. „Aber du weißt doch bereits, dass Jesus mehr als ein Zimmermann ist", sagte er, immer noch lächelnd.

Ich lehnte mich nach vorn und entriss David das Buch. „Sei nicht so schadenfroh."

Später an diesem Wochenende ließ ich mich auf den Boden von *Abbas* Studierzimmer fallen und untersuchte das Buch genauer. *Wer ist dieser Mensch?* war sehr kompakt, etwa so groß wie meine Hand und hatte nicht viele Seiten.[2] Der Name des

2 Josh McDowell, *Wer ist dieser Mensch?* (überarbeitete Neuauflage, Bielefeld: CLV, 2010), Originaltitel: *More Than A Carpenter* (dt.: Mehr als ein Zimmermann).

Autors war Josh McDowell, und ich hatte seinen Namen schon gehört. *Abba* besaß ein Buch mit dem Titel *The Islam Debate* (dt.: Die Islam-Debatte), eine Nachschrift eines Gesprächs von 1981 zwischen McDowell und dem berühmten muslimischen Apologeten Ahmed Deedat. Ich hatte es noch nicht gelesen, weil es eine Monographie in voller Größe war und sich offensichtlich mit der Verteidigung des Islams beschäftigte. Ich war mehr damit befasst, das Christentum zunichtezumachen.

Aber das hier war ein Buch, oder vielmehr ein Büchlein, über das Christentum aus der Feder von Josh McDowell, so klein, dass es geradezu danach schrie, von mir gelesen zu werden. Ich tauchte hinein und überprüfte alle Bibelstellen, die McDowell benutzte, auf ihre Richtigkeit hin. Es ist kaum zu glauben, aber obwohl ich dutzende Bibelverse auswendig gelernt hatte, um das Christentum zu widerlegen, war es das erste Mal für mich, dass ich wirklich eine Bibel aufschlug. Alle Bibelverse, die ich bisher gelesen hatte, standen in muslimischen Büchern.

Ich verschlang McDowells Buch in wenigen Stunden. Das meiste davon ermutigte Menschen, Jesus und ihren Glauben ernst zu nehmen, aber das tat ich ja bereits. Das Kapitel, das mich am meisten bewegte, war Kapitel 2: „Was ist an Jesus so anders?" Hier verteidigte McDowell die Behauptung, dass das Neue Testament Jesus als Gott darstellt. Als ich mit dem Buch fertig war, beschloss ich, auf dieses Kapitel noch einmal mit einem kritischeren Blick zurückzukommen.

Ich hielt viele von McDowells Argumenten für unzureichend. Es gab alternative Erklärungen, die er nicht bedacht hatte. Zum Beispiel zitierte er Matthäus 16,16, wo Petrus ausruft, dass Jesus „der Sohn des lebendigen Gottes" ist, um aufzuzeigen, dass Jesus göttlich sei. Aber ich hatte schon früh in meiner Kindheit ein Gegenargument gelernt: Viele Menschen in der Bibel wurden Söhne Gottes genannt, wie zum Beispiel

Adam, Salomo und sogar namenlose Fremde.[3] Die Bibel lehrt in der Tat, dass wir Söhne bzw. Kinder Gottes werden können, und geht sogar zum Beispiel im Psalm 82 so weit zu sagen, dass Menschen Götter sind.[4]

An anderer Stelle zitierte McDowell Matthäus und Lukas, um aufzuzeigen, dass Jesus Eigenschaften Gottes wie zum Beispiel Allmacht hatte, aber keiner dieser Bezüge war für mich überzeugend.[5] Selbstverständlich zeigten sie alle, dass Jesus Wunder vollbrachte, aber die muslimische Erklärung für die Wunder Jesu war einfach: Sie wurden alle mit Gottes Erlaubnis ausgeführt, nicht durch irgendeine Jesus innewohnende Macht. Genau das sagt auch der Koran,[6] und ich hatte schon lange zuvor Bibelverse auswendig gelernt, die zeigten, dass die Werke Jesu in Wirklichkeit vom Vater stammten und dass er nichts ohne Gott tun konnte.[7] Als Muslim, der darin geschult war, dem Christentum zu widersprechen, fand ich nicht viel Neues in McDowells Aussagen, und ich hatte schon viel Erfahrung damit, diese Argumente an die Christen zurückzureichen.

Allerdings gelang es McDowell, mich von einer anderen Sache zu überzeugen. Auch wenn es im Johannesevangelium Verse gab, die ich verwenden konnte, um die Göttlichkeit Jesu anzufechten, gab es andere, die Jesus in einem nicht zu leugnenden göttlichen Licht zeigten. Zum Beispiel sagte Jesus: „Alle werden den Sohn ehren, wie sie den Vater ehren."[8] Zudem sprach ein Jünger Jesus als „Gott" an, und Jesus lobte ihn

3 Lukas 3,38; 1. Chronik 28,6; 1. Mose 6,2; Hiob 1,6.

4 Psalm 82,6.

5 Matthäus 8,26-27; Lukas 4,38-41; 7,14-15; 8,24-25.

6 3,49.

7 Johannes 10,32 bzw. 5,19.

8 Johannes 5,23.

dafür.[9] Ich hatte diese Zitate nie zuvor gehört und sie passten nicht in meine Denkweise. Das konnten sie auch nicht. Auf gar keinen Fall konnte Jesus diese Dinge sagen oder erlauben, zumindest nicht der Jesus, den ich kannte.

Ich begann, über diese neuen Verse nachzudenken, und kämpfte damit, sie mit den gegensätzlichen Versen in Einklang zu bringen, die ich als Kind auswendig gelernt hatte. Ich fragte mich: „Wie passt das alles zusammen? Ich weiß, dass es im Koran Verse gibt, die einander offenkundig widersprechen, aber *Abba* oder ein Imam können diese Widersprüche normalerweise auflösen. Gibt es jemanden in der *Jamaat*, der die Bibel so gut kennt wie den Koran?"

Ein Gedanke, der in meinem Kopf leise vor sich hin brodelte, seit ich begonnen hatte, McDowells Buch zu lesen, kochte plötzlich über. Wie ein Mensch, der schließlich zum ersten Mal einen Schritt zurücktritt, nachdem er ein Mosaik zuvor nur Stück für Stück betrachtet hat, erkannte ich, dass ich das große Ganze übersehen hatte: Die Bibel und der Koran waren nicht identisch. Nicht im Entferntesten. Warum versuchte ich, die beiden auf die gleiche Weise zu deuten?

Ich erkannte, dass ich das große Ganze übersehen hatte: Die Bibel und der Koran waren nicht identisch.

Muhammad diktierte seinen Schreibern die Inhalte des Korans über einen Zeitraum von 23 Jahren. Nach seinem Tod wurde der Koran lediglich in einem Buch gesammelt. Verse, die Jahre oder Jahrzehnte auseinanderliegend diktiert worden waren, fanden sich im Koran Seite an Seite, oft ohne offensichtliche Verbindung zueinander. Das Ergebnis davon ist, dass Muslime relativ wenig Wert auf den Kontext legen, in dem eine Aussage steht, wenn sie versuchen, Koranverse

9 Johannes 20,28.

auszulegen. Für den Zusammenhang benutzen sie stattdessen historische Kommentare, *Hadithen,* die **Asbab-an-nuzul** genannt werden.

Die Erzählungen im Koran sind so zerrissen, dass überhaupt nur eine einzige Geschichte einen klaren Anfang, eine Mitte und ein Ende hat: die Geschichte von Josef. Alle anderen Geschichten beginnen in der Mitte oder sie werden nie zu Ende gebracht. Es war kein Wunder, dass ich mich an meine Lehrer wenden musste, um den Koran zu verstehen.

Aber als ich in Verbindung mit McDowells Buch durch die Bibel las, erkannte ich, dass die Evangelien zusammenhängende Erzählungen waren, jede einzelne diente ihrem eigenen Zweck. Man brauchte keine Kommentare, um die Evangelien zu verstehen. Jeder kann die Bibel verstehen.

Umgekehrt konnte ich mich nicht auf nur einen einzelnen Vers konzentrieren, um eine Aussage über ein Evangelium zu treffen, wie wir das oft mit dem Koran taten. Ich musste das ganze Evangelium lesen, die Absicht und die Themen des Autors verstehen und das Buch für sich selbst sprechen lassen.

Mit dieser neuen Betrachtungsweise ausgerüstet beschloss ich, das Johannesevangelium von vorne zu lesen, bevor ich versuchte, es auszulegen. Ich setzte mich wieder auf den Boden und schlug *Abbas* Bibel bei Johannes 1 auf.

***Asbab-an-nuzul:** ein Zweig der islamischen Literatur, der die genauen Umstände der Offenbarung der jeweiligen Koranverse zum Inhalt hat.*

Was ich fand, gefiel mir gar nicht.

„Im Anfang war das Wort, und das Wort war bei Gott, und das Wort war Gott. Dieses war im Anfang bei Gott. Alles wurde durch dasselbe und ohne dasselbe wurde auch nicht eines, das geworden ist.“[10]

10 Johannes 1,1-3.

Da war es. Punkt. Ich grübelte über diese Verse, las sie wieder und wieder. Es gab keine andere Erklärung. Die Verse sagten, dass Gott die Welt mittels des Wortes erschaffen hat, dass das Wort genauso ewig wie Gott ist und dass es Gott selbst war, jedoch in einem gewissen Sinne abgetrennt von Ihm.

Es war offensichtlich, dass „das Wort“ Jesus war, nicht nur deshalb, weil Johannes‘ Evangelium vordergründig von Jesus handelt, sondern auch, weil der Koran Jesus das „Wort Gottes“ nennt.[11] Abgesehen davon ließ Vers 14 kaum Zweifel: „Und das Wort wurde Fleisch und wohnte unter uns, und wir haben Seine Herrlichkeit angeschaut, eine Herrlichkeit als einen Eingeborenen vom Vater“. Es musste Jesus sein.

Ungläubig legte ich die Bibel weg und begann wieder im Zimmer auf und ab zu gehen und die Teile in meinem Kopf zusammenzufügen. Das war Johannes‘ erstes Kapitel, sein Vorwort. Wie bei einer Einführung in modernen Büchern zeigt es uns die Linse, durch die man den Rest des Buches lesen soll. Es war, als ob Johannes sagte: „Wenn du dieses Evangelium liest, denk daran, dass Jesus genauso ewig wie der Vater ist und zusammen mit Ihm die Welt geschaffen hat.“

Wenn Jesus wirklich beanspruchte, Gott zu sein, dann ist der Koran falsch und der Islam ist eine falsche Religion.

Hier war der Zusammenhang, den ich brauchte, um die Spannung in anderen Teilen des Evangeliums zu lösen. Was auch immer ich für Schwierigkeiten haben würde, wenn ich Verse in Einklang bringen wollte, ich musste Johannes‘ Vorwort im Gedächtnis behalten: Jesus ist Gott.

Während das Unvermeidliche in meinem Kopf wuchs, blieb ich stehen und starrte auf die Bibel, die immer noch bei Johannes 1,1 aufgeschlagen war. Ich konnte es nicht glauben. Es konnte

11 Genauer „ein Wort von Gott“, wenngleich Muslime gewöhnlich beide Namen nicht bestreiten; 3,45.

einfach nicht wahr sein. Jesus konnte nicht Gott sein. Es musste eine andere Erklärung geben, oder aber ich war betrogen worden. Es musste eine andere Erklärung geben, oder aber meine Familie und alle, die ich liebte, waren gefangen in einer Lüge.

Wenn Jesus wirklich beanspruchte, Gott zu sein, dann ist der Koran falsch und der Islam ist eine falsche Religion.

Es musste eine andere Erklärung geben. Ich wusste noch nicht, welche, aber es musste sie geben. Ich vertraute darauf, dass es sie gab, und zweifelte nicht, dass Allah sie mir zeigen würde.

Ich ging sofort in unser Wohnzimmer, wo wir unsere gemeinschaftlichen Gebete darbrachten. Ich ging zum Gebetsteppich, hob die Hände an die Ohren auf, rezitierte „*Allahu akbar*“ und brachte Allah zwei *Ra'kas* der ***Nafl***-Gebete dar.

Nafl: *freiwillige Gebete, um die Hilfe von Allah zu erbitten oder den Anbetenden näher zu Ihm zu ziehen.*

Kapitel 30

DER GÖTTLICHE SOHN DES MENSCHEN

„Johannes zählt nicht."

„Ich dachte mir schon, dass du das sagen würdest."

Wir waren wieder im Webb Center, am selben Tisch, an dem mir David *Wer ist dieser Mensch?* gegeben hatte. Ich hatte das ganze Wochenende damit verbracht, das Evangelium von Johannes im Internet zu untersuchen und begierig zu beten.

Es war nicht so, dass ich beunruhigt war. Mich einfach nur mit diesen Themen zu beschäftigen, bedeutete eine wiederholte Bekräftigung meiner Hingabe an den Islam, und ich wurde dadurch gottesfürchtiger. Außerdem war ich davon überzeugt, Allah würde meinen Glauben dadurch belohnen, dass er meine Gebete erhörte und mich im Kampf gegen Davids Position ausrüstete. Ich entdeckte Unmengen von Argumenten gegen die Richtigkeit des Johannesevangeliums. Die letzten Tage hatte ich damit verbracht, mich neu zu sortieren und war darauf vorbereitet, die Fronten neu abzustecken. Jetzt fuhr ich die schweren Geschütze auf.

„Also, warum zählt es nicht?", fragte David.

„Es ist das letzte Evangelium, 70 Jahre nach Jesu Lebzeiten

geschrieben. Es ist ganz anders als die anderen Evangelien, die viel früher entstanden."

„Aber das haben wir doch schon besprochen, Nabeel. Das Johannesevangelium wurde von einem Jünger geschrieben, oder zumindest, während die Jünger noch lebten. Was es sagt, ist zuverlässig."

„Da wäre ich mir nicht so sicher, David. 70 Jahre nach Jesu Lebzeiten ist eine ordentliche Zeitspanne. Wir können nicht sicher sagen, dass die Jünger so spät noch am Leben waren. Aber es gibt dabei noch ein größeres Problem: Warum sieht es so ganz anders aus als die anderen Evangelien? Jesus erzählt bei Johannes kein einziges Gleichnis und er spricht viel öfter über sich selbst als bei den **synoptischen Evangelien**. Außerdem gibt es nur ein einziges Wunder, das in allen vier Evangelien vorkommt.[12] Johannes scheint uns von *seinem* Jesus zu erzählen. Einem späteren Jesus. Einem anderen Jesus."

„Woher hast du das?" Davids Tonfall verriet leichte Verwirrung. Das war wirklich selten, und ich genoss es, dass meine Ehre gerettet schien. Ich kämpfte schließlich nicht nur für meinen Stolz. Ich kämpfte für meine Familie und für meinen Glauben.

„Ich habe eine neue Suchmaschine gefunden: ‚Google'."

„Nein, ich meine, wen zitierst du?", drängte David, in seiner Neugier gekränkt. „Klingt nicht wie ein Muslim."

„Es ist ein christlicher Wissenschaftler, den Shabir Ally in einer Debatte zitiert hat. Bart Ehrman."[13]

Synoptische Evangelien: *Sammelbegriff für die Evangelien von Matthäus, Markus und Lukas.*

12 Die Speisung der Fünftausend.

13 Für weiterführende Argumente siehe Bart Ehrman, *The New Testament: A Historical Introduction to the Early Christian Writings*, 5th ed. (New York: Oxford University Press, 2011).

In Davids Gesicht breitete sich Verständnis aus. „Bart Ehrman ist kein Christ."

„Ach? Ich dachte, schon." Ich lächelte und genoss den Moment. „Er hat eine theologische Ausbildung absolviert."

„Ja, aber später wandte er sich vom Glauben ab."

„Ich verstehe auch, warum!", antwortete ich, halb im Scherz. Aber nur halb.

„Okay, zurück zur Göttlichkeit Jesu. Hast du in McDowells Buch nichts gefunden, was überzeugend war?"

„Nicht außerhalb des Johannesevangeliums." Ich wollte Johannes nicht so schnell wieder vom Haken lassen.

„In Ordnung, wie wär's damit: Ich werde mir Johannes ansehen und dir dann antworten. In der Zwischenzeit werde ich dir ein anderes Buch geben, und du sagst mir, was du davon hältst."

„Klingt gut, aber du musst etwas Besseres anbringen als *Wer ist dieser Mensch?*, David. Vielleicht suchst du nächstes Mal etwas Größeres aus?"

David lachte: „Du hast es so gewollt!"

Einige Tage später lag ich wieder auf dem Boden von *Abbas* Studierzimmer und starrte auf einem Wälzer mit goldenem Einband. Es hieß *Die Fakten des Glaubens*[14], und obwohl auch dieses Buch von McDowell verfasst war, war es eine völlig andere Kategorie. Es bestand aus über 1000 Seiten Lesenotizen, die McDowell während der Jahre seiner Forschungen über die christlichen Anfänge gesammelt hatte.

Ich war unerschrocken. Mein letzter Sieg über Davids Argument zum Johannesevangelium hatte mir ein neuentdecktes Selbstvertrauen gegeben. Ich war sicherer als je zuvor, dass Allah an meiner Seite war, dass sich keinerlei Argumente gegen Ihn durchsetzen konnten und dass die Göttlichkeit Jesu eine Neuerung aus dem späteren Christentum war.

---

14 Josh McDowell, *Die Fakten des Glaubens* (Witten: SCM Hänssler; 2003)

Wenn Jesus wirklich für sich beanspruchte, Gott zu sein, sollten wir erwarten können, diesen Anspruch im frühesten Evangelium zu finden, nicht im letzten. Ich musste den Anspruch Jesu auf Göttlichkeit im Markusevangelium finden. Ohne Zögern öffnete ich geradewegs das Kapitel über die Göttlichkeit Jesu und begann zu lesen.

Als hätte McDowell vorherwissend meine Gedanken gelesen, war das allererste Beweisstück, das er aufführte, „seine [Jesu] eigenen Behauptungen hinsichtlich seiner Göttlichkeit" im Markusevangelium. Als ihn der Hohepriester fragte, ob er der Christus sei, der Sohn Gottes, bezeugte Jesus dem Sanhedrin: „Ich bin es! Und ihr werdet den Sohn des Menschen sitzen sehen zur Rechten der Macht und kommen mit den Wolken des Himmels."[15]

Abgesehen von dem „Ich bin es" fand ich diese Aussage nicht besonders klar und ich konnte nicht sofort erkennen, warum McDowell sie zu seinem bevorzugten Argument machte. Was meinte Jesus damit?

Wenn Jesus wirklich für sich beanspruchte, Gott zu sein, sollten wir erwarten können, diesen Anspruch im frühesten Evangelium zu finden, nicht im letzten.

Was auch immer er meinte, eine Sache war klar. Die Priester des Sanhedrins dachten, er mache eine Aussage über seine Identität, die sie für gotteslästerlich hielten und die die Hinrichtung rechtfertigte. Es gab nur einen einzigen Identitätsanspruch, der eine solch rigorose Bestrafung verdiente: die Behauptung, Gott zu sein. Zu behaupten, der Messias zu sein, war nicht genug.[16] Aber was

15 Markus 14,62.

16 „Wenn Jesus sagt: ‚Ja, ich bin der Messias', ist das keine Gotteslästerung; es ist nichts Gotteslästerliches dabei, sich selbst als Messias zu bezeichnen, so wie es auch nicht gotteslästerlich ist zu sagen: ‚Ja, ich bin Präsident der Vereinigten Staaten' oder ‚Ich bin Kirchenvorsteher'. Auch wenn das vielleicht nicht stimmt, ist eine solche Behauptung

genau sagte Jesus in seiner Antwort dem Sanhedrin gegenüber, sodass sie dachten, er behaupte, Gott zu sein?

McDowell zitierte einen Wissenschaftler des Neuen Testaments, Craig Blomberg, der erklärte: „Diese Antwort kombiniert Anspielungen auf Daniel 7,13 und Psalm 110,1. In diesem Kontext bedeutet ‚Sohn des Menschen' sehr viel mehr als nur ein menschliches Wesen. Jesus beschreibt sich selbst als ‚einen wie einen Menschensohn, kommend mit den Wolken des Himmels', der ‚gelangte bis zu dem Hochbetagten und wurde vor ihn gebracht'. Und ihm wurde Gewalt, Ehre und königliche Würde verliehen, dass ihm alle Völker dienen sollen … seine Gewalt ist eine ewige Gewalt und sein Königtum wird nie untergehen [Daniel 7,13.14]. Dieser Anspruch, weit mehr als nur ein Sterblicher zu sein, war es vermutlich, der den Schuldspruch der Gotteslästerung beim jüdischen Hohen Rat hervorrief."[17]

***Chutba**: „Freitagspredigt"; normalerweise die Predigt beim wöchentlichen Freitagsgebet der Muslime.*

Ich war verblüfft. Sagte Blomberg tatsächlich, dass der Titel „Sohn des Menschen" ein Anspruch war, Gott zu sein? Das war unmöglich.

Ich dachte zurück an eine ***Chutba***, die ich in einer Moschee in Washington, D.C., gehört hatte, und bei der der Imam vorn in der Gebetshalle gestanden und verkündet hatte: „Jesus leugnete wiederholt, Gott zu sein. Er nannte sich selbst immer den

nicht gotteslästerlich oder illegal. Wir wissen von Juden, die sich selbst Messias nannten, und wir wissen von Juden, die die religiöse Führung der Juden Messias nannten. ‚Messias' bedeutet einfach nur ein zukünftiger Herrscher des Volkes; es ist nicht gotteslästerlich, so etwas zu sagen." (Bart Ehrman, Historical Jesus, The Great Courses, course 643, lesson 21, 24:42-29:06, http://www.thegreatcourses.com/tgc/courses/course_detail.aspx?cid=643).

17 Craig Blomberg, *Jesus and the Gospels* (Nashville: B&H Academic, 1997), 342-43.

Sohn des Menschen, um es unmissverständlich klar zu machen! Er ist ein Mensch. Er nennt sich niemals selbst ‚Sohn Gottes'. Die wenigen Male, wo er von anderen ‚Sohn Gottes' genannt wird, bedeuten nicht, dass er tatsächlich der Sohn Gottes ist. Jesus ist der Sohn des Menschen. Er ist ein Mensch."

Konnte es sein, dass der Begriff „Sohn des Menschen" tatsächlich noch mehr bedeutete?

Ich selbst musste Daniel 7 lesen. Ich nahm *Abbas* Bibel vom Bücherregal, suchte nach „Daniel" im Inhaltsverzeichnis und schlug Daniel 7 auf. Genau wie Blomberg gesagt hatte, war da wirklich eine prophetische Vision von jemandem, der wie ein Sohn des Menschen ist und der für alle Ewigkeit von Menschen jeder Sprache angebetet wird. Diesem Sohn des Menschen wurde Autorität und souveräne Macht über ein ewiges Königreich verliehen.

Meine Gedanken rasten. Was konnte das bedeuten? Ich erinnerte mich, dass Blomberg sagte, die Antwort Jesu bezöge sich auch auf Psalm 110. Vielleicht konnte das die Dinge für mich deutlich machen? Ich schlug Psalm 110 nach und las den ersten Vers: „Spruch des HERRN für meinen Herrn: ‚Setze dich zu meiner Rechten, bis ich deine Feinde gemacht habe zum Schemel deiner Füße.'"

Aber was bedeutete das? Wie kann der HERR etwas zu dem Herrn sagen? Wen lädt Gott ein, an Seiner Rechten zu sitzen?

Ich suchte wieder online und sammelte so viele Informationen über Daniel 7 und Psalm 110, wie ich konnte. Nach einigen Stunden war es klar. Daniel 7 sprach von einem ‚Sohn des Menschen', der die Souveränität im Himmel mit Gott teilt und der von allen Menschen mit Ehrerbietung angebetet wird, wie es nur Gott selbst gebührt. Psalm 110 sprach von einem anderen Herrn, jemandem, der auf Gottes Thron neben Gott saß und als Sein Erbe fungierte.

In Markus 14,62 behauptete Jesus, der göttliche „Sohn des Menschen" und der souveräne Erbe des Thrones des

Vaters zu sein. Er stellte die kühne Behauptung auf, Gott zu sein.[18]

Aber wie konnte das sein? Vielleicht spiegelte dieser Teil von Markus, wie das Evangelium von Johannes, nicht genau das wider, was Jesus sagte? Ich suchte fieberhaft im Internet nach einem Ausweg, aber es gab keinen. Jesus nannte sich selbst in den vier Evangelien mehr als 80 Mal „Sohn des Menschen"; dass er wirklich diesen Begriff benutzte, ist unbestreitbar. Seine Stellung als derjenige, „der zur Rechten der Macht sitzt", war von Anfang an tief in der Kirchenlehre verwurzelt.[19] Wenn das göttliche Ansprüche waren, dann zog sich die Göttlichkeit Jesu durch die Evangelien und die früheste Kirchengeschichte.

In Markus 14,62 behauptete Jesus, der göttliche Sohn des Menschen und der souveräne Erbe des Thrones des Vaters zu sein.

Bei Anbruch der Nacht schaltete ich widerwillig den Computer aus, legte McDowells Buch weg und ließ diese neuen Informationen auf mich einwirken. Ich befand mich in einer Sackgasse. Ich konnte mir weder eingestehen, dass sowohl das früheste Evangelium als auch alle nachfolgenden Evangelien um das Gerüst der Göttlichkeit Jesu herumgebaut waren, noch konnte ich es leugnen. Einerseits war der Preis zu hoch, und andererseits waren die Beweise zu stark. Glücklicherweise und dem Buchtitel zum Trotz[20] verlangten die Beweise kein

18 Diesem Plädoyer vorausgesetzt ist die Tatsache, dass es in der jüdischen Weltanschauung nur einen einzigen Gott gibt. Indem Jesus beansprucht, Gott zu sein, beansprucht er auch, ein Teil der gesamten Identität von Jahwe zu sein. Für weiterführende Informationen siehe Richard Bauckham, *God Crucified: Monotheism and Christology in the New Testament* (Grand Rapids, MI: Eerdmans, 1999).

19 Psalm 110,1 ist mit mehr als 20 Erwähnungen die Textstelle im Alten Testament, auf die im Neuen Testament am häufigsten verwiesen wird. Das zeigt, dass diese Ansicht tief in den frühen christlichen Auffassungen von Jesus verwurzelt war.

20 Orignaltitel: *The New Evidence that Demands a Verdict* (dt. wörtlich:

Urteil. Zumindest nicht sofort. Ich musste ja nicht explizit zugeben, dass die Beweise nicht mit meinen Glaubensüberzeugungen übereinstimmten. Im Unterbewusstsein jedoch fanden die Spannung und der Druck ein Ventil in meinem Leben, indem meine Leidenschaft für den Islam neu entfacht wurde. Ich entwickelte einen neuen Eifer für die *Salat*, verbrachte mehr Zeit im Studium der *Hadithen* und benutzte im alltäglichen Sprachgebrauch öfter islamische Begriffe.

> *Die Göttlichkeit Jesu zog sich durch die Evangelien und die früheste Kirchengeschichte.*

Ich tat alles, um den Beweis zu vermeiden, aber ich konnte nicht für immer ausweichen. Und Monate später, als die Spannung schließlich wieder zum Vorschein kam, wurde meine Beziehung zu David auf die Probe gestellt.

Der neue Beweis, der ein Urteil verlangt).

Kapitel 31

PAULEMIKEN UND DER FRÜHESTE JESUS

Der Regen prasselte auf das Dach meines Autos. Was gerade noch ein sanfter Morgenschauer gewesen war, war nun ein Wolkenbruch und verdunkelte die Nachmittagssonne.

Das Semester hatte neu begonnen, was erneute Auseinandersetzungen mit der Registrierstelle und der Abteilung für Finanzhilfe bedeutete. Die Verwaltungsbüros befanden sich am anderen Ende des Campus in Rollins Hall, und David musste den langen Weg auf sich nehmen. Ich bot ihm an, ihn zu fahren, damit er nicht nass wurde, aber der Regen war seitdem so heftig geworden, dass sogar das Aussteigen aus dem Auto für alle Bücher und elektronischen Geräte in seinem Rucksack der sichere Ruin gewesen wäre. Also saßen wir in meinem Auto und warteten auf eine Pause im Sturm.

Warum wir gerade diesen Moment aussuchten, um über die spannungsvollste Sache zwischen uns zu sprechen, werde ich nie erfahren. Der Sturm außerhalb des Autos war nichts im Vergleich zu dem, was sich drinnen zusammenbraute.

„Ich habe mir das Johannesevangelium angesehen", begann David.

„Ach? Was hast du gefunden?“ Obwohl mein Problem mit dem Johannesevangelium irrelevant war, seit ich in den synoptischen Evangelien eine höhere ***Christologie*** gefunden hatte, hatte ich das David gegenüber nie zugegeben.

„Erst einmal hast du Recht, dass Johannes anders aussieht als die anderen Evangelien, aber das liegt daran, dass es von einem anderen Jünger verfasst wurde, der seinen eigenen Blickwinkel hatte. Genauso wie zwei Menschen, die die gleiche Geschichte erzählen, sie unterschiedlich erzählen, was nicht bedeutet, dass eine davon falsch ist.“

Ich beschloss, ihn anzugreifen, obwohl mein Herz nicht bei der Sache war: „Aber Johannes ist mehr als nur ein bisschen anders als die synoptischen Evangelien.“

„Ja, aber nicht so anders, dass es nicht vereinbar wäre.“ David wartete auf meine Antwort, aber ich hatte nichts zu sagen, deshalb fuhr er fort: „Zweitens können wir nicht ganz sicher sein, dass Johannes um 90 bis 100 nach Christus geschrieben wurde.“

__Christologie__: eine Deutung des Wesens, der Identität oder Stellung Jesu; zum Beispiel hat der Koran eine niedrigere Christologie als Johannes, weil Jesus im Koran nur ein Mensch ist, bei Johannes hingegen göttlich.

„Warum das?“

„Die Art, wie Wissenschaftler das Evangelium von Johannes datieren, ist irgendwie willkürlich. Viele datieren es so spät wegen der Sachen, die es über Jesus lehrt. Sie unterstellen, dass eine hohe Christologie auf eine spätere Abfassung hindeutet.“

„Tut es das nicht?“, drängte ich. „Die Christen hatten zu der Zeit, als die synoptischen Evangelien geschrieben wurden, keine hohe Christologie entwickelt.“

„Ich glaube, die Christologie in den synoptischen Evangelien ist recht hoch, aber tun wir einfach mal so, als sei sie es nicht. Du hast trotzdem noch ein Problem. Es gibt Schriften aus der Zeit vor den Evangelien, die beweisen, dass die Christen Jesus als Gott sahen.“

David lenkte das Gespräch in eine andere Richtung und erregte damit meine Neugier. „Welche Schriften?"

„Die Briefe von Paulus."

Indem er das sagte, hatte David unwissentlich die kurze Lunte eines verborgenen Pulverfasses angezündet. Muslime werden oft dazu erzogen, Paulus zu verachten, ihn als den Verführer des frühen Christentums zu sehen. Vom höchsten Imam in unserer *Jamaat* bis hin zu meinem Vater und meiner Mutter war ich wiederholt gelehrt worden, dass Paulus die Botschaft von Jesus verdorben habe und Millionen zur Anbetung eines sterblichen Messias verleite.

Aufgrund dessen, was der Koran und der *Hadith* lehren, müssen Muslime Jesus und die Jünger ehren. Allah hatte diese Menschen dazu auserwählt, Seine wahre Botschaft zu verbreiten, einschließlich der Tatsache, dass Jesus nur ein Mensch gewesen sei. Aber irgendwann sehr früh in der christlichen Geschichte begannen die Menschen, Jesus anzubeten. Das war ein Fluch und eine Gotteslästerung. Muslimen bleibt keine andere Zuflucht, als die Schuld auf einen frühen, einflussreichen Christen außerhalb des Kreises der Jünger zu schieben. Dieser Christ ist Paulus.

„Es gibt Schriften aus der Zeit vor den Evangelien, die beweisen, dass die Christen Jesus als Gott sahen."

Unbeirrt fuhr David fort: „Die Schriften von Paulus machen deutlich, dass Jesus schon für die ersten Christen Gott war. Paulus begann in den 40er-Jahren zu schreiben, also ca. zehn Jahre, bevor Markus geschrieben wurde. In einem seiner frühesten Briefe sagt er zum Beispiel, dass Jesus ‚in Gestalt Gottes war' und dass er sich selbst ‚zu nichts machte', um Mensch zu werden.[21] In einem anderen seiner frühen Briefe

21 Philipper 2,6-7.

teilt er die Eigenschaften von Jahwe zwischen Jesus und dem Vater auf."[22]

„Na und?", fragte ich ziemlich ungehalten.

„Also, offensichtlich ist es so: Wenn die Gemeinschaft bereits verkündigt, dass Jesus Gott in Menschengestalt ist, dann können wir erwarten, dass ein von eben dieser Gemeinschaft verfasstes Evangelium diesen Glauben beinhaltet. Wir sollten die Evangelien durch die kontextuellen Linsen der frühen christlichen Glaubensüberzeugungen lesen, wie wir sie in den Briefen von Paulus sehen können."

An diesem Punkt hatte ich genug. Ich ahmte David unterschwellig in einer scharfen Erwiderung nach.

„Also, offensichtlich ist es so, dass es nicht in Markus steht. Paulus muss derjenige gewesen sein, der die Gottheit Jesu erfunden hat. Er ist derjenige, der die christliche Botschaft verdorben hat."

David war verwirrt. „Wovon um alles in der Welt redest du?"

Ich gab die Argumente gegen Paulus wieder, die ich in der *Chutba* und in religiösen Büchern gelernt hatte. „Jesus sagte zu den Menschen, dass er nicht gekommen war, um das Gesetz aufzulösen, sondern um es zu erfüllen.[23] Dann kam Paulus daher und sagte, Jesus habe das Gesetz aufgelöst. Jesus erzählte den Menschen, dass sie ‚meinen Gott und euren Gott' anbeten sollten, und dann kam Paulus daher und sagte, dass Jesus selbst Gott sei.[24] Paulus nahm die Religion, die von Jesus gelehrt wurde, und machte daraus eine Religion über Jesus."

David regte sich langsam ebenfalls auf. „Und warum sollte er die Gottheit Jesu erfinden? Er war Jude. Er war sogar ein

22 1. Korinther 8,6 und 5. Mose 6,4; weiter siehe Baukham, *God Crucified*.

23 Matthäus 5,17.

24 Eine kontextuell unsachgemäße Verwendung der Worte Jesu in Johannes 20,17.

erstklassiger Schüler von Gamaliel, ein Jude unter Juden. Was hätte es ihm gebracht, die Gottheit Jesu zu erfinden?"

„Ist das nicht offensichtlich, David? Paulus sah ein Machtvakuum. Er sah, dass Jesus gegangen war und dass die Jünger zu unorganisiert waren, um das Zepter zu übernehmen. Er wollte Macht und Autorität, und deshalb machte er sich selbst zu einem ‚Jünger', obwohl er Jesus so gut wie nie begegnet war, und übernahm die Kontrolle über die aufkeimende Kirche, indem er sein Evangelium über die anderen Evangelien stellte, die gelehrt wurden. Über das Evangelium von Jesus."[25]

David lachte ungläubig. „Meinst du das ernst? Okay, erstens erklärt das noch nicht, warum ein frommer Jude Jesus zu einem Gott machen sollte. Er hatte keinen Grund, das zu tun, auch wenn er irgendein machthungriger Unmensch gewesen wäre. Und zweitens wissen wir, dass er kein machthungriger Unmensch war, weil er immer wieder bereit war, sein Leben für das Evangelium aufs Spiel zu setzen."[26] Davids Stimme klang gepresst und wurde lauter.

Trotzdem unterbrach ich ihn. „Manchmal können sich Menschen nicht mehr aus ihren Lügen befreien, David. Vielleicht war er dieses Mal zu tief hineingeraten."

„Sich aus seinen Lügen befreien? Mit welcher Begründung bezeichnest du Paulus als krankhaften Lügner?"

„Ich sagte es schon, er wollte Macht."

David war jetzt außer sich. „Macht? Wenn das alles war, was er wollte, hätte er bleiben können, wo er war. Er war ein Topschüler des besten Rabbis seiner Zeit; ihm kam automatisch Macht zu. Er aber machte eine totale Kehrtwendung und wählte ein Leben der Bescheidenheit und Armut. Die frühen Christen verdankten Paulus und seiner Aufopferung ihr Überleben!"

---

25 Ein allgemein üblicher Versuch zu behaupten, Galater 1,8 deute darauf hin, dass Paulus sein eigenes Evangelium gebracht habe.

26 2. Korinther 11,23-27.

„Ja, und alle Christen werden Paulus die ewige Verdammnis verdanken, wenn sie vor Gott stehen und dafür verurteilt werden, dass sie einen Menschen und nicht Ihn angebetet haben!" In dem Moment, in dem die Worte meine Lippen verließen, wusste ich, dass ich zu weit gegangen war. Aber es war zu spät, und ich war zu stolz, um mich zu entschuldigen. Ich starrte David nur an und wartete auf seine Antwort.

David wurde totenstill. Einige Augenblicke lang sagte er nichts. Als er schließlich redete, waren seine Worte ruhig, berechnet und wohlüberlegt, als ob jeder Gedanke durch mehrere Filter gepresst worden wäre. „Nabeel, nach Jesus ist Paulus für mich der frömmste Mensch aller Zeiten. Ich habe nicht vor, hier zu sitzen und dir dabei zuzuhören, wie du ihn beleidigst, nur damit deine Theorien funktionieren. Unsere Freundschaft ist mir wichtig, deshalb meine ich, wir sollten nicht mehr über dieses Thema sprechen." Er brach ab. „Einverstanden?"

„Einverstanden."

„In Ordnung, dann bis später." Damit öffnete David die Tür und ging in den Sturm hinaus.

Teil 6

PLÄDOYER FÜR DAS EVANGELIUM

Was aber, wenn Ihm Seine Majestät nicht so wichtig ist wie Seine Kinder?

Kapitel 32

SPANNUNG UND DREIEINIGKEIT

Unsere Auseinandersetzung über Paulus war nicht das einzige Mal, dass David und ich aneinandergerieten. Unsere Emotionen kochten oft über, wenn wir über unsere innersten Glaubensüberzeugungen sprachen. Je wichtiger das Thema war, über das wir sprachen, desto wahrscheinlicher war es, dass einer von uns beiden etwas Unüberlegtes sagte. Starke Meinungsverschiedenheiten verursachen meistens starke Emotionen.

Aber es spielte keine Rolle, wie schwierig unser Verhältnis wurde, weil wir unser Leben zusammen verbrachten. Selbst wenn wir mit unserer Weisheit am Ende waren und in Momenten des Zorns schworen, uns niemals mehr mit dem anderen abzugeben, waren wir gezwungen, die Dinge zu klären, wenn wir uns später in der Woche bei den Debattier-Übungen trafen. Oder im Unterricht am nächsten Tag. Oder, im Fall unserer Auseinandersetzung über Paulus, nur 20 Minuten später, weil David eine Mitfahrgelegenheit brauchte.

Das ist nur ein Grund dafür, warum eine starke Freundschaft so wichtig ist. Eine oberflächliche Beziehung könnte unter der Spannung der Meinungsverschiedenheit zerbrechen, aber weil wir unseren Alltag zusammen verbrachten, waren wir gezwungen, uns zu versöhnen.

Aber abgesehen von der reinen Nähe mochten wir einander selbstverständlich sehr und waren um den anderen besorgt. Wie richtige Brüder waren wir sogar auch nach den schrecklichsten Auseinandersetzungen und Streitigkeiten immer noch Brüder. Die Liebe bedeckt eine Menge von Sünden.

Erstaunlicherweise hatten unsere Auseinandersetzungen auch etwas Gutes. Sie zeigten uns, wo unter der Oberfläche Spannungspunkte verborgen waren, die angesprochen werden mussten. Ein solches Thema, das ständig an die Oberfläche blubberte, war die Dreieinigkeit. Genau wie die Lehre von der Gottheit Jesu war die starke Ablehnung der Dreieinigkeit unauslöschlicher Teil meiner muslimischen Identität und machte dieses Thema zu einer versteckten Landmine.

__Tauhid:__ die islamische Lehre von Allahs absoluter Einheit und Eigenständigkeit.

Das Herzstück der Lehre des Islams ist ***Tauhid***. Ein ganzer Bereich der islamischen Theologie widmet sich diesem Thema, deshalb lässt es sich nur schwer zusammenfassen, aber im Wesentlichen ist *Tauhid* die Lehre von der Einheit Gottes. Das ist nicht nur eine Bekräftigung des Monotheismus, sondern eine gründliche Kultivierung des Konzepts von der absoluten Einheit Gottes. Das Wesen Gottes oder das, was Ihn zu Gott macht, besteht darin, dass Er einer ist: unabhängig, einzigartig, souverän, abgesondert und völlig einheitlich. Es kann in Ihm keine wie auch immer geartete Aufteilung geben.

Wenn man diese Theologie im Zusammenhang mit dem muslimisch-christlichen Dialog zusammenfasst, läuft es auf Folgendes hinaus: *Tauhid*, das grundlegendste Prinzip des Islams, steht der Dreieinigkeit entgegen.

Auch wenn ich in einer scheinbar christlichen Nation aufgewachsen bin, impften mich meine muslimischen Ältesten gegen die Dreieinigkeit. Ich kann mich an viele *Juma Chutbas*, Unterrichtsstunden auf Jugendlagern, religiöse Erziehungsbücher und Koranstudientagungen erinnern, die sich der Widerlegung der Dreieinigkeit widmeten. Sie alle lehrten die gleiche Sache: die Dreieinigkeit ist dünn verschleierte Vielgötterei.

Tauhid, das grundlegendste Prinzip des Islams, steht der Dreieinigkeit entgegen.

Im Wesentlichen lehrten sie mich, die Dreieinigkeit wie folgt zu sehen: Christen wollen Jesus zusätzlich zu Gott anbeten, aber sie wissen, dass es nur einen Gott gibt. Deshalb sagen sie, dass Gott zur gleichen Zeit drei und einer sei, und nennen Ihn eine Dreieinigkeit. Obwohl das keinen Sinn ergibt, bestehen Christen darauf, dass es so sei. Wenn sie darum gebeten werden, die Dreieinigkeit zu erklären, sagen sie, dass das ein Rätsel ist und im Glauben angenommen werden muss.

Als junger Muslim im Westen machte ich mich auf, das auszuprobieren. Immer, wenn ich mit Christen eine Diskussion über die Dreieinigkeit hatte, lautete meine erste Frage: „Ist die Dreieinigkeit wichtig für dich?" Wenn sie bejahend antworteten, fragte ich: „Wie wichtig?", und erwartete die Antwort, dass es ketzerisch wäre, die Dreieinigkeit zu leugnen. Die dritte Frage machte die Falle perfekt. Ich fragte: „Also, was ist die Dreieinigkeit?", und erhielt die auswendig gelernte Antwort, dass Gott drei in einem sei. Dann der Gnadenstoß: „Und was bedeutet das?" Ich erntete normalerweise ausdruckslose Blicke. Manchmal begannen die Leute von Eiern oder Wasser zu erzählen, aber niemals war jemand in der Lage zu erklären, was die Lehre von der Dreieinigkeit wirklich bedeutete. Drei Dinge in einem Ding? Und das soll kein Widerspruch in sich selbst sein?

Meine Fragen waren keine schwer verständlichen Fragen zu einem nebensächlichen Thema. Es waren einfache Fragen zur Klärung einer wesentlichen christlichen Lehre, trotzdem war kein Christ, den ich während meines Erwachsenwerdens traf, in der Lage, sie zu beantworten. Das bedeutete, dass jeder Christ, dem ich begegnete, das bestärkte, was mich der Koran über die Dreieinigkeit gelehrt hatte: Es war eine lächerliche Lehre, die göttliche Strafe verdiente.[1]

Die Ältesten, die mich diese Sicht der Dreieinigkeit gelehrt hatten, reichten von geehrten Imamen über gebildete Leiter bis zu meinen eigenen Eltern und Großeltern. Jeder, den ich liebte und respektierte, lehrte mich, die Dreieinigkeit abzulehnen. Gepaart mit der Unfähigkeit der Christen, sie zu erklären, konnte ich dadurch leicht einsehen, warum die Ablehnung der Dreieinigkeit wesentlicher Bestandteil meiner muslimischen Identität war. Wie mir geht es nahezu allen praktizierenden Muslimen.

David und ich hatten einige Gespräche über die Dreieinigkeit, und obwohl er mir mit mehr Tiefe und Klarheit antwortete als viele andere Christen, hatte ich schon vor unserem ersten Treffen entschieden, dass die Dreieinigkeit nicht haltbar sei. So gerieten wir aneinander, und wie beim Thema Paulus beschlossen wir, die Diskussion auf unbestimmte Zeit zu vertagen.

Es war Zufall, dass mir die Lösung begegnete, als ich neben David an dem dafür unwahrscheinlichsten Ort saß.

1 5,73.116; wobei 5,116 die Dreieinigkeit auf Allah, Sohn und Mutter Maria auszulegen scheint.

Kapitel 33

IM EINKLANG MIT DER DREIEINIGKEIT

Es war im Juli 2003, dem Sommer nach meinem zweiten Studienjahr, und es standen große Veränderungen bevor. Ich hatte mich entschlossen, das College schon ein Jahr eher abzuschließen, was bedeutete, dass ich über das Leben nach dem College nachdenken musste. Meine Entscheidung bedeutete auch, dass ich im August den Zulassungstest für die Medizinische Hochschule machen wollte, eine Prüfung, die Organische Chemie voraussetzte; also opferte ich meinen Sommer für ein zermürbendes Pensum an Organischer Chemie und das fünf Tage die Woche. Nicht überraschend für mich belegte David den gleichen Kurs, was bedeutete, dass ich auch fünf Tage die Woche ein zermürbendes Pensum an David hatte.

Aber ich war nicht der Einzige mit großen Lebensveränderungen. Einige Zeit vorher hatten David und ich eine Diskussion über die Auferstehung gehabt, während wir auf dem Weg zu einem Debattier-Wettbewerb in ein Flugzeug einstiegen. Ich brachte ein Argument für die Ohnmachtstheorie vor, worauf David antwortete: „So seichtes Zeug zieht bei mir nicht. Ich stamme aus einer Wohnwagensiedlung. Ich habe einen gesunden Menschenverstand!“

Unbemerkt hatte ein neues Mädchen aus unserem Debattier-Team unserem Gespräch zugehört. Sie schaltete sich in unser Gespräch ein: „Ach ja? Also, ich stamme aus einzelligen Organismen." David und ich drehten uns ungläubig zu ihr um. Wir wussten kaum, wer dieses Mädchen war, und schon wollte sie es mit uns aufnehmen? Eine Sache, in der David und ich übereinstimmten, war, dass blinde Evolution statistisch unmöglich war. Wir griffen gemeinsam ihre Argumente an, aber sie schlug zurück. Das ganze Wochenende debattierten wir über Wahrheit, Relativität, Gott, Evolution und Wissenschaft. Sie hatte Feuer, und sie gab sich nicht ohne weiteres geschlagen.

Drei Tage später war Marie Theistin und David war verliebt. Zwei Monate danach waren sie verlobt. Im Sommer 2003 waren die beiden bereits ein Jahr verheiratet und wir erwarteten alle gespannt die Ankunft ihres ersten Kindes. David und ich saßen in Organischer Chemie wie auf Kohlen, bereit, das Telefon abzunehmen und ins Krankenhaus zu rasen. Es war eine sehr aufregende Zeit.

Trotz der Wahrscheinlichkeit, jeden Moment verschwinden zu müssen, und trotz unserer ständigen Kommentare und unseres Gekichers saßen wir vorn in der Mitte von Mrs. Adamskis Hörsaal, nicht mehr als einen Meter von ihr entfernt. Ich kann mich noch lebhaft an den genauen Ort meines Sitzplatzes erinnern, weil ich mich dort zum ersten Mal der Lehre von der Dreieinigkeit öffnete, ein Moment, der noch immer in mein Gedächtnis eingebrannt ist.

Vorn waren in fettem Schwarz und Weiß drei große Abbildungen von Nitrat an die Wand projiziert. Wir beschäftigten uns gerade mit Mesomerie, der Konfiguration von Elektronen in bestimmten Molekülen. Das Grundprinzip der Mesomerie ist hinreichend einfach zu verstehen, sogar ohne chemischen Hintergrund. Im Wesentlichen ist der Grundbaustein jedes physischen Objekts ein Atom, ein positiv geladener Kern, der von winzigen, negativ geladenen Elektronen umkreist wird. Atome binden sich aneinander, indem sie ihre Elektronen miteinander teilen und dadurch ein Molekül bilden. Verschiedene Anordnungen der Elektronen in bestimmten Molekülen werden „Resonanzstrukturen“ genannt. Manche Moleküle, wie zum Beispiel Wasser, haben keine Resonanz oder Mesomerie, während andere drei oder mehr Resonanzstrukturen haben, wie das Nitrat an der Tafel.

Obwohl das Prinzip hinreichend einfach zu begreifen war, stellte sich die Realität rätselhaft dar. Mrs. Adamski beendete ihre Vorlesung mit dem Kommentar: „Diese Zeichnungen sind lediglich die beste Möglichkeit, die Resonanzstrukturen auf Papier zu bringen, in Wirklichkeit jedoch ist es viel komplizierter. Genau genommen hat ein Molekül mit Resonanzstrukturen zu jedem Zeitpunkt jede einzelne Struktur, und niemals nur eine einzige Struktur.“

Der Rest der Klasse musste wohl den gleichen Gesichtsausdruck gehabt haben wie ich, denn Mrs. Adamski wiederholte sich: „Es hat alle Strukturen zugleich, niemals nur eine davon.“ Nach einer weiteren kurzen Pause beschwichtigte sie uns etwas: „Aber machen Sie sich darüber keine Gedanken. In der Prüfung kommen nur die Strukturen dran, die wir aufzeichnen können“, was der Klasse einen gemeinschaftlichen Seufzer der Erleichterung entlockte.

Mir jedoch nicht. Ich drehte mich zu David um, unfähig, Mrs. Adamskis Worte richtig zu verstehen. David zuckte nur mit den Schultern und konzentrierte sich wieder auf die Dozentin, die mit dem nächsten Thema weitermachte. Es schien, als wäre ich der Einzige, der über die Bombe weiter nachdachte, die sie gerade fallen gelassen hatte.

Wie konnte etwas mehrere Dinge gleichzeitig sein? Mehrere verschiedene Dinge? Wir sprachen nicht über die Eigenschaften von etwas wie einem Steak, das scharf, saftig, dick und gleichzeitig zart sein kann. Wir sprachen über getrennte räumliche und elektronische Anordnungen. Was die Dozentin sagte, war ungefähr so, als würde sie behaupten, dass Nabeel gerade in Texas das besagte Steak äße und gleichzeitig in der Karibik in der Hängematte schlummere. So wunderbar jede dieser Tätigkeiten für sich war, es ergab keinen Sinn zu sagen, dass ich beide Dinge gleichzeitig tun könnte.

Ich war fassungslos, und was es noch schlimmer machte, war die Tatsache, dass das niemanden außer mir zu beunruhigen schien. Ich schaute im Hörsaal umher, völlig erstaunt über ihre blinde Zustimmung.

Aber war sie wirklich blind? Die Dozentin lehrte gerade exklusive Wissenschaft zur Beschreibung der subatomaren Welt. Auf dieser Ebene geschehen Dinge, die für diejenigen von uns keinen Sinn ergeben, die die Welt nur auf menschlicher Ebene in Begriffe fassen. Sogar das offensichtlich einfache Konzept der Atome ist rätselhaft, wenn wir darüber nachdenken. Es bedeutet, dass der Stuhl, auf dem ich gerade sitze, nicht wirklich ein stabiles Objekt ist, das gutmütig mein Gewicht trägt. Es ist ein völlig leerer Raum, der nur in einem kleinen Teil damit beschäftigt ist, Teilchen in unfassbaren Geschwindigkeiten zu bewegen. Wenn wir darüber nachdenken, wirkt es abwegig, aber so sind die Dinge in unserem Universum eben. Es bringt nichts, darüber zu streiten.

Wenn es Dinge auf der Welt gibt, die drei in einem sein können, auch wenn das unverständlich ist, warum kann Gott das nicht auch sein?

Ich wandte meinen Blick von den anderen Studenten ab und schlussfolgerte, dass sie nicht blindlings ein widersinniges Konzept hingenommen hatten. Sie hatten nur schon vor mir erkannt, dass es Wahrheiten über unser Universum gibt, die nicht so einfach in unsere Köpfe passen.

Meine Augen waren auf die drei getrennten Nitratstrukturen an der Wand gerichtet, während mein Verstand die Teile zusammensetzte. Ein Nitratmolekül hat alle drei Resonanzstrukturen zur gleichen Zeit und niemals nur eine davon. Die drei sind getrennt, aber trotzdem das Gleiche, und sie sind eines. Sie sind drei in einem.

Das war der Punkt, an dem es Klick machte: Wenn es Dinge auf der Welt gibt, die drei in einem sein können, auch wenn das unverständlich ist, warum kann Gott das nicht auch sein?

Und so wurde in meinem Kopf die Dreieinigkeit einfach so zu einer potentiellen Wahrheit. Ich sah zu David hinüber und beschloss, nichts zu sagen.

Lehre von der Dreieinigkeit, Trinitätslehre: *der Glaube, dass Gott ein einziges Wesen und drei Personen ist.*

Wesen: *die Beschaffenheit oder die Hauptsache, die etwas zu dem macht, was es ist.*

Person: *die Beschaffenheit oder die Hauptsache, die jemanden zu dem macht, der er ist.*

Später überdachte ich die **Lehre von der Dreieinigkeit** aus einem neuen Blickwinkel. Was meinen Christen, wenn sie sagen, dass Gott drei in einem ist? Drei Dinge in einem Ding? Ich schlug es nach in einem Buch mit dem Titel *The Forgotten Trinity* von James White, und alles ergab mehr Sinn, nachdem ich erkannte, dass ein dreieiniges Dasein möglich war.

Die Lehre von der Dreieinigkeit oder die Trinitätslehre besagt, dass Gott drei Personen in einem einzigen Wesen ist. „**Wesen**" und „**Person**" sind nicht dieselben Dinge, was bedeutet, dass die Dreieinigkeit kein Widerspruch ist. Dazu folgende Illustration: Ich bin ein Wesen, ein menschliches Wesen. Ich bin auch eine Person, Nabeel Qureshi. Also bin ich ein Wesen mit einer Person, ein menschliches Wesen, das Nabeel Qureshi ist. Die Lehre von der Dreieinigkeit besagt, dass Gott ein Wesen mit drei Personen ist: Vater, Sohn und Heiliger Geist.

Mit der Zeit und ohne irgendeine gewinnbringende Diskussion mit David verstand ich die Dreieinigkeit nach meinen eigenen Bedingungen und erkannte, dass sie ein mögliches Modell für das Wesen Gottes war. Ich war nicht davon überzeugt, dass dieses Modell auch wahr war, weil es im Widerspruch zu *Tauhid* stand, aber ich musste einräumen, dass es brauchbar war. Und als das geschah, wurden meine Gedanken über Gott tiefgründiger.

Aber es gab noch eine andere wesentliche christliche Lehre, die mich nach wie vor daran hinderte, das Evangelium zu verstehen. Wie konnte der Tod Jesu für meine Sünden bezahlen? Als David und ich die Frage behandelten, war aus unserem Duo ein Trio geworden.

Kapitel 34

ERLÖSUNG IN DER SCHWEBE

Mein letztes Schuljahr an der ODU war völlig untypisch. Abgesehen von der Tatsache, dass es insgesamt mein drittes Jahr war, war es auch mein erstes Jahr, in dem ich auf dem Campus wohnte. Bis dahin hatten *Abba* und *Ammi* trotz meiner Proteste darauf bestanden, dass mich das Wohnen auf dem Campus zur Sittenlosigkeit verführen würde. Erst in meinem letzten Studienjahr konnte ich sie davon überzeugen, dass ich einfach zu viele Verpflichtungen an der Uni hatte, um weiter zu pendeln.

Eine dieser Verpflichtungen war die Funktion als Präsident des Ehrencolleges, und ich machte mir diese Rolle bei der Wahl meines Wohnheimzimmers zu Nutze, als ich von meinen Eltern schließlich die Erlaubnis erhielt, von zu Hause auszuziehen. Im Südwestflügel von Whitehurst Hall im obersten Stockwerk gelegen bot mein Zimmer einen großartigen Blick über den Fluss Elizabeth, die zweitbeste Aussicht auf dem Campus. Das danebenliegende Zimmer hatte den besten Blick, aber ich lehnte es ab, weil es dort Probleme mit der Heizung gab.

Dieses Zimmer wurde schließlich von jemandem bezogen, der rasch mein Freund wurde, ein Buddhist namens Zach.

Zach war Philosophiestudent, sanft im Ausdruck und systematisch in der Denkweise, was ihn zu einem exzellenten Gesprächspartner bei intellektuellen Diskussionen machte. Einige Wochen nach Semesterbeginn waren wir bereits gute Freunde, und ich hatte mit ihm schon mehrmals ***Da'wa*** durchgeführt.

Da'wa: *die Praxis, Menschen zum Islam einzuladen.*

Wie es das Schicksal wollte, besuchte Zach ein Treffen des Philosophieclubs, dessen Präsident David war, und die beiden verstanden sich gut. So freundeten David und ich uns unabhängig voneinander mit Zach an. Als wir von unserer gemeinsamen Freundschaft erfuhren, begannen wir zu dritt Zeit zu verbringen. Wir waren ein kunterbuntes Trio und dienten als Zielscheibe für mehr als nur einige Witze.

Eines Tages saßen ein Muslim, ein Christ und ein Buddhist in einer Smoothie-Bar, und ich brachte die letzte christliche Lehre zur Sprache, die gegen mein Empfinden verstieß: das **stellvertretende Erlösungswerk**. Im Rahmen von *Da'wa* hatte ich mich mit Zach immer wieder mit diesem Thema beschäftigt, was zu einer komischen Szene führte: Hier war ich in der Hoffnung, Zach zum Islam zu führen, indem ich indirekt David kritisierte, der uns beide evangelisierte. In der Mitte war Zach gefangen, der gar nichts wollte. Wortwörtlich. Sein Ziel als Buddhist war das Erreichen des Nichts.

Stellvertretendes Erlösungswerk: *die Lehre, dass Jesus die Sünden der Menschen auf sich nehmen und dafür bezahlen kann.*

„Du siehst, Zach", dozierte ich ungestüm und zeigte mit meinem Smoothie auf ihn, „der Islam ist eine faire Religion. Er hat nichts von diesem Unsinn, dass eine beliebige Person für deine Sünden leiden muss."

„Jetzt mach mal halblang!" David versuchte etwas einzuwenden und verschluckte sich dabei fast an seinem Smoothie. Ich ließ ihn nicht zu Wort kommen.

„Nichts da, ich bin noch nicht fertig! Wie gesagt werden wir gemäß dem Islam alle vor Gott stehen, jeder für sich selbst verantwortlich. Niemand wird für uns Fürsprache einlegen können. Unser geistliches Leben ist unsere eigene Verantwortung, und wenn unsere guten Taten unsere Sünden überwiegen, kommen wir in den Himmel. Wenn unsere Sünden unsere guten Taten überwiegen, kommen wir in die Hölle. Das ist fair und gerecht. Verstehst du, was ich meine?"

Zach blieb bezeichnenderweise phlegmatisch. „Ich verstehe."

„Wenn uns Gott Gnade gewähren möchte, kann Er das selbstverständlich tun. Er ist schließlich Gott. Aber es steht völlig außer Frage, dass Gott deine Sünden nimmt und sie auf einen unschuldigen Menschen legt, als ob dieser Mensch für deine Verbrechen bestraft werden könnte, während du straffrei ausgehst. Was für eine Art von Gerechtigkeit ist das denn?"

David lächelte, aber er sah aus, als würde er gleich über den Tisch springen wollen. „Du stellst das nicht fair dar."

„Es ist echt ätzend, wenn Menschen nicht fair sind, nicht wahr? Nun beruhige dich mal wieder. Trink deinen Smoothie aus. Ich habe noch etwas zu sagen."

Wir alle lachten. Es machte Spaß, obwohl das Thema sehr ernst war. Ich wollte noch meine pointierteste Veranschaulichung anbringen, bevor ich das Gespräch an David übergab, der offensichtlich eine Menge dazu zu sagen hatte.

„Unsere Staatsverschuldung beträgt im Moment so ungefähr sieben Billionen Dollar, oder? Stellt euch vor, ich gehe zu Präsident Bush[2] und sage ‚Hey W., ich weiß, dass wir mit sieben Billionen in den Miesen sind, aber ich kann es bezahlen. Hier ist ein Dollar, das sollte reichen.' Was meint ihr, was würde Bush sagen?"

---

2 Präsident der USA von 2001 bis 2009 (Anm. d. Übers.).

Zach zögerte keinen Augenblick. „Er würde sagen, du bist ein Dummkopf."

„Haar-ge-nau!", rief ich aus und deutete bei jeder Silbe mit meinem Smoothie auf David.

Zach wollte, dass ich das genauer erklärte. „Was willst du damit sagen?"

***Soteriologie:** die Lehre von der Erlösung des Menschen.*

„Ich will damit sagen, dass das schlechte Mathematik ist. Man kann mit einem einzigen Dollar keine Billionen Dollar an Schulden bezahlen. Der Tod Jesu kann nicht für die Sünden aller Menschen bezahlen. Sogar wenn ein Mensch für die Sünden eines anderen Menschen bezahlen könnte, ergibt es keinen Sinn, dass nur ein Mensch für Millionen von Sündern bezahlt. Deshalb ist die christliche **Soteriologie** nicht nur ungerecht, sie ist schlechte Mathematik. Dagegen der Islam? Einfach, leicht zu verstehen, total fair." Triumphierend und entschlossen wandte ich mich wieder meinem Smoothie zu.

Zach schaute in die Ferne und überlegte. „Okay, das macht für mich irgendwie Sinn."

David wollte davon nichts wissen. „Bist du fertig?", fragte er demonstrativ, halb lächelnd und deutlich amüsiert.

„Nee, ich habe gerade erst mit dem Smoothie angefangen."

„Ich meine, mit deiner Schimpftirade?"

„Du hast das Wort." Ich hatte wieder einmal Argumente benutzt, die ich schon seit meiner Kindheit kannte, um gegen das Christentum vorzugehen, und ich fühlte mit hinsichtlich ihrer Überzeugungskraft sicher. Fast schon selbstgefällig.

„Du spaltest die christlichen Lehren auf unangemessene Weise auf, damit du deine Thesen aufrecht erhalten kannst, Nabeel."

Ich hatte keine Ahnung, wovon er redete, deshalb beeindruckte es mich nicht. „Mach weiter."

„Du weißt sehr wohl, dass laut der christlichen Lehre Jesus Gott ist, trotzdem hast du das in deiner Gleichung ausgelassen, als du die Theologie kritisiert hast. Gott zwingt nicht ‚irgendeine zufällige Person' dazu, für unsere Sünden zu leiden. Er selbst bezahlt für unsere Sünden.

Ein besserer Vergleich wäre ein Sohn, der etwas aus dem Geschäft seines Vaters gestohlen hat. Wenn der Sohn nun, nachdem er alles verschwendet hat, zum Vater zurückkehrt und aufrichtig um Vergebung bittet, hat der Vater das Recht, ihm zu vergeben. Aber damit ist noch nicht alles bereinigt; die Geschäftsbücher sind noch nicht wieder ausgeglichen. Jemand muss für die gestohlenen Sachen aufkommen. Wenn der Vater möchte, hat er jedes Recht, die Schuld seines Sohnes von seinem eigenen Konto zu bezahlen. Das ist fair."

„Gott zwingt nicht ‚irgendeine zufällige Person' dazu, für unsere Sünden zu leiden. Er selbst bezahlt für unsere Sünden."

Ich war verwirrt. „Wer ist der Sohn?"

„Wir sind der Sohn, und Gott ist der Vater. Wir haben eine Schuld gegenüber Gott auf uns geladen, und wir können sie Ihm nicht zurückzahlen. Deshalb bezahlt Er in Seiner Gnade für unsere Sünden. Der Lohn für unsere Sünde ist der Tod, und Er starb unseretwegen und glich dadurch die Konten aus."

Ich saß still da und nippte an meinem Smoothie. Zach stimmte zu. „Okay, David, ich glaube, ich habe verstanden, was du sagst. Weil unsere Sünden gegen Gott gerichtet sind, hat Gott das Recht, uns zu vergeben. Und wenn Jesus Gott ist, dann kann Jesus für unsere Sünden bezahlen."

David überlegte kurz. „Ja, so kann man es wohl ausdrücken."

Ich war nicht überzeugt. „Aber das erklärt immer noch nicht, warum eine einzige Person für alle Sünden der Menschheit bezahlen kann."

„Nabeel, du vergisst immer noch, dass das nicht nur irgendjemand ist. Es ist Gott! Es ist nicht so, als würde man eine Schuld von Billionen von Dollars mit nur einem Dollar abbezahlen wollen. Es ist vielmehr so, als würde man diese Schuld von einem unendlich großen Bankkonto abbezahlen! Das Leben Gottes ist mehr wert als alle Leben im Universum zusammengenommen. Sein Tod war eine mehr als ausreichende Bezahlung für alle Tode, die wir Menschen verdienen."

Ich sah zu Zach hinüber, um zu sehen, was er dachte, und hoffte auf Unterstützung. Er blickte teilnahmslos zurück, als wollte er sagen: „Du bist am Zug." Ich sammelte meine Gedanken.

„In Ordnung, David, es gibt da noch ein Problem. Du unterstellst schon die ganze Zeit, dass jeder, der sündigt, sterben muss. Das nehme ich dir nicht ab."

„Das steht aber so in der Bibel. Römer 6,23." Es beeindruckte mich immer, wenn David Bibelstellen zitierte, aber es ärgerte mich auch. Ich wusste selten die Quellenangaben zur islamischen Lehre, weil ich das meiste von dem, was ich wusste, von meinen Lehrern hatte, die selber die Quellenangaben nicht wussten. In diesem Fall verschlimmerte sein Verweis auf die Bibel unsere Meinungsverschiedenheit noch.

„Ehrlich gesagt, es ist mir egal, was in der Bibel steht; es ergibt keinen Sinn. Was für eine Art Richter ist das, der das winzigste Vergehen mit dem gleichen Urteil wie das abscheulichste bestraft? Denk doch mal nach. Stell dir vor, du wirst ins Gefängnis geworfen, weil du bei Rot über die Straße gegangen bist. Der Typ vor dir wird für schuldig befunden wegen Vergewaltigung und Mord und wird zum Tod verurteilt. Dann wirst du für schuldig befunden, weil du bei Rot über die Straße gegangen bist, und wirst ebenfalls zum Tod verurteilt. Das wäre nicht einfach nur ungerecht. So ein Richter wäre grausam, wahrscheinlich sadistisch!"

Dieses Argument hatte echte Konsequenzen für mein Herz. Ich wusste, dass ich ein Sünder war und dass ich mich manchmal gegen Gottes Gebote aufgelehnt hatte und Seinen Geboten zum Trotz meinen eigenen Weg gegangen war. Aber weil Muslime glauben, dass man für seine Erlösung mehr gute Taten als böse vollbringen muss, hatte ich niemals wirklich Kummer über meine Sünden verspürt weil ich mich auf der positiven Seite der Waagschalen glaubte. Sünde war für mich zwar schlimm, aber nicht so schlimm.

Muslime glauben, dass man für seine Erlösung mehr gute Taten als böse vollbringen muss. Sünde war für mich zwar schlimm, aber nicht so schlimm.

Aber wenn es wahr wäre, dass alle Sünden so verheerend sind, dass sie in die Hölle führen, welche Chance hatte ich dann? Selbstverständlich könnte Allah Gnade walten lassen, aber der Koran sagt, dass Allah die Sünder nicht liebt. Aus welchem Grund sollte Er mir vergeben?

David musste wohl Gedanken lesen können, denn er sprach den Kern der Sache an. Er schüttelte den Kopf und sagte feierlich: „Nabeel, du siehst die christlichen Lehren immer noch aus einer islamischen Perspektive. Das Christentum lehrt, dass Sünde so zerstörerisch ist, dass sie Seelen verdammt und Welten vernichtet. Sie ist wie ein Krebsgeschwür, das langsam alles auffrisst. Darum wurde aus der vollkommenen Welt im Garten Eden dieser kranke und bedrückende Ort, der sie heute ist. Glaubst du, dass Gott irgendetwas davon im Himmel zulassen würde? Natürlich nicht. Wenn der Himmel ein vollkommener Ort sein soll, dann ist darin per Definition kein Platz für Sünder. Ganz und gar nicht."

Seine letzten Worte hingen in der Luft, ihre Bedeutungsschwere wurde mir langsam bewusst.

Nach einigen bedrückenden Augenblicken entgegnete ich: „Was gibt es dann für eine Hoffnung für uns, David?“

David lächelte beruhigend. „Nur die Gnade Gottes.“

„Aber warum sollte Er mir Seine Gnade geben?“

„Weil Er dich liebt.“

„Warum sollte Er mich, einen Sünder, lieben?“

„Weil Er dein Vater ist.“

Davids Worte trafen mich mit aller Wucht. Ich hatte gehört, dass die Christen Gott „Vater“ nennen, aber es hatte nie Klick gemacht. Erst als ich versuchte, mir vorzustellen, warum mir Gott Gnade gewähren sollte, obwohl ich keine verdiente, geriet ich ins Nachdenken.

Ich konnte nichts mehr sagen. Alles fügte sich zusammen. Würde ich jemals infrage stellen, warum mich *Abba* liebte? Er liebte mich, seit ich geboren war, seit dem Tag, als er zum ersten Mal den *Adhan* in mein Ohr geflüstert hatte, nicht wegen irgendetwas, was ich getan habe, sondern weil er mein Vater war. Ich habe niemals an seiner Liebe und Großzügigkeit mir gegenüber gezweifelt, jedoch nicht, weil ich mir irgendwie seine Gunst erarbeitet hätte, sondern weil ich sein Sohn war.

Liebte mich Gott tatsächlich auf die gleiche Weise? Konnte Gott so liebevoll sein? Konnte Er so wunderbar sein?

Liebte mich Gott tatsächlich auf die gleiche Weise? Konnte Gott so liebevoll sein? Konnte Er so wunderbar sein?

Es war, als ob ich meinen himmlischen Vater zum ersten Mal getroffen hätte. Nachdem ich gerade mit der Verdorbenheit meiner Sünden konfrontiert worden war, waren Seine Vergebung und Liebe umso wohltuender. Dieser Gott, der Gott des Evangeliums, war wunderschön. Ich war verzaubert von dieser Botschaft. Mein Herz und mein Verstand waren von den Anfängen eines gewaltigen Umsturzes eingenommen.

Kapitel 35

DAS EVANGELIUM BEURTEILEN

Wir drei verließen die Smoothie Bar, stiegen in mein Auto und fuhren zum Campus zurück. Während der Fahrt dachte ich weiter über das nach, was ich gerade begriffen hatte. Es war, als ob die letzte Kerbe eines Schlüssels eingerastet war, und mein Verstand begann, die Botschaft herumzudrehen.

David konnte spüren, dass ich immer noch nachdachte, deshalb beschloss er, sich weiter mit Zach zu unterhalten, um mir Zeit zu lassen, obgleich er mir auch die Möglichkeit bot, mich zu beteiligen, wenn ich das wollte. „Also, Zach, wie bewertest du das Christentum im Vergleich zum Buddhismus?"

Zach war bereits mit David bei einem der Dream-Team-Treffen bei Mike gewesen, deshalb war er an diese Art von Fragen gewöhnt. Er antwortete vom Rücksitz aus: „Es gibt eigentlich kein Plädoyer für den Buddhismus. Es ist ein Weg, dem du folgen kannst. Ich folge ihm wegen der Meditation, aber ich würde keinem anderen sagen, dass er das auch tun soll oder dass er in irgendeiner Weise wahr ist. Darin ist das Christentum wirklich einzigartig. Entweder ist Jesus gestorben und von den Toten auferstanden oder er ist es nicht. Das ist etwas, worauf man ein Plädoyer gründen kann."

Das erweckte meine Aufmerksamkeit und ich konnte nicht anders, als zu antworten: „Ich glaube, bei einer Sache hast du Recht, Zach. Man kann ein Plädoyer für das Christentum halten, aber ich meine, das kann man auch für den Islam."

Das war die offene Tür, die David wollte. „In Ordnung, Nabeel, Zeit, seinen Mann zu stehen. Du hast gesagt, dass das Christentum auf drei grundlegenden Dingen beruht: dass Jesus beanspruchte, Gott zu sein, dass er am Kreuz starb und dass er von den Toten auferstand. Wir haben alle diese Dinge bereits untersucht. Auf einer Skala von 0 bis 100, wobei 0 haltlos und 100 die beste Erklärung ist, für wie historisch wahrscheinlich hältst du diese Ansprüche?"

Das war der Moment der Wahrheit. Unser Gespräch in der Smoothie-Bar hatte meine Abwehr gemildert. Ich war nicht in Verteidigungshaltung. Ich dachte sorgfältig über seine Frage nach, bevor ich antwortete: „80 bis 85. Es ist ziemlich überzeugend."

Ich musste mich gar nicht zum Beifahrersitz umdrehen, um zu wissen, dass David schockiert war. „Wo ordnest du den Islam ein?"

Mit einem Mal bezog ich eine Stellung der Gegenwehr, und die reflexartige Verteidigung meines Glaubens setzte ein. „David, es sind 100 Prozent. Im Islam gibt es keine Schlupflöcher. Jeder, der das Leben von Muhammad aufrichtig untersucht, wird am Ende zu dem Schluss kommen, dass er Allahs Prophet war, und jeder, der objektiv an den Koran herangeht, wird verblüfft sein über dessen wissenschaftliche Wahrheiten und schöne Lehren."

Natürlich wusste ich ebenso wie David und Zach, dass ich den Islam nicht mit dem gleichen prüfenden Blick untersucht hatte wie das Christentum. Aber für mich war, wie für die meisten Muslime, eine unkritisch ehrfurchtsvolle und überschwängliche Einschätzung des Islams selbstverständlich. Das ist genauso

Teil der islamischen Kultur und Überlieferung wie die einzelnen Sprachen, die Muslime sprechen, und wird in sehr ähnlicher Weise aufgenommen: Jeder um uns herum agiert einfach innerhalb dieses Paradigmas. Deshalb war meine kühne Antwort an David keine Sturheit, sondern der Filter, durch den ich die Welt sah.

Aber für mich war, wie für die meisten Muslime, eine unkritisch ehrfurchtsvolle und überschwängliche Einschätzung des Islams selbstverständlich.

David hielt sich nicht lange bei meiner dreisten Antwort auf: „Sind das deine beiden Kriterien? Muhammad und der Koran?"

„Ja, ich denke schon. Wenn ich mit hoher Wahrscheinlichkeit zeigen kann, dass Muhammad ein Prophet Gottes ist, dann kann ich daraus schließen, dass seine Botschaft wahr ist. Oder wenn ich zeigen kann, dass der Koran ein göttlich inspiriertes Buch ist, dann kann ich daraus schließen, dass seine Botschaft wahr ist."

David war mir gnädig, Zach jedoch nicht. Er stieß ein ungläubiges Lachen aus und brachte mich in Verlegenheit. „Glaubst du ernsthaft, dass 100 Prozent für den Islam sprechen? Also wirklich. Nichts ist so sicher!"

„Ich glaube, der Islam ist es, Zach. Das ist schwer zu glauben, ich weiß. Aber wenn du dich näher damit beschäftigst, verstehst du, was ich meine."

Zach wollte mich nicht vom Haken lassen. „Wenn du das wirklich glaubst, warum kommst du dann nicht zum nächsten Dream-Team-Treffen bei Mike zu Hause und hältst ein Plädoyer?"

„Ein Plädoyer für den Islam?"

„Also, du kannst entweder mit Muhammad beginnen oder mit dem Koran, und wir machen von dort aus weiter. Ich bin sicher, Mike hat nichts dagegen. Wir sind gerade damit fertig geworden, über den Buddhismus zu sprechen, deshalb suchen wir ohnehin nach einem neuem Thema."

Je mehr ich über diese Idee nachdachte, desto besser gefiel sie mir. Ich betrachtete es als eine Möglichkeit für *Da'wa*, und da wir nicht vorhatten, über das Christentum zu diskutieren, hatte ich das Gefühl, dass ich bei diesen Gesprächen das Ruder besser in der Hand haben würde als *Abba* und ich, als wir das letzte Mal über den Tod Jesu gesprochen hatten. „Klar. Lass uns das nächste Mal mit Muhammad beginnen, danach spreche ich über den Koran." David sah im Kalender nach und stellte fest, dass das nächste Dream-Team-Treffen in zwei Wochen war. Unser Plan stand fest, und wir freuten uns darauf, jeder aus seinen eigenen Gründen.

Die ganze Zeit hatte ich keine Ahnung, dass ich auf das Ende einer Ära zusteuerte. Ahnungslos hatte ich eine Welt akzeptiert, die für mich von meiner Familie und Kultur aufgebaut worden war, eine Welt, in der der Islam unangreifbar war. Vor mir lag die kritische Demontage der Grundfesten meiner Überzeugungen.

Teil 7

DIE WAHRHEIT ÜBER MUHAMMAD

Wie kann ich bezeugen,
dass Muhammad ﷺ Dein Gesandter ist?

Kapitel 36

EIN WIEDERSEHEN MIT MUHAMMAD

Die Botschaft des Islams ist eng mit seinem Botschafter verflochten. Treue dem einen gegenüber bedeutet auch Treue dem anderen gegenüber; oft wird das eine über das andere definiert. Überraschend dabei ist, dass das nicht für Allah gilt. Muslime, die Allah hinterfragen, werden von anderen Muslimen normalerweise toleriert, aber Muhammad zu hinterfragen ist ein Grund dafür, ausgeschlossen zu werden, oder für Schlimmeres.

Und obwohl jeder Muslim sofort zugeben wird, dass Muhammad ein Mensch war und damit theoretisch fehlbar wie jeder andere Mensch, verehren sie ihn oft wie einen Unfehlbaren. Zu diesem Zweck hat ihm die islamische Theologie den Titel *al-Insan al-Kamil* eingeräumt, „der Mensch, der Vollkommenheit erlangt hat".

Aber was dem muslimischen Herzen noch weit näher ist: Muhammad ist der Mensch, der den Islam verkörpert, er ist ein Symbol für die ganze muslimische Zivilisation. Wegen des *Hadith* und der Überlieferung finden muslimische Religion, Kultur, Erbe und Identität ihren Kern in der Person von Muhammad. Aus diesem Grund betrachten Muslime einen

Angriff auf seinen Charakter als persönlichen Angriff auf sich selbst und auf alles, wofür sie stehen.

Und darum können Muslime im Allgemeinen auch nicht unvoreingenommen über Muhammad diskutieren. Sie bringen einen ungeheuren Ballast mit und die Diskussion wird zweifelsohne von scheinbar in keinem Zusammenhang stehenden Dingen gefärbt sein, wie zum Beispiel Loyalität der Verwandtschaft gegenüber oder sogar dem Konflikt zwischen Israel und Palästina.

Hätten sie gewusst, welche Auswirkungen ihre Fragen haben würden, wären sie wahrscheinlich etwas sanfter gewesen. Rückblickend bin ich froh, dass sie es nicht wussten.

Deshalb begriff niemand wirklich die ganze Tiefe meiner Beweggründe, als ich das nächste Mal in Mikes Wohnzimmer saß, um über Muhammad zu diskutieren. Ich war aufgeregt und hoffte, ein überzeugendes Plädoyer für Muhammad halten und den Islam verherrlichen zu können, indem ich ihn mit Überzeugungskraft vorstellte. Die anderen Besucher waren hier, um zu lernen, und bereit, kritisch zu prüfen, was ich zu sagen hatte.

Hätten sie gewusst, welche Auswirkungen ihre Fragen haben würden, wären sie wahrscheinlich etwas sanfter gewesen. Rückblickend bin ich froh, dass sie es nicht wussten.

Das Publikum war gemischter, als ich erwartet hatte. Da waren natürlich Mike, David und einige andere Christen, und Zach als Vertreter des Buddhismus, aber es waren auch Atheisten und Agnostiker aus verschiedenen Gesellschaftsschichten da: ein Polizeibeamter, ein Astrophysiker und einige Lehrer.

Nach der Einführung hatte ich das Wort. Ich benutzte eine Staffelei und ein Schaubild für mein Plädoyer für Muhammad, bei dem ich die Informationen weitergab, die mich seit meiner Kindheit geprägt hatten. Das Ergebnis war eine Beschreibung des Islams und der islamischen Geschichte, die Muslime oft im Gespräch mit Nicht-Muslimen im Westen verwenden, um Brücken zu bauen und eventuell einige Konvertiten[1] zu gewinnen.

Nach den Ereignissen des 11. Septembers war das größte Anliegen eines durchschnittlichen Muslims im Westen die Abgrenzung vom gewalttätigen Bild des Islams, und das galt besonders für mich als *Ahmadi*-Muslim. Ich begann mit der Betonung, dass der Islam eine Religion des Friedens und Muhammad der barmherzigste und friedliebendste Mensch der Geschichte sei. Ich versicherte allen, dass die Angriffe auf das World Trade Center und das Pentagon nicht repräsentativ für den Islam seien. Ich machte das unmissverständlich mit einer Aussage klar, die ich kurz zuvor von einem Imam gehört hatte: „Die Terroristen, die die Flugzeuge am 11. September entführten, haben auch den Islam entführt."

Ich erklärte allen, dass die Wurzel des Wortes *Islam* eigentlich „Frieden" bedeute und dass Muhammads Leben das widerspiegele. Ich erzählte nochmals die Geschichte von Muhammads Barmherzigkeit an dem Tag, an dem er Mekka erobert hatte und an dem er den Mekkanern trotz ihrer entsetzlichen Behandlung der Muslime vergab. Ich erörterte auch die anderen Schlachten Muhammads und betonte, dass das sämtlich nur Verteidigungsschlachten gewesen seien und dass Allah in wunderbarer Weise eingegriffen habe, um Muhammad Seine göttliche Bestätigung zu geben.

Dann brachte ich Argumente anderer Art vor, wie zum Beispiel Muhammads wunderbare Einsichten in die Naturwissenschaft. Das ist eine geläufige Vorgehensweise unter muslimischen Apologeten. Ich erörterte, dass Muhammad über Themen wie Embryologie, Astronomie und Geologie Bescheid wusste, Wissen, das er nur habe besitzen können, weil Allah es

1 Bezeichnung für jemanden, der zu einer anderen Glaubensrichtung übertritt.

ihm offenbart hatte. Wiederum zeige dies, dass Muhammad Allahs Segen gehabt habe und ein wahrer Prophet sei.

Eine weitere übliche *Da'wa*-Technik unter muslimischen Apologeten ist es, Brücken zu bauen. Man verweist auf die Bibel, während man gleichzeitig argumentiert, dass der Islam der Höhepunkt der Botschaften des Alten und Neuen Testaments sei. Dazu führte ich zwei Passagen aus der Bibel als Prophetien über Muhammad an, eine aus dem Alten Testament und eine aus dem Neuen Testament. Die erste war 5. Mose 18,18, in der von einem Propheten wie Mose die Rede ist, der kommen würde. Ich plädierte dafür, dass das Muhammad sein musste, weil Jesus überhaupt nicht wie Mose war. Dann führte ich Johannes 16,12-13 an und behauptete, dass Jesus auf einen zukünftigen versprochenen Ratgeber oder Tröster verwiesen hatte, der nach ihm kommen und die Menschen in die Wahrheit leiten sollte. Dieser Mensch müsse Muhammad sein, da nach Jesus keine bedeutende religiöse Persönlichkeit außer Muhammad in Erscheinung getreten sei.

Ich folgerte daraus, dass der Islam die abschließende Botschaft sei und dass Muhammad nicht als jemand gekommen sei, der das Judentum und das Christentum aufhob, sondern als jemand, der beide bekräftigte und zu dem einzig wahren Gott hinführte. Muhammads Botschaft – die „Auge um Auge"-Gerechtigkeit von Mose verbunden mit der „Hinhalten der anderen Backe"-Barmherzigkeit von Jesus – war das Herz des Islams, die endgültige Botschaft für die ganze Menschheit. Im Verlauf dieses letzten Punktes machte ich deutlich, dass die Muslime den gleichen Gott anbeten würden wie die Juden und Christen.

Ich sprach ungefähr 45 Minuten und hatte das Gefühl, den Islam gut vorgestellt und das Plädoyer für Muhammads Prophetentum mit großem Eifer gehalten zu haben.

Doch dann kamen die Fragen.

Es waren harmlose, einfache Fragen zum besseren Verständnis, genau wie die Fragen, die ich den Christen über die Dreieinigkeit stellte. Aber zum ersten Mal stand ich auf der anderen Seite.

Mike begann: „Nabeel, ich habe eine Frage an dich. Ich habe gehört, dass der Islam mit dem Schwert verbreitet wurde, aber du sagst, dass Muhammad nur in Verteidigungsschlachten verwickelt war. Kannst du mir sagen, warum dein Standpunkt richtiger ist?"

Diese Frage war so geläufig, dass ich sofort antwortete: „Der Koran lehrt *la-iqraha fi-deen.*"[2] Die Imame rezitierten das Arabische oft, um sich einen besonderen Anschein an Autorität zu geben, deshalb machte ich das auch. „Dieser Vers wird übersetzt mit ‚in der Religion gibt es keinen Zwang' und Muhammad befolgte den Koran so genau, dass er praktisch eine lebendige Version davon war. Es würde keinen Sinn ergeben zu sagen, dass Muhammad den Islam mit dem Schwert verbreitet hat, wenn er predigte, dass es keinen Zwang in der Religion gibt."

Wann immer ich bisher über den Islam diskutiert hatte, hatte den Leuten diese Antwort ausgereicht, aber es stellte sich heraus, dass Mike während seiner Vorbereitung auf die Debatte mit Shabir etwas über den Islam nachgelesen hatte, sodass er für eine nachfolgende Frage gerüstet war: „Aber Nabeel, es gibt andere Verse im Koran wie ‚Tötet die Heiden, wo immer ihr sie findet'.[3] Woher sollen wir wissen, dass der Vers, den du zitiert hast, Vorrang hat?"

Glücklicherweise hatte ich die Erörterung dieses Problems kürzlich in einer *Chutba* gehört, sodass ich eine Antwort parat hatte. „Dieser Vers bezieht sich auf einen sehr speziellen Sachverhalt, als die Polytheisten von Mekka einen Vertrag mit den

2 2,256.

3 9,5.

Muslimen gebrochen hatten. Das ist kein generelles Prinzip. Das generelle Prinzip ist Frieden."

Dann stellte Mike seine einfachste, jedoch zerstörerischste Frage: „Woher willst du das wissen?"

„Wie bitte?"

„Woher kennst du das historische Umfeld des Korans?"

„Aus den *Hadithen*, den Büchern, die die Überlieferungen über Muhammad beinhalten."

Ich hatte niemals jemanden die islamische Tradition auf diese Art infrage stellen gesehen, wie wir immer die Bibel infrage stellten. Das war etwas ganz Neues.

„Aber wie kannst du wissen, ob sie vertrauenswürdig sind? Denk dran, Nabeel, dass ich Historiker bin. Solche Fragen stelle ich an historische Dokumente, auch wenn ich das Christentum kritisch untersuche. Ich kann mich auf die Evangelien verlassen, weil vier davon sehr bald nach dem Leben Jesu geschrieben wurden, im Beisein von Augenzeugen. Wie können wir wissen, dass die Bücher des *Hadith* vertrauenswürdig sind? Wurden sie früh aufgeschrieben? Wurden sie von Augenzeugen verfasst?"

Dieser Rollentausch war schwierig für mich. Ich hatte niemals jemanden die islamische Tradition auf diese Art infrage stellen gesehen, wie wir immer die Bibel infrage stellten. Das war etwas ganz Neues. Im ganzen Raum lehnten sich die Teilnehmer auf ihren Sitzen vor und waren neugierig, wie diese Fragerunde weitergehen würde. Ich kratzte alles Wissen zusammen, das ich im Verlauf meines Lebens angesammelt hatte.

„Mike, die Augenzeugen aus Muhammads Zeit gaben die Geschichten mündlich weiter, bis sie aufgeschrieben wurden. Diejenigen, die sie aufschrieben, waren sehr angesehene Männer, die kritisch dachten und sicherstellten, dass die Kette der Überlieferung für jede einzelne Geschichte überzeugend war. Das ist der Grund, warum wir dem *Hadith* vertrauen können."

Das war das Beste, was ich zu bieten hatte, aber Mike war nicht zufrieden. „Ich verstehe, was du meinst, aber wie können wir das wissen, Nabeel? Wann waren sie vollständig?“

Ich wappnete mich innerlich gegen die zu erwartende Welle der Kritik und antwortete: „Ungefähr 200 bis 250 Jahre nach Muhammad.“

Zeitgleich lehnten sich alle Zuhörer wieder in ihren Sitzen zurück, als hätte sich das Thema erledigt. Vielleicht waren es zunächst nur einige von ihnen, aber ich bemerkte durchaus, dass sich nach und nach alle im Raum gegen meinen Standpunkt wandten.

Mike nahm seinen Faden wieder auf und sprach in sanften Ton, wobei er sein Bestes versuchte, nicht abwertend zu klingen. „Nabeel, 250 Jahre sind wirklich eine lange Zeit, bevor man Geschichten niederschreibt. In so einer Zeitspanne wuchern Legenden. Bösewichte werden noch viel böser, Helden werden noch viel heldenhafter, hässliche Wahrheiten geraten in Vergessenheit, und viele Geschichten werden komplett neu erfunden.“

Ich verstand, was Mike meinte, aber er unterschätzte die Autorität in unserer Kultur, was fast schon beleidigend war. Welches Recht hatte Mike, die großartigen Imame von einst infrage zu stellen, wie Imam Bukhari und Imam Muslim? Oder deutete er an, dass diejenigen, die die Überlieferungen weitergegeben hatten, wie *Hazrat* Aisha oder *Hazrat* Ali, nicht vertrauenswürdig waren?

Mike stellte die Zuverlässigkeit der frühen Muslime infrage, und das ist ein so absurder Gedanke für Muslime, dass darüber niemals auch nur diskutiert wird. Seine Fragen erschütterten mich auf vielen Ebenen.

„Mike, du kennst die Leute nicht, die du hinterfragst. Sie waren großartige Männer und Frauen mit scharfem Verstand und aufrichtigen Herzen. Aufgrund ihres Charakters ist der *Hadith* zuverlässig.“

„Du hast Recht, Nabeel", warf David ein, „Mike kennt diese Leute nicht. Aber er will sagen, dass du sie auch nicht kennst. Die Quellen sind einfach zu alt, und wir haben keine zuverlässige Möglichkeit, den Charakter der Menschen zu überprüfen, die die Geschichten weitergegeben haben."

Mike schüttelte den Kopf, „Nein, das ist nicht der springende Punkt, obwohl er berechtigt ist. Was ich sagen will, ist: Sogar wenn die ehrenwertesten wohlmeinendsten Menschen die Überlieferungen niederschrieben, waren es immer noch Menschen. Geschichten entwickeln sich über die Zeit, besonders, wenn sie durch mehrere Generationen von der Quelle entfernt sind. Das gilt ganz besonders für Geschichten, die von einer Persönlichkeit erzählen, die für die Identität einer Kultur wichtig ist, wie Muhammad das für die ersten Muslime war. Wir können einfach nicht sicher wissen, wie genau diese Geschichten sind."

David und Mike unterhielten sich weiter miteinander, und bald brachten sich mehr und mehr Stimmen in das Gespräch ein, oft indem sie verschiedene meiner Argumente eingehend untersuchten. Die Christen im Raum schienen sich mehr in die Diskussion einzubringen, besonders wenn es um die Prophetien über Muhammad in der Bibel ging. Sie wandten ein, dass ich wichtige Aspekte in den Versen, die ich zitierte, weggelassen habe, wie zum Beispiel die Tatsache, dass der Kommende im 5. Buch Mose ein Israelit war und dass der Tröster in Johannes als der Heilige Geist identifiziert wurde.

Auf der anderen Seite waren die Agnostiker und Zach eher Zuschauer als Teilnehmer, aber sie stellten ein paar Fragen über Muhammad und die Naturwissenschaft, da sie bezweifelten, dass Embryologie und Astronomie zu Muhammads Zeit unbekannt waren. Aber ich konnte ihren Argumenten nicht wirklich folgen. Die erste Fragerunde hatte mich gedanklich so durcheinander gebracht, dass ich in einer Verteidigungshaltung war und dadurch unfähig, das weitere Gespräch wirklich zu durchdenken.

Tatsächlich habe ich an diesem Abend meine Meinung in keinem Punkt geändert. Nur eine Sache spielte eine Rolle für mich, und zwar eine bedeutende: Ich hatte es nicht fertig gebracht, den Verstand oder das Herz auch nur eines einzigen Teilnehmers für den Islam zu gewinnen. Meine ganze Begeisterung, meine Vorbereitung und meine Gebete waren nicht erfolgreich gewesen. Weit davon entfernt, mein Ziel zu erreichen, ging ich nun mit einem Gefühl der Niederlage aus der Diskussion. Warum war ich unfähig, Muhammad zu verteidigen, einen Mann, der keine Verteidigung nötig hat? Warum kam ich in den Gesprächen nicht voran?

Am Ende des Abends überzeugten mich meine Freunde, dass ich genauer nachforschen musste, um die Wahrheit über Muhammad herauszufinden. Was erstaunlich war: Sie taten das, ohne etwas Spezielles über Muhammads Taten oder seinen Charakter zu sagen, geschweige denn irgendetwas Negatives, das mich in eine Verteidigungshaltung hätte treiben können.

Ich beschloss, Muhammad von Anfang an zu untersuchen, mit einem kritischen Blick auf die Frage: „Wie können wir etwas wissen?" Wir vereinbarten, dass ich zu einem weiteren Dream-Team-Treffen für eine zweite Diskussion über Muhammad kommen sollte, bevor wir über den Koran sprachen.

Aber diese Gespräche fanden nie statt. Was ich über Muhammad herausfand, warf mehr als nur einige Pläne über den Haufen.

Kapitel 37

DER VORZEIGE-PROPHET

Fast alles, was Muslime über Muhammad wissen, erfahren sie mündlich, selten aus erster Hand. Anders als bei den Christen, die in der Bibel etwas über Jesus erfahren, hat der Koran wenig über Muhammad zu sagen. Ob im Orient oder im Westen, Muslime hören meistens nur Geschichten über ihn. Sie haben keine Vorstellung, dass es Details gibt, die vielleicht zufällig verdreht oder absichtlich verändert wurden. Es ist für die meisten von ihnen, ebenso wie für mich, eine Überraschung, dass sogar die frühesten Aufzeichnungen über Muhammads Leben ausdrücklich einräumen, absichtliche Veränderungen zu enthalten.

Muhammads erste Biografie, *Sirat Rasul Allah* von Ibn Ishaq, liegt uns heute nur durch die Übermittlung eines späteren Biografen, Ibn Hisham, vor. In seiner Einleitung erklärt Ibn Hisham, dass er die Geschichte über Muhammads Leben verändert hat: „Dinge, über die es schändlich ist zu sprechen, Angelegenheiten, die gewissen Menschen Sorge bereiten könnten, und solche Berichte, von denen (mein Lehrer) gesagt hat, dass er sie nicht als vertrauenswürdig annehmen kann – all diese Dinge habe ich weggelassen."[4]

4 Aus Ibn Hishams Notizen; Guillaume, *Life of Muhammad*, 691.

Das zeigt, dass sogar die frühesten Aufzeichnungen über das Leben von Muhammad veränderte Darstellungen von vorherigen Geschichten sind, die ebenso verändert wurden.

Ich hatte keinen Zweifel, dass Ibn Hisham noble Absichten gehabt hatte, aber das änderte nichts an der Tatsache, dass er Muhammads Geschichte verändert hatte, um sie schmackhafter zu machen und alles zu entfernen, was ihm unglaubwürdig erschien. In gleicher Weise filtern unsere Eltern und Lehrer die Überlieferungen über das Leben von Muhammad, wenn sie sie weitergeben.

Sogar die frühesten Aufzeichnungen über das Leben von Muhammad sind veränderte Darstellungen von vorherigen Geschichten, die ebenso verändert wurden.

Was junge Muslime über Muhammad lernen, ist ein retuschiertes Porträt – dieser Makel wurde entfernt und jene Eigenschaft betont –, damit er in das gewünschte Bild passt. Durch dieses selektive Vorgehen wird Muhammad zum Vorzeige-Propheten.

Vor allem die enorme Menge an *Hadith*- und *Sira*-Literatur ermöglicht dieses Phänomen. Wenn ein westlicher Muslim Muhammad friedlich darstellen will, muss er nur einen friedlichen *Hadith* und friedliche Koranverse zitieren, während die gewalttätigen ignoriert werden. Wenn ein islamischer Extremist seine Anhänger zu Terrorakten mobilisieren will, wird er die gewalttätigen Stellen zitieren und die friedlichen ignorieren.[5]

5 Das funktioniert anders als das selektive Zitieren der Bibel. Normalerweise halten Christen die gesamte Bibel für fehlerfrei, während die meisten Muslime eingestehen würden, dass der größte Teil des *Hadith* falsch ist. Daher benötigen ausgewählte Auszüge aus der Bibel trotzdem eine einheitliche Auslegung, um widersprüchliche Passagen in Einklang zu bringen, sobald sie erläutert sind, was bei der *Hadith*-Literatur nicht der Fall ist. Und außerdem ist die Menge an *Hadith*-Material gigantisch, mit einzelnen Sammlungen von neun Bänden

Diese Methode des selektiven Zitierens ist allgegenwärtig und oft ungeheuerlich. Zum Beispiel der Koranvers, den ich häufiger als jeden anderen zitiert gesehen habe, um eine friedliche Sicht des Islams zu verteidigen: 5,32. Ich habe ihn bei Fernsehsendungen von CNN, MXNBC, ABC und in unzähligen *Da'wa*-Materialien zitiert gesehen, weil man zeigen will, dass der Koran von Mord abrät. Was jede einzelne dieser Referenzen wegließ, war die erste Zeile des Verses, die explizit deutlich macht, dass das Verbot zu morden speziell an die Juden gerichtet war; es war keine Lehre, die an die Muslime ging. Der nächste Vers, der direkt an den Islam und die Muslime gerichtet ist: „Der Lohn derer, die gegen Gott und seinen Gesandten Krieg führen und (überall) im Land eifrig auf Unheil bedacht sind (?), soll darin bestehen, dass sie umgebracht oder gekreuzigt werden, oder dass ihnen wechselweise (rechts und links) Hand und Fuß abgehauen wird, oder dass sie des Landes verwiesen werden." Leider wird auch dieser Vers im Prozess des selektiven Zitierens nicht berücksichtigt.

Ich wusste nichts davon, bis ich mich selbst auf die Suche nach der Wahrheit begab. Ich beschloss, Muhammads Leben zu erforschen, indem ich eine bessere Übersicht über die verfügbaren Informationen bekommen wollte. Wenn ich erst Zugriff auf dieses Material hatte, war ich in der Lage zu bestimmen, wie ich am besten mit seiner Historizität umging.

Ich bat David um Hilfe, und er half mir nur zu gerne. Er hatte am Beginn seiner Collegelaufbahn eine Rede über Muhammad gehalten, in der er ihn als großartigen und einflussreichen Anführer lobte, und er war gespannt, das, was er damals herausgefunden hatte, mit einem kritischeren Auge zu betrachten. Er versprach mir, in nächster Zeit auf mich zuzukommen.

---

oder mehr. Daher liefert das selektive Zitieren aus dem gewaltigen Vorrat des *Hadith* exponentiell größere Möglichkeiten für die persönliche Auslegung, als das beim selektiven Zitieren der Bibel möglich ist.

In der Zwischenzeit wollte ich damit beginnen, alle *Hadithen* zu lesen, die ich in die Hände bekommen konnte. In *Abbas* Bibliothek befand sich eine vollständige Kopie von *Sahih Bukhari*, insgesamt neun Bände, also legte ich mich auf den Bauch und begann damit. Diese Sammlung gilt bei nahezu allen Muslimen als die historisch zuverlässigste, deshalb erwartete ich, dass auch sie Muhammad so darstellen würde, wie ich ihn bisher gekannt hatte.

Zum ersten Mal in meinem Leben las ich selbst mit eigenen Augen im *Hadith*, direkt aus der Quelle, statt immer nur darauf verwiesen zu werden. Es dauerte nicht lange, bis ich erkannte, dass der Muhammad, den ich kannte, eine geglättete Version war. Um ehrlich zu sein, es dauerte ungefähr 30 Sekunden.

Im allerersten Band erzählt der dritte *Hadith* die bekannte Geschichte von Muhammads erster Offenbarung in der Höhle von Hira. Die Geschichte beinhaltete Details, die ich in meiner Kindheit gelernt hatte, aber es gab auch viele Einzelheiten, die ich zuvor noch nie gehört hatte. Anstatt zu erzählen, dass der Engel Muhammad nur aufforderte zu lesen, berichtet Muhammad, dass „er mich ergriff und mich bis zu meiner Erschöpfung drückte". Jedes Mal, wenn der Engel Muhammad aufforderte zu lesen, „drückte" der Engel Muhammad so fest, dass Muhammad erschöpft war. Nach seiner Begegnung mit dem Engel kehrte Muhammad entsetzt und „mit bebendem Herzen" zu seiner Frau zurück. Danach kehrte der Engel für eine Weile nicht zurück und „die göttliche Inspiration war unterbrochen".[6]

Das war nicht das Bild von Muhammad, das ich kannte. Es war ungeschminkt und keineswegs schmeichelhaft. Das hier war eine unbearbeitete oder zumindest weniger bearbeitete Version von Muhammad. Es gab auch noch einen Querverweis auf einen anderen *Hadith* in *Sahih Bukhari*, der noch weitere Einzelheiten angab: 9,111. Ich nahm Band neun aus *Abbas* Bücherregal, suchte *Hadith* 111 und las.

6 www.islamische-datenbank.de

Im Nu zerschmetterte der *Hadith* meine Illusion, mit Muhammad vertraut zu sein. Dort stand: Als er Gabriel sah, „zuckten seine Nackenmuskeln vor Schrecken“, und als Gabriel wieder für eine Weile nicht zurückgekehrt war, wurde der Prophet so niedergeschlagen, „dass er versucht hat, sich von einem hohen Berg zu stürzen. Und jedes Mal, wenn er eine Bergspitze erreichte, um sich von dort zu stürzen, erschien ihm Gabriel und sagte zu ihm: ‚O Muhammad, du bist wahrhaftig der Gesandte Allahs!‘ Dadurch wurde er beruhigt und zufrieden und kehrte zurück.“[7]

Ich war erschüttert. Stand hier bei *Sahih Bukhari* wirklich, dass Muhammad versucht hatte, sich umzubringen?

Und wie zur Bekräftigung berichtete der *Hadith* weiter, dass, immer wenn die Pause der Inspiration zu lange wurde, „er wie zuvor tat, aber jedes Mal, wenn er die Spitze eines Berges erreichte, erschien ihm Gabriel“.

Ungläubig starrte ich das Buch an. Weit von einem edlen Ruf in das Prophetentum entfernt war Muhammad brutal von einer geistlichen Macht bedrängt worden, die ihm Angst machte und ihn mehrmals zu Selbstmordgedanken trieb. Und das war nicht irgendein Buch, das war *Sahih Bukhari*, das vertrauenswürdigste Buch des *Hadith*.

An diesem Punkt stellte ich fest, dass ich ein retuschiertes Bild von Muhammad übernommen hatte.

Ich war erschüttert. Stand hier bei Sahih Bukhari wirklich, dass Muhammad versucht hatte, sich umzubringen?

Natürlich war der echte Muhammad kein Gemälde. Er war ein historischer Mensch mit einer echten Vergangenheit. Das war der Muhammad, den ich kennenlernen wollte, und wenn überhaupt, dann würde ich ihn auf den Seiten der Geschichte finden. Aber es war, als ob jeder Versuch, etwas neu zu ordnen und mehr herauszufinden, dazu führte, dass eine weitere Bombe abgeworfen wurde.

7 www.islamische-datenbank.de

Kapitel 38

VERSCHLEIERUNG VON GEWALT

Als ich in Band 1, *Hadith* 3 weiterlas, fand ich viele *Hadithen* mit Lehren, die ich schon oft gehört hatte, darunter die Lehre, dass Muslime niemanden verletzen sollen (1,10), den Armen Speise geben und die Fremden freundlich grüßen sollen (1,11) und sogar die Befolgung der Goldenen Regel (1,12). Das war ohne Zweifel der liebevolle, friedliche Islam, den ich immer gekannt hatte.

Aber als ich zu *Hadith* 25 gelangte, klappte mir die Kinnlade runter.

Darin sagt Muhammad: „Mir wurde befohlen, dass ich die Menschen solange bekämpfe, bis sie bezeugen, dass kein Gott da ist außer Allah, und dass Muhammad der Gesandte Allahs ist, und bis sie das Gebet verrichten und die *Zakah* entrichten. Wenn sie dies tun, so bewahren sie ihr Leben und ihre Güter vor mir …“[8]

Spielten mir meine Augen einen Streich? Muhammad sagte hier, er wolle die Menschen bekämpfen, bis sie Muslime würden oder er würde sie töten und ihren Besitz beanspruchen. Das war doch nicht möglich! Es widersprach allem, was ich über Muhammad zu wissen glaubte, und es widersprach dem

8 www.islamische-datenbank.de

eindeutigen Standpunkt des Korans: „Es gibt keinen Zwang in der Religion."

Ich konnte das einfach nicht glauben, deshalb fuhr ich mit dem nächsten *Hadith* fort. Aber 1,26 besagte, dass die beste Tat, die ein Muslim abgesehen vom Glauben vollbringen kann, der Dschihad ist. Wie um deutlich zu machen, welche Art von Dschihad *Sahih Bukhari* meinte, hieß es weiter: „religiöser Kampf."

Die Widersprüche in diesen Gedanken waren mehr, als ich ertragen konnte. Ich konnte es nicht verarbeiten, konnte nicht denken, konnte mich nicht einmal bewegen. Noch immer auf dem Bauch in *Abbas* Bibliothek liegend rief ich meinen Vater zu Hilfe: „*Abba*, ich brauche dich!" In unserer Kultur rufen Söhne normalerweise nicht ihre Väter herbei, aber *Abba* hörte meinen Schrei und kam sofort. Er war schließlich mein Vater.

„*Kya baat hai, beyta?*", fragte er mich mit leiser Besorgnis in der Stimme, als er umgehend zu mir kam.

„Ich weiß nicht, was ich damit anfangen soll. Schau." Ich gab *Abba* die beiden geöffneten Bücher und zeigte auf die *Hadithen* über Muhammads Selbstmordversuche und seinen Eid, Nicht-Muslime zu töten, wenn sie nicht konvertierten. *Abba* dachte eine kurze Weile still darüber nach. Er versuchte, seine Überraschung zu verbergen, aber ich kannte ihn zu gut. Dass er den Buchumschlag überprüfte, um sicher zu gehen, dass es wirklich *Sahih Bukhari* war, sagte alles.

Dennoch verriet er keinerlei Besorgnis, als er schließlich sprach. „Nabeel, es gibt einige Dinge, die wir nicht verstehen, weil wir keine Gelehrten sind. Lies die Bücher der Gelehrten und alles wird einen Sinn ergeben."

„Aber, *Abba*", protestierte ich, als *Abba* im Bücherregal zu suchen begann, „wenn der *Hadith* die vertrauenswürdigste Quelle ist, möchte ich lieber darin lesen."

Abba fand, wonach er suchte, und zog ein Buch aus dem Bücherregal. „*Beyta*, es dauert viele Jahre, um genug Informationen zu sammeln und dann die richtigen Schlüsse zu ziehen. Es ist gut, dass du damit beginnst, aber diese Gelehrten sind schon weiter fortgeschritten. Sie haben die Fragen gestellt, die auch du hast, und sie haben Antworten gefunden. Es ist weise, von ihren Bemühungen zu lernen, anstatt das Rad neu zu erfinden." Er legte mir das Buch sanft, aber nachdrücklich hin.

Ich musterte den grün-goldenen Einband. Es war von einem Mann mit westlichem Namen verfasst, Martin Lings, und der Titel in dicken Buchstaben lautete: *Muhammad: Sein Leben nach den frühesten Quellen.* Es sah so aus, als hätte *Abba* Recht; das war die Art von Buch, die ich suchte, eine Geschichte über Muhammads Leben, die auf den frühesten Quellen beruhte.

Ich bedankte mich bei *Abba* und beschloss, online nach dem Autor zu recherchieren, bevor ich das Buch las. Ich erfuhr bald, dass Martin Lings ein Engländer war, der in Oxford studiert hatte und ein Schüler und enger Freund von C.S. Lewis gewesen war. Aber trotz seiner Verbundenheit mit der englisch-protestantischen Tradition konvertierte er zum Sufi-Islam.

Lings' Übertritt zum Islam und sein nachfolgendes Buch lösten in der islamischen Welt eine Welle des Jubels aus, und sein Name wurde unter gebildeten Muslimen sehr geläufig. Seine Prophetenbiografie ist berühmt für ihre Gelehrsamkeit und wird als ein Beispiel von Muhammads unwiderstehlichem Charakter und seiner Wahrhaftigkeit emporgehalten. Für mich war es ein beruhigendes Zeichen dafür, dass kritische Menschen aus dem Westen die Wahrheit des Islams erfassten, wenn sie ihn aufrichtig untersuchten.

Mit einer Welle von neugefundener Begeisterung kehrte ich zu Lings' Buch zurück und schlug direkt beim Abschnitt über Muhammads erste Offenbarung auf. Mein Hochgefühl dauerte nur kurz. Wieder fand ich hier nur ein lückenhaftes Bild. Lings berichtete von Muhammads Angst, aber er erwähnte seine

Selbstmordgedanken nicht. Es gab überhaupt keinen Hinweis darauf, nicht einmal, warum er sie weggelassen hatte. Es war so, als ob Martin Lings nichts davon gewusst hatte oder nicht wollte, dass die Leser davon erfuhren. Ich suchte schnell nach Allahs Befehl an Muhammad, Nicht-Muslime zur Konvertierung zu bringen oder zu töten, aber auch das konnte ich nicht finden.

Zweifelsohne benutzte Lings für seine Biografie die frühesten Quellen, und trotzdem war es letztendlich immer noch eine retuschierte Biografie. Das Buch ignorierte die problematischen Überlieferungen, anstatt sie zu erklären. In diesem Sinn unterschied sich der weithin gefeierte akademische Bericht über Muhammads Leben nicht von den Geschichten, die mir meine Eltern erzählt hatten. Wo war die Wahrheit? Warum behandelte niemand die Schwierigkeiten in Muhammads Vergangenheit?

Bei der Lektüre von Lings' Buch kam ich zu einem anderen Abschnitt, der das infrage stellte, was ich über den Islam wusste. Das Kapitel trug den Titel *„An der Schwelle zum Krieg"* und schien zu sagen, dass es die Muslime gewesen seien, die Mekka zuerst angegriffen hatten, nachdem Muhammad nach Medina ausgewandert war. Muhammad sandte während des heiligen Monats acht Muslime aus, um eine Handelskarawane aus Mekka abzupassen. Obwohl das eine Zeit des heiligen Waffenstillstands für die Araber war, töteten die Muslime einen Mann, nahmen zwei weitere gefangen und plünderten ihre Waren.

Wo war die Wahrheit? Warum behandelte niemand die Schwierigkeiten in Muhammads Vergangenheit?

Lings unternahm jede Anstrengung, die Muslime freizusprechen, aber das half nicht dabei, meine wachsenden Bedenken zu zerstreuen. Meine Lehrer hatten mir unbeugsam beigebracht, dass die Muslime immer die Unschuldigen gewesen waren, die Opfer des Spotts und der Verfolgung durch die Mekkaner.

Das war der Grund, warum sie nach Medina flohen. War es möglich, dass Muhammad und die Muslime als Erste für böses Blut sorgten, als sie schließlich frei und in Frieden leben konnten?

Wenn ich irgendetwas von meinen neuen Einsichten gelernt hatte, dann die Tatsache, dass ich nicht die ganze Geschichte kannte und dass mir die modernen Biografen keine Fakten erzählen wollten, die nicht in ihr Bild passten. Ließ Lings irgendetwas aus?

In den kommenden Wochen begann ich diese Dinge im Internet zu recherchieren und langsam vereinnahmte mich meine Onlinerecherche. Ich entdeckte unzählige Informationen über Muhammad, die ich vorher nicht gekannt hatte. Es schien, als hätten die anonymen Forscher im Internet alle Punkte unter das Mikroskop gelegt, entweder um Muhammad zu kritisieren oder ihn zu verteidigen. Die Beiträge beider Seiten in der Onlinedebatte überschlugen sich regelrecht.

Auf der einen Seite kritisierten die Nicht-Muslime die gewalttätigen Geschichten über Muhammad, manchmal waren sie freundlich in ihren Schlussfolgerungen, meistens jedoch verleumdeten sie unseren geliebten Propheten. Als Erwiderung verteidigten die Muslime Muhammad eifrig, indem sie die Geschichten entweder vollständig ablehnten oder eine Erklärung dafür anboten.

Beispiele für Auslassungen gab es viele. Einer dieser Berichte handelt davon, dass Muhammad einem Krieger befahl, Asma bint Marwa, eine Mutter von fünf Kindern, zu töten. Sie stillte gerade ein Kind, als sie ermordet wurde, und ihr Blut spritzte über ihre Kinder. Als der Krieger Muhammad erzählte, dass er Probleme mit seiner Tat hatte, zeigte Muhammad keine Reue.[9]

9 Guillaume, *Life of Muhammad*, 676. Siehe auch Ibn Sa'd, *Kitab al Tabqat.*

Obwohl dieser Bericht sogar in den ältesten Biografien über Muhammad vorkommt, betonten die Muslime im Internet, dass er nicht in *Sahih Bukhari* oder einem anderen vertrauenswürdigen *Hadith* steht. Deshalb wiesen sie ihn vollständig von der Hand. Als Muslim, der dem grenzenlosen Erbarmen von Muhammad vertraute, wollte ich wirklich glauben, dass sie Recht hatten.

Manchmal allerdings versuchten die Muslime, online eine Erklärung für ein schreckliches Ereignis zu geben, und ich konnte einfach nicht zustimmen. Zum Beispiel nahm Muhammad in der Folge der Schlacht von Trench über 500 Männer und Jungen im Teenageralter vom jüdischen Stamm der Quraiza gefangen und ließ sie köpfen. Nachdem die Muslime die Männer getötet hatten, verkauften sie die Frauen und Kinder in die Sklaverei und verteilten ihre Güter unter sich.[10]

Weil sich dieser Bericht sowohl im *Hadith* als auch in der *Sira*-Literatur findet, konnten die Muslime nicht online behaupten, dass er erfunden sei. Stattdessen versuchten sie Muhammads Handlungen zu rechtfertigen, meistens indem sie behaupteten, dass die Juden heimtückisch gewesen waren und verdienten, was sie bekamen.

Der barmherzige, gütige Muhammad, den ich als meinen Propheten kannte, würde weder Männer noch Jungen köpfen lassen. Er war ein Prophet der Barmherzigkeit und des Friedens. Auch würde er keine Frauen und Kinder in die Sklaverei verkaufen.

Aber diese Erklärungen konnte ich nicht akzeptieren. Der barmherzige, gütige Muhammad, den ich als meinen Propheten kannte, würde weder Männer noch Jungen köpfen lassen. Er war ein Prophet der Barmherzigkeit und des Friedens. Auch würde er keine Frauen und Kinder in die Sklaverei verkaufen. Er war ein Verteidiger der Rechte von Frauen und Kindern.

10 Guillaume, *Life of Muhammad*, 464.

Ich fand eine brutale Geschichte nach der anderen über Muhammad. Ich versuchte, jede einzelne bewusst auszublenden, genau wie es die Muslime im Internet taten, aber unbewusst baute sich in mir Druck auf. Wie viele konnte ich noch ignorieren? Wie konnte ich auf diese Weise weitermachen?

Kapitel 39

MUHAMMAD RASUL ALLAH?

Nach ein paar Wochen kam David mit seinen Nachforschungen über Muhammad zu mir. Zu behaupten, er wäre gründlich gewesen, wäre eine Untertreibung.

Wir hatten uns die Frage „Ist Muhammad ein Prophet Gottes?" als Ziel gesetzt. David hatte *Sirat Rasul Allah*, *Sahih Bukhari* und *Sahih Muslim* untersucht und dutzende Überlieferungen gefunden, die seiner Meinung nach gegen das Prophetentum Muhammads sprachen. Er hatte sie in einer Heftmappe gesammelt und übergab mir diese. Er war der folgenden Frage nachgegangen: „Würde ein objektiver Ermittler anhand des Lebens und Charakters von Muhammad schlussfolgern, dass er ein Prophet Gottes war?"

In seiner Heftmappe gab es einen großen Katalog an Themen, auf die ich nicht gestoßen war. Einige davon beunruhigten ihn viel mehr als mich. Zum Beispiel verlangt der Islam von Muslimen, dass sie nicht mehr als vier Frauen gleichzeitig haben dürfen, während Muhammad einmal mindestens sieben hatte. Ich erzählte ihm, dass Allah Muhammad im Koran eine besondere Erlaubnis gegeben habe, unbegrenzt viele Frauen haben zu dürfen, deshalb stellte das kein echtes Problem dar.[11]

11 33,50.

Er antwortete: „Findest du das nicht verdächtig? Zumindest ein bisschen?" Meine spontane Antwort war, „nein" zu sagen. David erhob auch einen ernsten Einwand gegen Muhammads Heirat mit Aisha. Laut einiger *Hadithen* war sie sechs Jahre alt, als Muhammad sie heiratete, und er vollzog die Ehe mit ihr drei Jahre später, als er 52 war.[12] David wandte ein, dass aufgrund seines Beispiels überall in der muslimischen Welt junge Mädchen viel zu jung zur Ehe gezwungen würden, als für ihr Wohlergehen gut wäre.[13] Aber meine *Jamaat* lehrte, dass diese *Hadithen* falsch waren, deshalb beunruhigten sie mich auch nicht.

Nacheinander präsentierte David zusätzliche Überlieferungen, die die Vorstellung von Muhammads Prophetentum infrage stellten, eine abstoßender als die andere. Muhammad sei vergiftet worden;[14] auf seinem Sterbebett habe er das Gefühl gehabt, dass ihn das Gift umbrächte;[15] auf ihm habe Schwarze Magie gelegen;[16] er offenbare Verse, von denen er später zugab, dass sie von Satan gewesen seien;[17] er habe Menschen für Geld gefoltert;[18] einen Angriff auf unbewaffnete Juden geführt; seinen Adoptivsohn zur Scheidung gezwungen, damit er seine Schwiegertochter Zainab heiraten konnte[19] und den Menschen gesagt, dass sie Kamelurin trinken sollten.[20] Die Liste ging immer weiter.

Zuerst ging ich noch auf die Einzelheiten jeder Überlieferung ein, aber mit jeder zusätzlichen Geschichte wurde deutlich,

---

12 *Sahih Bukhari,* 7,62,64; 7,62,65; 7,62,88; *Sahih Muslim* 8,3310; 8,3311.

13 Siehe Nojoud Ali, *Ich, Nojoud, zehn Jahre, geschieden* (Knaur, 2010).

14 *Sahih Bukhari* 3,47,786.

15 *Sahih Bukhari* 5,59,713.

16 *Sahih Bukhari* 4,54,490.

17 Guillaume, *Life of Muhammad,* 165-66.

18 Ebd. 515.

19 Koran 33,37; *Sahih Muslim* 8,3330; Tabari Band 8, S. 2-3.

20 *Sahih Bukhari* 8,82,794; *Sahih Muslim* 16,4130.

dass ich nicht objektiv war. In meiner Enttäuschung begann ich, Bücher von namhaften Gelehrten über *Hadith*-Methodik zu studieren und las einen Kommentar nach dem anderen. Ich wollte herausfinden, wie ich diejenigen Überlieferungen in Zweifel ziehen konnte, die Muhammad Übles nachsagten, und die *Hadithen* verteidigen, die den Propheten zeigten, wie ich ihn liebte. Aber es gab einfach keine Rasierklinge, mit der ich die beiden auseinandernehmen konnte. Keine außer der Meinung: „Muhammad muss ein Prophet sein, und deshalb müssen diese Geschichten falsch sein.“

Diese Geschichten stammten aus Quellen, die die historischen Grundmauern des Islams bildeten. Wie viele konnte ich ausblenden, ohne dass die Grundmauern anfingen zu zerbröckeln?

Aber es waren einfach zu viele Geschichten, sogar aus angesehenen *Hadith*-Quellen.

Mit der Zeit wurden es dermaßen viele, dass ich einfach die Authentizität jeder Überlieferung bestritt. Das war das Einzige, was ich tun konnte; andernfalls wäre ich überfordert gewesen. Ich begann zu verstehen, warum die Biografen und meine Lehrer das Gleiche gemacht hatten.

Als ich erkannte, dass ich versuchte, ungefähr 100 solcher Geschichten auszublenden, konnte ich einer harten Wahrheit nicht länger aus dem Weg gehen: Diese Geschichten stammten aus Quellen, die die historischen Grundmauern des Islams bildeten. Wie viele konnte ich ausblenden, ohne dass die Grundmauern anfingen zu zerbröckeln?

Mir wurde mit anderen Worten klar, dass ich, wenn ich die Zuverlässigkeit der Überlieferungen weiterhin bestritt, keine Grundlage mehr dafür hatte, Muhammad überhaupt als Propheten zu bezeichnen. Ich konnte nicht länger die *Schahada* ausrufen, solange ich außer der Geschichtsschreibung nichts weiter hatte, das Muhammad rechtfertigte.

Es gab nur einen einzigen Weg aus dem Dilemma: den Koran.

Teil 8

DIE HEILIGKEIT DES KORANS

So viel von dem, was ich über den Koran zu wissen meinte, ist einfach nicht wahr. Ist es wirklich Dein Buch?

Kapitel 40

PLÄDOYER FÜR DEN KORAN

Wenn man sich vorstellt, dass Gottes Mysterium und Weisheit, Seine Macht, Tiefgründigkeit und Vollkommenheit, Seine göttlichen Aufträge und Prophetien zusammenwirkend auf den physischen Seiten eines Buches leben und dass dieses Buch durch das wahre Wesen Gottes belebt ist, dann wird man zu verstehen beginnen, wie und warum Muslime den Koran verehren.

Man darf nicht davon ausgehen, dass der Koran das islamische Gegenstück zur Bibel ist. Das ist ganz und gar nicht so. Für Muslime ist der Koran vielmehr der Inbegriff Allahs, und das ist auch der eigentliche Grund, den sie als Beweis für die Wahrheit des Islams anführen. Die beste Parallele im Christentum ist Jesus selbst, das fleischgewordene Wort, und seine Auferstehung. Genauso zentral ist der Koran in der islamischen Theologie.[1]

---

1 Aus diesem Grund hält das vorliegende Buch sein Plädoyer für das Christentum nicht anhand der Bibel und es sieht vielleicht sogar so aus, als würde der Koran kritischer betrachtet als die Bibel. Das ist jedoch kein Doppelstandard, weil der Vergleich zwischen dem Koran und der Gottheit Jesu bzw. seiner Auferstehung gezogen werden muss. Das letztere wurde genauso kritisch geprüft, wenn nicht sogar intensiver.

Es ging nun um die Grundlage meines Glaubens. Der historische Muhammad, der einst die zweite Säule meiner Weltsicht gewesen war, beruhte ebenfalls zur Beglaubigung auf dem Koran. Als ich anfing, die Schrift zu hinterfragen, nahm ich sein Gewicht besonders wahr.

Die Wahrheit des Islams, alles, wofür Muhammad stand, und mein Leben, wie ich es kannte, hingen von der göttlichen Inspiration des Korans ab.

Genau wie ich begonnen hatte, das Leben von Muhammad zu untersuchen, war ich davon überzeugt, dass der Koran der Prüfung standhalten würde. Niemand in der *Umma* zweifelte an seiner göttlichen Inspiration. Im Gegenteil, wir wussten, dass der Koran so vollkommen und wunderbar war, dass niemand es wagen konnte, ihn zu hinterfragen, nicht einmal säkulare Menschen aus dem Westen. Wir hielten unsere Argumente für unwiderlegbar.

Das kräftigste Argument für die göttliche Inspiration des Korans ist seine Einzigartigkeit, hauptsächlich seine dichterische Vortrefflichkeit. „Niemand kann seine Wortgewandtheit nachahmen", würden genau wie ich andere Muslime sagen. Unser Argument leitet sich aus dem Koran selbst ab. Als Muhammad zu seiner Zeit beschuldigt wurde, den Koran erfunden zu haben, antwortete der Koran mehrfach, dass Zweifler versuchen sollten, etwas Ähnliches zu verfassen.[2] Wenn sie das versuchten, würden sie es nicht zustande bringen, selbst nicht mit Hilfe von Menschen und *Dschinn.*

Das ist der Anspruch des Korans: Niemand könne irgendetwas hervorbringen, das ihm gleichkommt.

Von Kindheit an habe ich diese Behauptungen im Koran gelesen und meine Weltsicht war geprägt worden von Lehrern, die ununterbrochen verkündeten, dass der Koran in seiner Schönheit herausragend sei. Dadurch war ich wie die meisten

2 2,23; 10,38; 11,13; 17,88; 52,34.

Muslime auch mehr als zuversichtlich, dass der Koran wirklich unvergleichlich ist.

Man kann sich meine Skepsis vorstellen, als ich eine Antwort auf die Ansprüche des Korans entdeckte, *Al-Furqan al-Haqq*. Die Übersetzung lautet: „Der wahre Maßstab für Einsicht", und das Buch fordert den Anspruch des Korans heraus, indem es christliche Lehren im Koranstil darbietet.[3] Dieses Buch gibt den Koranstil offenbar so erfolgreich wieder, dass Leuten, die es laut in der Öffentlichkeit rezitierten, von arabischen Muslimen dafür gedankt wurde, dass sie den Koran rezitierten.

Seine Einzigartigkeit ist die einzige Verteidigung, die der Koran für sich selbst hat, und trotzdem gibt es da ein Buch, das auf diese Ansprüche des Korans erfolgreich antwortete. Diese Neuigkeiten waren brisant.

Ich war nicht der Einzige, der *Al-Furqan al-Haqq* für gefährlich hielt. Zumindest ein Staat hat „für die Aufrechterhaltung der Sicherheit …, hiermit strengstens verboten, das Buch einzuführen … einschließlich irgendwelcher Auszüge daraus, irgendwelchen Nachdrucken oder Übersetzungen davon oder irgendein anderes Schriftstück, das irgendwelche Inhalte daraus wiedergibt."[4]

Mein Vertrauen in den Koran war derart groß, dass es aus meiner Sicht unmöglich war, seine Ansprüche zu widerlegen. Ich folgerte, dass die Herausforderung eigentlich irgendetwas anderes bedeutete, indem ich mir zusätzliche Argumente zurechtlegte.

---

3 Ein anderer Name für den Koran lautet „*Al-Furqan*". Schon allein der Titel des Buches, das als Antwort geschrieben wurde, *The True Furqan* (dt. Der wahre Furqan), fordert den Überlegenheitsanspruch des Korans heraus.

4 Bekanntmachung Nr. 78, 7. September 2005, von Anupam Prakash, Staatssekretär der indischen Regierung, abgerufen am 1. Juli 2013, *http://www.cbec.gov.in/customs/cs-act/notifications/notfns-2k5/csnt78-2k5.htm*.

Muslimische Apologeten beschränken sich nicht auf die Selbstverteidigung des Korans bezüglich seiner Inspiration. Die vier weiteren Argumente, auf die sie sich beziehen, sind folgende: erfüllte Prophetien, mathematische Muster, wissenschaftliche Wahrheit und inhaltliche Bewahrung. Ich machte mich daran, jedes einzelne zu überprüfen, nicht um zu sehen, ob sie zuverlässig waren, sondern vielmehr, um mein positives Plädoyer für den Islam abfassen zu können und um die Wahrheit des Islams für jeden, der objektiv an die Sache herantrat, ebenso offensichtlich zu machen, wie es für die *Umma* ist. Und wie es für mich war.

Die ersten beiden Argumente brachen schnell in sich zusammen. Es gibt keine wirklichen Prophetien im Koran. Es gibt zwar viele Verse, die als Prophetien ausgelegt werden können, aber der Koran behauptet nicht, dass sie in irgendwelcher Weise Voraussagen der Zukunft sind. Unabhängig von Einzelheiten waren sie auf jeden Fall nicht deutlich genug für mich, um daraus ein starkes, objektives Plädoyer zu bauen.

In ähnlicher Weise konnte ich das Argument nicht akzeptieren, dass es mathematische Muster im Koran gebe, die einen Hinweis auf göttliche Inspiration darstellen würden. Viele angebliche Muster sind lediglich frisierte Daten, und der Rest ist von der Sorte, wie man sie auch in den Werken von Edgar Allen Poe und sogar in Onlineforen finden kann.

Glücklicherweise waren diese beiden Argumente nicht grundlegende Teile der Weltsicht, mit der ich aufwuchs. Die letzten beiden Argumente hatten jedoch einen mächtigen Einfluss auf meine Sicht des Korans. Von Kindesbeinen an glaubte ich, dass der Koran moderne wissenschaftliche Wahrheiten enthielte, die Muhammad ohne göttliche Offenbarung nicht hätte wissen können. Diese wissenschaftlichen Wahrheiten genügten als Beweis dafür, dass Gott selbst den Koran geschrieben haben musste.

Was sogar das wissenschaftliche Argument übertrumpft, ist das Vertrauen der meisten Muslime in die vollkommene Bewahrung des Korans. Muslime glauben, dass nichts davon verändert wurde, nicht einmal ein Punkt. Allah verspricht in 15,9, dass er den Koran beschützen wird, und Muslime glauben, dass diese Bewahrung ein Beleg von Allahs Schutz seiner Botschaft ist.

Das wissenschaftliche Argument und speziell die vollkommene Bewahrung des Korans bildeten den Grundpfeiler meines Glaubens. Ich machte mich auf, diesen Grundpfeiler zu untersuchen und vertraute darauf, dass er das Gewicht für das Plädoyer für den Koran tragen und gewiss auch die Basis für meinen Glauben bilden konnte.

Die ganze Zeit über gab ich mein Bestes, um mich nicht von der nagenden Frage „Was passiert, wenn dieser Grundpfeiler fällt?" beunruhigen zu lassen. Stattdessen brachte es mich zum Gebet auf die Knie. Ich bat Allah darum, mich zu einem Vorreiter des Islams zu machen. Weiter umklammerte ich die islamische Kultur fest mit beiden Händen, verkörperte die Rolle eines Muslims, indem ich, wenn möglich, die Freitagspredigten leitete und Lektionen über *Akida* lehrte. Ich gab mein Bestes, um die Unstimmigkeiten zu beseitigen, indem ich höchste muslimische Standards anstrebte.

Die beiden gegensätzlichen Kräfte bedeuteten, dass es zu einem katastrophalen Zusammenbruch kommen würde, sollte die Grundlage nachgeben.

Kapitel 41

KORAN, WISSENSCHAFT UND BUCAILLISMUS

Schon seit der Zeit Muhammads war *Da'wa* eine Triebfeder für die Muslime, aber im 20. Jahrhundert sah sich der islamische Ethos der Missionierung von einem unerwarteten Treibstoff angetrieben: der modernen Wissenschaft. Noch überraschender ist, dass diese Mode durch einen säkularen Franzosen aufkam.

Maurice Bucaille, Gastroenterologe und Leibarzt eines Königs von Saudi-Arabien, befruchtete ein aufkeimendes Feld der islamischen Apologetik durch sein 1976 verfasstes Werk *Bibel, Koran und Wissenschaft*. In dieser bahnbrechenden Arbeit behauptet er, dass die Bibel voll von wissenschaftlichen Irrtümern sei, wohingegen der Koran im Gegensatz dazu als wunderbar edel und makellos dastehe. Er schlussfolgerte, dass der Koran wissenschaftlich so modern sei, dass er das Werk Gottes sein müsse.

Das Wort „epochal" beschreibt nur annähernd die Auswirkungen des Buches auf das muslimische Proselytentum. Genau wie bei dem Lings-Phänomen ergriff hier ein Intellektueller aus dem Westen Partei für den Islam, nachdem er die Beweise kritisch geprüft hatte. Das diente als Schlachtruf für *Da'wa*-orientierte Muslime. Dieses Szenario war erst recht befriedigend, weil Bucaille in diesem Verlauf die Bibel rundum verurteilte.

Die Methode, dem Koran wunderbar moderne wissenschaftliche Wahrheiten zuzuordnen, wurde so alltäglich, dass ein Begriff dafür geprägt wurde: **Bucaillismus.**

Ein Beispiel für ein solches Argument behandelt das Thema der menschlichen Fortpflanzung. Bucaille erklärt: „So, wie sie im Quran beschrieben ist, entspricht sie völlig dem, was man heute über gewisse Etappen der Entwicklung des Embryos weiß, und sie enthält keine einzige Aussage, die von der modernen Wissenschaft kritisiert werden könnte.“[5] Die Schlussfolgerung ist offensichtlich: Nur Gott wusste etwas über Embryologie, als der Koran geoffenbart wurde. Also musste Gott der Autor des Korans sein.

> ***Bucaillismus**: die Methode, dem Koran übernatürlich moderne wissenschaftliche Wahrheiten zuzuordnen, um damit seinen göttlichen Ursprung zu verteidigen.*

Innerhalb weniger Jahre nach der Veröffentlichung durchströmten Bucailles Argumente die apologetisch gesinnte muslimische Welt, was auch das Umfeld war, in das ich hineingeboren worden war. Seine Argumente waren eine feste Größe in unseren religiösen Gesprächen, sei es beim Essen am Mittagstisch, beim Plaudern mit Gästen oder beim Lesen eines Buches, das von *Jamaat*-Leitern geschrieben worden war. Wir wurden in die Eleganz und Gelehrsamkeit hineingezogen und genau wie das meiste, das ich als Muslim wusste, war die uneingeschränkte und einmütige Aufnahme des Bucaillismus ein Teil unserer Kultur.

Wir waren überzeugt davon, dass die Wissenschaft den göttlichen Ursprung des Korans bestätigt. Diese weit verbreitete Ansicht erfüllte die Muslime mit so viel Stolz, dass niemand sie überprüfte.

Als ich das an diesem Punkt schließlich tat, zerbrach eine weitere grundlegende Säule meiner Weltanschauung. Ich dachte als

5 Maurice Bucaille, *Bibel, Koran und Wissenschaft: Die Heiligen Schriften im Licht moderner Erkenntnis,* SKD Bavaria (2003), S. 324.

Student der Medizin und der Religion über Bucailles Argumente nach. Ich sah viele Probleme in seiner Auslegung, seiner Beweisführung und seiner Gelehrsamkeit.

Wir waren überzeugt davon, dass die Wissenschaft den göttlichen Ursprung des Korans bestätigt. Diese weit verbreitete Ansicht erfüllte die Muslime mit viel Stolz.

Um zu Bucailles Beurteilung der menschlichen Fortpflanzung zurückzukehren: Für die meisten Akademiker wäre sein vorbehaltloses Lob zu salbungsvoll, um wissenschaftlich zu sein, zumindest nach westlichen Standards. Aber abgesehen von seiner kriecherischen Bewunderung gibt es naturwissenschaftliche Probleme mit genau den Koranversen, die Bucaille als übernatürlich zitiert, einige für Mediziner ganz offensichtlich und andere für jedermann ganz offensichtlich.

Zum Beispiel steht in Sure 23,13-14: „Und Wir haben schon den Menschen geschaffen aus einem Auszug aus Lehm / Dann haben Wir ihn als Samentropfen gemacht, in einem sicheren Ruheplatz / Dann haben Wir den Samentropfen als anhaftendes Blutgebilde geschaffen, und Wir haben das anhaftende Blutgebilde als Fleischgebilde geschaffen, und Wir haben das Fleischgebilde als Knochen geschaffen, und Wir haben die Knochen mit Fleisch bekleidet, dann haben Wir ihn als eine andere Schöpfung ins Leben gerufen, und segenreich ist Allah, der beste der Schöpfer".[6]

Für einen Studenten der Entwicklungsbiologie ist dieser Vers ganz und gar unscheinbar. Sogar Bucaille beginnt seine Beurteilung mit der Bemerkung, dass „für einen Wissenschaftler, der Spezialist auf diesem Gebiet ist, eine solche Aussage absolut unzulässig" sei.[7] Er erklärt jedoch, dass das Problem im Vokabular des siebten Jahrhunderts begründet liege, das der Koran

6 http://www.way-to-allah.com/dokument/DIdI_Embryologie_Webversion.pdf

7 Bucaille, *Bibel, Koran und Wissenschaft*, S. 317.

benutzen musste. Wenn wir das durch modernes wissenschaftliches Vokabular austauschten (wie zum Beispiel „Gebärmutter" für „Ruheplatz"), seien die Probleme mehr als gelöst.[8]

Als Muslim, der mit einigermaßen fließenden Korandeutungen aufgewachsen ist, gab ich Bucailles in diesem Punkt Recht. Aber als Medizinstudent erkannte ich, dass ein Aspekt dieses Verses einfach falsch war, egal, welche Worte wir austauschten. Der Vers erklärt die fortlaufende Entwicklung eines Embryos, allerdings ist die Abfolge nicht richtig. Ein Embryo wird nicht zuerst Knochen und später mit Fleisch bekleidet. Eine Schicht des Embryos, das Mesoderm, teilt sich gleichzeitig in Fleisch und Knochen auf.

Ich untersuchte die Erwiderungen auf diese Kritik. Die meisten argumentierten, dass das ein kleinlicher Einwand sei, aber selbst ich als Muslim war da anderer Meinung. Genau der Punkt, auf den sich Bucaille in diesem Vers bezieht, behauptet, dass die Abfolge der Embryonalentwicklung übernatürlich präzise sei; aber die Abfolge ist eben nicht richtig. Das war schwerwiegend, und obwohl Bucaille diesen Vers mit einigem Tiefgang behandelte, vertuschte er diese Problematik.

Dass diese Ungenauigkeit im eindeutigsten Teil des Verses gefunden wird, der am einfachsten zu verstehen ist, macht das Problem nur komplizierter. Der erste Teil des Verses verlangt von uns, dass wir die unzutreffenden, durch die arabische Sprache bedingten Worte durch angemessene, wissenschaftliche Begriffe ersetzen. Wenn wir also den ersten Teil der Aussage verändern müssen und den zweiten ignorieren, was bleibt übrig von der übernatürlichen Wissenschaftlichkeit?

Ich erkannte dann, dass dieser Vers die Inspiration des Korans nicht verteidigen konnte. Stattdessen mussten wir die Inspiration des Korans unterstellen, um diesen Vers zu verteidigen.

8 Ebd. S. 317.

Auf meiner weiteren Suche begegneten mir noch mehr offensichtliche Probleme im Koran, ebenfalls auf dem Teilgebiet der menschlichen Fortpflanzung. Die Verse 86,6-7 konstatieren, dass Sperma hervorströmt „zwischen Rückgrat und Brustknochen".[9]

Weil ich glaubte, dass der Koran unmöglich so etwas offensichtlich Falsches sagen könne, begann ich im Internet nach Antworten zu suchen. Wieder fand ich die gleiche Vorgehensweise, um die Verse zu verteidigen: Die Worte wurden umbenannt und die Schwierigkeiten vertuscht.

Und das war ein typisches Muster, das sich schließlich herauskristallisierte. Ob bei der Verkündigung wissenschaftlicher Wunder oder der Verteidigung von naturwissenschaftlichen Ungenauigkeiten, immer mussten deutliche Aussagen des Korans umbenannt werden, damit sie etwas sagten, das sie eigentlich nicht sagten, und alle Spannungen wurden vertuscht.

Als ich dieses Muster erkannte, fiel mir auf, dass der Bucaillismus sehr der Analyse von Muhammads Leben ähnelt. Ich konnte meine islamischen Glaubensüberzeugungen verteidigen, wenn ich als voreingenommener Muslim an das Thema heranging und bereit war, gewisse Begriffe umzubenennen und bestimmte Punkte zugunsten meiner Sichtweise zu betonen. Aber wenn ich versuchte, ein Plädoyer auf einer objektiven Untersuchung aufzubauen, indem ich den Text unvoreingenommen las, dann gab es schlicht und einfach kein naturwissenschaftlich übernatürliches Wissen im Koran.

Zu diesem Zeitpunkt verwarf ich die Möglichkeit von naturwissenschaftlichem Wissen im Koran noch nicht, aber ich stellte fest, dass etwas weitaus Stärkeres zur Verteidigung seiner göttlichen Inspiration vonnöten war. Mit unbeugsamer Überzeugung wandte ich mich nun an die tiefste all meiner Wurzeln: mein Vertrauen in die vollkommene Bewahrung des Korantextes.

9 http://www.way-to-allah.com/dokument/DIdI_Embryologie_Webversion.pdf

Kapitel 42

DER HADITH UND DIE GESCHICHTE DES KORANS

Es gibt mindestens zwei voneinander abhängige, starke Gründe, weshalb die vollständige Bewahrung der Korantexte zum Bollwerk der muslimischen Überzeugung geworden ist.

Einerseits ist es eine allgegenwärtige Maxime, die, so wie andere Proklamierungen des islamischen Stolzes, tief in der muslimischen Seele verwurzelt ist: „An keiner Stelle ist jemals irgendetwas im Koran verändert worden. Er ist genauso zu uns gelangt, wie ihn Muhammad von Gabriel empfangen hat." Damit, so wird uns erzählt, ist eine Ankündigung des Korans erfüllt: „Wir haben die Mahnung hinabgesandt. Und wir geben auf sie acht" (15,9).

Andererseits bildet dieses Vertrauen in die vollkommene textliche Bewahrung auch die eigentliche Grundlage für die Verachtung des modernen Judentums sowie des Christentums. Eine der bekanntesten *Da'wa*-Initiativen in den Vereinigten Staaten mit dem Titel „Warum Islam?" fasst den Gedanken gut zusammen: „Die Psalmen, die Thora und das Evangelium sind gemäß dem Islam nicht mehr in ihrem ursprünglichen Zustand. Es wurden Dinge hinzugefügt, sie können nicht auf ihre Propheten zurückgeführt werden oder wurden einfach verändert. Nur der Koran ist in seinem ursprünglichen Zustand bewahrt worden, genauso, wie er dem Propheten Muhammad geoffenbart wurde."[10]

Weil die Bewahrung des Korans die Grundlage für die Zurückweisung anderer Glaubensüberzeugungen und die Annahme des Islams bildet, ist sie für die islamische Apologetik ausschlaggebend. Aber für die islamische Theologie ist sie noch weitaus wichtiger. Der Koran ist der Eckstein der islamischen Weltanschauung, liegt der gesamten *Scharia* zugrunde, dient als Dreh- und Angelpunkt für die täglichen Andachten und ist die Quelle der muslimischen Identität. Wenn der Koran nicht in vollkommener Weise bewahrt worden wäre, wäre in den Köpfen der meisten Muslime ihre Welt in Gefahr. Weil das nicht der Fall ist, behalten sie die höchste Zuversicht in ihren Glauben.

Die Bewahrung des Korans untermauert daher das beispiellose Vertrauen des modernen muslimischen Zeitgeistes. In den Gedanken der meisten Muslime besteht noch nicht einmal die entfernte Möglichkeit, dass sich der Koran von heute vom Koran zur Zeit Muhammads unterscheiden könnte.

Aber die meisten Muslime haben den *Hadith* nicht selbst gelesen. Wieder einmal waren es die vertrauenswürdigsten islamischen Überlieferungen, die meinen Glauben zersetzten.

Band 6 von *Sahih Bukhari*, ein Band, der dem Koran gewidmet ist, beschreibt in Buch 61 ausführlich den Prozess der Koransammlung.[11] Wir stellen fest, dass Muhammad den Muslimen den Koran mündlich zu diktieren pflegte und ihn nicht vorher niedergeschrieben hatte. Der Koran kam in einzelnen Versen zu den Muslimen, und manchmal gab Muhammad den gleichen Vers an verschiedene Muslime unterschiedlich weiter.

---

10 „Belief in Divine Books", WhyIslam.org, abgerufen am 1. Juli 2013, *http://www.whyislam.org/submission/articles-of-faith/belief-in-divine-books.*

11 Die Information in den folgenden Absätzen (ohne Zitierung) findet sich in diesem Buch von *Sahih Bukhari.*

Deshalb rezitierten die Menschen den Koran sogar zu Muhammads Zeiten nicht immer einheitlich, sodass es hitzige und anklagende Auseinandersetzungen unter frommen Muslimen gab, was nun der echte Koran beinhaltete. Weil Muhammad noch lebte, zerstreute er die Auseinandersetzungen, indem er die Parteien direkt ansprach und sagte: „Beide rezitiert ihr in rechter Weise, also fahrt fort zu rezitieren." Er ermahnte sie, über ihre Unterschiede nicht zu streiten, weil „die Nationen, die vor euch waren, zerstört wurden, weil sie sich stritten".

Als Muhammad starb, verspürten viele Menschen nicht mehr das Bedürfnis, Muslime zu bleiben. Abu Bakr sandte Muslime aus, um die Apostaten zu bekämpfen und ihnen zu befehlen, ihre islamischen Pflichten zu erfüllen.[12] Ein Muslim bekämpfte einen ehemaligen Muslim, bis viele, die den Koran gekannt hatten, ihr Leben in der Schlacht verloren hatten. Abu Bakr war besorgt, dass große Teile des Korans verloren gehen könnten, wenn die Kämpfe andauerten, deshalb verfügte er offiziell, dass der Koran unter der Leitung eines gewissen Zaid ibn Thabit gesammelt werden sollte.

In *Sahih Bukhari* wird betont, dass die Muslime Koranverse leicht vergaßen, und Zaid empfand die Aufgabe, den Koran zusammenzustellen, als außerordentlich beschwerlich. Er sammelte Verse, so wie sie die Menschen in Erinnerung hatten oder wie er sie auf Fragmenten niedergeschrieben fand. Mehr als einmal war nur ein einziger Mensch in der Lage, einige Koranverse zu bezeugen. Als Zaid fertig war, wurde der Koran einer der Witwen von Muhammad zur Bewahrung gegeben.

Obwohl die ursprüngliche Absicht hinter dieser Sammlung darin bestand, dass keine Verse verloren gingen, stellte man fest, dass Zaid zufällig einen kleinen Teil des Korans ausgelassen hatte. Außerdem rezitierten die einzelnen Regionen der

12 *Sahih Bukhari* 9,84,59.

muslimischen Welt den Koran so unterschiedlich, dass ein Appell an die muslimischen Führer erging, „diese Nation zu retten, bevor sie über den Koran streitet".

Kalif Uthman löste sich von der Einstellung Muhammads, der seinen Leuten einfach aufgetragen hatte, sich nicht auf die Unterschiede zu konzentrieren, indem er die Vereinheitlichung des Korans anordnete. Die frühere Kopie wurde von Muhammads Witwe zurückgefordert, überarbeitet und kopiert, und danach wurden diese Abschriften in jeder einzelnen muslimischen Provinz verteilt.

Um die Streitigkeiten um den Koran ein für alle Mal beizulegen, ordnete Uthman daraufhin an, „dass das gesamte übrige Koranmaterial, entweder Teile von Manuskripten oder gesamte Abschriften, durch Feuer zerstört werden soll".

Das war die Geschichte über die Koransammlung, wie man sie in *Sahih Bukhari* findet. Genau wie beim Leben Muhammads wird in *Sahih Bukhari* eine unbearbeitete, viel realistischere Geschichte geschildert, als die Muslime sie sich normalerweise gegenseitig lehren. Ich hatte gelernt, dass Muhammad den Koran diktierte, während die Muslime die Offenbarungen auswendig lernten, und als Muhammad starb, hatten viele Muslime den Koran aufgeschrieben und auswendig gelernt. Zaid ibn Thabit war der Erste, der den Koran offiziell niederschrieb, wenngleich das keine schwierige Aufgabe gewesen sei, weil er ihn auswendig gelernt habe. Sein Koran sei von anderen führenden Muslimen bestätigt worden, die den Koran ebenfalls auswendig kannten.

Das war es. Es war die allgemeine und weit verbreitete Überzeugung, dass es keine Diskussionen über seine Inhalte gab, keine einzelnen Zeugen, keine vergessenen Verse und sicherlich keine sorgfältig organisierte Zerstörung von Varianten. Der Prozess der Koransammlung, wie sie in *Sahih Bukhari* überliefert ist, war so lückenhaft, dass die Wahrscheinlichkeit verlorener Abschnitte des Korans sehr groß ist. Und genau das bezeugt *Sahih Bukhari*.

Als Zaids vereinheitlichter Koran verbreitet wurde, waren einige Abschnitte ausgelassen, die ein Mann namens Ubay ibn Ka'b zu rezitieren pflegte. Ubay bestand darauf, trotz Zaids Koran nicht aufzuhören, diese Verse zu rezitieren, weil er sie von Muhammad selbst gehört habe.

Der Prozess der Koransammlung, wie sie in Sahih Bukhari überliefert ist, war so lückenhaft, dass die Wahrscheinlichkeit verlorener Abschnitte des Korans sehr groß ist.

Ich war schockiert über das Zeugnis von *Sahih Bukhari*. Warum hatten mir meine Lehrer nicht die ganze Geschichte erzählt? Was gab es sonst noch, das ich nicht wusste?

Ich wandte mich an andere *Hadith*-Bücher, um das herauszufinden. *Sahih Muslim*, eine ebenfalls sehr vertrauenswürdige Quelle, berichtet von mehreren Problemen. Sie belegt, dass eine gesamte Sure im Koran fehlt, und zumindest ein Vers ging um die Zeit von Muhammads Tod verloren.[13]

Sunan ibn Majah, auch ein sehr authentisches Buch, erklärt, dass die Verse verloren gingen, weil das Papier, auf das sie geschrieben waren, von einer Ziege gefressen wurde.[14]

Während meiner Nachforschung stieß ich auf immer mehr Überlieferungen, die die Bewahrung des Korans in Frage stellten. Wie bei meiner Ungläubigkeit in Hinblick auf den historischen Muhammad konnte ich diese *Hadithen* einfach nicht mit meinem Denken vereinbaren und hielt sie auf Abstand, indem ich die weit hergeholten Erklärungen muslimischer Apologeten tolerierte oder eigene erfand. Was jedoch schlussendlich das Fass zum Überlaufen brachte, war ein *Hadith* aus *Sahih Bukhari*, den ich noch einmal las.

13 Sahih Muslim, 5,2286.

14 *Sunan ibn Majah* 1944.

Laut dem *Hadith* benannte Muhammad vier Männer als die besten Koranlehrer. Der erste war Abdullah ibn Mas´ud, den Muhammad als führenden Koranexperten auszeichnete. Der letzte war Ubay ibn Ka´b, den *Sahih Bukhari* als besten Koranrezitator bezeichnet.

Das waren die Männer, die Muhammad selbst ausgewählt hatte, aber als ich die frühen Quellen untersuchte, fand ich heraus, dass sie mit dem endgültigen Koran nicht einverstanden waren, der als heutige Version weitergegeben worden war. Sie stimmten noch nicht einmal untereinander überein.

Zusätzlich zu dem vorher zitierten *Hadith*, in dem er sich weigerte, gewisse Verse nicht mehr zu rezitieren, ist Ubay bekannt dafür, dass er 116 Kapitel in seinem Koran hatte, zwei mehr als in Zaids Ausgabe. Ibn Mas´ud hatte nur 111 Kapitel in seinem Koran, weil er darauf beharrte, dass die zusätzlichen Kapitel in Zaids Koran und Ubays Koran nur Gebete seien und keine Koranrezitation.[15]

Mehrere frühe Muslime dokumentierten die Unterschiede zwischen den zahlreichen Koranen in der frühen muslimischen Welt. Obwohl man dachte, dass alle diese Dokumente zerstört worden seien, tauchte eines davon im frühen 20. Jahrhundert wieder auf.[16] Es zeigt sich, dass Abdullah ibn Mas´ud und Ubay ibn Ka´b an vielen Stellen miteinander übereinstimmen, wo Zaid ibn Thabits Koran abweicht.

Mehrfache Rezitation des gleichen Verses, fehlende Verse, fehlende Suren, Debatten über den Kanon, überwachte Zerstörung aller Varianten. Wie können wir den Koran als vollkommen bewahrt verteidigen?

Ich zählte alle diese Teile in meinem Kopf zusammen: mehrfache

15 Suyuti, *Al Itqan fi Ulum al-Qur´an*; Ibn Abi Daud, Kitab al-Masahif.

16 Ibn Abi Daud, *Kitab al mashif*, gefunden von Arthur Jeffery und katalogisiert in seinem Buch *Materials for the History of the Text of the Qur´an*.

Rezitation des gleichen Verses, fehlende Verse, fehlende Suren, Debatten über den Kanon, überwachte Zerstörung aller Varianten. Wie können wir den Koran als vollkommen bewahrt verteidigen?

Ich suchte online nach Verteidigungen und las die gelehrtesten islamischen Bücher, die ich finden konnte. Wie gewöhnlich wurden Anstrengungen unternommen, so viele Quellen wie möglich auszulassen. Sogar noch nachdem alle logischen Erklärungen gegeben waren, stellten die muslimischen Gelehrten eine schockierende Behauptung auf: Es sei Allahs Absicht gewesen, dass die verlorenen Abschnitte verloren gehen sollten, Er habe beabsichtigt, dass die Varianten zerstört würden und Er habe beabsichtigt, dass Zaids Ausgabe der endgültige Koran sein solle.

Also behaupteten die Gelehrten in Wahrheit nicht, dass der Koran unverändert geblieben ist. Sie behaupteten, dass Allah die ganzen hinzugekommenen Veränderungen beabsichtigt habe. Das ist im besten Fall eine Abwehrhaltung, aber nichts, was das Gewicht der Frage nach der Richtigkeit des Islams tragen konnte.

Die Lehre von der vollkommenen Bewahrung des Korans war weit davon entfernt, den Glauben zu verteidigen, sondern musste durch Glauben verteidigt werden.

Ich war wieder einmal gezwungen, zu dem Schluss zu kommen, dass die frühen islamischen Quellen das infrage stellten, was der moderne Islam mich lehrte. Die Lehre von der vollkommenen Bewahrung des Korans war weit davon entfernt, den Glauben zu verteidigen, sondern musste durch Glauben verteidigt werden.

Mit dieser letzten Untersuchung zerbröckelte der Grundpfeiler meines Glaubens. Das gesamte Gebilde war ohne Fundament, nahe daran, bei der geringsten Belastung einzustürzen.

Was als nächstes kam, hätte genauso gut Dynamit sein können.

Kapitel 43

DIE IHRE RECHTE BESITZT

Ich habe diese Worte viele Male seit meiner Kindheit gelesen, aber nie innegehalten, um darüber nachzudenken, was sie bedeuten. David hatte sie jedoch zu seiner Heftmappe hinzugefügt, und nun war ich gezwungen, sie zu erforschen.

„Die ihre Rechte besitzt" ist eine Redewendung, die man in mehreren Koranversen findet. Die drei Referenzstellen, die David anführte, waren 4,24, 23,6 und 70,30, keine, die auf den ersten Blick viel Sinn ergaben.

4,24: „Und (verwehrt sind euch) verheiratete Frauen außer denen, die eure Rechte besitzt. Dies ist Allahs Vorschrift für euch." (Henning)

23,6: „Es sei denn ihrer Gattinnen oder derer, die ihre Rechte besitzt; denn siehe (hierin) sind sie nicht zu tadeln." (Henning)

70,30: „Außer gegen ihre Gattinnen oder was ihre Rechte besitzt; siehe, (hierin) sind sie nicht zu tadeln." (Henning)

Ich zeigte *Ammi* die Verse und fragte sie, was die Redewendung bedeutete. Sie sagte, dass sich das auf die weiblichen Dienerinnen bezog, die muslimische Männer geheiratet hatten, aber das passte nicht. In den Versen waren die

Ehefrauen deutlich von denen unterschieden, die ihre Rechte besaß. Als ich ihre Auslegung zurückwies, verwies sie mich an die Gelehrten in der *Jamaat*. Ich war einverstanden, diese bei nächster Gelegenheit zu fragen.

In der Zwischenzeit musste ich diese Sache auf eigene Faust untersuchen. Die Gelehrten waren bisher nicht umfassend gewesen, und ich hatte keinen Grund anzunehmen, dass sie es diesmal sein würden.

Selbstverständlich hatte mir David seine Deutung mitgeteilt, aber ich wusste, dass sie falsch war. Sie musste falsch sein. Er behauptete, dass mit denjenigen, „die ihre Rechte besitzt", Sklavinnen gemeint seien, erbeutet von muslimischen Eroberern. Gemäß seiner Auslegung bedeuteten 23,6 und 70,30, dass muslimische Männer mit Sklavinnen Geschlechtsverkehr haben durften, die als Kriegsbeute gefangen genommen wurden. Dabei beließ er es nicht, sondern er behauptete weiter, dass 4,24 die Ehen der gefangenen Frauen aufhob, damit die Muslime mit ihnen Geschlechtsverkehr haben durften, auch wenn deren Ehemänner noch lebten.

Die bloße Andeutung war abscheulich. Er deutete an, dass der Koran Vergewaltigung billigte, aber der Islam, den ich kannte, würde so eine Gräueltat nicht erlauben.

Die bloße Andeutung war abscheulich. Er unterstellte, dass der Koran Vergewaltigung billige. Was sonst sollte es bedeuten? Wenn eine Frau in einer Schlacht gefangen genommen wurde, war ihr Vater, Ehemann, Bruder oder Sohn wahrscheinlich gerade bei dem Versuch, sie zu beschützen, gestorben. Wäre so eine Frau zum Geschlechtsverkehr bereit, noch dazu mit einem Krieger, der gerade die Männer niedergemetzelt hatte, die sie liebte?

Das war nicht der Islam, den ich kannte, *astaghfirullah!* Mein Muhammad war ein Befreier der Sklaven und ein Anführer der

Heiligen, nicht ein erobernder Geiselnehmer, der eine Armee von Vergewaltigern anführte. Der Islam würde so eine Gräueltat nicht erlauben. Das konnte nicht sein. Und obwohl ich im Lauf der letzten Monate viel gelernt hatte, das alles infrage stellte, was ich kannte, war das eine komplett andere Liga. David beschuldigte Muhammad, ein moralisches Monster zu sein, und unterstellte, dass der Islam skrupellos grausam war.

Im Verlauf unserer Gespräche griff ich David an und beschuldigte ihn, dass er versuchte, meinen Propheten in den Schmutz zu ziehen. Stärker hätte er ihn nicht abwerten können. Zuerst wehrte er sich, indem er auf die islamischen Überlieferungen hinwies, aber als er sah, dass mich jede seiner Rechtfertigung nur noch mehr verärgerte, zog er sich zurück. Er ließ das Thema fallen und bat mich nur, darüber nachzudenken, warum ich so beleidigt war und was der Koran wirklich lehrte.

Erst als ich alleine war und meinen Glauben und meinen Propheten nicht mehr verteidigen musste, war ich in der Lage, ehrlich zu mir selbst zu sein und die Beweise erneut zu betrachten.

Sahih Muslim lieferte den historischen Zusammenhang für die Offenbarung von 4,24. Im *Hadith* lesen wir: „In der Schlacht von Hunain sandte Allahs Gesandter eine Armee nach Autas und kämpfte mit dem Feind. Nachdem sie sie besiegt und gefangen genommen hatten, schienen die Begleiter von Allahs Gesandtem auf Geschlechtsverkehr mit den gefangenen Frauen zu verzichten wegen deren polytheistischen Ehemännern. Darauf sandte Allah der Höchste den Vers herab ‚Und (verwehrt sind euch) verheiratete Frauen außer denen, die eure Rechte besitzt (Koran 4,24)‘“[17]

Ich las den *Hadith* immer wieder. Es war keine Frage, dass dieser *Hadith* Davids Meinung bestätigte. David schien sogar noch zurückhaltend gewesen zu sein. Der *Hadith* besagte, dass

17 Übersetzt nach: *Sahih Muslim* 8,3432.

dieser Vers den Kriegern nicht nur erlaubte, Geschlechtsverkehr mit den gerade gefangenen Frauen zu haben, sondern sie sogar noch dazu ermutigte, wenn sie zögerten.

Ich konnte nicht glauben, was ich da las. Meine Welt fühlte sich an, als ob sie sich unter meinen Füßen wegdrehte. Ich machte sofort das, was ich bei den Scheichen und Imamen gesehen hatte: Ich beschloss, dass dieser *Hadith* falsch sein müsse. Ein einzelner *Hadith*, sogar wenn er aus *Sahih Muslim* stammte, kann leicht abgelehnt werden.

Aber ich fand das Gleiche in *Sunan Abu Daud*, sogar mit noch mehr Einzelheiten. Die muslimischen Krieger zögerten deshalb erst, Geschlechtsverkehr mit den Frauen zu haben, weil deren Ehemänner noch lebten und anwesend waren.[18] Ein klassischer Kommentar erklärte, dass die Männer aber, als 4,24 offenbart wurde, trotz der Anwesenheit ihrer Ehemänner mit den Frauen Geschlechtsverkehr hatten.[19]

Sahih Bukhari enthält einen ähnlichen *Hadith*. Er beschreibt ebenfalls, dass muslimische Krieger zögerten, sich sexuell mit ihren gefangenen Frauen einzulassen, aber aus einem anderen Grund: Die Krieger waren besorgt, dass die Frauen schwanger werden könnten. Muhammad beschwichtigte ihre Sorgen und sagte ihnen, dass es Allahs Entscheidung sei, ob die Frauen schwanger würden oder nicht.[20] *Sahih Muslim* fügt diesem *Hadith* die Aussage hinzu, dass die muslimischen Krieger nicht wollten, dass die Frauen schwanger wurden, weil sie sie sonst nicht mehr hätten verkaufen können.[21]

Das war genug. Nicht nur hatte David Recht mit der Bedeutung von „die ihre Rechte besitzt“, sondern die Wahrheit

---

18 *Sunan Abu Daud* 11,2150.

19 *Tafsir ibn Kathir.*

20 *Sahih Bukhari* 5,59,459.

21 *Sahih Muslim* 8,33,71.

war unausweichlich. Sie stand im Koran, in *Sahih Bukhari*, in *Sahih Muslim*, in *Sunan Abu Daud*, in Kommentaren; einfach überall.

Wie konnte das möglich sein? Der Koran erlaubte Männern, mit Frauen Geschlechtsverkehr zu haben, deren Leben gerade zerstört worden war, manchmal in Gegenwart ihrer gefangenen Ehemänner? Allah und Muhammad zeigten beide keine Besorgnis darüber, dass die Frauen schwanger werden könnten oder später in die Sklaverei verkauft würden? Wie war das nur möglich?

Was wäre, wenn meine eigenen Leute von Muslimen besiegt würden? Was wäre, wenn ich dafür kämpfte, meine Familie zu beschützen, nur um zu sehen, dass *Abba* getötet würde? Zu sehen, dass Baji und *Ammi* …

Das war mehr als genug. Ich war völlig fertig. Ich konnte nicht mehr länger darüber nachdenken. Es war ekelerregend und wenn ich weiter darüber nachdenken würde, müsste ich am Ende meinen Propheten und meinen Glauben hassen.

Ich konnte mir selbst nicht erlauben, sie zu hassen, aber ich konnte auch keinen Weg finden, sie zu entschuldigen. Deshalb war ich fertig. Ich war fertig mit Kämpfen.

Ich war endlich zerbrochen.

Teil 9

DER GLAUBE IM ZWEIFEL

Ich weiß nicht mehr, wer Du bist, aber ich weiß, dass Du alles bist, was zählt.

Kapitel 44

VERNUNFT UND OFFENBARUNG

Drei Jahre lang hatten wir intellektuell miteinander gerungen, und was im ersten Monat meines ersten Studienjahrs begonnen hatte, spitzte sich schließlich am Tag vor meinem Abschluss zu. Ich gab auf.

Aber nicht den Islam. Noch nicht. Ich gab die Vernunft auf.

Wir saßen in meinem Auto und kamen gerade von einer Preisverleihung. Aus dem Abschlussjahrgang waren aus Tausenden von Studenten sechs Kandidaten ausgewählt worden. Sie sollten auf Grundlage ihrer Noten, von Menschenführung und gemeinnützigen Arbeiten die höchste Ehrung an der ODU, die Kaufman-Auszeichnung, erhalten. David und ich waren zwei dieser sechs. Diese Auszeichnung war der Höhepunkt meiner Collegekarriere.

Die Urkunde lag jedoch unbeachtet auf dem Rücksitz.

Sie hatte keine Bedeutung für mich. Nichts hatte für mich irgendeine Bedeutung. Ich hatte mein ganzes Leben in einer lebendigen Zuversicht gelebt. Der Islam, meine Überzeugungen, meine Familie, meine Worte und meine Taten, alles lief in einem einzigen Punkt zusammen: in mir. Ich war authentisch und transparent gewesen, konnte meine Meinung äußern und meine Überzeugungen ungehindert und vollständig leben.

Aber jetzt? Jetzt war ich eine Hülle, äußerlich zwar standhaft im Islam, innerlich jedoch tobte die Verwirrung. Das Ehre-Scham-Paradigma hinderte mich daran, mein inneres Chaos mitzuteilen, und machte mich unfähig, mit meinen Freunden oder meiner Familie über meinen Kampf zu sprechen, ohne mein Leben weiter ins Wanken zu bringen.

Ich wusste nicht, wer Gott war, ich wusste nicht, was die Welt war, ich wusste nicht, wer ich war, und ich hatte keine Ahnung, was ich tun sollte. Ich trieb in einem Strudel und schlug wild um mich in der Hoffnung, etwas zu finden, an dem ich mich festhalten konnte. Ich machte einen letzten verzweifelten Versuch, das Leben festzuhalten, das ich immer gelebt hatte.

„Ich kann unmöglich die christliche Botschaft annehmen, David."

Ich hielt meine Augen auf das Lenkrad fixiert, während David durch das Fenster auf nichts Bestimmtes starrte. Er ließ mich einfach reden.

Ich gab auf. Aber nicht den Islam. Noch nicht. Ich gab die Vernunft auf.

„Der christliche Gott verlangt, dass ich eine Tatsache verkünde", fuhr ich fort. „Er fordert, dass ich glaube, dass Jesus Herr ist. Aber ich war nicht dabei, deshalb kann ich nicht wissen, ob er behauptet hat, Gott zu sein. Ich bin Muslim; ich habe die Welt immer als Muslim gesehen. Meine Wahrnehmung ist derart gefärbt, dass ich, selbst wenn Jesus Gott wäre, wahrscheinlich nicht in der Lage wäre, das zu erkennen. Wie kann mich Gott auf ewig dafür verantwortlich machen, dass ich eine endliche Tatsache nicht erfasse, eine, zu der ich noch nicht einmal Zugang habe?"

Das war mein letzter verzweifelter Versuch, meinen islamischen Glauben aufrechtzuerhalten: Ich leugnete meine Fähigkeit, die objektive Wahrheit zu finden.

David starrte weiter in die Ferne und dachte sorgfältig über meine Worte nach. Als er schließlich sprach, trafen mich seine Worte ins Herz. „Nabeel, du weißt, dass das nicht wahr ist. Deine Eltern sehen Träume, und Gott hat dich mit übernatürlichen Zeichen am Himmel geleitet. Du weißt ganz genau, wenn du Ihn bittest, dir die Wahrheit zu zeigen, wird Er das tun."

Das war mein letzter verzweifelter Versuch, meinen islamischen Glauben aufrechtzuerhalten: Ich leugnete meine Fähigkeit, die objektive Wahrheit zu finden.

Als David das sagte, wusste ich sofort, dass er Recht hatte. Es war, als hätten seine Worte einen empfindlichen Nerv getroffen, einen, der bisher kaum benutzt worden war. Wenn ich wirklich glaubte, dass Gott existierte, warum fragte ich Ihn nicht einfach, wer Er war? Konnte Er mir diese Wahrheit nicht zeigen?

An diesem Punkt erkannte ich den Wert der Apologetik und was die Argumente für mich getan hatten. Mein ganzes Leben lang waren Schranken aufgerichtet worden, die mich davon abhielten, demütig vor Gott zu erscheinen und Ihn zu bitten, sich mir zu offenbaren. Die apologetischen Argumente rissen diese Schranken nieder und brachten mich an den Punkt, an dem ich die Entscheidung treffen musste, ob ich Gott suchen wollte oder nicht.

Wenn ich Gott wirklich kennenlernen wollte, musste ich mich auf Seine Gnade und Liebe verlassen und völlig auf Ihn und Seine Bereitschaft vertrauen, sich mir zu offenbaren.

Mein Intellekt hatte seinen Teil getan. Er hatte mir den Weg zu Seinem Altar geöffnet, aber ich musste entscheiden, ob ich wirklich nähertreten wollte oder nicht. Wenn ich das tat, und wenn ich Gott wirklich kennenlernen wollte, musste ich mich auf Seine Gnade und Liebe verlassen und völlig auf Ihn und Seine Bereitschaft vertrauen, sich mir zu offenbaren.

Aber zu welchem Preis?

Kapitel 45

DER PREIS FÜR DIE ANNAHME DES KREUZES

Wenn ein Muslim das Evangelium annimmt, kann der Preis extrem hoch sein.

Wollte ich Jesus nachfolgen, hieße das selbstverständlich, dass ich sofort aus meiner Gemeinschaft ausgeschlossen würde. Für alle frommen Muslime bedeutet es, Freundschaften und soziale Verbindungen zu opfern, die man seit der Kindheit hat. Es kann bedeuten, dass man von den eigenen Eltern, Geschwistern, dem Ehepartner und den Kindern abgelehnt wird.

Das wird umso schwieriger, wenn der Muslim niemanden hat, an den er sich wenden kann, wenn er Jesus nachfolgt, keinen Christen, der ihm helfend zur Seite steht. Ich weiß von vielen muslimischen Frauen, die erkannt haben, dass sie Jesus brauchen, sich aber nirgends hinwenden können, sollten ihre Ehemänner sie verlassen oder schlimmer. Sie haben oft nicht die finanziellen Mittel, den nächsten Tag zu überleben, ganz zu schweigen davon, vor Gericht für die Kinder zu kämpfen. Das alles müssten sie bewältigen, während sie erschüttert sind von einem emotional heftigen Ausschluss aus ihren Großfamilien.

Was viele nicht erkennen – was auch ich nicht erkannte, als ich diese Entscheidung traf – ist, dass diese Kosten nicht bewusst erwogen werden. Sie bilden einen Teil der spontanen Reaktion auf das Evangelium. Ich habe niemals gesagt: „Ich möchte Muslim bleiben, weil es mich meine Familie kosten würde, wenn ich Jesus nachfolgen würde." Vielmehr fand ich Wege und Mittel, das Evangelium weiter abzulehnen, damit ich nicht damit konfrontiert wurde, welchen Preis ich dafür zahlen müsste.

Aber ich war nicht der Einzige, der für meine Entscheidung bezahlen musste. Wenn meine Familie für etwas in der muslimischen Gemeinde bekannt war, dann waren das die Fröhlichkeit meiner Eltern, unsere eng zusammengewachsenen Beziehungen und die Ehre, die wir erlangt hatten, indem wir dem Islam treu folgten. Meine Wahl, Jesus nachzufolgen, würde alle drei Dinge ausradieren.

Meine Entscheidung würde meine Familie mit einem unvorstellbaren Ehrverlust beschämen. Selbst wenn ich bezüglich Jesus Recht hätte, wie könnte ich meiner Familie eine so schreckliche Sache wie diese antun? Nach allem, was sie für mich getan hatten?

Es ist diese Art von familiärer Schande, aufgrund derer im Nahen Osten so viele Ehrenmorde verübt werden. Obwohl es keinen Befehl im Koran oder in den *Hadithen* gibt, „Ehrenmorde" zu verüben, enthält der Koran Anweisungen, Unheilstifter zu töten,[22] und auch die *Hadithen* fordern mehrfach dazu auf, Abtrünnige zu töten.[23]

Diese Art von Morden ist nicht auf den Nahen Osten beschränkt. Einige Monate nach meinem Abschluss rief mich Mike an und erzählte mir, dass eine gesamte christliche Familie aus dem Nahen Osten in New Jersey niedergemetzelt worden war, weil sie Schande über den Islam gebracht hätten. Er wollte von

---

22 5,33; „Unheilstifter" ist ein allgemein üblicher Begriff für das arabische Wort *fsada*, wobei auch „verdorben" und „unordentlich" in Übersetzungen vorkommt.

23 Siehe z. B. *Sahih Bukhari* 9,84,57-58.64.72.

mir wissen, ob ich ich in Sicherheit wäre, falls ich Jesus annehmen würde. Ich war dankbar für seine Besorgnis, sagte ihm aber, dass das meine geringste Sorge war. Meine Familie würde so etwas niemals tun, und solche Morde passieren in Wirklichkeit nicht so häufig, wie manche vielleicht meinen. Abgesehen davon, wäre ein Märtyrertod für jeden gläubigen Muslim eine Ehre.

Meine größte Sorge, falls ich Jesus als Herrn annehmen würde, war, dass ich falsch liegen könnte. Was, wenn Jesus nicht Gott ist? Ich würde einen Menschen anbeten. Das würde Allahs Zorn auf sich ziehen, und mehr als alles andere würde das meinen Platz in der Hölle sichern.

Selbstverständlich ist das genau das, was der Koran lehrt. Im Islam gibt es nur eine einzige Sünde, die nicht vergeben werden kann, ***Schirk***, der Glaube, dass irgendjemand anderes als Allah Gott ist. *Schirk* wird besonders im Zusammenhang mit Jesus in 5,72 erörtert. Derjenige, der glaubt, dass Jesus Gott ist, „dem hat Gott (von vornherein) den Eingang in das Paradies versagt (w. das Paradies verboten). Das Höllenfeuer wird ihn (dereinst) aufnehmen."

Das ist der Preis, den ein Muslim bedenken muss, wenn er das Evangelium in Erwägung zieht: Er riskiert den Verlust der Beziehungen, die er in seinem Leben aufgebaut hat, möglicherweise den Verlust seines eigenes Lebens, und, wenn er falsch liegt, den Verlust seines zukünftigen Lebens im Paradies. Es ist keine Untertreibung zu sagen, dass Muslime oft alles riskieren, wenn sie das Kreuz annehmen.

Schirk: *die Sünde im Islam, die nicht vergeben werden kann; es kommt Götzendienst gleich, irgendetwas oder irgendjemand anderen an die Stelle von Allah zu setzen.*

Aber genau das bedeutet eben das Kreuz. Es gibt einen Grund, warum Jesus sagt: „Wenn jemand mir nachkommen will, verleugne er sich selbst und nehme sein Kreuz auf und folge mir nach! Denn wer sein Leben retten will, wird es verlieren; wer aber sein Leben verliert um meinetwillen und um des Evangeliums willen, wird es retten“ (Markus 8,34-35).

War es das wert, mein Kreuz aufzunehmen und neben Jesus gekreuzigt zu werden? Wenn Er nicht Gott ist, dann nein. Alles verlieren, was ich liebe, um einen falschen Gott anzubeten? Abermillionenfach nein!

Muslime riskieren oft alles, wenn sie das Kreuz annehmen.

Wenn Er jedoch Gott ist, dann ja. Für immer an meinen Herrn gebunden zu sein, indem ich an Seiner Seite leide? Abermilllionenfach ja!

Jetzt war der Einsatz erst recht klar, und ich musste wissen, wer Er war. Alles hing ab von Seiner Identität. Ich begann Ihn zu bitten, sich mir zu offenbaren. Im Stehen, im Gehen, im Beten, im Bett liegend, ich flehte Ihn an, mir Seine Wahrheit zu zeigen. Weil Er mich zuvor schon auf übernatürliche Weise geführt hatte, vertraute ich vollkommen darauf, dass Er mich noch einmal führen würde.

Aber die Zwischenzeit war qualvoll. Ich reiste von Moschee zu Moschee und bat Imame und Gelehrte, mir in meinen Kämpfen zu helfen. Keiner von ihnen konnte Muhammad oder den Koran auch nur annähernd verteidigen, alle lehnten nur selektiv die Überlieferungen ab, die problematisch waren, und pickten die Überlieferungen heraus, die zu ihrer Sicht passten. Sie waren keine Hilfe.

Während ich darauf wartete, mit ihnen zu sprechen, las ich ein Buch nach dem anderen über *Hadith*-Methodik, *Sira* und Korangeschichte, bis meine Augen nicht mehr konnten. Dann füllten sie sich bei der *Salat* mit Tränen, während ich Gott um Seine Gnade anflehte.

Kapitel 46

ICH BIN NAHE, SUCHE MICH UND DU WIRST MICH FINDEN

Ich lag ausgestreckt in einer großen muslimischen Gebetshalle, zerbrochen vor Gott. Das Gebäude meiner Weltanschauung, alles, was ich bisher gekannt hatte, war in den letzten wenigen Jahren zerbröckelt. An diesem Tag brach meine Welt zusammen. Ich lag in den Trümmern und suchte nach Allah. Tränen trübten mir die Sicht. Die rituellen Gebete waren zu Ende, nun war es Zeit für die Gebete meines Herzens.

„Bitte, Gott Allmächtiger, sag mir, wer Du bist! Ich flehe Dich und nur Dich an. Nur Du kannst mich retten. Zu Deinen Füßen lege ich alles nieder, was ich gelernt habe, und ich gebe Dir mein ganzes Leben. Nimm weg, was du möchtest, seien es meine Freude, meine Familie, meine Freunde oder sogar mein Leben. Aber lass mich Dich haben, oh Gott!

Erleuchte mir den Weg, den ich gehen muss. Es ist mir egal, wie viele Hindernisse auf diesem Weg sind, über wie viele Gruben ich springen oder wieder herausklettern muss, oder auf wie viele Dornen ich treten muss. Leite mich auf dem richtigen Weg. Wenn es der Islam ist, dann zeige mir, dass er wahr ist! Wenn es das Christentum ist, gib mir offene Augen, das zu sehen! Zeig mir nur, welcher Weg Deiner ist, lieber Gott, damit ich ihn gehen kann."

Lieber Gott, ich weiß, dass Du mich hören kannst! Ich weiß, dass Du da bist und meine Worte nicht auf taube Ohren stoßen. Verweigere Dich mir nicht. Du hast mich schon früher durch Visionen geführt. Du hast meinem Vater die Zukunft in Träumen geoffenbart. Bitte zeige mir die Wahrheit. Gib mir wieder eine Vision; gib mir Träume, damit ich erkennen kann, wer Du bist."

Ich wusste mit absoluter Sicherheit, dass Gott meine Schreie hörte und den Schlüssel in der Hand hatte, mich zu retten. Er konnte die Tür zu Seiner Wahrheit jederzeit öffnen. Ich wusste, dass die Argumente für das Christentum stark waren: Sie hatten mir gezeigt, dass der historische Jesus den Anspruch erhoben hatte, Gott zu sein, und dies dadurch bewies, dass er am Kreuz starb und vom Tod auferstand. Wenn Allah mir höchstpersönlich bestätigte, dass Er wirklich der Gott der Bibel war, dann würde ich Ihn, Jesus, als meinen Herrn annehmen. In meiner Angst hoffte ich jedoch, obwohl es eigentlich keine Hoffnung mehr gab, dass Allah sich als der Gott des Islams offenbarte. Anderenfalls schien mir der Preis zu hoch.

Jeden Tag, in jedem Gebet klammerte ich mich an zwei Verse:

Sure 2,186: „Und wenn dich meine Diener (d.h. die Menschen, die mich allein verehren) nachfragen, so bin ich (ihnen) nahe und erhöre, wenn einer zu mir betet, sein Gebet. Sie sollen nun (auch ihrerseits) auf mich hören und an mich glauben. Vielleicht werden sie den rechten Weg einschlagen."

Matthäus 7,7-8: „Bittet, und es wird euch gegeben werden; sucht, und ihr werdet finden; klopft an, und es wird euch aufgetan werden! Denn jeder Bittende empfängt, und der Suchende findet, und dem Anklopfenden wird aufgetan werden."

Aufgrund dieser Verse hatte ich volles Vertrauen, dass Gott – entweder Allah oder Jesus, entweder der Gott des Korans oder der Gott der Bibel – die Gebete meines Herzens beantworten würde. Die Frage war nur, wann, und ob ich dem Sturm bis dahin standhalten konnte.

Fünf Monate später gab Er mir eine Antwort.

Kapitel 47

EIN FELD VOLLER KREUZE

Am 19. Oktober 2004 waren *Abba* und ich in Orlando, Florida. Ich hatte gerade mein erstes Semester an der medizinischen Hochschule beendet. Wieder einmal hatte ich die Schule gewählt, die meinem Zuhause am Nächsten lag, damit ich bei meiner Familie bleiben konnte. *Ammi* und *Abba* sahen mich das ganze Semester fleißig studieren und wollten mich belohnen, deshalb lud mich *Abba* während meiner Winterferien ein, ihn auf eine Konferenz nach Florida zu begleiten. Ich tat ihm den Gefallen gern, nicht nur, weil ich noch nie in Florida gewesen war, sondern weil es das erste Mal war, dass *Abba* und ich ganz alleine verreisten.

Wir genossen die Reise nach Orlando, machten Witze und erzählten uns gegenseitig Geschichten. Ich erzählte von unseren Streichen im Anatomielabor, und er berichtete von lustigen Begebenheiten aus seinen frühen Jahren bei der Navy, als er als Sanitäter gearbeitet hatte. Außer in der Sicherheitswarteschlange am Flughafen, in der wir, wie nach dem 11. September üblich, nahezu mikroskopisch untersucht wurden, ging es auf dem ganzen Weg nach Florida sehr entspannt zu. Wir entwickelten eine neue Art unserer Beziehung: eine Vater-Sohn-Freundschaft.

Nachdem *Abba* und ich an diesem Abend im Hotelzimmer gemeinsam die *Ischa Salat* gebetet hatten, besprachen wir beim Zubettgehen unsere Pläne für den nächsten Morgen.

„*Billoo*, du kannst morgen lange schlafen und dich dann im Hotel entspannen. Ich muss gleich morgen früh zu einer Sitzung. Wenn ich am Nachmittag damit fertig bin, können wir gemeinsam nach Epcot[24] fahren."

„Ich habe eine Idee, *Abba*. Wie wär's, wenn ich dich hinfahre, damit ich das Mietauto haben kann? Dann könnte ich nach Epcot fahren, sobald dort geöffnet ist, und du kannst später dazukommen."

„Okay, aber du musst morgen ganz früh aufstehen, wenn du mich hinbringen willst."

„Das ist kein Problem, *Abba*."

„*Challo, beyta*. Rezitiere: *Allahu bismika amutu wa ahya*."[25]

Das war das Nachtgebet, das mich *Abba* sprechen ließ, wenn er mich ins Bett brachte, seit ich drei Jahre alt war. Kinder werden für ihre Eltern immer Kinder bleiben.

Ich rezitierte und gab ihm einen Kuss auf die Wange. „Ich habe dich lieb, *Abba*."

„Natürlich tust du das; du bist doch mein Sohn." Das war *Abbas* Art, „Ich habe dich auch lieb" zu sagen. Damit machte er das Licht aus.

Es war dunkel im Zimmer, aber zwischen den Vorhängen kam genug Licht hindurch, dass ich die Gegenstände im Raum unterscheiden konnte. Der Tag war ausgefüllt gewesen mit Lachen und Freude, aber in meinem Kopf und meinem Herz herrschte die ganze Zeit eine unterschwellige Unruhe. Als die Lichter in Florida ausgingen, wurde meine Seele wie jede Nacht in Virginia sofort von dem Verlangen nach der Wahrheit über Gott durchflutet.

---

24 Vergnügungspark in Florida. (Anm. d. Übers.)

25 Ein Gebet mit der Bedeutung „Oh Allah, in Deinem Namen sterbe und lebe ich".

Sobald ich sicher war, dass *Abba* fest schlief, schlüpfte ich unter der Decke hervor und kroch an das Ende meines Bettes. Die Unsicherheit über mein Schicksal drückte mir auf die Seele. Unter Tränen rang ich mit Gott und bat ihn wieder einmal, sich mir zu offenbaren. Ich gab zu, dass ich in Wirklichkeit nichts wusste, trotz allem, was ich zu wissen glaubte. Ich brauchte Gott, damit er mir die Wahrheit zeigte. Ich konnte es nicht ohne Seine Hilfe schaffen, und ich konnte die Ungewissheit nicht länger ertragen. Das war der wahrscheinlich demütigste Moment in meinem Leben, und ich bat Ihn verzweifelt um einen Traum oder eine Vision.

In diesem Augenblick wurde der Raum pechschwarz. Ich sah in die Dunkelheit vor mir. Die Wand, die sich vorher nur einen Meter vor mir befunden hatte, war verschwunden. Stattdessen sah ich ein Feld mit hunderten von Kreuzen. Sie leuchteten und bildeten einen hellen Kontrast zur Finsternis um sie herum.

Meine Tränen versiegten. Mein Körper war gelähmt und die Zeit stand still. Ich ließ den Blick über die Kreuze schwenken, aber ich konnte sie nicht zählen, so viele waren es. Und genauso schnell, wie die Vision gekommen war, verschwand sie auch wieder. Ich war zurück im Hotelzimmer und lag am Ende meines Bettes.

Ich war überwältigt und überdachte still das, was ich gerade gesehen hatte. Nach einigen Augenblicke sah ich zum Himmel auf und sagte: „Gott, das zählt nicht!"

Eine Seite meines Verstandes fragte: „Hat sich Gott mir gerade geoffenbart? Hat Er endlich meine Gebete beantwortet? Ich habe ein Feld voller Kreuze gesehen. Das muss bedeuten, er möchte, dass ich das Evangelium annehme."

Aber die andere Seite spielte den Advocatus Diaboli und hielt dagegen: „Nabeel, wenn du dich irrst, wird dich Allah für immer in die Hölle schicken. Es könnte Satan sein, der versucht, dich zu verwirren, weil du mit *Schirk* geliebäugelt hast, dem Polytheismus des Christentums."

Und irgendwo in meinem Kopf dachte die eher rationale Seite von mir: „Vielleicht leidest du nur unter Jetlag und hast dir das alles nur eingebildet. Willst du wirklich die größte Entscheidung deines Lebens aufgrund eines müden, gefühlsbetonten Augenblicks treffen? Bist du bereit, alles dafür aufzugeben?"

Ich drehte mich zu *Abba*, der auf seiner Seite des Zimmers leise schnarchte. Schließlich beschloss ich für mich selbst: „Nein, ich kann ihn nicht einfach so aufgeben. Gott wird das verstehen. Ich brauche mehr."

Im Gebet kehrte ich zu Gott zurück, beschämt, aber ermutigt: „Gott, das zählt nicht! Ich weiß nicht, ob es wirklich das war, für das ich es halte. Vielleicht will ich unterbewusst Christ werden und mein Verstand betrügt mich. Bitte entschuldige, dass ich um eine Vision gebeten habe. Bitte schick mir einen Traum, und wenn der Traum die Vision bestätigt, werde ich Christ."

Vielleicht versuchte ich unbewusst, das Unvermeidbare hinauszuzögern, das ließ Gott jedoch nicht zu. Er schickte mir noch in dieser Nacht einen Traum.

Teil 10

VON GOTTES HAND GEFÜHRT

Gib mir Augen, um zu sehen. Zeige mir nur, welcher Weg Deiner ist, geliebter Gott, damit ich ihn gehen kann.

Kapitel 48

DIE ENTSCHLÜSSELUNG VON TRÄUMEN

Es war noch dunkel, als ich *Abba* bei seiner Konferenz absetzte und es blieb noch etwas Zeit, bis Epcot öffnete, deshalb beschloss ich, zum Hotel zurückzufahren und zu schlafen. Einige Stunden später riss ich mit pochendem Herzen die Augen auf.

Gott hatte mir einen Traum geschickt. Und ich hatte keine Ahnung, was er bedeutete.

Dieser Traum war anders als alles, was ich jemals erlebt hatte. Sogar während des Traumes war mir bewusst, dass dies eine Botschaft von Gott war. Ich wusste nicht, warum; ich wusste es einfach. Der Traum war jedoch kryptisch und voller Symbole, die ich nicht verstand.

Nachdem ich aufgewacht war, erinnerte ich mich klar und deutlich an den Traum, ohne die Verschwommenheit, die sonst meine Träume begleitet. Obwohl sich der Traum in meinem Kopf festgesetzt hatte, wusste ich nicht, wie lange ich mich daran würde erinnern können, deshalb schrieb ich alles auf, während mein Verstand immer noch unter dieser offenkundigen Offenbarung wankte. An diesem Tag notierte ich mir:

> Am Anfang des Traumes war eine giftige Schlange mit roten und schwarzen Streifen und dazwischen dünne weiße

Streifen. Die Schlange zischte alle Menschen an, wenn sie den Garten betraten. Die Menschen im Garten konnten sie nicht sehen – sie war weit weg und sah von einer Stange an einer Steinsäule aus zu. Diese Säule ging über einen Abgrund. Die Stange wurde dann mein Aussichtspunkt für die erste Hälfte des Traumes.

In einer gartenähnlichen Umgebung mit Hügeln und saftig grünem Gras und Bäumen war ein riesiger Leguan wie ein Drache. Er lag still da und tarnte sich, indem er wie ein Hügel wirkte – niemand, der über ihn lief, bemerkte, dass es ein Leguan war. Wenn die Menschen es gewusst hätten, wären sie erschrocken gewesen, aber dem Leguan gefiel die Tatsache, dass niemand es wusste. Dann kam ein riesiger Junge und dieser riesige Junge erkannte, dass der Leguan ein Leguan war, und er trat auf ihn und beschuldigte ihn, ein Leguan zu sein. Der Leguan wurde zornig, richtete sich auf und wollte den riesigen Jungen beißen, der auf seinen Schwanz gestiegen war.

Als der Leguan den Jungen gerade beißen wollte, hatte der Junge eine überdimensionale Grille, die den Leguan zum Kampf herausforderte. Mein Blickwinkel veränderte sich jetzt und ich stand direkt neben dem Leguan und sah seinen Kopf an. Der Leguan nickte und nahm die Herausforderung an, und während die Grille zu einem Kampfplatz wegflog, drehte sich der Leguan zu mir und versuchte, sich auf mich zu stürzen und mich zu töten. Die Grille sah, dass sich der Leguan auf mich stürzte, kam zurück, biss ihm den Kopf ab und köpfte ihn so.

Den ganzen Morgen waren meine Gedanken mit diesem Traum beschäftigt. Was bedeutete er? Was waren das für Symbole und wie passten sie zusammen?

Ich versuchte, die Teile zusammenzufügen.

Die Schlange auf der Steinsäule musste das Böse symbolisieren. Was sonst sollte es bedeuten? Der Garten war die Welt. Dass ich zu Beginn die Welt aus der Perspektive der Schlange sah, bedeutete, dass ich seit Beginn meines Lebens etwas verstecktes Böses in mir haben muss. Das kam mir wie das christliche Konzept der Erbsünde vor. Oder vielleicht bedeutete es, dass der Islam, der seit Anfang in mir ist, böse ist? Ich war nicht sicher, aber beides schien auf das Christentum hinzudeuten.

Als ich mir die Welt ansah, war das, was ein natürlicher Teil der Landschaft zu sein schien, in Wirklichkeit ein anderes Reptil und erinnerte an eine Schlange, war aber so massiv, dass die Menschen darüber gingen, weil sie dachten, es wäre ein Hügel. Dann kam der Junge und forderte es heraus, indem er laut ausrief, was es wirklich war. Hintereinander gesehen konnten diese Symbole nur so gedeutet werden: Der Junge war David. Er hinterfragte den Leguan, den Islam, und entlarvte ihn als Lüge. Der Leguan, der Islam, war von Natur aus betrügerisch und täuschte die Menschen, sodass sie dachten, er sei ein natürlicher Teil der Welt.

Die Grille des Jungen musste das Christentum sein, das den Leguan herausforderte. Dass die Grille sprechen konnte und der Leguan nicht, bedeutete, dass das Christentum für sich selbst sprechen kann, oder mit anderen Worten, dass es starke Argumente liefert. Dass der Leguan nicht sprechen konnte, bedeutete, dass er nicht in der Lage war, Beweise für sich selbst zu liefern. Das wurde bestätigt, als die Grille den Leguan herausforderte und der Leguan versuchte, mich zu töten, statt die Herausforderung anzunehmen.

Sogar während des Traumes war mir bewusst, dass dies eine Botschaft von Gott war.

Als der Leguan versuchte, mich zu töten, rettete mich die Grille. Anscheinend bedeutete das meine Errettung, die ich mir nicht selbst verdienen konnte – ein weiteres christliches Konzept.

Ich drehte und wendete den Traum in meinem Kopf hin und her und suchte nach Bedeutungen, die besser passten, aber etwas Besseres fiel mir nicht ein. Aber er war pro-christlich, deshalb traute ich meiner Interpretation nicht. Ich begann über Wege nachzudenken, wie ich den Traum deuten konnte, ohne meine inneren Kämpfe zu offenbaren.

Ich beschloss, andere um Rat zu fragen. Ich rief David an, als ich gerade den Vergnügungspark betrat und die ikonenhafte Kugel des *Spaceship Earth* sah.

„Hey, Nabeel! Was gibt´s? Wie ist Florida?"

Das war kein Moment für Smalltalk. „Nicht schlecht. Es macht Spaß. Ich habe eine Frage an dich. Bekommen Christen von Gott Träume?"

David zögerte nicht: „Warum, was hast du gesehen?"

„Ich habe nicht gesagt, dass ich irgendetwas gesehen habe. Beantworte nur die Frage."

David dachte kurz nach, bevor er antwortete. „Die Bibel ist voll von Geschichten, in denen Menschen von Gott Träume bekommen. Josef zum Beispiel."

„Josef, der Prophet, oder Josef, der Vater von Jesus?"

Er lachte leise. „In der Tat beide. Im Neuen Testament bekam Josef, der Vater von Jesus, ungefähr fünf Träume, die klare Anweisungen von Gott darstellten. Aber ich meinte eigentlich den Josef aus dem Alten Testament, der symbolische Träume auslegen konnte. Dadurch rettete ihn Gott aus dem Gefängnis."

Die Bibel sprach auch über die Deutung von symbolischen Träumen? Das war genau das, was ich suchte. „Wie deutete Josef die Träume denn? Und wie deuten Christen heute Träume?"

„Er hatte die Gabe der Auslegung von Gott bekommen. Ich kenne keine Christen, die heutzutage Träume auslegen, aber ich zweifele nicht daran, dass, wenn Gott jemandem einen Traum schickt, der ausgelegt werden muss, Er ihm auch die dazu notwendigen Mittel gibt."

Seine Worte beschworen eine lange vergessene Erinnerung herauf. *Ammi* erzählte manchmal von einem Traumdeutungsbuch, das ein alter Traumdeuter geschrieben hatte, Ibn Sirin. Vielleicht würde mich Gott hindurchleiten?

Weil ich unbedingt *Ammi* anrufen wollte, würgte ich das Gespräch mit David schnell ab. „In Ordnung, danke, Mann. Ich melde mich später."

„Hey, willst du mir nicht erzählen, was du im Traum gesehen hast?"

„Ich habe überhaupt nichts davon gesagt, dass ich einen Traum gehabt habe."

„Und ich habe nicht gesagt, dass du irgendwas gesagt hast. Aber erzählst du mir davon?"

„Ja, mache ich. Aber jetzt lass mich in Ruhe."

Ich beendete das Telefongespräch mit David und rief sofort *Ammi* an. Das wurde knifflig. Ich wollte ihr die Symbole aus meinem Traum mitteilen, ohne ihr den ganzen Traum zu erzählen.

„Hallo?"

„*Assalaamo alaikum, Ammi.*"

„*Wa alaikum salaam*. Bist du mit *Abba* unterwegs?"

„Ich bin im Epcot. *Abba* trifft sich nach der Arbeit mit mir. Ich kann jetzt nicht lange reden, weil ich die Zeit im Park ausnutzen will. Aber ich hatte letzte Nacht einen Traum. Hast du das Buch von Ibn Sirin in der Nähe?"

„Es ist oben. Was hattest du denn für einen Traum?" *Ammis* Stimme klang etwas besorgt, was mich ärgerte. Warum konnte mich bloß jeder durchschauen?

„*Ammi*, er war lang und kompliziert, kein Grund zur Besorgnis. Ich erzähle dir die Einzelheiten, wenn ich wieder zu Hause bin. Ich möchte nur wissen, was die Symbole bedeuten, damit ich jetzt darüber nachdenken kann."

„So funktioniert das nicht, *Billoo*. Du musst mir den ganzen Traum erzählen, damit ich ihn deuten kann."

„Aber *Ammi*, kannst du mir nicht einfach vorlesen, was im Buch steht? Ich möchte ihn selbst deuten."

„*Beyta*, in dem Buch steht eine Menge. Die Symbole hängen vom Zusammenhang ab. *Challo*, sag mir das erste Symbol."

„Eine Schlange."

„*Astaghfirullah*!", keuchte sie. „Was ist das denn für eine Art von Traum?!"

„*Ammi!*"

„Schon gut. War die Schlange im Wasser? Hat sie geschlafen? Hat sie gegessen? Was hat sie gemacht?"

„Warum ist das wichtig?"

„Das Buch sagt verschiedene Dinge. Eine Schlange für sich alleine bedeutet einen betrügerischen oder eingeschworenen Feind, aber wenn die Schlange jemanden frisst oder wenn jemand zu einer Schlange wird, dann kann es auch etwas anderes bedeuten."

Ihre letzten Worte erregten meine Aufmerksamkeit. Kurz nachdem die Schlange in meinem Traum aufgetaucht war, begann ich das Geschehen aus ihrem Blickwinkel zu sehen. Bedeutete das, dass ich mich in eine Schlange verwandelte? Ich bohrte so dezent wie möglich nach.

„Also, etwas sehr viel anderes als ‚Feind' kann das nicht sein, oder? Was also bedeutet es, wenn sich jemand in eine Schlange verwandelt?"

Ammi antwortete „Es bedeutet, dass jemand seine Religion in Frage stellt."

Mir gefror das Herz. Hatte sie das wirklich gerade gesagt?

Ich bohrte weiter: „Also, die Schlange befand sich auf einer Säule. Was bedeutet das?“

Sie schlug nach und las: „Eine Säule ist ein Symbol für die Religion einer Person.“ Das wurde mir langsam zu viel. Las sie meine Gedanken? Sie fuhr fort: „Erinnerst du dich, woraus die Säule war?“

„Aus Stein.“

Sie hielt kurz inne. „Das ist seltsam … nicht das, was ich erwartet hätte. Das Buch sagt, dass eine Steinsäule bedeutet, dass sich die Religion einer Person oder die Art, wie sie die Welt sieht, sehr schnell verändert.“

Ich konnte nicht glauben, was ich gerade hörte. Es war, als ob jedes einzelne Symbol genau in meine Situation sprechen würde. Ich war mir plötzlich sehr sicher: Gott wollte, dass ich die Symbole mit diesem Buch deuten sollte.

„Okay, *Ammi*. Das reicht. Was ist mit einem Leguan?“

„Was ist das?“

„Das ist eine große Eidechse.“

Ammi blätterte einige Seiten um, definierte das Symbol und fand Folgendes unter *Waraneidechse*: „Es bedeutet einen grausamen, versteckten Feind, der sehr wichtig und furchterregend erscheint, der aber, wenn er herausgefordert wird, an seiner Unfähigkeit scheitert, Beweise zu liefern.“

Ich war fassungslos. Konnte es wirklich all das besagen? Das waren genau meine Bedenken über den Islam, und genauso hatte ich das Symbol verstanden. Zusätzlich hatte sich der Leguan im Traum durch Täuschung versteckt und war letztendlich unfähig, für sich selbst zu sprechen. „Was ist mit einem Jungen?“

„Was für ein Junge? Ein Neugeborenes, ein kleiner Junge, ein Teenager?“

„Ein kleiner Junge“, sagte ich eilig. Ich wollte schnellstmöglich alle Teile dessen zusammenzusetzen, was Gott mir gerade sagte. „Dem Alter nach ein kleiner Junge, aber nicht der Größe nach."

„Ein kleiner Junge in einem Traum ist ein Freund, der dir helfen wird, die Feinde zu überwältigen. Er ist der Überbringer von guten Nachrichten."

Gute Nachrichten? Genau das bedeutet das Wort *Evangelium*! David war mein Freund, der mir das Evangelium überbracht hatte. Und meine Feinde überwältigen? Im Traum hatte mir der Junge geholfen, die Eidechse zu überwältigen. In meinem Kopf begann sich alles zu drehen.

„Warte", fügte *Ammi* hinzu. „War der Junge hübsch?"

„Ja, schon. Er sah wirklich gut aus."

„Dann wird dir dieser Freund nicht nur helfen, deine Feinde zu überwältigen, sondern er wird dir etwas geben, wonach du suchst, etwas, das dir Leben im Überfluss geben wird."

An diesem Punkt konnte ich kaum mehr sprechen. „Eins noch, *Ammi*. Grille. So etwas wie ein Grashüpfer."

Wie der Leguan war auch dieses Symbol nicht in dem Buch zu finden, aber sie fand etwas Verwandtes unter *Heuschrecke*. „Eine Heuschrecke ist ein Krieger." Wieder passte die Deutung perfekt zu meinem Traum. „Hat sie dir Schaden zugefügt?"

„Nein, sie hat meinem Feind Schaden zugefügt."

„Wenn sie dir keinen Schaden zugefügt hat, dann bedeutet das, dass dir ein Krieger Freude und Zufriedenheit bringen wird. Oh, und hier steht wieder, dass sie dir helfen wird, deine Feinde zu überwältigen. *Beyta*, ich weiß nicht, was für einen Traum du hattest, aber die Symbole sind ähnlich. Ich denke, der Traum war von Allah."

„*Acha*, *Ammi*. Ich habe ihn aufgeschrieben. Du kannst mir deine Deutung erzählen, wenn ich nach Hause komme. Ich muss nun los, *Ammi*, bevor es im Park zu voll wird!"

„Okay, viel Spaß, *beyta*. Ruf mich an, wenn *Abba* da ist."

„*Acha*."

„Oder ruf mich an, wenn er zu lange braucht."

„*Acha.*"

„Weißt du was? Ruf mich einfach an."

„*Acha*, *Ammi*, das mache ich. Ich habe dich lieb, *khuda hafiz.*"

Als ich auflegte, konnte ich kaum glauben, was gerade passiert war. Jedes einzelne Symbol passte perfekt, alles bestätigte die Auslegung, die ich mir direkt nach dem Traum zurechtgelegt hatte. Und die Symbole passten nicht nur so gerade eben zusammen, sondern fast schon zu gut.

Aber der Advocatus Diaboli fing an zu flüstern. Ich begann mich auf die zwei Symbole zu konzentrieren, die nicht so ganz zu der Deutung passten: Es war keine Waraneidechse, sondern ein Leguan; und es war keine Heuschrecke, sondern eine Grille. Warum passten alle anderen Symbole perfekt, diese aber nur fast?

Ich begann, die Worte in meinem Kopf herumzuwälzen. Grille.[26] Leguan.[27] *Cricket. Iguana.* Cr … I … Cr… I … Christentum. Islam.

Nein, das war zu viel. Das war alles zu viel. Ich brauchte etwas Zeit, um das zu verdauen.

---

26 Engl. *Cricket.* (Anm. d. Übers.)

27 Engl. *Iguana.* (Anm. d. Übers.)

Kapitel 49

DIE ENGE PFORTE

Ich brütete zwei weitere Monate über dem Traum und jeden Tag wurde die Stimme des Advocatus Diaboli lauter und lauter. Konnte ich wirklich mein Leben und mein ewiges Schicksal von einem Traum abhängig machen? Nur einem einzigen Traum? Und zwar einem Traum, der so symbolhaft war, dass ich Ibn Sirin oder Josef brauchte, um ihn für mich zu deuten?

Vielleicht deutete ich den Traum zugunsten des Christentums, weil ich mir insgeheim wünschte, dass das Christentum wahr sei? Oder vielleicht wünschte ich insgeheim, dass der Islam wahr sei, und *Schaitan* gab sein Bestes, um mich in die Verdammnis zu locken? Wie die Vision im Hotel war der Traum so vieldeutig, dass ich versuchte, ihn auf viele mögliche Arten zu erklären.

Und genau das geschah auch. Ich erzählte *Ammi* meinen Traum. Sie sagte mir, dass sie nicht genau wüsste, wie die ganzen Symbole miteinander zusammenhingen, aber es sei ein Zeichen von Allah, das mein Vertrauen in den Islam stärken sollte. Als ich den Traum David erzählte, sagte er, es gebe keinen Zweifel, dass mich der Traum zum Christentum führen solle.

Alle diese Gedanken vermischten sich in meinem Kopf und ich wagte es nicht, Gott um einen weiteren Traum oder eine weitere Vision zu bitten. In meinem Herzen wusste ich, dass Er mir von beidem etwas gegeben hatte, aber ich war zu zerbrochen, um sicher zu sein, was sie bedeuteten. Die gegensätzlichen Kräfte, die Ungewissheit und der Preis, den ich womöglich zahlen musste, lähmten mich fast.

Fast.

Ich erinnerte mich daran, was David über Josef im Neuen Testament gesagt hatte. Gott hatte ihm „klare Anweisungen" durch Träume gegeben. Das war es, was ich brauchte. Und gewiss, wenn Gott mich, einen zerbrochenen Skeptiker leiten wollte, wusste Er, dass ich mehr brauchte.

„Drei", sagte ich zu mir selbst. „Allah mag ungerade Zahlen und der christliche Gott ist dreieinig.[28] Warum soll ich nicht um drei Träume bitten?" So kehrte ich im Gebet zu Allah zurück – mit einer sehr konkreten Anfrage.

„Anstatt nur eines Traumes, bitte schick mir drei. Wenn sie alle auf das Christentum weisen, dann werde ich Christ. Bitte, Herr, erweise mir Gnade. Bitte mach den nächsten Traum so leicht verständlich, dass er keine Deutung verlangt."

Am Morgen des 11. März 2005 hatte ich einen neuen Traum, den ich auf Papier kritzeln konnte:

> Ich stehe am Eingang eines engen Türdurchgangs, der in eine Ziegelmauer gebaut ist. Ich bin nicht im Durchgang, sondern genau davor. Der Durchgang ist ein Bogen. Ich würde sagen, der Türdurchgang ist ungefähr zweieinhalb Meter hoch und am Boden ungefähr zwei Meter dick, und abgeschlossen wird er am oberen Ende von einem 30 Zentimeter großen gewölbten Teil. Der Durchgang ist nicht

28 *Sahih Muslim* 35.6475.

ganz einen Meter breit und ungefähr einen Meter tief, alles besteht aus Ziegeln. Er führt in einen Raum, in dem viele Menschen an Tischen sitzen, auf denen sich ausgefallenes und gutes Essen befindet. Ich meine, mich an Salate erinnern zu können, aber da bin ich mir nicht sicher. Sie essen nicht, sind aber kurz davor, und sie sehen alle links an mir vorbei, als würden sie auf einen Bankettredner warten. Einer von den Menschen im Raum auf der anderen Seite der Tür ist David Wood. Ich kann nicht in den Raum hineingehen, weil David die andere Türschwelle des Durchgangs besetzt. Er sitzt an einem Tisch und sieht ebenfalls nach links neben mich. Ich frage ihn: „Ich dachte, wir wollten zusammen essen?" Und er sagt, ohne die Augen von der Vorderseite der Tür zu wenden: „Du hast nie geantwortet."

Als ich aus dem Traum erwachte, hatte ich sofort eine Interpretation: Der Raum war der Himmel, das Festmahl war ein Festmahl im Himmelreich und zwar eine Art Hochzeitsmahl. Um in den Raum zu gelangen, musste ich auf Davids Einladung reagieren.

Eine Sache im Traum, mit der ich nichts anfangen konnte, war die Tür. Sie war das dramatischste Symbol im Traum, aber was bedeutete sie? Warum war sie das lebendigste Bild? Warum war sie so eng?

Mittlerweile wurde *Ammi* wegen meiner Fragen über Träume argwöhnisch, und weil in diesem Traum David vorkam, konnte ich sie unmöglich fragen, was er bedeutete. Also rief ich David an, um zu sehen, was er meinte.

„Nabeel", antwortete er, „dieser Traum ist so klar, dass er nicht gedeutet werden muss." Seine Worte erinnerten mich sofort daran, was ich einige Tage zuvor zu Gott gebetet hatte. Auf meine Nachfrage sagte David, ich solle Lukas 13,22 lesen.

Anstatt *Abbas King James*-Version nahm ich eine Studienbibel, die mir David im letzten Jahr geschenkt hatte. Ich hatte sie bis zu diesem Zeitpunkt noch nie aufgeschlagen. Es war eine *Zondervan NIV*-Studienbibel. Der entsprechende Abschnitt war mit großen, dicken Buchstaben überschrieben: „Die enge Pforte."

Mein Herz setzte einen Schlag aus. Ich hatte diesen Anschnitt der Bibel nie zuvor gesehen. Sorgfältig las ich ihn immer und immer wieder:

> „Und lehrend durchzog er nacheinander Städte und Dörfer und reiste nach Jerusalem. Es sprach aber jemand zu ihm: Herr, sind es wenige, die errettet werden?
>
> Er aber sprach zu ihnen: *Ringt danach, durch die enge Pforte hineinzugehen;* denn viele, sage ich euch, werden hineinzugehen suchen und werden es nicht können. *Sobald der Hausherr aufgestanden ist und die Tür verschlossen hat,* und ihr anfangen werdet *draußen zu stehen* und an der Tür zu klopfen und zu sagen: Herr, öffne uns! …
>
> Da wird das Weinen und das Zähneknirschen sein, wenn ihr Abraham und Isaak und Jakob und alle Propheten im Reich Gottes sehen werdet, euch aber draußen hinausgeworfen. Und sie werden kommen von Osten und Westen und von Norden und Süden und *zu Tisch liegen im Reich Gottes.*"[29]

Ich hörte auf zu lesen und legte die Bibel hin. Ich war überwältigt. Gott hatte mir einen Traum gegeben, der so klar war, dass ich ihn nicht deuten musste. Die Deutung befand sich schon seit 2000 Jahren in der Bibel.

Gott hatte mir einen Traum gegeben, der so klar war, dass ich ihn nicht deuten musste. Die Deutung befand sich schon seit 2000 Jahren in der Bibel.

Die enge Pforte war die Tür der Errettung. Jesus sagte mir, dass ich

29 Lukas 13,22-25.28-29 (Hervorhebung durch den Autor).

danach ringen solle hineinzukommen, und ich wusste aus dem Traum, dass ich Davids Einladung würde annehmen müssen, um hineingehen und beim Festmahl im Himmelreich Platz nehmen zu können. Wenn ich nicht hineinginge, würde ich draußen stehengelassen werden und darum bitten, eingelassen zu werden.

Und genau dort, vor der engen Pforte der Errettung, stand ich und wunderte mich, warum ich nicht eingelassen worden war. Glücklicherweise war der Hausherr noch nicht gekommen, um die Tür zu schließen.

Jetzt war keine Frage mehr offen. Ich wusste, was ich tun musste. Ich musste die Einladung annehmen.

Kapitel 50

EINE TREPPE, DIE AUS DER MOSCHEE HERAUSFÜHRT

Ich hatte jedoch um drei Träume gebeten und Gott ist unglaublich gnädig. In den Morgenstunden des 24. April 2005 bekam ich einen dritten Traum.

Ich sitze auf der ersten Stufe einer weißen Treppe in einer *Masdschid*. Die Treppe führt nach oben, und auf der ersten Stufe befinden sich verzierte Pfosten mit einem Handgeländer, das nach links oben führt. Ich bin nicht sicher, aus welchem Material die Stufen sind, aber ich denke entweder aus Stein/Marmor oder aus Holz. Ich sitze vom oberen Ende der Treppe abgewandt. Ich kann mich selbst in diesem Traum sehen, und zwar von rechts, wie ich auf der Treppe sitze und erwartungsvoll nach vorn schaue, wo jemand sprechen soll, möglicherweise von einem braunen hölzernen Podest aus, aber da bin ich mir nicht sicher. Der Raum hat grüne Teppiche und es wird erwartet, dass die Menschen auf dem Boden sitzen, aber ich sitze auf der ersten Stufe und empfinde nichts Falsches dabei. Ich erwarte, dass die Leute den Bereich auf meiner linken Seite füllen, was auch der Bereich links von der Treppe ist. Auf der rechten Seite des Raums geschieht überhaupt nichts.

Während sich der Raum allmählich füllt, setzt sich der Imam etwas hinter mir zu meiner Linken auf den Boden. Er trägt Weiß und sieht in die gleiche Richtung wie alle anderen. Weil ich denke, dass er der Redner ist und weil er ein heiliger Mann und der Imam ist, bin ich überrascht und verwirrt, dass er auf dem Boden hinter mir sitzt. Aus Respekt will ich aufstehen und mich hinter ihn setzen, aber ich bin nicht in der Lage, mich von den Stufen zu erheben. Es fühlt sich an, als würde ich von einer unbekannten/unsichtbaren Kraft auf den Stufen gehalten werden. Die Kraft ist weder besonders grob noch besonders freundlich. Sie hält mich einfach nur auf den Stufen.

Der Traum endete mit einem Gefühl der Verwirrung, denn ich verstand weder, was ich tun sollte, noch, worauf alle warteten, noch wusste ich, wer überhaupt sprechen sollte.

Für mich war der Traum eindeutig. Ich saß auf den Stufen, die aus der Moschee hinausführten. Die Muslime, die ich immer respektiert hatte, saßen nun hinter und unter mir. Obwohl ich ihnen Respekt erweisen wollte, konnte ich nicht länger den Platz hinter ihnen einnehmen. Ich war nun vor ihnen, auf dem Weg aus der Moschee hinaus. Dafür sorgte Gott.

Außerdem war der Imam überhaupt nicht derjenige, auf den wir alle warteten. Wir warteten auf jemand anderen, jemanden von weit höherer Autorität. Vielleicht jemand, der überhaupt nicht zur Moschee ging. Dieser Traum endete wie der zweite Traum damit, dass er mir zeigte, wo ich stand, und nicht, was ich letztlich tun sollte. Ich wartete auf den einen, der kommen sollte, aber dieses Mal war ich verwirrt, weil ich am falschen Ort war.

Weil der Traum eine Moschee und einen Imam darstellte, fühlte ich mich wohl dabei, *Ammi* nach der Deutung zu fragen. Sie konsultierte wieder Ibn Sirin und sagte, dass die Treppen einen Aufstieg in meiner Stellung in dieser Welt und im Jenseits bedeuten würden; meine Position auf der ersten Stufe bedeutete, dass ich meine Reise gerade erst begann; die leere Moschee zu Beginn bedeutete, dass ich religiöse Gelehrsamkeit anstrebte; die volle Moschee gegen Ende bedeutete, dass ich ein weiser Lehrer von religiösem Wissen und ein erfolgreicher Ratgeber sein würde; der Imam repräsentierte alle Muslime in der *Umma*; und dass er Weiß trug, symbolisierte ihre wohlgesinnten Herzen.

Sie konnte mir weder erklären, warum er sich hinter bzw. unter mir befand, noch, warum er auf einem Teppich saß. Wenn man einen Mann auf einem Teppich sitzen sieht, bedeutet das, dass der Mann vom Weg abgekommen ist und wahrscheinlich einen falschen Bericht abliefert. Sie fasste zusammen, dass die wahre Bedeutung des Traumes vor ihr verborgen war, aber es sei sicher ein Traum, der frohe Nachrichten für mich beinhalte.

Als ich David den Traum erzählte, war seine Antwort viel knapper. „Stufen, die aus der Moschee hinausführen? Komm schon, Nabeel. Muss Gott dir erst eins mit einem Kantholz überziehen, damit du Christ wirst?"

Ich hatte drei Träume und eine Vision gehabt. Eigentlich waren keine Fragen mehr offen.

Er hatte Recht. Worauf wartete ich noch? Ich hatte drei Träume und eine Vision gehabt. Besonders die letzten beiden waren klar gewesen, und alle vier waren überzeugend. Eigentlich waren keine Fragen mehr offen.

Jetzt kannte ich die Wahrheit: Gott rief mich, das Evangelium anzunehmen.

Ich gestand mir selbst die Wahrheit des Evangeliums ein, aber sonst niemandem, nicht einmal Gott. Einige könnten sagen, dass mein Verhalten zu dieser Zeit unerklärlich war, vielleicht unentschuldbar. Das mag sein. Der dritte Traum markierte nicht etwa den Beginn meines Wegs als Christ, sondern den Beginn einer Phase der Trauer, aus der langsam aber sicher die leidvollste Zeit meines Lebens werden sollte.

Kapitel 51

ZEIT ZUM TRAUERN

Den ganzen Sommer 2005 über widerstand ich weiter dem Evangelium. Ich reiste zu anderen Moscheen und sprach mit anderen Imamen, suchte nach Antworten und fand keine. Ich reiste sogar mit *Abba* zu Moscheen in Europa und versuchte verzweifelt, das, was ich die letzten vier Jahre gelernt hatte, für ungültig zu erklären, jedoch ohne Erfolg. Die ganze Zeit über bat ich Gott um weitere Träume, aber Er schickte mir keine mehr. Ich hatte bereits genau das, was ich brauchte.

Doch der bevorstehende Schmerz schreckte mich ab. Ich kannte den Preis, den ich würde bezahlen müssen, aber ich wusste nicht, wie er genau aussehen würde. Würden mich *Ammi* und *Abba* hassen? Würden sie mich aus der Familie ausstoßen? Würden sie vor Kummer sterben? Die letzte Möglichkeit erschien mir die wahrscheinlichste.

Doch der bevorstehende Schmerz schreckte mich ab. Ich kannte den Preis, den ich würde bezahlen müssen.

Ehrlich gesagt wusste ich nicht, was passieren würde. Ich wusste nur, dass das Leben nicht wie bisher weitergehen würde.

Am Ende des Sommers war ich bereit für das nächste Jahr auf der medizinischen Hochschule. Ich plante, mit jemandem in eine WG zu ziehen, deshalb war der Abend vor dem ersten Tag eine Art Abschied von meiner Familie. Einerseits zog ich nur 25 Minuten weit weg, deshalb war es keine große Sache. Andererseits wusste ich, dass das einer der letzten liebevollen und vertrauten Momente war, die wir jemals als Familie verbringen würden. Ich kostete jedes bittersüße Lachen aus, genoss jede Millisekunde einer Umarmung.

Ammi und *Abba* hatten keine Ahnung, was ich ihnen antun wollte, keine Ahnung, was ich in Betracht zog. Ich war von einer verborgenen Schuld geplagt. Wie konnte ich diese Familie nur zerstören? Was wollte ich da tun?

Ich war am nächsten Tag kaum in der Lage, zur Hochschule zu fahren. Meine Tränen überwältigten mich. Ich zwang mich, mein Zuhause zu verlassen und erinnerte mich selbst daran, wie wichtig dieser Tag war und dass ich mich zusammenreißen musste. Das zweite Jahr an der medizinischen Hochschule ist wahrscheinlich das akademisch schwierigste Jahr, dem ein Arzt begegnen wird, und der erste Tag war einer der wichtigsten. Ich musste mich beruhigen.

Aber es gelang mir einfach nicht. Stattdessen begann ich, Gott laut anzuflehen. „Allah! Oh Gott! Gib mir Zeit zum Trauern. Mehr Zeit, um über den bevorstehenden Verlust meiner Familie zu trauern, mehr Zeit, um über das Leben zu trauern, das ich immer geliebt habe."

Als ich an der Hochschule ankam, wusste ich, dass ich nicht in der Verfassung war hineinzugehen. Ich fuhr stattdessen zu meiner neuen Wohnung auf der anderen Seite der Straße, der Hochschule gegenüber, wohin *Abba* und ich einige Tage zuvor meine Sachen gebracht hatten. In diesem Moment brauchte ich zwei Bücher besonders, weil ich auf Gottes Trost hoffte.

Ich betrat die Wohnung, ging sofort zum Bücherregal und holte meinen alten Koran und meine Studienbibel heraus. Ich setzte mich auf die Couch und öffnete zuerst den Koran. Ich blätterte durch die Seiten und suchte nach Versen des Trostes, indem ich zuerst jede Seite nach dem Thema durchsuchte, dann rascher durch das Inhaltsverzeichnis blätterte und schließlich verzweifelt jede einzelne Seite umschlug, um etwas, irgendetwas, zu finden, das mich tröstete.

Doch da war nichts für mich. Es stellte einen Gott von bedingter Anteilnahme dar, einen, der mich nicht liebte, wenn ich nicht mein Äußerstes gab, um ihm zu gefallen, einen, der Freude daran zu haben schien, seine Feinde in das Höllenfeuer zu schicken. Es sprach nicht zur zerbrochenen Natur des Menschen, geschweige denn direkt zu einem zerbrochenen Mann, der Gottes Liebe brauchte. Es war ein Buch der Gesetze, geschrieben für das siebte Jahrhundert.

Weil ich nach einem lebendigen Wort suchte, legte ich den Koran weg und griff zur Bibel.

Ich hatte niemals zuvor in der Bibel gelesen, um persönliche Hilfe zu erfahren. Ich wusste nicht einmal, wo ich anfangen sollte. Ich dachte, das Neue Testament wäre eine gute Stelle, deshalb schlug ich den Anfang von Matthäus auf. Innerhalb von Minuten fand ich folgende Worte: „Glückselig die Trauernden, denn sie werden getröstet werden."

Weil ich nach einem lebendigen Wort suchte, legte ich den Koran weg und griff zur Bibel.

Die Worte fuhren wie ein Stromschlag in mein totes Herz und elektrisierten es wieder. Das war es, wonach ich gesuchte hatte. Es schien, als hätte Gott diese Worte 2000 Jahre zuvor extra für mich in die Bibel geschrieben.

Ich konnte es kaum glauben. Für einen Mann, der die Welt bisher nur durch muslimische Augen gesehen hatte, war die Botschaft überwältigend. „Ich bin gesegnet, weil ich trauere? Warum? Wie? Ich bin fehlerhaft. Ich erfülle Seinen Standard nicht. Warum sollte Er mich segnen? Und noch dazu für Trauer? Warum?"

Ich las eifrig weiter. „Glückselig, die nach der Gerechtigkeit hungern und dürsten? Nicht ‚glückselig die Gerechten', sondern ‚glückselig, die nach der Gerechtigkeit hungern und dürsten'? Ich habe Hunger und Durst nach Gerechtigkeit, aber ich kann sie niemals erreichen. Gott wird mich trotzdem segnen? Wer ist dieser Gott, der mich sogar in meinen Fehlern so sehr liebt?"

Wieder flossen mir Tränen über das Gesicht, aber jetzt waren es Freudentränen. Ich wusste, was ich in meinen Händen hielt, war das Leben selbst. Es war wahrhaftig Gottes Wort, und es war, als ob ich Ihm zum ersten Mal begegnete.

Ich begann mich in die Bibel zu vertiefen, saugte jedes Wort auf, als wäre es Wasser für meine ausgetrocknete Seele, eine Seele, die niemals zuvor vom Brunnen des Lebens getrunken hatte. Beim Lesen ging ich auch die Studienanmerkungen am Ende der Seite durch sowie die Querverweise an den Rändern, ich wollte auch nicht einen einzigen Aspekt eines einzigen Verses verpassen. Fragen kamen mir in den Sinn, und innerhalb weniger Momente führte mich der Text, den ich gerade las, oder dessen Fußnote zur Antwort. Das passierte so oft, dass ich es gar nicht zählen konnte.

Ich konnte die Bibel nicht aus der Hand legen, und zwar im wahrsten Sinn des Wortes. Es kam mir vor, als würde mein Herz aufhören zu schlagen, möglicherweise zusammenbrechen, wenn ich sie weglegte. Am Ende schwänzte ich den ganzen Tag die Vorlesungen, aber ich hatte in diesem Fall wirklich keine Wahl. Die Bibel war meine Lebensader.

Kapitel 52

DAS WORT SPRICHT

In den nächsten Tagen war mein Herz erfüllt von neuer Freude, der Freude, Gott selbst zu kennen. Ich hatte Ihn mein ganzes Leben lang zu kennen geglaubt, aber jetzt, da ich wusste, wer Er wirklich war, war es kein Vergleich. Nichts lässt sich mit dem einzig wahren Gott vergleichen.

Manche mögen fragen, warum ich nicht sofort ein Übergabegebet gesprochen habe. Die Antwort ist ziemlich einfach: Ich hatte noch nie von einem Übergabegebet gehört. Alles, was ich wusste, war, dass ich den Gott der Bibel liebte, und deshalb suchte ich Ihn immer mehr, indem ich so viel wie möglich las.

Ich las unermüdlich in meiner Studienbibel, zehrte von jedem Wort, folgte jeder Fußnote und jedem Querverweis, und kehrte erst dann zu Matthäus zurück, wenn es keine weiteren Wege gab, denen ich folgen konnte. Ich brauchte eine Woche, um von Matthäus 5 bis zu Matthäus 10 vorzudringen.

Als ich eines Abends kurz nach Mitternacht immer noch von dieser neugefundenen Herrlichkeit gefesselt war, fand ich folgendes Wort in Matthäus 10,32-33: „Jeder nun, der sich vor den Menschen zu mir bekennen wird, zu dem werde auch ich mich bekennen vor meinem Vater, der in den Himmeln ist. Wer aber mich vor den Menschen verleugnen wird, den werde auch ich verleugnen vor meinem Vater, der in den Himmeln ist."

Mir sank das Herz. Ich hatte Jesus noch nicht einmal vor Jesus bekannt, geschweige denn vor anderen. Aber Ihn zu bekennen bedeutete, meine Familie zu zerstören. Konnte Er wirklich so etwas von mir verlangen?

Als wäre das lebendige Wort der Bibel im Gespräch mit mir, begann Jesus, meinem Herzen Vers für Vers zu antworten. „Meint nicht, dass ich gekommen sei, Frieden auf die Erde zu bringen; ich bin nicht gekommen, Frieden zu bringen, sondern das Schwert. Denn ich bin gekommen, den Menschen zu entzweien mit seinem Vater und die Tochter mit ihrer Mutter und die Schwiegertochter mit ihrer Schwiegermutter; und des Menschen Feinde werden seine eigenen Hausgenossen sein."

Aber wie konnte das sein? Wie konnte mich Jesus gegen *Ammi* und *Abba* wenden? Sie waren so wunderbare Menschen. Warum sollte Gott so etwas tun?

Jesus antwortete im nächsten Vers: „Wer Vater oder Mutter mehr liebt als mich, ist meiner nicht würdig; und wer Sohn oder Tochter mehr liebt als mich, ist meiner nicht würdig."

Es war nicht so, dass mich Jesus gegen meine Eltern wandte. Vielmehr musste ich mich, wenn meine Familie gegen Gott stand, für das eine oder das andere entscheiden. Gott ist offensichtlich das Beste, sogar wenn Er mich dazu brachte, mich gegen meine Familie zu wenden. Aber wie? Wie sollte ich den Schmerz ertragen?

Er versicherte mir, dass unfassbare Schmerzen und soziale Zurückweisung zum christlichen Weg gehören: „Wer nicht sein Kreuz aufnimmt und mir nachfolgt, ist meiner nicht würdig." Christ zu sein bedeutet, Gott zuliebe echte Schmerzen zu erleiden. Nicht so wie ein Muslim für Gott leidet, weil Allah ihm das befiehlt, sondern als aufrichtige Äußerung eines dankbaren Kindes, dessen Gott zuerst für ihn gelitten hat.

„Aber Herr“, flehte ich, „wenn ich meinen Glauben an Dich bekenne, wird das das Ende meines Lebens bedeuten. Wenn ich auch nicht eines physischen Todes sterbe wegen seelischer Qualen oder durch die Hände irgendeines fehlgeleiteten muslimischen Fanatikers, wird zumindest mein gesamtes Leben, wie ich es kannte, zu einem Ende kommen.“

„Nabeel, mein Kind“, fühlte ich Ihn sagen, „wer sein Leben findet, wird es verlieren, und wer sein Leben verliert um meinetwillen, wird es finden.“

Ich musste mein ganzes Leben aufgeben, um Sein Leben zu empfangen. Das war nicht irgendeine Binsenweisheit oder Floskel. Das Evangelium forderte mich auf zu sterben.

Mit diesen Worten belastet lag ich in dieser Nacht lange wach. Ich kämpfte nicht gegen die Ruhe an, doch der Schlaf selbst schien sich zu schämen, über mich zu kommen. Ich hatte Gott zu lange verleugnet. Am 24. August 2005 um drei Uhr morgens legte ich die Stirn auf das Fußende meines Bettes und betete.

„Ich unterwerfe mich. Ich bekenne, dass Jesus Christus der Herr des Himmels und der Erde ist. Er kam in diese Welt, um für meine Sünden zu sterben, und bewies Seine Herrschaft durch Seine Auferstehung vom Tod. Ich bin ein Sünder und ich brauche Ihn zur Vergebung. Christus, ich nehme Dich in mein Leben auf.“

Das war nicht irgendeine Binsenweisheit oder Floskel. Das Evangelium forderte mich auf zu sterben.

Die schwierige Nacht, die mir keinen Frieden gewährt hatte, schwand rasch dahin, während mich der Schlaf überkam. Ich hatte endlich die Wahrheit des Evangeliums bekannt. Ich war endlich ein Glaubender.

Obwohl ich glaubte, kannte ich die Kraft des Evangeliums noch nicht. Um mich das zu lehren, würde Gott mich vollständig zerbrechen müssen.

Kapitel 53

JESUS GEFUNDEN

Ich war völlig am Boden zerstört und zitterte vor Gott. Zwei Wochen, nachdem ich meinen Herrn aufgenommen hatte, rang ich im Gebet mit Gott, ich heulte und stammelte mit bebenden Lippen:

„Warum, Gott …?" Aber ich konnte meine Worte nicht ausformulieren, zu unkontrolliert war mein Zittern.

Am Vorabend hatte ich in *Abbas* Augen gesehen, als sie sich mit Tränen füllten. Diese Augen, die so liebevoll für mich gesorgt hatten seit dem Tag, als er mir den *Adhan* ins Ohr geflüstert hatte. Die Augen, die sich jeden Abend sanft zum Gebet schlossen, wenn er um Gottes Schutz für die Nacht bat. Die Augen, die liebevoll zurückschauten, wenn er zum Dienst auf See ging und seiner Nation und seiner Familie diente. Der Grund für die einzigen Tränen zu sein, die ich diese Augen jemals habe vergießen sehen, war für mich kaum zu ertragen.

„Warum, Gott …?"

Obwohl *Abba* nicht viel sagte, verfolgt mich seitdem das Wenige, was er sagte. Der Mann, der in meinem Leben an höchster Stelle stand, mein Urbild von Stärke, mein Vater, sprach diese Worte in offensichtlicher Qual: „Nabeel, an diesem Tag fühle ich mich, als hätte man mir das Rückgrat herausgerissen.“ Diese Worte zerrissen mich. Es kam mir vor wie Vatermord. Ich hatte nicht nur mein Leben aufgegeben, um Jesus zu folgen, ich tötete gerade meinen Vater.

Seit diesem Tag ist er niemals wieder aufrecht gegangen. Ich habe seinen Stolz ausgelöscht.

„Warum, Gott …?“

Ammi hatte noch weniger Worte als *Abba*, aber ihre Augen sagten umso mehr.

„Du bist mein einziger Sohn. Du bist aus meinem Bauch hervorgekommen. Seit du geboren bist, nenne ich dich *jaan kay tuqray*, du bist ein leiblicher Teil meines Lebens und meines Herzens. Ich habe dich zärtlich an mich gedrückt, habe mit dir gesungen, habe dir die Wege Gottes gezeigt. An jedem Tag, seit du auf dieser Welt bist, habe ich dich mit meiner ganzen Seele geliebt wie sonst niemanden.

Warum hast du mich verraten, *Billoo*?“

Ihre Augen versengten meine Seele und bleiben bis heute in mein Gedächtnis eingebrannt. Sie waren das Letzte, was ich sah, bevor *Abba Ammi* aus meiner Wohnung hinaus und in das gegenüberliegende Krankenhaus führte. Keiner von uns war sicher, ob sie durch die Nacht kommen würde.

Sie überlebte, aber ihre Augen haben seit diesem Tag niemals mehr so gestrahlt. Ich habe ihr Licht ausgelöscht.

Ich hatte vor Gott kapituliert. Meine Augen tränten und Nase und Mund konnten den Kummer nicht länger zurückhalten, sodass ich meine Frage nur durch Tränen und Rotz hindurch zu stottern vermochte: „Warum, Gott, hast Du mich nicht in dem Moment, als ich gläubig wurde, getötet? Warum hast Du mich hier gelassen? Warum hast Du mich hier gelassen, sodass ich meine Familie tiefer verletzen musste, als sie jemals verletzt worden sind? Das haben sie nicht verdient! Ich habe alles zerstört! Nichts ist mehr übrig!

Warum hast Du mich nicht getötet?“ Ich rang mit Gott, voller Verzweiflung, weil es zu spät war. „Es wäre besser gewesen, Du hättest mich in dem Moment, als ich gläubig wurde, getötet, damit meine Familie diesen Verrat niemals hätte kosten müssen. Das ist weit schlimmer für sie, als es mein Tod gewesen wäre. Wenigstens unsere Liebe hätte weitergelebt. Wenigstens wäre unsere Familie immer vereint gewesen.

Warum, Gott?“

In diesem Moment, dem qualvollsten meines Lebens, passierte etwas, das jenseits meiner Theologie und Vorstellungskraft lag. Als hätte Gott ein Megaphon genommen und in mein Bewusstsein gesprochen, hörte ich diese Worte in meinem tiefsten Inneren widerhallen:

„Weil es nicht um dich geht.“

Ich erstarrte mit offenem Mund. Die Tränen, das Schluchzen, das Zittern – alles hörte auf. Ich war wie angewurzelt, als hätte mich gerade ein Stromschlag getroffen und mich gelähmt. Ungefähr zehn Minuten lang saß ich da, unfähig, mich zu bewegen, unfähig, den Mund zu schließen.

Dann startete Er mich wieder neu.

Als ich mich wieder bewegen konnte, fühlte ich keinen Kummer, nichts dergleichen. Es war, als wären meine Gebete des Schmerzes und des Selbstmitleides Worte aus einem vorherigen Leben. Ich erhob mich vom Boden und ging aus meiner Wohnung und bestaunte alles aufmerksam. Die Bäume, den Himmel, sogar die Treppe, auf der ich stand.

Wieder sah ich die Möglichkeiten der Welt in einem neuen Licht. Ich hatte mein Leben lang bunte Brillengläser getragen, und nun waren sie abgenommen worden. Alles sah anders aus, und ich wollte alles sorgfältiger überprüfen.

Dann sah ich etwas, das ich schon unzählige Male zuvor gesehen hatte: Ein Mann ging auf dem Fußweg auf die medizinische Hochschule zu.

Aber das war nicht alles, was ich sah. Obwohl ich keine Ahnung hatte, wer dieser Mann war, wusste ich, dass er eine dramatische Geschichte hatte, voll von persönlichen Kämpfen, zerbrochenen Beziehungen und zersplittertem Selbstwert. Von der Welt gelehrt, dass er das Produkt von blinder Evolution sei, beurteilte er sich selbst unbewusst als genau das: als Nebenprodukt eines willkürlichen Zufalls, ohne Zweck, ohne Hoffnung, ohne Bedeutung außer der, welche Vergnügungen er aus dem Tag ziehen konnte. Das Streben nach diesen Vergnügungen mündete in Schuld und Leid, was ihn dazu brachte, nach noch mehr Vergnügungen zu streben, was zu noch mehr Schuld und noch mehr Leid führte. Das alles lag unter der Oberfläche begraben, und er lebte seine Tage, ohne zu wissen, wie er diesen Kreislauf durchbrechen oder wahre Hoffnung finden konnte.

Was ich sah, war ein Mann, der erfahren musste, dass Gott ihn retten konnte, dass Gott ihn schon gerettet hatte. Dieser Mann musste von Gott und Seiner Macht erfahren.

Wusste er davon?

Wusste er, dass Gott ihn seit Anbeginn der Welt liebte? Mit einer Macht, die weit über die Unermesslichkeit des Kosmos hinausgeht, hatte Er Sein ganzes Augenmerk auf die Erschaffung dieses Mannes gerichtet und erklärt: „Du bist mein Kind. Ich liebe dich."

Wusste er, dass Gott ihn genauso gemacht hatte, wie Er es wollte, dass Er jedes einzelne Haar auf seinem Kopf kannte und jede einzelne Sekunde seines Lebens? Gott wusste nur zu gut, dass die Hände, die er diesem Mann gegeben hatte, benutzt würden, um gegen Ihn zu sündigen, dass die Füße, die Er ihm gegeben hatte, benutzt würden, um vor Ihm davonzulaufen. Doch anstatt ihm diese Geschenke vorzuenthalten, gab Er ihm das wertvollste Geschenk überhaupt: Seinen eigenen Sohn.

Wusste er, dass Gott für ihn in diese Welt gekommen war, um an seiner Stelle zu leiden? Jesus wurde genau von den Menschen mit Schlägen und Fäusten empfangen, die Er retten wollte. Er war gegeißelt worden, bis Seine Haut in Fetzen herunterhing, er wurde an Armen und Füßen durchbohrt und zur allgemeinen Belustigung nackt an ein Holz genagelt. Mit jedem krächzenden Atemzug schürfte Sein Rücken, der keine Haut mehr hatte, am splitternden Holz, und mit Seinem letzten Atemzug erfüllte er die Aufgabe, uns zu retten, uns die Ewigkeit mit Ihm zu sichern.

Wusste der Mann das?

Natürlich nicht. Wir müssen ihm davon erzählen.

Während ich auf mich selbst konzentriert im Selbstmitleid geschwelgt hatte, gab es eine ganze Welt mit buchstäblich Milliarden von Menschen, die keine Ahnung hatten, wer Gott ist, wie unglaublich Er ist, und welche Wunder Er für uns getan hat. Sie sind diejenigen, die wirklich leiden. Sie kennen Seine Hoffnung nicht, Seinen Frieden und Seine Liebe, die allen Verstand übersteigt. Sie kennen die Botschaft des Evangeliums nicht.

Nachdem Jesus uns mit dem demütigsten Leben und dem schrecklichsten Tod geliebt hatte, sagte Er zu uns: „Liebt einander, wie ich euch geliebt habe." Wie konnte ich mich als Nachfolger Jesu betrachten, wenn ich nicht gewillt war zu leben, wie Er gelebt hat? Zu sterben, wie Er gestorben ist? Die Ungeliebten zu lieben und den Hoffnungslosen Hoffnung zu geben?

Es ging hier nicht um mich. Es ging um Ihn und Seine Liebe zu Seinen Kindern.

Nun wusste ich, was es bedeutete, Gott nachzufolgen. Es bedeutet, mutig in Seinem Geist der Gnade und der Liebe zu wandeln, im festen Vertrauen auf des ewige Leben, das uns durch den Sohn gegeben ist und mit dem ewigen Zweck, den Vater zu verkünden und zu verherrlichen.

Jetzt hatte ich Jesus gefunden.

NACHWORT

24. August 2015
Die Sonne steht niedrig am Horizont und die letzten Reste eines englischen Nieselregens hängen in der Luft. Mein erster Sommer in Oxford ist wie im Traum vergangen, was vor allem an meiner drei Wochen alten Tochter liegt, die neben mir liegt und leise schnarcht. Heute sind es genau zehn Jahre, dass ich vor Jesus niedergekniet bin.

In der ersten Ausgabe dieses Buches war mein Nachwort recht kurz, da ich *Allah gesucht, Jesus gefunden* hauptsächlich als Möglichkeit zur Unterweisung sah und nicht unbedingt, um meine Geschichte zu erzählen. Ich habe ein paar offene Fragen beantwortet, mehr nicht. Doch viele Leser fanden das Nachwort zu kurz und wollten mehr darüber wissen, was nach meiner Bekehrung mit meiner Familie geschah, wie ich zum Vollzeitdienst kam und wie ich meine Frau traf. Ich fühlte mich geehrt, dass die Leser mehr wissen wollten, auch wenn mich ihr Interesse verblüffte. Ich hoffe, dass ich Ihnen mit meinen weiteren Erfahrungen und Erlebnissen wertvolle Einsichten bieten kann.

Wie David alles erfuhr

An einem frühen Mittwochmorgen nahm ich Jesus als meinen Herrn an, aber erst am folgenden Sonntag erfuhren meine Mitmenschen davon. Ich hatte David gefragt, ob ich mit ihm und Marie in ihre Gemeinde gehen dürfte. Meine Frage überraschte David nicht, denn ich war schon in der vorigen Woche mit ihnen zum Gottesdienst gegangen. Es war das Wochenende vor meiner Bekehrung gewesen und David hatte mir den ganzen Tag über in den Ohren gelegen, dass ich Jesus endlich annehmen solle. So wie ich mich verhielt, kann ich es ihm nicht verübeln.

Es muss schon eine komische Szene gewesen sein. David und Marie hielten für ein paar Teenager eine Bibelarbeit über die Bergpredigt, und ich fand es wahnsinnig spannend, dabei sein zu dürfen, weil ich mich zu der Zeit mit genau diesen Kapiteln in Matthäus intensiv befasst hatte. Als sie fertig waren, stellten die Jugendlichen Fragen, doch noch bevor David oder Marie etwas sagen konnten, brachte ich meine eigenen Antworten vor. Ich hatte mich so ausgiebig mit meiner Studienbibel beschäftigt, dass ich sogar Kommentare und Querverweise zu anderen biblischen Büchern lieferte! Ich erinnere mich, dass David später sagte: „Nabeel, jetzt werd‘ halt endlich Christ! Du verhältst dich schon so sehr wie ein Christ, dass du sogar versuchst, eine Bibelarbeit zu leiten!“

Als ich also am nächsten Sonntag darum bat, wieder mit ihnen zur Kirche gehen zu dürfen, dachte sich David nichts dabei. Auch Zach gesellte sich zu uns, der nur einige Monate zuvor Christ geworden war und nun nach einer festen Gemeinde suchte.

Es fühlte sich komisch an, zum ersten Mal als Gläubiger eine Kirche zu betreten, und auch wenn es eigentlich das Einfachste von der Welt hätte sein sollen, hatte ich keine Ahnung, wie ich den anderen davon erzählen sollte, dass ich nun Jesus nachfolgte. Das Thema schien mir zu schwerwiegend, um es nebenbei zu erwähnen, ich wollte aber auch keine Szene machen. Und was sollte ich überhaupt sagen? Dass ich „Christ geworden“ war? Diese Worte waren meinen Lippen einfach noch zu unvertraut.

Nach dem Gottesdienst ergab sich die perfekte Gelegenheit. Wir vier und ein paar weitere Gemeindemitglieder gingen gemeinsam zum Mittagessen in ein China-Restaurant mit Buffet in der Nähe von Davids Zuhause, und vor dem Essen fragte David, ob jemand beten wolle.

Voller Begeisterung bot ich mich an, worauf David entgegnete: „Wirklich? Hier sitzen ein paar Christen zusammen beim Essen und der Muslim ist der Einzige, der beten möchte?“ Marie gab ihm einen Klaps auf den Arm und alle neigten die Köpfe.

Ich kann mich ehrlich gesagt nicht mehr daran erinnern, was ich gebetet habe, aber meine letzten Worte waren: „Im Namen des Vaters, des Sohnes und des Heiligen Geistes“. Alle am Tisch blickten fassungslos hoch. David platzte heraus: „Mensch, jetzt betest du schon wie ein Christ! Wann willst du endlich Christ werden?“

Marie war nicht so schwer von Begriff, daher packte sie ihn am Arm und rief: „David, kapierst du es nicht? Er *hat* Christus bereits angenommen!“

David wandte sich mir zu, als könne das unmöglich wahr sein, und als ich nickte, war er sprachlos. Alle anderen am Tisch freuten sich und umarmten mich, bis David endlich ein paar Worte herausbrachte. „Du bist endlich Christ geworden und suchst dir ein China-Buffet aus? Wir hätten heute sonst wo hingehen können, ich hätte sogar für ein brasilianisches Steakhaus bezahlt!“

Wie *Ammi* und *Abba* dahinterkamen

Nachdem wir uns ausgiebig gefreut und umarmt hatten, wandten wir uns dem Essen zu. David fragte mich, wann ich mich taufen lassen wolle, und ich erwiderte, dass ich jederzeit dazu bereit sei. Es pressierte mir nicht aus theologischen Gründen, doch ich wollte von David getauft werden, der bald nach New York ziehen würde. Er hatte beschlossen, an der Fordham University seinen Doktor in Religionsphilosophie zu machen und würde in ein paar Tagen wegziehen.

Doch David war noch nicht bereit, mich zu taufen. Er wurde auf einmal ernst und erklärte mir, dass die Taufe das öffentliche Bekenntnis des Glaubens ist und dass ich erst meinen Eltern von meiner Bekehrung erzählen müsse, bevor er mich taufen würde. Er kannte mich gut, und seine Vermutungen entsprachen der Wahrheit: Ich würde, vielleicht bis in alle Ewigkeit, zögern, meinen Eltern davon zu erzählen, dass ich nun Jesus nachfolgte.

Wir fingen, wie schon so oft zuvor, einen Streit an, bis ich die Unterhaltung beendete: „David, du *wirst* mich taufen, bevor du nach New York ziehst, und ich werde meinen Eltern *nicht* davon erzählen."

„Okay", erwiderte David. „Dann bete ich dafür, dass es deine Eltern herausfinden, auch wenn du ihnen nichts erzählst."

Offenbar hörte Gott zu.

Wenige Tage später kamen mich *Ammi* und *Abba*, scheinbar aufgrund eines Missverständnisses, besuchen, als ich gerade nicht zu Hause war. Wenn ich das Haus verließ, schloss ich normalerweise immer die Wohnungstür ab, ebenso meine Zimmertür (wegen meiner Mitbewohner), ich ließ meinen Computer nie ohne Passwortschutz an und meinen Instant Messanger nicht geöffnet, wenn ich nicht da war. An diesem Tag hatte ich alle vier Schritte unterlassen. Als *Ammi* und *Abba* klopften, machte ihnen niemand auf. Sie kamen herein und suchten mich.

Stattdessen fanden sie eine Nachricht auf meinem Computer von einem christlichen Bekannten, der mir zu meiner bevorstehenden Taufe gratulierte. Als ich nach Hause zurückkam, war ich schockiert, als ich sie im Wohnzimmer sitzen sah. Der Ausdruck auf ihren Gesichtern sagte mir alles, was sie nicht selbst in Worte fassen konnten.

Ein Ratschlag für ehemalige Muslime

Ich bedauere es zutiefst, dass meine Eltern diese Neuigkeit nicht von mir persönlich erfuhren. Ich wäre es ihnen schuldig gewesen. Wenn ich irgendetwas in der Vergangenheit ändern könnte, wäre es dieser Moment. In den zehn Jahren, die seitdem vergangen sind, hatte ich Einsätze auf der ganzen Welt, bei denen ich hunderte Menschen traf, die sich vom Islam zu Jesus bekehrt hatten. Wenn mich diese Gläubigen mit muslimischen Wurzeln um Rat bitten, frage ich sie zuerst, ob sie ihren Familien von ihrem Entschluss erzählt haben. Ich möchte nicht, dass irgendwer denselben Fehler macht wie ich.

Inzwischen ist mir klar, dass dieses Problem weitverbreitet ist. Das Ehre-Schande-Paradigma ist, in Verbindung mit dem Preis für die Nachfolge Jesu, für viele ehemalige Muslime so lähmend, dass sie sich in Heimlichkeiten und Täuschungsmanöver flüchten. Ich habe sogar einen Einwanderer in Amerika getroffen, der seit mehr als zwei Jahrzehnten Christ ist und seinen Eltern noch immer nicht davon erzählt hat.

Ich rate allen diesen neuen Brüdern und Schwestern im Glauben, im Licht zu wandeln und nichts zu verheimlichen. Jesus möchte, dass wir unseren Weg in Freiheit und Offenheit gehen, Heimlichkeiten und Täuschungsmanöver gehören dagegen in das Reich des Teufels. Das ist vor allem für Muslime wichtig, die dieses Ehre-Schande-Prinzip verinnerlicht haben, denn sie sind besonders anfällig dafür, Schwierigkeiten zu verheimlichen. Erst, wenn wir frei von dieser Angst sind, können wir freimütig und als wahre Christen leben. Ja, es ist schmerzhaft und manchmal sogar gefährlich, doch der Heilige Geist steht uns bei und formt uns in das Bildnis Jesu, unseres leidenden Herrn.

Mein Ratschlag ist sogar noch umstrittener, als er zunächst scheint. Kurz, nachdem ich meinen Dienst an Muslimen begonnen hatte, erfuhr ich, dass viele Missionare neue Gläubige mit muslimischen Wurzeln sogar dazu *ermutigen*, ihren Familien nichts von ihrer Bekehrung zu erzählen. Sie meinen, die ehemaligen Muslime sollten lieber die Beziehung mit ihrer Familie bewahren statt die göttliche Herrschaft Jesu zu verkünden. Oft, wenn solche Missionare das Evangelium unter Muslimen predigen, lassen sie absichtlich die Lehre aus, dass Jesus Gott ist. Diese Praxis ist so weitverbreitet, dass sie von Missionaren vielfach angewendet wird und unter dem Namen „The Insider Movement" (Die Insider-Bewegung) bekannt ist.

Ich empfinde große Liebe meinen christlichen Brüdern und Schwestern gegenüber, die ihr Leben der Missionierung von Muslimen widmen, aber diesen Ansatz sehe ich als so furchtbar fehlgeleitet an, dass ich ihn ganz entschieden als Irrlehre verdamme. Ein Evangelium ohne die Göttlichkeit Jesu ist kein Evangelium. Die gute Nachricht besteht darin, dass Gott selbst uns so sehr liebt, dass Er in diese Welt gekommen, für uns gelitten und uns, die wir uns nicht selbst erlösen können, erlöst hat. Er hat keinen anderen geschickt, um die Drecksarbeit für Ihn zu erledigen. Er selbst hat uns errettet. Niemand sonst hätte das vermocht. Das ist die Schönheit des Evangeliums; es geht nur um Gott und was Er in Seiner Liebe zu uns getan hat. Ein Evangelium ohne die Göttlichkeit Jesu ist ein bedeutungsloses Evangelium.

Daher möchte ich Missionaren und zögernden Muslimen dringend dazu raten, die Lehre Jesu zu verkünden: Wer Ihm nachfolgt, riskiert für seinen Glauben den Bruch mit seiner

Familie und möglicherweise den eigenen Tod (Matthäus 10,32-39). Qual und Leiden sind nicht nur Risiken der Nachfolge Jesu, sondern sogar deren Grundlage. Wenn Jesus von Seiner Familie verleugnet wurde (Markus 3,31) und nicht vor Seiner Hinrichtung floh (Markus 10,33), wie können wir Seine Nachfolger sein, wenn wir Seinem Beispiel nicht folgen wollen?

Als Christen müssen wir Leid erwarten, wie wir auch in Versen wie Philipper 4,6-7, Lukas 18,1-8 und Matthäus 6,25-34 lesen. Diese Bibelstellen waren mir in meinem ersten Jahr als Christ ein unermesslicher Trost. Die wichtigste Lektion, die ich in dieser Zeit lernte, bestand darin, dass uns unser Leiden mehr als alles andere an Jesus bindet und uns der fühlbaren Gegenwart des Heiligen Geistes öffnet, der uns tröstet. Vielleicht vollziehen wir deshalb kurz nach der Bekehrung eines Gläubigen die Taufe als Symbol für unsere Bereitschaft, dieser Welt zu sterben. Für viele Christen ist dies nur ein symbolischer Tod, aber wir sollten dieses Symbol keinesfalls als bedeutungslos erachten. Jesus nachzufolgen, heißt, zu sterben, damit wir leben.

Meine ersten Tage als Christ

An einem bittersüßen Sonntag taufte mich David in einem Schwimmbecken im Garten, bevor er nach New York zog. An diesem Sonntag versammelte sich seine Gemeinde auch zum letzten Mal, da die Zeit des Pastors in Virginia vorbei war. Zach und ich blieben ohne Führung und ohne Gemeinde zurück und mussten für uns selbst herausfinden, was die Nachfolge Jesu bedeutet. Wir taten uns mit zwei anderen Männern aus der Gemeinde zusammen, die ihr Leben gerade Jesus übergeben hatten, und wir vier beschlossen, Jesus gemeinsam nachzufolgen. Zusammen genommen hatten wir weniger als ein Jahr Erfahrung in der Nachfolge. Wir wussten nur, dass wir wie Jesus sein wollten. Zu diesem Zeitpunkt entdeckten wir ein Buch mit dem Titel *So, You Want to be Like Christ?* (dt.: Du möchtest also wie Christus sein?) von Chuck Swindoll.

Das Buch war genau das, was wir brauchten. Es ging darin um geistliche Disziplin, also darum, sein Leben ganz geflissentlich am Vorbild Jesu auszurichten. Jeden Mittwoch trafen wir vier uns, um das Gelesene umzusetzen und uns mit der Schrift zu beschäftigen. Manchmal lasen wir bis vier Uhr morgens und gingen in unserem Eifer für Gott und Seine Wahrheit anderen Verantwortlichkeiten aus dem Weg. Wir beteten zusammen, fasteten, lernten die Schrift auswendig, bekannten einander unsere Sünden und folgten als vierfache Schnur dem Herrn auch sonst in allem, was wir taten, nach. Ich zweifle nicht daran, dass dieses leidenschaftliche und geflissentliche Streben nach Jesus die Grundlage für meine christlichen Überzeugungen im folgenden Jahrzehnt bildete.

Diese goldene Periode in meinem anfänglichen Leben mit Christus währte leider nur ungefähr sieben Monate. Wir schlossen uns einer Gemeinde an und unsere Mittwochabend-Treffen wurden seltener. Nachdem ich die Bibel fertig gelesen hatte, schenkte ich dem Studium wieder mehr Aufmerksamkeit als der Schrift. Träume und Visionen hatte ich keine mehr, als ich wieder in die Welt um mich herum eintauchte.

Nachdem sich meine Eltern vom ersten Schock erholt hatten, machten sie zwei Dinge hinsichtlich ihrer Haltung mir gegenüber sehr deutlich: Sie fühlten sich entsetzlich betrogen, trotzdem liebten sie mich. Sie sahen mich vor allem als unschuldiges Opfer und beschuldigten David, dass er mir eine „Gehirnwäsche" verpasst habe. In ihren Augen war David die Verkörperung alles Bösen. Auch wenn ich darauf bestand, dass ich Jesus aus freien Stücken und nach Jahren reiflicher Überlegung angenommen hatte, konnten sie mir nicht glauben. Sie meinten, ich hätte den Verstand verloren und stünde unter Davids Fuchtel. Monatelang kochten die Emotionen über, es fielen schroffe Worte und wir führten hitzige Diskussionen, aber *Ammi* und *Abba* grenzten mich nie aus. Auf der einen Seite war das ein Segen, weil ich so ein Teil meiner Familie blieb. Auf der anderen Seite war es sehr schmerzhaft, weil ich regelmäßig emotionale Stürme überstehen und mir stundenlang *Ammis* Schimpftiraden anhören musste. Zwei Jahre lang weinte sie jedes Mal, wenn wir uns sahen, und sie machte meinem christlichen Glauben oft den schmerzhaften Vorwurf, dass er unser Familienglück zerstört habe.

Um die „Gehirnwäsche" umzukehren, bestanden sie darauf, dass ich mich mit Imamen und Lehrern unserer Sekte traf. Manche Imame reisten hunderte Kilometer zu uns nach Hause, um mit mir zu reden; andere Male reisten wir hunderte Kilometer, um uns mit ihnen zu treffen. Oft verlangten sie von mir zu hören, welchen großen Fehler ich am Islam entdeckt habe, so dass ich das Christentum als Krücke benötige. Manche löcherten mich sogar mit den gleichen Fragen, die ich jahrelang gegen David eingesetzt hatte. In alldem zeichnete sich eine gemeinsame Überzeugung ab: „Wie kann man nur den Islam für das Christentum verlassen? Das ist einfach nicht möglich!" Ich habe erlebt, dass viele Muslime auch heute noch genauso auf meine Geschichte reagieren. Diejenigen von ihnen, die mich nicht kennen, gehen davon aus, dass ich mich nur bekehrt habe, um einen persönlichen Gewinn davonzutragen. Ein Taxifahrer sagte sogar mit seinem stark ägyptischem Akzent zu mir: „Das geht nicht, man hat dich gekauft! Wie viel haben sie dir bezahlt?" (Auf meine Nachfrage bekannte er, dass er mit „sie" die CIA meinte.)

Viele Christen dagegen fragen mich, warum sich fromme Muslime nicht sofort von meinen Argumenten für das Christentum überzeugen lassen. Dann muss ich sie daran erinnern, dass die Linse, durch die viele Muslime die Welt sehen, dies einfach nicht zulässt. Ihre vorherrschende Meinung lautet:

„Der Islam ist offensichtlich wahr, das Christentum ist offensichtlich falsch.“ Alle Informationen werden entsprechend gefiltert. Der Unterschied zwischen einer islamischen Perspektive und einer christlichen Perspektive ist gewaltig und der Wechsel von der einen zur anderen erfordert enorme tektonische Verschiebungen des Geistes. Mit einem einzigen Gespräch kann man nicht alles klären. Aus diesen Gründen konnten die Imame meine Antworten einfach nicht glauben und manchmal verstanden sie noch nicht einmal, was ich sagte.

Auch *Ammi* und *Abba* verstanden es nicht. Als sie sahen, wie ich die Fragen der Imame widerlegte, fragten sie sich, wie ich so ungehorsam werden konnte und ob ich an einer Art Geisteskrankheit litt. *Ammi* schickte mich zu einem Psychiater und bestand darauf, dass etwas mit meinem Gehirn nicht in Ordnung sein müsse. *Ammi* warnte den Psychiater, dass ich glaubte, mit Gott sprechen zu können und sogar manchmal Antworten von Ihm zu empfangen. Doch trotz der Proteste von *Ammi* und *Abba* diagnostizierte der Psychiater niemals irgendeine Krankheit bei mir, sondern schlug eine Familientherapie vor. Daraufhin sank das Ansehen der ganzen westlichen Psychoanalyse in den Augen von *Ammi* und *Abba* ungemein und sie ließen das Thema fallen.

Wie ich meine Braut traf und heiratete

In diesen Tagen verging die Zeit nur quälend langsam und ich sehnte mich nach christlicher Gemeinschaft. Es gab eine Phase, während der ich auf gut Glück in christliche Buchhandlungen ging, einfach nur, um von anderen Gläubigen umgeben zu sein, auch wenn diese kein Wort mit mir wechselten! Ich beschloss, während der Woche mehrere Gemeinden zu besuchen. Das Hauptaugenmerk einer davon lag auf der Studentenarbeit. Sie planten, zu einer Konferenz mit Namen *Passion* (dt.: Leidenschaft oder Leidensweg/Passion) zu fahren, einer viertägigen Versammlung in Atlanta mit mehr als 20.000 christlichen Studenten aus dem ganzen Land und mit erstklassigen Rednern und Lobpreismusik. Das hätte ich um nichts in der Welt versäumen mögen! Und das war auch gut so, denn dort traf ich eine junge Christin, die schließlich meine Frau werden würde.

Michelle studierte im dritten Jahr an der Coast Guard Academy in Connecticut, und ich wurde ihr von einem gemeinsamen Freund vorgestellt, einem ihrer Kommilitonen, der von der Old Dominion University an die Academy gewechselt hatte. Ich würde liebend gerne sagen, dass ich hingerissen und es Liebe auf den ersten Blick war, aber ehrlich gesagt nahm ich zu diesem Zeitpunkt kaum Notiz von ihr. Ich war dort, um Gott anzubeten, und ich hatte schon genug Probleme, so dass ich mit ganz anderen Dingen beschäftigt war. Doch Michelle war von meiner Geschichte und dem, was Gott in meinem Leben tat, fasziniert, daher fragte sie mich, ob wir in Kontakt bleiben könnten.

Am Ende der vier Tage reiste Michelle zurück nach Connecticut und ich zurück nach Virginia. Wir führten unsere Gespräche per E-Mail und Instant Messenger weiter. Durch diesen Schriftwechsel lernte ich das Herz und das Wesen Michelles kennen. Sie ist die aufrichtigste, aufopferungsvollste, treueste und demütigste Frau, die ich jemals getroffen habe. Es dauerte nicht lange, bis ich erkannte, welch seltenes Juwel diese Frau war und dass ich ein Dummkopf wäre, wenn ich nicht um diese einzigartige Tochter Gottes warb. Doch das beschwor neue Kämpfe herauf.

Als ich ihre Eltern kennenlernte, waren sie sehr nett und gastfreundlich, doch sie hegten ganz offensichtlich Vorbehalte gegenüber einem ehemaligen Muslim, der ihre Tochter umwarb. Natürlich war es auch nicht hilfreich, dass Michelle erst 21 Jahre alt war und ich weder über ein finanzielles

Einkommen noch über gesellschaftliche Unterstützung verfügte. Als ich daher um ihre Hand anhielt, lehnten sie ab. Zweimal. Beim dritten Mal hatte ich zum Glück Erfolg.

Aber ich musste auch *Ammi* und *Abba* überzeugen. *Ammi* lehnte es kategorisch ab, dass ich eine westliche Frau zu heiraten gedachte. Sie fragte: „Nabeel, wenn du schon Christ geworden bist, warum kannst du nicht eine pakistanische Christin heiraten? Die kennt wenigstens unsere Kultur!" Ich antwortete ihr, dass es dafür zu spät sei, dass ich Gottes Führung gesucht habe und überzeugt sei, dass Michelle das perfekte Gegenstück für mich war.

Abba dagegen war meinen Lebensentscheidungen gegenüber inzwischen milder gestimmt. Als *Ammi* einmal frustriert und unter Tränen das Zimmer verlassen hatte, sagte *Abba* zu mir: „Nabeel, wenn Michelle schon meine Schwiegertochter wird, dann will ich sie auch kennenlernen." Und eine Woche vor der Hochzeit traf er sie tatsächlich, als Michelle endlich auch nach Virginia zog. Als ihr klar wurde, dass Michelle und ich so oder so heiraten würden, erklärte sich auch *Ammi* zu einem Treffen bereit.

Familiäres Zerwürfnis

Dennoch gaben sie unserer Ehe nicht ihren Segen und weigerten sich, zu unserer Hochzeit zu kommen. Abgesehen von vier lieben Cousins und einem Onkel kam niemand von meiner Familie. Die ganze Tortur war qualvoll für mich, und allein daran zu denken, tut unsagbar weh. Fairerweise muss ich allerdings sagen, dass das Gleiche auch für meine Eltern gilt, vor allem für *Ammi*. Sie hatte große Hoffnungen und Träume für mich – ihren einzigen Sohn – gehegt. Diese Hoffnungen hatte ich zerstört, indem ich mich erst vom Islam abwandte und dann eine nicht-muslimische Frau heiratete, noch dazu eine westliche Frau.

Während all dieser familiären Umwälzungen versuchte meine Schwester Baji einfach, den Frieden zu wahren. Sie hatte von meiner bevorstehenden Bekehrung gewusst, denn in der Woche im Dezember 2004, als ich meinen ersten Traum erhielt, hatte ich ihr meine Gedanken anvertraut. Doch die Einheit der Familie war ihr schon immer weit wichtiger gewesen als religiöse Sichtweisen. Das war naheliegend, denn ihre Auffassung vom Islam hatte eine westliche Färbung angenommen und sie hielt es durchaus für möglich, dass ich Allah nach Seinem Willen auf dem Weg des Christentums nachfolgte.

Dennoch machte sich Baji vor allem Sorgen darüber, welche Auswirkungen meine Entscheidung auf die Familie haben würde, und weniger über die Folgen für meine Seele oder Erlösung. Je mehr ich nach meinen christlichen Überzeugungen lebte, umso mehr sorgte sie sich darum, dass es in unserer Familie zum absoluten Zerwürfnis kommen würde, daher riet sie mir ständig: „Versuche einfach, mit allem, was du tust oder sagst, die Dinge zum Besseren zu wenden.“ Sie hatte Angst, das Fass könne endgültig überlaufen.

Genau das geschah auch. 2009, als ich gerade mein Medizinstudium abgeschlossen hatte, beschloss ich, nicht zu praktizieren, sondern in den Vollzeitdienst zu gehen. Als ich meinen Eltern davon berichtete, konnten sie das nicht verstehen. Ich erinnere mich, wie *Ammi* sagte: „Nabeel, du bist Christ geworden, okay. Du hast Michelle geheiratet, okay. Aber jetzt hängst du die Medizin an den Nagel? Das war das Einzige, was mir noch geblieben war, das Einzige, auf das ich stolz sein konnte. Gehorchst du mir denn gar nicht mehr?“

Ich versuchte, ihr zu erklären, dass ich zum Dienst berufen war, aber diese Vorstellung von einer Berufung leuchtete ihr überhaupt nicht ein. Sie sagte immer wieder: „Aber es gibt doch auch christliche Ärzte; ich weiß, dass du Arzt sein kannst, wenn du willst. Es besteht keine Notwendigkeit, öffentlich über Christentum und Islam zu sprechen." Sie schlussfolgerte, dass alle meine Entscheidungen lediglich ein Akt der Rebellion gewesen seien und dass ich sie und *Abba* absichtlich verletzen wolle. Zu diesem Zeitpunkt beschlossen sie, jegliche Verbindung zu mir abzubrechen.

Meine Berufung in den Dienst

Auch wenn ich diese Diskussion mit meinen Eltern erst 2009 führte, hatte ich mich schon mindestens seit 2006 mit dem Gedanken beschäftigt, die Medizin aufzugeben. Der Pastor meiner Gemeinde wusste, dass ich Christ geworden war, nachdem ich mit David die Bibel und den historischen Jesus studiert hatte, daher bat er uns darum, eine Predigtreihe als Erwiderung auf den Film *Sakrileg* zu halten, der gerade in die Kinos gekommen war. Am 21. Mai, als David in den Sommerferien nach Virginia Beach zurückgekehrt war, lieferten David und ich unsere erste gemeinsame Predigt ab. Am Ende kamen zwei Atheisten nach vorne und nahmen Jesus an. Andere Gemeinden luden uns ein, bei ihnen zu predigen und so wurde unsere Berufung offensichtlich.

Bevor ich fortfahre, muss ich sagen, dass Gläubige mit muslimischen Wurzeln viel zu früh und viel zu oft in den Dienst gedrängt werden. Ihre christlichen Freunde sind begeistert, dass sie zum Glauben gekommen sind, daher bitten sie die ehemaligen Muslime, in den Gemeinden ihr Zeugnis zu geben. Diese exotischen Zeugnisse sind oft sehr bewegend und verbreiten sich schnell. Bald schon predigen und lehren Gläubige mit muslimischen Wurzeln, ohne vorher Zeit gehabt zu haben, in Christus zu wachsen, tiefe Wurzeln zu entwickeln oder eine geistliche Wandlung zu erleben. Genau das passierte mir; ich war noch kein Jahr lang Christ, als ich schon in Gemeinden lehrte, Diskussionen mit Imamen führte und mein Zeugnis vor hunderten von Zuhörern gab. Davor möchte ich eindringlich warnen; ich empfehle vielmehr eine durchschnittliche Zeit von zwei Jahren der Jüngerschaft und des Wachstums, bevor man einen solchen Dienst ausübt. Ich machte zu Beginn einige gravierende Fehler, weil mir die Gnade und die Weisheit fehlten, die man nur bekommt, wenn man Zeit mit Christus und in Seinem Wort verbringt. Auch wenn ich miterlebte, wie einige neue Gläubige aufgrund dieser Fehler ins Straucheln gerieten, bewahrte mich der Herr gnädig in all meinen Defiziten.

David und ich nannten unser Werk *Anastasis Apologetics* als Hinweis auf den Kernpunkt unserer Botschaft, die Auferstehung Jesu (*Anastasis* = griech. „Auferstehung"). Als wir schließlich erkannten, dass *Anastasis Apologetics* ein regelrechter Zungenbrecher und auch ziemlich schwierig zu buchstabieren ist, änderten wir den Namen in *Acts 17 Apologetics.* Als ich das Medizinstudium abschloss, hatte ich bereits an dutzenden Orten zu tausenden von Menschen gesprochen, und ich wusste, dass ich zum Lehrer und Evangelisten bestimmt war, nicht zu einer Arztlaufbahn. Ich beschloss, meine medizinische Ausbildung in der Auslandsmission einzusetzen, denn meine Bestimmung lag im Vollzeitdienst.

David und ich dienten gemeinsam, bis sich *Acts 17 Apologetics* aufgrund einer Reihe von unvorhergesehenen Ereignissen in den letzten zwei Jahren hauptsächlich auf Redefreiheit, Scharia im Westen und den Islam konzentrierte. So wichtig diese Themen auch waren, wollte ich meinen Dienst nicht auf den Islam beschränken. Mein Herz schlug für die Schönheit, Liebe und Macht des Dreieinigen Gottes, und ich wollte mich dafür einsetzen, die gute Nachricht des Evangeliums und seine historische Wahrheit zu verkündigen. Die Arbeit von *Acts 17 Apologetics* war wichtig, doch man brauchte dort nicht David *und* mich. Ich ermutigte ihn, weiterzumachen, verließ jedoch selbst am 17. Juni 2011 *Acts 17* und gründete *Creed 2:6 Ministries.* Es sollte allerdings nicht lange Bestand haben.

Im September 2011 bekam ich einen Anruf von *Ravi Zacharias International Ministries,* einer weltweiten Organisation von Evangelisten und Gelehrten. Einer ihrer Redner für eine Veranstaltung hatte kurzfristig abgesagt und sie suchten verzweifelt nach Ersatz. Keiner ihrer anderen Redner stand zur Verfügung, und alle Partner, mit denen sie sonst zusammenarbeiteten, waren ebenfalls zu beschäftigt. In einem letzten Versuch fragten sie ihre Partner, ob sie irgendwen kannten, der vielleicht einspringen könne, und zwei von ihnen nannten meinen Namen.

Durch dieses flüchtige Zusammentreffen begann meine Beziehung mit *RZIM*. Im Dezember dieses Jahres trafen Michelle und ich uns mit dem Gründer der Organisation, Dr. Ravi Zacharias, und er fragte uns, ob ich Teil des Teams werden wolle. Ohne zu zögern sagten wir zu.

Für mich ging damit ein Traum in Erfüllung, denn Redner bei *RZIM* zu sein hat mir nicht nur die Plattform gegeben, meiner Berufung zu folgen, sondern mir auch eine christliche Familie beschert, mit der ich mein Leben teilen kann. Täglich bin ich von den unterschiedlichsten begabten Gelehrten umgeben, die leidenschaftlich für Jesus arbeiten, und im Laufe der Zeit wurden sie mir zu Brüdern und Schwestern. Vielleicht zum ersten Mal in meinem Leben fühle ich mich dazugehörig.

Die Gegenwart

Nachdem ich etwa ein Jahr lang nichts von meiner Familie gehört hatte, rief mich *Abba* aus heiterem Himmel an. Es gab einen Notfall in der Familie und er wollte uns vereinen. Michelle und ich fuhren sofort zu ihnen, und von diesem Moment an bis 2014 nahmen wir unsere Beziehung wieder auf, wenn es auch nicht immer einfach war. Wir sprachen zwar regelmäßig miteinander, waren aber dennoch keine wirkliche Familie.

2014 änderte sich das, und auch wenn ich nicht genau weiß, warum, habe ich doch eine ziemlich präzise Vorstellung. Als dieses Buch erschien, bekam ich E-Mails und Briefe aus der ganzen Welt von Menschen, die ich nie getroffen hatte, die es sich aber zur Aufgabe gemacht hatten, für meine Familie zu beten. Gott muss diese Gebete wohl erhört haben, anders kann ich mir die plötzliche dramatische Verbesserung in unserer Familienbeziehung nicht erklären. *Ammi* weint nicht mehr die ganze Zeit, sondern vergießt nur noch ab und an eine Träne. *Abba* und ich können uns wie Erwachsene unterhalten, ohne uns in religiösen Streitigkeiten zu verzetteln. Wir haben Spaß, wenn wir mit einander reden und uns Geschichten erzählen. Endlich sind wir wieder so etwas wie eine Familie. Morgen kommen sie sogar zu mir nach England, um ihre neue Enkelin Ayah kennenzulernen. Ich kann es kaum erwarten, ihnen zu zeigen, wie wir hier in England leben, und ich habe eine Million Fragen an sie, wie man das so macht als Eltern. Denn tolle Eltern sind sie wirklich.

Ich bin allen Menschen auf ewig dankbar, die für meine Familie gebetet haben und das auch weiterhin tun.

Ich lebe heute in England, weil ich nach wie vor eine tiefe Leidenschaft für die Themen hege, die mich dazu brachten, dem Islam den Rücken zu kehren und Jesus anzunehmen. Kurz nachdem ich Christ geworden war, begann ich damit, mir eine theologische Grundlage zu erarbeiten, indem ich an der Biola University studierte. Danach studierte ich mit kritischem Blick Christentum und Islam an der Duke University, und zwar sowohl bei christlichen als auch bei muslimischen Dozenten. Aktuell schreibe ich meine Doktorarbeit in Neutestamentlichen Studien in Oxford, in der Hoffnung, andere Suchende und Gemeinden mit handfesten Argumenten auszustatten, warum man Vertrauen in den christlichen Glauben haben kann.

David und ich sind immer noch gute Freunde, aber er und Marie wohnen in New York und haben vier Söhne, die sie ziemlich auf Trab halten, daher sehen wir uns nicht mehr so oft. Doch in diesem Herbst wollen sie Michelle und mich besuchen, so dass sie unsere hübsche Ayah kennenlernen. Ich werde ihre Söhne dabei genau im Auge behalten müssen.

Es soll nicht ungesagt bleiben, dass Ayah in diesem Moment auf einer Decke neben mir liegt, die mir Betsy geschenkt hat, das christliche Mädchen, das mit mir in der Highschool über das Evangelium gesprochen hatte. Nachdem sie von meiner Bekehrung erfahren hatte, suchte Betsy den Kontakt zu mir, und unsere Familien haben sich schon ein paar Mal getroffen, um darüber zu sprechen, wie der Herr in unserem Leben wirkt. Ich danke dem Herrn für sie und für die vielen hundert Menschen, die mich wider alle Wahrscheinlichkeit unterstützt und für mich gebetet haben, auch wenn es noch so vergeblich zu sein schien.

Muslime erreichen

Zwei Dinge möchte ich noch ansprechen. Erstens: Einige Christen waren nach der Lektüre meiner Geschichte skeptisch, dass Gott heutzutage noch durch Visionen und Träume zu Muslimen redet. In ihren Augen widerspricht das der Autorität der Bibel, die für einen Gläubigen ausreichen sollte. Selbstverständlich glaube ich an die Autorität der Schrift und dass wir keine weitere Offenbarung benötigen, aber ich glaube ebenfalls, dass Gott ein gnädiger Gott ist, der so viel mehr tut, als wir erbitten oder uns vorstellen können. Wie er zu Muslimen spricht, überrascht Menschen vielleicht, die nicht als Missionare arbeiten. In jeder Geschichte, die ich persönlich erzählt bekommen habe und in der es um Muslime geht, die Visionen oder Träume erhielten, führte Gott diese Muslime dadurch entweder direkt zur Bibel oder zu Christen, die ihnen die Lehren der Bibel erläuterten. In meiner Geschichte führten mich die Visionen und Träume schließlich zum Matthäusevangelium, und auf diesen Seiten der Bibel traf ich den lebendigen Gott.

Zweitens: Ich habe einige Menschen getroffen, die nach der Lektüre dieses Buches meinten, alles über den Islam wissen zu müssen, bevor sie den Kontakt zu Muslimen suchen könnten. Dem ist nicht so. David wusste kaum etwas über den Islam, als wir unsere Diskussionen begannen. Menschen, die sich mit Muslimen anfreunden, brauchen kein breites Wissen über den Islam, sondern die Bereitschaft, herauszufinden, was ihren muslimischen Freunden wichtig ist. Sie müssen die Zeit aufbringen wollen, im Laufe der Beziehung diese Themen zu vertiefen und zu diskutieren. In Bezug auf ein grundlegendes Wissen über das Christentum ist es jedoch von größter Bedeutung, dass Christen in der Lage sind, klar und deutlich zu erklären, was sie glauben und warum. Genau das trägt 1. Petrus 3,15 den Christen auf.

Ein abschliessender Appell

Zum Abschluss möchte ich an alle appellieren, die darüber nachdenken, Jesus nachzufolgen, besonders an jene, die dafür viel aufgeben müssten. Ich möchte ehrlich sagen, dass mein erstes Jahr als Christ unvorstellbar schwierig und ohne Zweifel die schmerzlichste Zeit meines Lebens war. Jeder einzelne Tag war ein Kampf, und ich erlebte so starke seelische Schmerzen, wie ich es nicht für möglich gehalten hatte.

Aber ich möchte auch ehrlich sagen, dass diese zehn Jahre rückblickend die prägendste und wichtigste Zeit meines Lebens waren. Durch sie wurde ich geformt, geprägt und zu einem Jünger Jesu verändert. Der Heilige Geist war mein Tröster, Sein Wort war meine Nahrung, und ich würde diese Zeit keinesfalls missen wollen. Das Leiden verwandelte mich in einen wahren Nachfolger Jesu. Mein jetziges Leben, wie auch mein Weg mit Gott und meine Beziehung zu meiner Ehefrau sind wirklich glückselig und weitaus wunderbarer, als ich sie mir je hätte vorstellen können, als ich noch Muslim war.

Egal, wie viel Leid man erfährt, wenn man Jesus nachfolgt – Er ist es wert. So wunderbar ist Er!

NACHWORT

Mark Mittelberg

Aber der Pfad der Gerechten ist wie das glänzende Morgenlicht, heller und heller erstrahlt es bis zur Tageshöhe.
Sprüche 4,18

Ich blickte aus dem Fenster, als das Flugzeug am frühen Morgen zum Landeanflug auf ein uncharakteristisch sonniges Houston ansetzte. Es waren erst wenige Wochen vergangen, seit der Wirbelsturm Harvey die Gegend überschwemmt hatte, doch ich erblickte hauptsächlich Schönheit, darunter intensiv grüne Gärten, Parks und Wälder. *Ein- bis eineinhalb Meter Regen im Lauf von ein paar Tagen können wohl jede Landschaft beleben,* dachte ich mir.

Doch dann riss mich etwas aus meinen schläfrigen Beobachtungen. Meine Augen nahmen eine Reihe von hellen Blitzen wahr, die von einem Grundstück weit unter mir auszugehen schienen. Was mochte wohl diesen stroboskopartigen Effekt hervorrufen? Ich reckte mich und konnte gerade noch erkennen, dass das Sonnenlicht in unregelmäßigen Abständen von den vielen Granitsteinen eines Friedhofs reflektiert wurde.

Was für ein ergreifendes Bild, dachte ich. Der Grund für meine Reise war ein Besuch bei Nabeel Qureshi, einem meiner engsten Freunde, der in der Palliativabteilung des Houstoner Krankenhauses um sein Leben rang. Nabeel kämpfte bereits seit etwas über einem Jahr mit Magenkrebs im Stadium 4, und offensichtlich schien dieser Kampf fast am Ende angelangt zu sein.

Wie diese polierten Grabsteine reflektierte dieser ungewöhnlich begabte junge Mann das helle Licht, das nicht von ihm selbst ausging. Seit unserer ersten Begegnung, etwas mehr als ein Jahrzehnt zuvor, hatte sein Leben so viel Liebe und Leidenschaft ausgestrahlt, die … nun ja, nicht von dieser Welt wirkten. Er spiegelte tatsächlich, wie Paulus es in 2. Korinther 3,18 beschreibt, die Herrlichkeit des Herrn wider, des einen wahren Gottes, der bewirkt, dass wir „seinem Bild immer ähnlicher (werden), denn seine Herrlichkeit verwandelt uns."

Sie haben durch die Lektüre dieser ergreifenden Geschichte viel über Nabeel gelernt. Bitte gestatten Sie mir, nun sechs Dinge hervorzuheben, die ihm sehr wichtig waren.

Als Erstes liebte Nabel *Wissen und Wahrheit.* Er ging sogar fast sein ganzes Leben lang zur Schule! Neben seinem Bachelorabschluss machte Nabeel auch einen Master-Abschluss in Medizin, und als er während des Studiums Christ wurde, entschloss er sich, zu pausieren und stattdessen einen Magister in Christlicher Apologetik an der *Biola University* zu machen. Nachdem er beide Studiengänge abgeschlossen hatte, machte er einen weiteren Master, diesmal in Religionswissenschaft an der *Duke University.* Kurz darauf ging er nach Oxford, um an seiner Dissertation zu arbeiten, und hatte bereits einen weiteren Abschluss gemacht, als die Krebsdiagnose gestellt wurde. Im Alter von 33 Jahren hatte Nabeel also bereits vier Abschlüsse von vier prestigeträchtigen Universitäten.

In Sprüche 1,7 heißt es: „Weisheit und Zucht verachten nur die Narren", doch Nabeel liebte beides, selbst wenn das seinen langjährigen Glauben infrage stellte. Wie wir alle mochte es auch Nabeel nicht, im Unrecht zu sein, doch er war nicht bereit, blindlings irgendwelche Vorstellungen zu übernehmen. Er musste wissen, dass das Fundament seines Glaubens, seines ganzen Lebens, auf Wahrheit beruht und nicht auf Spekulation oder Tradition.

Mich sah Nabeel als einen seiner Mentoren an, und trotz seines brillanten Intellekts und seiner umfassenden Bildung habe ich ihn immer als demütigen und lernfähigen Menschen erlebt. Er hatte einen *Hunger* nach göttlicher Weisheit und Weisung und suchte stets danach.

Zweitens liebte Nabeel *Gott*. Zunächst bedeutete das für ihn, Allah von ganzem Herzen nachzufolgen. Doch seine Liebe zur Wahrheit brachte ihn dazu, tiefer zu graben. Als er den wahren Gott gefunden hatte – als er Jesus gefunden hatte –, war er sofort bereit, ihn zu lieben und ihm zu dienen, und zwar mit ganzem Herzen und mit ganzer Seele und mit ganzem Verstand und mit all seiner Kraft (so wie Jesus es uns in Markus 12,30 aufträgt).

Niemals sah ich Nabeel in seiner Liebe zu Gott wanken. Für ihn stand Gott immer an erster Stelle, noch vor seiner Familie, seiner Karriere und seiner Zukunft. Manchmal diskutierten wir darüber, was die Worte Jesu in Matthäus 19,29 in seinem Leben bedeuteten: „Und ein jeder, der Häuser oder Brüder oder Schwestern oder Vater oder Mutter oder Kinder oder Äcker um meines Namens willen verlassen hat, wird hundertfach empfangen und ewiges Leben erben.“ Er wusste um den Preis der Nachfolge, dennoch folgte er Jesus treu.

Drittens liebte Nabeel seine *Familie*. Es brach ihm das Herz, an seinen geliebten Vater und seine geliebte Mutter zu denken, nachdem er sich vom Islam abgewandt hatte und nun Jesus nachfolgte. Sie haben davon gelesen, wie viele Schmerzen dieser Schritt ihm und ihnen bereitet hat. Ich kann Ihnen aber versichern, dass ihm bis an sein Lebensende nichts wichtiger war, als ihnen, seiner geliebten Schwester und anderen Angehörigen und Freunden dabei zu helfen, den einzig wahren Erlöser kennenzulernen. Oft beteten wir auch dafür.

Als ich an diesem Morgen in Houston landete, besuchte ich das Krankenhaus, in dem Nabeel auf der Palliativstation lag. Dort stellte er mich seinem Vater, seiner Mutter und seiner Schwester vor – wunderbaren, liebevollen Menschen, die ihren muslimischen Glauben voller Hingabe leben. Dennoch glaube ich wie Nabeel, dass sie die Gnade und die Vergebung brauchen, die es nur in Christus gibt.

Nabeel liebte auch seine Frau und seine Tochter von ganzem Herzen. Ich denke, das war für ihn das Schlimmste angesichts des Todes; nicht, dass er selbst das Leben verlor, sondern dass seine teure, liebe Frau Michelle ihren Mann verlieren würde, und seine kleine Tochter Ayah ihren Papa. Vermutlich betete er vor allem ihretwegen und nicht so sehr seinetwegen so inständig um göttliche Heilung oder eine erfolgreiche medizinische Behandlung.

Viertens liebte Nabeel seine *Freunde*. Zu großen Teilen ist dieses Buch die Geschichte einer einzigartigen Freundschaft. Ja, Nabeel und David zankten sich oft (das hörte nie auf; ursprünglich hatte Nabeel das Buch mit der Widmung versehen: „Für David, einen super Freund und totalen Blödmann“), und manchmal waren sie auch frustriert voneinander. Doch sie gingen gemeinsam durchs Leben, und das wird auch in der Ewigkeit so sein.

Ich wurde Nabeel von unseren gemeinsamen Freund Michael Licona vorgestellt, von dem Sie in diesem Buch auch gelesen haben. Unsere Hintergründe könnten verschiedener nicht sein, doch Nabeel und ich freundeten uns sofort an. Wir hatten einen ähnlichen Musikgeschmack, genossen es, miteinander zu essen, wir liebten Gott und waren mit Leidenschaft dabei, christliche Wahrheiten zu erkennen und zu verbreiten. Ich war mir über die Ernsthaftigkeit von Nabeels Glauben so sicher, dass ich schon in meinem 2008 erschienenen Buch darüber schrieb, das heute den Titel trägt: „Confident Faith: Building a Firm Foundation for Your Beliefs“ (Vertrauensvoller Glaube: Eine solide Grundlage für den Glauben bauen).

Außerdem war Nabeel unglaublich geistreich und humorvoll, er lachte gerne, und manchmal saß ihm der Schalk im Nacken; es war also rundum ein Vergnügen, mit ihm zusammen zu sein.

Fünftens liebte Nabeel seinen *Dienst*. Und zwar so sehr, dass er einer zweifelsohne sehr vielversprechenden medizinischen Karriere den Rücken kehrte, obwohl er viele Jahre lang hart für seinen Abschluss gearbeitet und ein sattes Darlehen für die Studiengebühren auf sich genommen hatte. Es war eine schwierige Entscheidung, die einige von uns begleiten durften. Unerschütterlich hielt er daran fest, dass er seine besten Jahre dem Dienst für Gott widmen und Menschen erreichen wollte. Rückblickend bin ich sehr froh, dass er seine knapp bemessene Zeit so weise investierte.

Nabeel gründete zusammen mit David Wood den Apologetik-Dienst *Acts 17*. Dann rief er *Creed 2:6* ins Leben, bevor er von Ravi Zacharias als Redner für *Ravi Zacharias International Ministries (RZIM)* berufen wurde. Das öffnete Nabeel viele Türen, und Gott gebrauchte ihn zunehmend weltweit. Wenn Sie je das Vorrecht hatten, Nabeel reden zu hören, dann wissen Sie, dass er regelrecht zum Leben erwachte, wenn er vor einer Gruppe Menschen sprach – egal, wie groß – und die Wahrheit des Evangeliums verkündete.

Außerdem war es Nabeel eine große Freude, regelmäßig jüngere Christen zu betreuen, wie z. B. als er bei uns wohnte und sich in das Leben meiner eigenen Kinder Emma Jean und Matthew investierte. Es ist unter anderem Nabeel zu verdanken, dass Matthew zum Studium nach Oxford ging, um dort am *Oxford Centre for Christian Apologetics (OCCA)* zu studieren und für dieses Werk zu arbeiten.

Nachdem er *Allah gesucht – Jesus gefunden* geschrieben hatte, veröffentlichte Nabeel außerdem *Dschihad und der Islam* und schließlich *Islam oder Christentum: Ist Jesus wirklich Gott?* Zwei dieser Bücher wurden New York Times Bestseller. Darüber hinaus nahm Nabeel dutzende Onlinevideos auf, in denen er aus seinem Leben erzählte und über Islam und Christentum lehrte.

Sechstens liebte Nabeel *gutes Essen*. Dieser Bericht wäre nicht vollständig, würde ich Nabeels kulinarische Leidenschaft nicht erwähnen. Sie war ein wesentlicher Bestandteil vieler seiner Beziehungen. Ich erinnere mich sehr gerne an viele gemeinsame Mahlzeiten mit Nabeel in einem obskuren japanischen Restaurant im Zentrum von Washington DC; in einem wunderbaren Bistro in Carmel-by-the-Sea, Kalifornien; in einem Sushi-Restaurant in Denver, Colorado (obwohl ich Sushi in gegrillter Form bevorzuge); und bei mir zu Hause, wo er, meine Kinder und ich den legendären Rostbraten meiner Frau Heidi verschlangen. Nebenbei bemerkt hatte Nabeel sein eigenes Steak-Grillrezept und setzte einmal bei der Zubereitung beinahe unsere Küche in Brand!

Wie Sie sich wohl denken können, stellte die Reise nach Houston an diesem Morgen meinen letzten Besuch bei Nabeel dar. Er starb fünf Tage darauf, voller Glauben und Hoffnung auf seinen Retter, der ihn erlöst hatte.

Wenn ich an meinen Freund denke, tue ich das mit einem lachenden und einem weinenden Auge. Ich freue mich über das Leben, das er geführt hat, über die wunderbaren Erinnerungen und die Auswirkungen seines unglaublich effektiven Dienstes. Traurig bin ich, weil er uns zu früh verlassen hat, doch ich weiß, dass ich ihn im Himmel wiedersehen werde.

Auch Sie werden Nabeel dort treffen, wenn Sie dem Erlöser vertrauen, den er liebte und dem er diente.

Wir können von Nabeels Beispiel viel lernen. In einem am 13. April 2017 – mehrere Monate vor seinem Tod – aufgenommenen Video betete er: „Herr, bitte hilf mir, ein guter Sohn zu sein, ein guter Ehemann, ein guter Vater, ein guter Freund und ein guter Diener. Herr, wenn das alles hier vorüber ist, erinnern sich die Menschen nur noch daran, wie sehr wir sie geliebt haben, und an sonst nichts. Darum bete ich, Herr, dass ich dich, Gott, und deine Liebe zu deinen Kindern widerspiegeln darf."

Wenn wir dem nachfolgen, der in Johannes 8,12 sagt: „Ich bin das Licht der Welt", dann können wir, wie Nabeel, wie die Lichtstrahlen sein, die an jenem Morgen von den Grabsteinen reflektiert wurden: eine helle Widerspiegelung Seines Lichts und Seiner Liebe zu allen Menschen um uns herum.

Der Herr aber ist der Geist; wo aber der Geist des Herrn ist,
ist Freiheit. Wir alle aber schauen mit aufgedecktem Angesicht
die Herrlichkeit des Herrn an und werden so verwandelt in
dasselbe Bild von Herrlichkeit zu Herrlichkeit,
wie es vom Herrn, dem Geist, geschieht.
2. Korinther 3,17-18

GEDANKEN EINER EHEFRAU

Michelle Qureshi

Am 16. September 2017, nach neun Jahren Ehe, wurde Nabeel heimgerufen und in der Ewigkeit willkommen geheißen.

Von Anfang an wusste Gott genau, was er da von mir verlangte.

Schon seit Beginn meiner Beziehung mit Nabeel lag mir die Familie Qureshi sehr am Herzen. Während unserer ersten Begegnung auf einer Konferenz in Atlanta schickte mir Nabeel einen Link zu der ersten schriftlichen Version seines Zeugnisses, einem Artikel für die Website *Answering Islam* mit dem Titel „Crossing Over". Mir liefen die Tränen übers Gesicht, als ich von der angespannten Situation bei ihm zu Hause las und von dem unglaublichen Charakter eines Mannes, der Jesus so sehr liebte, dass er bereitwillig alles aufgab, was ihm einst wertvoll gewesen war.

Trotz der schmerzlichen Beziehung zu seinen Eltern war Nabeel nicht davon abzubringen, hingebungsvoll den Dienst zu tun, zu dem er berufen war, auch wenn er dafür einen hohen Preis zahlte. Während unserer Verlobungszeit riet Nabeel mir, mich gut anzuschnallen, denn unsere Ehe würde die reinste

Achterbahnfahrt werden. Als naive 21-Jährige, die wohlbehütet in einer konservativen christlichen Familie aufgewachsen und immer zu Hause unterrichtet worden war, reagierte ich mit unschuldigem Enthusiasmus, ohne die geringste Ahnung, was noch vor uns lag.

Mein Militärdienst während der ersten fünf Jahre unserer Ehe und Nabeels akademischen und geistlichen Verpflichtungen führten dazu, dass wir immer wieder längere Zeit voneinander getrennt waren. Achtmal verbrachten wir jeweils zwei Monate getrennt, ein ganzes Jahr lang lebten wir in unterschiedlichen Staaten, und es gab unzählige Zeiträume von ein oder zwei Wochen, in denen wir einander nicht sehen konnten. Das wurde nach einer Weile zur Normalität für uns. Die Phasen des Getrenntseins und die acht Umzüge innerhalb von neun Jahren führten dazu, dass wir nirgendwo richtig Wurzeln schlugen, oftmals einsam waren und viele Herausforderungen allein meistern mussten.

Doch auch wenn der Preis des Gehorsams gegenüber Gott hoch ist, so bringt er doch immer Frucht hervor. Indem ich gehorsam war und Nabeel heiratete, was ja meinen eigenen Wünschen nur zu sehr entgegenkam, entwickelte sich auch mein Charakter wunderbar weiter: Mein Glaube vertiefte sich durch den Kontakt mit christlichen Apologeten, sodass ich lernte zu hinterfragen, warum ich eigentlich glaube, was ich glaube; meine durch meine strenge militärische Ausbildung geprägte unnachgiebige Persönlichkeit wurde angesichts von Nabeels sorgloser Art sanfter; und meine Tendenz zum Stubenhocken wurde durch Nabeels Abenteuerlust in gesundem Maß herausgefordert.

Ähnlich bewirkte Nabeels Gehorsam seiner Berufung gegenüber, dass viele Leben verwandelt wurden: Durch seine Vorträge ermutigte er sowohl Christen als auch Nichtchristen, ihren Glauben zu hinterfragen; seine Lehren zum Thema Islam waren ausgewogen und umfassend, und seine Bücher veränderten unzählige Menschen auf der ganzen Welt. Im Sommer 2016 stand Nabeel auf dem Höhepunkt seiner Karriere: Er war ein vielgebuchter Redner bei *Ravi Zacharias International Ministries*, ein Bestsellerautor der *New York Times*, dessen drittes Buch kurz vor der Veröffentlichung stand, und in zwei Jahren würde er sich seinen Lebenstraum erfüllen und seinen Doktor an der Universität Oxford machen.

Dann, am 24. August 2016, kam die Krebsdiagnose. Doch nicht irgendeine Krebsart: Es handelte sich um ein Magenkarzinom, Stadium 4, mit einer Überlebenschance von vier Prozent.

Sein Dienst und seine Ausbildung kamen zu einem abrupten Ende. Alle Zukunftspläne hingen in der Schwebe, während wir den einjährigen Kampf um Nabeels Leben aufnahmen. Wir wurden sowohl aus unserem Umfeld in Oxford als auch aus dem Haus in Atlanta, das wir gerade gebaut hatten, gerissen. Zusammen mit unserer damals einjährigen Tochter Ayah zogen wir nach Houston, damit Nabeel in der dortigen auf Krebsbehandlung spezialisierten Klinik medizinisch betreut werden konnte. Zu allem Überfluss hatte ich in den ersten zwei Monaten nach unserem Umzug auch noch eine Fehlgeburt. Wir waren am Boden zerstört.

Doch durch all diese widrigen Umstände zog uns Gott näher zu sich und lehrte uns, was es wirklich heißt, ihm von ganzem Herzen zu vertrauen. Abgesehen von allen eigenen Bemühungen fanden Nabeel und ich uns unversehens in einer unglaublich hingegebenen Gemeinschaft von Gläubigen wieder. Diese wunderbaren Menschen forderten unsere Weltanschauungen heraus, bezeugten große Hoffnungen auf einen großen Gott und erfreuten sich mit ihrem ganzen Wesen an Jesus. Sie blieben unverzagt trotz der schwerwiegenden Situation und zeigten uns, dass auch wir die Freude, den Frieden und die Stärke haben konnten, die aus der Kraft des Heiligen Geistes erwachsen.

Im Laufe der Behandlungen verschlechterte sich Nabeels Zustand, und mir wurde klar, dass ich ohne Jesus tatsächlich nichts tun kann. Doch ich erkannte ebenfalls, dass ich durch Christus, der mir die Kraft gibt, alles vermag. Als ich endlich die Tatsache anerkannte, dass ein souveräner, guter und vertrauenswürdiger Gott die Fäden in der Hand hielt und nicht ich, hatten die Angst und die Sorgen nicht länger Macht über mich. Gott war für mich, wer also konnte gegen mich sein, egal, wie die Umstände auch sein mochten?

Auch wenn Nabeel den Großteil seiner verbleibenden Wochen im Krankenhaus verbrachte und es ihm zusehends schlechter ging, stand ich unerschütterlich auf dem Felsen, den nichts erschüttern kann. Während seiner letzten Tage in der Palliativstation wurde mir klar, dass ich mich am Ende nur auf das Wort Gottes verlassen kann. Keine noch so ermutigende oder tröstende Nachricht kann es jemals mit der Hoffnung und dem Vertrauen aufnehmen, die aus der unfehlbaren Wahrheit seines Wortes entspringen.

In den Monaten nach Nabeels Begräbnis wurde mir wieder ganz neu bewusst, dass dieses Leben aus mehr als nur dem Sichtbaren besteht, und dass nichts zufällig geschieht. Die geistliche Dimension ist ebenso real, und Gott hat einen vollkommenen Plan für unser Leben, in dem alles seinen Sinn hat. Gott übertrifft stets unsere Erwartungen.

Nabeel war ein gottesfürchtiger Mann und lebte für den großen Missionsauftrag. Ich bin überzeugt, dass sein Tod am Ende etwas noch viel Herrlicheres bewirken wird, als sein Leben es je vermocht hätte. Eine Zeit lang war ich dazu berufen, seine Frau zu sein – was für ein Vorrecht war es doch, währenddessen mit ihm diese Botschaft weitergeben zu dürfen. Ich freue mich auf das, was der Herr in der Zukunft noch für mich vorgesehen hat.

IN ERINNERUNG AN NABEEL

Ein Gespräch zwischen David Wood und Nabeel Qureshi

Das folgende Gespräch wurde im November 2015 während des jährlichen Treffens der *Evangelical Theological Society* in Atlanta, Georgia, aufgezeichnet. Nabeel und David kamen zusammen, um miteinander über ihre Freundschaft zu sprechen, über Nabeels Bekehrung und was sie über den Dienst an Muslimen gelernt hatten.

Nabeel Qureshi: Wann haben wir uns das erste Mal getroffen? Ich erinnere mich, dass wir beide im Debattier-Club der *Old Dominion University* waren, weiß aber nicht mehr, wie wir uns genau kennengelernt haben.

David Wood: Du bist zu den Treffen gekommen, und ich habe schnell gemerkt, dass du Muslim warst. Ich dachte: „Cool, vielleicht ist er nicht zufällig hier."

Nabeel Qureshi: Du warst aber schon vorher mal mit einem Muslim befreundet, oder?

David Wood: Das lief aber leider nicht so gut. Es war kurz nachdem ich selbst Christ geworden war. Ich hatte keine Ahnung, was es bedeutete, Christ zu sein – weder vom Wissen noch vom Charakter her. Ein guter Freund von mir war Imam, und wir gingen zusammen ins Fitnessstudio. Du denkst bestimmt, dass ich noch nie ein Fitnessstudio von innen gesehen habe, aber das ist lange her. Während des Trainings diskutierten wir und gerieten immer in Streit. Dann wurden wir sehr schnell sehr laut. Wir waren vielleicht sechs Monate oder so befreundet, dann gaben wir es auf. Als ich dich traf, dachte ich: „Diesmal darf ich es nicht wieder so vermasseln wie bei meinem anderen Freund."

Nabeel Qureshi: Erinnerst du dich, wie wir das erste Mal über Religion diskutierten?

David Wood: Du hast angefangen. Wir waren unterwegs in einem Hotelzimmer, und ich las in der Bibel und betete: „Gott, meine letzten Gespräche mit einem Muslim sind nicht gut ausgegangen. Wenn du willst, dass ich mit diesem hier rede, dann lass ihn den ersten Schritt tun." In dem Moment fragtest du: „Du bist also ein Hardcore-Christ?"

Nabeel Qureshi: An diesem Abend sprachen wir darüber, wie die Bibel überliefert wurde. Als Muslim war ich überzeugt davon, viel über die Bibel zu wissen, auch wenn mir rückblickend klar ist, dass das nicht stimmte. Wie wirkte meine Bibelkenntnis auf dich? Und meine Angriffe gegen die Bibel, wie hast du die wahrgenommen?

David Wood: Ich hatte mich schon vorher mit Muslimen unterhalten. Ich wusste, dass sie sehr selbstbewusst sind, weil sie vieles schon ihr Leben lang zu hören bekommen haben. Doch ich dachte: „Dieser Kerl glaubt das wirklich, aber er ist so sehr im Unrecht; hoffentlich erkennt er das irgendwann." Damals ahnte ich noch nicht, dass sich daraus eine jahrelange Freundschaft entwickeln würde.

Nabeel Qureshi: Zu Beginn unseres Gesprächs war ich überzeugt, dass Christen nicht wissen, wovon sie reden. Ich glaubte, wenn sie nur besser Bescheid wüssten, würde ihnen auch klar, dass die Bibel verfälscht ist. Ich hielt Christen für Polytheisten. Ich musste nichts weiter tun, als den Leuten zu erklären, dass der christliche Glaube falsch ist, und sie würden ihren Fehler erkennen.

Bei unserem Gespräch an diesem Abend dachte ich zum ersten Mal: „Hier ist ein Christ, der weiß, wovon er spricht." Auch wenn wir uns stritten, hatte ich Respekt vor dir, weil du Rückgrat hattest, du kanntest dich in deinem Glauben aus, du hast nicht einfach blind geglaubt. Kurz darauf dachte ich: „Wir sind uns im Charakter sehr ähnlich. Er ist Christ, ich bin Muslim, aber wir haben dieselben Werte und dieselbe Überzeugung über unseren Glauben."

David Wood: So etwas Ähnliches habe ich auch gedacht. Auf dem College werden die Leute manchmal sehr relativistisch, sodass man kaum noch ein Gespräch mit ihnen führen kann. Du sagtest mir: „Der Islam wurde durch die Geschichte belegt, er ist durch die Wissenschaft belegt und durch Logik; alle Beweise, die es gibt, sprechen für den Islam." Daraufhin dachte ich: „Damit kann ich umgehen. Wir betrachten einen Beweis nach dem anderen und schauen mal, was dabei herauskommt."

Nabeel Qureshi: Es gab einen konkreten Moment, in dem ich dachte: „Jetzt sind wir Brüder." Jemand versuchte, dir zu widersprechen, und derjenige war ganz klar im Unrecht. Erinnerst du dich daran?

David Wood: Sehr gut sogar. Zeit meines Lebens war ich körperlich gesehen immer der Größte, sodass sich nie jemand für mich einsetzte. Doch einmal beschuldigte mich eine junge Frau wegen irgendeiner Sache und schrie mich an, nachdem sie mit einigen Leuten über mich geredet hatte. Dann sagtest du zu ihr, obwohl du mich eigentlich kaum kanntest: „Ich finde, wenn du etwas über jemanden zu sagen hast, dann solltest du zuerst zu demjenigen persönlich gehen." Es war echt cool, dass du dich für mich eingesetzt hast.

Nabeel Qureshi: Ab diesem Punkt hatte ich das Gefühl, dass wir wie Brüder waren. Wir besuchten zusammen Kurse. Der katastrophalste davon war Evolutionsbiologie.

David Wood: Wir hätten sowieso ein Problem gehabt, einfach, weil du so gerne so viel redest, aber …

Nabeel Qureshi: Moment mal, du doch wohl auch.

David Wood: Ich weiß, aber die Dozentin hatte eine total komische Frisur, und du hast in einer Tour darüber geredet. Ich konnte die Vorlesung nicht mal mitschreiben.

Nabeel Qureshi: Sie war Atheistin, nicht wahr?

David Wood: Eine fanatische.

Nabeel Qureshi: Mitten in der Vorlesung fing sie an, den Glauben an Gott massiv anzugreifen. Wenn ich mich über ihre Frisur lustig machte, konnte ich ein bisschen Dampf ablassen. Dann redete ich über …

David Wood: Die Evolution ihrer Haare.

Nabeel Qureshi: … über das Regnum, die Klasse, den Stamm, die Gattung und die Spezies ihrer Haare. Ich musste die Vorlesung dann aufgeben.

David Wood: Aber Genetik hast du nicht aufgegeben. Das war echt schlimm. Du hast die Hälfte der fünfzig Minuten nur gequatscht, und ich bekam kein Wort des Dozenten mit. Doch dann wollte er wissen: „Irgendwelche Fragen?" Du drehtest dich zu ihm um, deine Hand schoss in die Luft und du stelltest eine Frage über das Thema, das er behandelt hatte. Ich war beeindruckt.

Nabeel Qureshi: Man musste dem Dozenten den Eindruck vermitteln, man hätte zugehört.

David Wood: In dem Seminar bekam ich aber die beste Note.

Nabeel Qureshi: Du hast mich geschlagen? Echt? Ich habe den unbestimmten Eindruck, dass ich die bessere Note hatte, aber lassen wir dir deine Erinnerung so, wie sie ist. Erinnerst du dich noch daran, wie wir Marie getroffen haben? Das war am Abend unseres Ausflugs mit dem Debattier-Club.

David Wood: Wir diskutierten über die Auferstehung. Wir erklärten ihr, worum es ging, und sie sagte: „Ihr habt beide recht." Das einte uns ganz unverhofft.

Nabeel Qureshi: Denn ich sagte: „Er ist nicht von den Toten auferstanden“, wogegen du meintest: „Er ist von den Toten auferstanden.“

David Wood: Das sind die einzigen beiden Alternativen. Die eine ist richtig, die andere falsch. Sie dagegen meinte, dass alle religiösen Ansichten den gleichen Stellenwert hätten.

Nabeel Qureshi: Doch das glauben weder Christen noch Muslime.

David Wood: Genau. Wir stimmten darin überein, dass wir nicht beide recht haben konnten.

Nabeel Qureshi: Wir diskutierten den ganzen Flug über mit ihr. Später an dem Abend sagtest du im Hotel: „Ich werde sie heiraten.“

David Wood: Und das habe ich auch.

Nabeel Qureshi: In der Tat. Ein Jahr später.

David Wood: Unsere Freundschaft wurde immer enger. Etwa zwei oder drei Jahre später bemerkte ich, dass du in Diskussionen nicht mehr ganz so selbstbewusst auftratst. Also stellte ich dir dieselbe Frage wie schon Jahre zuvor: „Warum bist du Muslim?“ Deine Antwort entsetzte mich: „Gott weiß, dass unser Verstand begrenzt ist. Wir können nicht bis zum Kern der Wahrheit vordringen. Also bleibe ich einfach Muslim.“

Nabeel Qureshi: Die Ironie dabei ist, dass ich, je weniger ich von der Wahrheit des Islams überzeugt war, umso muslimischer auftrat. Ich begann, die muslimische Jugendgruppe in unserer Stadt zu leiten. Ich verheimlichte, dass ich zunehmend Unstimmigkeiten erkannte, denn es ist eine Schande, den Islam anzuzweifeln. So ein Verhalten ist übrigens nicht unüblich. Heute sagen mir Leute: „Ich habe versucht, mit meinem muslimischen Freund über das Evangelium zu reden, aber jetzt ist er noch viel überzeugterer Muslim." Ich halte das für ein gutes Zeichen, denn es zeigt meiner Meinung nach, dass sie das Vertrauen in ihren Glauben verlieren.

Am Ende dieses Gesprächs sagtest du zu mir: „Nabeel, hatte dein Vater nicht prophetische Träume? Und du selbst auch? Glaubst du nicht, dass Gott dir die Wahrheit offenbaren möchte, wenn du sie wirklich suchst?" Ich erinnere mich, dass das ein ganz besonderer Moment war, denn wir waren fertig mit der Uni, ich wollte anschließend Medizin studieren, doch innerlich war ich zerbrochen. Du sagtest: „Du musst beten; du musst Gott fragen."

David Wood: Das war meiner Meinung nach die einzige Möglichkeit. Wenn man seiner eigenen Fähigkeit, die Wahrheit zu finden, nicht mehr vertrauen kann, dann bleibt einem nur noch, zu beten und zu hoffen, dass Gott etwas tut.

Nabeel Qureshi: Das ist auch gut so; wenn jemand den Punkt erreicht, an dem er sich nicht mehr auf sich selbst verlässt.

David Wood: Heute denke ich, dass es bei Apologetik genau darum geht.

Nabeel Qureshi: Genau. Ich habe in der Tat angefangen, Gott zu befragen. Es dauerte mehrere Monate; und ich habe viele Tränen dabei vergossen. Manchmal sagte ich: „Gott, ich bin absolut, hundertprozentig davon überzeugt, dass du da bist; warum beantwortest du dieses Gebet dann nicht?" Das tat weh. Doch rückblickend weiß ich, dass Gott mein Herz weich machte. Eines Nachts hatte ich dann einen Traum, einen sehr symbolischen Traum. Beim Aufwachen wusste ich sofort, dass er von Gott gewesen war. Ich rief dich an und sagte: „David, glauben Christen daran, dass Gott ihnen Träume schenkt?"

David Wood: Ich erinnere mich, dass ich dir von Josef erzählte und sagte, dass Gott in der Tat durch Träume wirken kann.

Nabeel Qureshi: Ich wollte dir nicht erzählen, was ich im Traum gesehen hatte, denn tief im Innersten hatte ich den Eindruck, dass Gott mich in Richtung Christentum dirigierte, und ich wollte nicht, dass du recht hattest. Stattdessen rief ich meine Mom an, die versuchte, die Symbole meines Traums mithilfe eines islamischen Traumbuches zu deuten. Als sie ein Symbol nach dem anderen deutete, wurde mir klar, was Gott mir sagen wollte: Der christliche Glaube würde mich retten, der Islam mich töten.

Als ich dir den Traum später erzählte, meintest du …

David Wood: „Muss Gott dir erst einen mit einem Baseballschläger überziehen? Was ist denn noch nötig?"

Nabeel Qureshi: Meine Antwort lautete: „Das ist doch ein symbolischer Traum. Ich kann doch nicht mein ewiges Schicksal, meine Familie, alles, was ich habe, wegen eines Traums aufs Spiel setzen." Seit Jahren diskutierten wir den Tod und die Auferstehung Jesu, seit Jahren sprachen wir über Muhammad und den Koran. Ich hatte meine Gründe dafür, dass mein Vertrauen in den Islam erschüttert war. Doch ich brauchte etwas Eindeutigeres. Also bat ich Gott um einen zweiten Traum. Der kam allerdings erst Monate später. Doch als ich den Traum hatte, rief ich dich direkt nach dem Aufwachen an.

David Wood: Im Traum warst du Teil eines biblischen Gleichnisses, das du noch nie gelesen hattest. Das nahm ich sehr ernst.

Nabeel Qureshi: Ja, in diesem Traum stand ich an einer engen Tür und beobachtete ein Festmahl. Ich wusste, dass sich in dem Raum Christen befanden, denn du warst auch da. Doch ich durfte ihn nicht betreten; ich musste auf eine Einladung reagieren, die du mir hattest zukommen lassen, um bei dem Festmahl teilnehmen zu können, das, wie ich wusste, im Himmel stattfand. Ich wurde oft gefragt: „Woher wusstest du das?" Im Traum wusste ich einfach, dass der Raum der Himmel war. Als ich dich anrief, sagtest du mir, dass diese Geschichte im Lukasevangelium, Kapitel 13, Vers 22 steht.

David Wood: Die enge Pforte.

Nabeel Qureshi: Ich erinnere mich, dass in meinem Traum die enge Tür das stärkste Symbol war.

David Wood: Du hast dich dann direkt nach dieser Nacht bekehrt, oder?

Nabeel Qureshi: Nein, ich bat um einen dritten Traum, denn im Islam bevorzugt Allah ungerade Zahlen, und im christlichen Glauben geht es um den dreieinen Gott. Diesen Traum hatte ich dann recht schnell. Ich träumte, ich war auf dem Weg aus der Moschee, konnte jedoch die Treppen nicht hinabgehen. Egal, wie sehr ich mich bemühte, hinter dem Imam herzulaufen, den ich liebte und dem ich vertraute, es ging nicht.

David Wood: Zu dem Zeitpunkt war das Ganze irgendwie lustig. Als du mich fragtest, wie ich den ersten Traum deuten würde, hätte ich alle möglichen Interpretationen anführen können, aber es gibt nur eine Deutung, wenn man träumt, man stünde auf der Treppe, die aus einer Moschee führt, und kann die Treppe nicht hinabgehen. Dann wurdest du also Christ?

Nabeel Qureshi: Ich rang mit dem, was ich würde tun müssen, und bat Gott um Trost und Führung.

David Wood: Das muss hart gewesen sein. Als ich Christ wurde, hätte ich meiner Familie auch sagen können, ich wäre Buddhist geworden, das wäre meiner Großmutter auch egal gewesen. Meine Familie kümmerte das nicht, so lange ich nichts Schlimmes anstellte. Doch deine Familie steht sich so nahe wie keine andere Familie, die ich je erlebt habe. Also dachte ich: „Ich habe Nabeel gesagt, er muss an Jesus glauben, doch sein Leben wird auf vielfältige Weise zerstört werden. Das könnte meinem besten Freund den Boden unter den Füßen wegziehen."

Nabeel Qureshi: Es war in der Tat sehr schwierig. Welchen Eindruck hattest du von meiner Familie, als du sie kennenlerntest?

David Wood: Wenn Leute auf Facebook Aussagen posten, dass alle Muslime böse sind oder Terroristen, dann muss ich immer als Erstes an deine Familie denken. Ich war so oft bei dir zu Hause; ich weiß, dass viele Familien aus guten Muslimen bestehen. Das war also die Situation. Du bist mein bester Freund. Ich will, dass du Christ wirst. Ich will, dass du Jesus kennenlernst. Gleichzeitig verstehe ich aber, was das für deine Mutter und deinen Vater bedeuten wird.

Nabeel Qureshi: Manche Christen sagten zu mir: „Ich glaube, man sollte nicht aufgrund von Träumen Christ werden", aber so war es bei mir nicht. Zunächst rissen die Apologeten die Mauer zwischen Gott und mir ein. Ich gelangte an den Punkt, an dem ich mich auf Gott verlassen musste. Dann kamen Träume und Visionen, denen ich als Muslim vertraute und die mein Herz öffneten; ich sah sie als Gottes Antworten auf meine Gebete. Doch der letztendliche Schritt bestand im Bibellesen. Ich erinnere mich, wie ich das Markusevangelium las und Gott bat, mich zu trösten und mir Frieden zu geben.

David Wood: War das zu der Zeit, als du zu uns in die Sonntagsschule kamst?

Nabeel Qureshi: Kurz davor. Als ich im Koran nach Stellen suchte, in denen mir Allah seinen Trost zusprach, fand ich nichts. Alles beruhte auf Bedingungen: Wenn du bereust, antwortet Allah dir; wenn du dies tust, tut Gott das. Doch das brauchte ich nicht. Ich brauchte einen Gott, der mich einfach nur liebt und trösten will. Ich wandte mich an die Bibel und kam zu Matthäus 5, wo es heißt: „Glückselig die Trauernden, denn sie werden getröstet werden". Im übernächsten Vers lesen wir: „Glückselig, die nach der Gerechtigkeit hungern und dürsten, denn sie werden gesättigt werden." Nicht die, die sich in Rechtschaffenheit üben; nicht die, die rechtschaffen sind. In diesem Moment verliebte ich mich in die Bibel. Am nächsten Sonntag ging ich mir dir zum Gottesdienst.

David Wood: Meine Frau und ich unterrichteten in der Sonntagsschule, und es war einfach urkomisch, als du da auftauchtest und anfingst, die Kids auf bestimmte Sachen hinzuweisen.

Nabeel Qureshi: Ich als Muslim brachte den Kindern vernünftige Bibelexegese bei. Danach nahmst du mich zur Seite und meintest: „Nabeel, du versuchst hier, eine Bibelarbeit zu halten; wann wirst du denn nun Christ?"

David Wood: Das muss man sich mal vorstellen. Du benahmst dich wie ein Christ, warst aber immer noch Muslim.

Nabeel Qureshi: Ich bekehrte mich auch an diesem Tag nicht. Erst in der folgenden Woche habe ich mein Leben Jesus Christus anvertraut. Es war an einem Mittwoch, doch ich erzählte dir erst am Sonntag davon. Erinnerst du dich?

David Wood: Wir gingen nach dem Gottesdienst in ein chinesisches Restaurant. Irgendwer wollte wissen: „Wer betet mit uns?", und du meintest: „Ich." Ich dachte bei mir: „Jetzt betet ein Muslim für mein Essen …"

Nabeel Qureshi: Das hast du nicht nur gedacht, sondern laut gesagt.

David Wood: Ach ja! Dann beendetest du dein Gebet mit den Worten: „Ich bete dies im Namen des Vaters, des Sohnes und des Heiligen Geistes." Jeder am Tisch hatte es kapiert, nur ich nicht. Ich dachte: „Meine Güte, jetzt betet er schon wie ein Christ."

Nabeel Qureshi: Du fragtest sogar: „Was ist nur los mit dir? Wann wirst du endlich Christ?" Deine Frau Marie packte dich am Arm und meinte: „Verstehst du es denn nicht, David? Er ist es längst." Dein Blick sagte ganz klar: „Nein", aber ich nickte bloß.

Eine Frage: Ist es leicht für einen unbeschwerten Menschen, sich eines Muslims anzunehmen?

David Wood: Nein, man erntet Kritik, wenn man Muslimen vom Evangelium erzählt.

Nabeel Qureshi: Da muss man ein dickes Fell haben.

David Wood: Und man braucht viel Geduld. Manche Christen meinten zu mir, ich würde meine Zeit verschwenden, weil du und ich das alles jahrelang durchgegangen sind. Einer sagte sogar: „Du könntest dich in der Zeit mit so vielen Atheisten unterhalten; du warst ja selbst mal Atheist. Du verbringst all deine Zeit mit dem gleichen Kerl, während ihr immer wieder dieselben Argumente durchkaut." Doch: Wenn Gott uns zusammengeführt hatte, wer war ich, zu entscheiden, dass es damit nun ein Ende haben sollte?

Es dauerte unter anderem so lange wegen der vielen Mauern, mit denen sich Muslime konfrontiert sehen, nicht wahr? Wenn ein Muslim die frohe Botschaft hört, denkt er: „Das bringt mich in die Hölle." Auf ihn wirkt das nicht wie eine frohe Botschaft. Du hattest noch Glück, dass du immer noch Kontakt zu deinen Eltern hast. Ich kenne Muslime, die sagen: „Meine Eltern habe ich das letzte Mal gesehen, als ich ihnen erzählte, dass ich Christ geworden bin."

Nabeel Qureshi: Mit Muslimen muss man eine langfristige Beziehung aufbauen, nicht nur während des Evangelisierens, sondern auch nachdem derjenige den Herrn angenommen hat. Sie brauchen jemanden, an den sie sich wenden können. Sie brauchen jemanden, der mit ihnen Jüngerschaft trainiert. Sie brauchen eine neue Gemeinschaft, eine Gemeinschaft aus Christen, die sie aufnimmt.

In unserer Freundschaft herrschte nicht immer nur eitel Sonnenschein, oder?

David Wood: Nein, wir haben auch sehr hitzige Debatten geführt. Aber das ist gut; mit einem guten Freund kann man auch mal streiten, während man nach einem Streit mit jemanden, der kein Freund ist, vielleicht nie wieder mit demjenigen redet.

Nabeel Qureshi: Hattest du schon alle Antworten, bevor wir Freunde wurden?

David Wood: Nein, du stelltest eine Behauptung auf, und ich schlug die Antwort nach. So begann ich, die muslimischen Quellen zu studieren.

Nabeel Qureshi: Man muss also nicht alles wissen, um mit einem Muslim über das Evangelium zu reden, doch man sollte schon Vertrauen in den eigenen christlichen Glauben haben. Man muss in der Lage sein zu erklären, warum man die Bibel für glaubwürdig hält. Glaubst du an die Auferstehung Jesu? Warum? Glaubst du, dass er Gott ist? Kannst du die Dreieinigkeit erklären? Ein bisschen Wissen über den Islam ist auch hilfreich, doch kein Muslim lässt sich zu hundert Prozent in die islamische Schublade stecken. Jeder ist ein bisschen anders.

David Wood: Es gibt verschiedene Arten von Muslimen, manche fühlen sich von der Liebe im christlichen Glauben angesprochen. Andere scheinen nur dann zuzuhören, wenn man offensiv auf sie einredet. Sie haben mehr Respekt, wenn man seinen Standpunkt verteidigt.

Nabeel Qureshi: Wie man Muslimen am besten dient, lässt sich gut mit Markus 12 zusammenfassen: „Du sollst den Herrn, deinen Gott, lieben aus deinem ganzen Herzen und aus deiner ganzen Seele und aus deinem ganzen Verstand und aus deiner ganzen Kraft! … Du sollst deinen Nächsten lieben wie dich selbst!" Wenn wir die Menschen lieben so wie du mich, dann entstehen Freundschaften. Wir haben unser Leben geteilt. Du liebst Gott aus ganzem Herzen, ganzer Seele, ganzem Verstand und ganzer Kraft, aber gleichzeitig hast du auch mich geliebt. Das habe ich gemerkt.

Es wird gefährlich, wenn Menschen ihre Nächsten zwar lieben, aber das Evangelium nicht verbreiten, oder umgekehrt das Evangelium verbreiten, aber ihre Nächsten nicht lieben. Beides gehört untrennbar zusammen. Das ist mein abschließender Rat an alle, die Muslime zu Jesus führen möchten.

Es ist ein geistlicher Kampf. Wir müssen immer daran denken, dass wir Gott repräsentieren. Er hat uns berufen, er hat uns ausgerüstet, und wir bitten ihn darum, dass wir unser Werk mithilfe des Heiligen Geistes furchtlos tun können. Die größte Gruppe an religiösen Gläubigen, nach den Christen, sind die Muslime. Wir müssen bereit sein, ihnen Jesus nahezubringen, und darauf vertrauen, dass Gott durch uns wirkt.

Danke, David, dass du so viel Geduld mit mir hattest. Ich weiß dich als Bruder sehr zu schätzen.

Anhang I
EXPERTENBEITRÄGE

Als Muslim in Amerika aufwachsen

Abdu Murray
Beitrag zu Teil 1: „Der Ruf zum Gebet"

Abdu Murry ist Jurist, Apologet und ehemaliger schiitischer Muslim. Er hat zwei Bücher über den Islam und andere große Weltanschauungen geschrieben und ist Vorsitzender von *Embrace the Truth International.*

In dem salzweißen Detroiter Vorort, in dem ich aufwuchs, wirkte meine Familie wie eine Prise Pfeffer. Wir fielen auf, denn damals waren wir noch Exoten – eine der wenigen muslimischen Familien in der Gegend. Und ich nahm den Islam besonders ernst, um noch mehr aufzufallen und somit meine Freunde dazu zu bringen, mir Fragen zu meinem Glauben zu stellen. Dadurch bekam ich die Gelegenheit, von der Schönheit und Wahrheit des Islams zu sprechen, wie ich sie wahrnahm. Die vielen Nichtmuslime, die meisten davon Christen, waren da leichte Beute.

Ich war so wie viele Muslime, die ich kannte. Schon als Jugendlicher liebte ich es, über Gott und meinen islamischen Glauben zu sprechen. Es verwirrte mich, dass die Nichtmuslime um mich herum so ungern über religiöse Themen sprachen. *Glauben diese Christen gar nicht wirklich an ihre Überlieferungen? Wenn ihre Botschaft wahr ist, warum fürchten sie sich dann davor, darüber zu sprechen?* Die Antwort, die ich mir selbst gab, war, dass viele Christen tief im Herzen eigentlich wussten, dass ihr Glaube albern ist. Man müsste ihnen nur die Wahrheit des Islams nahebringen, damit sie den wahren Weg erkennen.

Diese Art von Vertrauen erhalten Muslime durch ihre religiöse Ausbildung in der Kindheit und Jugendzeit. Die meisten besuchen die informelle Akademie des Muslimischen Zuhauses. Unsere Eltern, Onkel und ältere Verwandte brachten uns muslimische Apologetik bei: die Verteidigung der muslimischen Weltanschauung. Der Koran sei das Wort Gottes, so lehrte man uns, denn Muhammad war Analphabet und hätte so schöne, tiefgehende Worte gar nicht selbst verfassen können. Diese informelle Ausbildung lehrt uns zu glauben, dass der Koran bewiesenermaßen ein Wunder sei, da er wissenschaftliche Informationen und Fakten enthalte, die erst vor Kurzem entdeckt wurden. Und man sagt uns immer und immer wieder, dass der heutige Koran noch genau dem Koran entspräche, wie Muhammad ihn vor 1400 Jahren erhielt, ohne dass es seither irgendwelche Änderungen gegeben habe. Der Islam biete den besten Weg, um ein moralisches und gerechtes Leben zu führen. Und so könnte man die Aufzählung fortführen. Solche Diskussionen kommen in muslimischen Familien regelmäßig auf den Tisch.

Doch es steht auch eine regelmäßige Dosis an Polemik auf dem Speiseplan. Von klein auf wurde mir gesagt, dass die Christen, obwohl sie es gut meinten und ihren Glauben vielleicht sogar ernst nähmen, einen gefährlich verfälschten Glauben hätten. Ihre heiligen Texte seien einst das ursprüngliche Wort Gottes gewesen, dann jedoch hoffnungslos verdorben worden. Darüber hinaus hätten Christen völlig unlogische und lächerliche Lehren aufgestellt, wie die Göttlichkeit Jesu und die Dreieinigkeit. Der Koran sei Muhammad im Arabien des 7. Jahrhunderts offenbart worden, um den Schaden rückgängig zu machen, der durch die Bibelverfälschungen und die blasphemischen Lehren des Christentums entstanden waren. Muhammads Mission war es, die wahre Religion wiederherzustellen. Und als Muslim war es mein Ziel, diese Mission fortzuführen.

Doch das Ziel dieser informellen Ausbildung besteht nicht allein darin, junge Menschen auszurüsten, die vermeintliche Wahrheit zu verbreiten. Muslime älterer Generationen fürchten, dass die negativen Aspekte der amerikanischen Kultur einen starken zerstörerischen Einfluss auf die nachfolgenden Generationen ausüben könnten. Sie haben Angst, ihre Kinder würden den Versuchungen erliegen und sich am vielfältigen Buffet aus illegalen Drogen, Alkoholexzessen und sexueller Freizügigkeit bedienen, die als typisch für den amerikanischen Lebensstil erachtet werden. Wenn junge Muslime jedoch überzeugt von ihrem islamischen Glauben sind, sind sie besser ausgerüstet, diesen Versuchungen zu widerstehen. So schlimm diese Fallstricke auch sein mögen, verblassen sie jedoch im Vergleich mit der furchtbaren Schande, wenn jemand dem Islam den Rücken zukehrt, und erst recht, wenn dieser jemand Christ wird. Der Islam ist nicht einfach nur ein Glauben. Er ist eine allumfassende Identität. Es ist undenkbar, diese Identität zu verändern, selbst für Menschen, die ihren islamischen Glauben kaum praktizieren. Ein solcher Schritt käme einem Selbstmord gleich. Dadurch würde die Identität des Konvertiten getötet und der Rest der Familie in Trauer und Schande gestürzt.

Eine kräftige, gesunde Dosis Apologetik und Polemik, gewürzt mit kulturellem Stolz, soll, so glaubt man, diese Katastrophe verhindern können. Und junge Muslime werden von ihren Familien überzeugt, dass man als Muslim Muhammad als Propheten und den göttlichen Ursprung des Korans anerkennen muss, während man gleichzeitig jeden Gedanken an eine Konversion, erst recht zum Christentum, ausschließt.

Die wenigsten Christen können sich vorstellen, was es bedeutet, mit dieser Spannung zu leben: zu versuchen, Teil der amerikanischen Kultur zu werden und gleichzeitig seine muslimische Identität zu bewahren. Daher verstehen sie meist auch nicht, warum allein der Gedanke, das Evangelium könnte wahr sein, den Muslimen so schwerfällt. Ich danke Gott, dass es diese wunderbaren (leider viel zu wenigen) Christen gibt, die die Liebe und Fürsorge Jesu in ihren Werken demonstrieren und treu die Schönheit und Wahrheit des Evangeliums mit Worten verkünden. Gott gebraucht sie im rauen Fahrwasser geistlicher Diskussionen, damit das Schiff nicht auf Grund läuft (zumindest möglichst selten).

Wie so viele Muslime, die ihr Leben schließlich Jesus anvertrauen, brauchte ich eine ganze Weile, um die Wahrheit anzunehmen, obwohl diese Wahrheit es wert ist, trotz des unglaublich hohen Preises, den ich dafür zahlen musste. Mir war bewusst, dass es mich meine Identität kosten würde, wenn ich die Person und das Werk Jesu Christi annahm; meine Identität, die an den Tischen der muslimischen Gemeinschaft geformt worden war. Erst als ich erkannte, dass Jesus den Preis wert ist, war ich bereit, ihn auch zu bezahlen. Ich begriff schließlich, was der berühmte Jim Elliot, der sein Leben für den Dienst am Evangelium gab, meinte, als er schrieb: „Der ist kein Narr, der hingibt, was er nicht behalten kann, um zu gewinnen, was er nicht verlieren kann." Elliot sagte damit sinngemäß das, was Paulus meinte: „… um dessentwillen ich alles eingebüßt habe und es für Dreck halte, damit ich Christus gewinne" (Philipper 3,8). Doch der Preis, den Jesus für uns bezahlt hat, stellt alles in den Schatten, was wir bezahlen müssen, um ihm nachzufolgen. C. S. Lewis schrieb über die Liebe Gottes zu uns: Sie hält „unbeweglich daran fest, dass wir von diesen Sünden geheilt werden müssen, ganz gleich, wie hoch der Preis sein mag, den er oder wir zu zahlen haben".[30] Einem solchen Gott nachzufolgen ist es wert, unsere Identität zu opfern, sodass wir eine neue erhalten, die Jesus immer mehr ähnelt.

Seitdem ich Jesus mein Leben anvertraut habe, sieht mein gedeckter Tisch ganz anders aus. Früher verschlang ich oberflächliche Antworten, doch mein Hunger nagte weiter an mir, und meine Kehle blieb ausgedörrt. Doch in Jesus Christus wird mein Hunger für immer mit dem Brot des Lebens gestillt und mein Durst durch das Lebendige Wasser.

---

30 C. S. Lewis, „Pardon, ich bin Christ", 1977 Brunnen Verlag Basel

Der Orient trifft auf den Westen

Mark Mittelberg

Beitrag zu Teil 2: „Ein Botschafter für den Islam"

Mark Mittelberg ist Bestsellerautor und war maßgeblich dafür verantwortlich, den Kurs „Becoming a Contagious Christian" (Ein ansteckender Christ werden) ins Leben zu rufen, an dem mehr als eineinhalb Millionen Menschen weltweit teilnahmen und der in mehr als 20 Sprachen übersetzt wurde. Mehr als ein Jahrzehnt lang war er Leiter des Bereichs Evangelisation der *Willow Creek Association.*

„Ihr müsst wissen, dass Allah der einzige Gott ist und dass Muhammad, Friede sei mit ihm, sein wahrer Prophet war. Gott ist unteilbar und hat keinen Sohn. Und Jesus, Friede sei mit ihm, war nicht der Sohn Gottes. Er war, wie Muhammad, ein wahrer Prophet, den wir ehren sollen, aber wir dürfen ihn niemals anbeten. Wir beten Allah und sonst niemanden an."

Diese klaren Worte des Imams – eines weißgekleideten Mannes, der vor unserer Gruppe stand und an diesem Tag eindeutig das Sagen in der Moschee hatte – machten deutlich, dass es hier nicht nur um theologische Inhalte ging. Sie wurden mit so viel Vollmacht gesprochen, dass uns klar war: Wir hatten diese Aussagen einfach zu akzeptieren, ohne sie infrage zu stellen.

Es war nicht so, dass der Imam keine Fragen zugelassen hätte. Er sah dies sogar als Möglichkeit, um die Denkweise einer ganzen Gruppe von Christen auf einmal herauszufordern. Nach einer kurzen Lehreinheit eröffnete er also die Diskussion, bei der wir alle uns wichtigen Themen anschneiden durften. Doch selbst dann machte sein nachdrücklicher Ton unmissverständlich klar, dass er im Besitz der Wahrheit war und wir hier waren, um sie zu erfahren.

Das wurde noch deutlicher, als ich schließlich meine eigene Frage stellte. Ich wollte von dem Imam wissen, warum er und andere Muslime bestritten, dass Jesus, der Sohn Gottes, am Kreuz gestorben und drei Tage später auferstanden sei. So höflich wie möglich erklärte ich, dass ich und die anderen aus meiner Gemeinde, die an diesem Tag die Moschee besuchten, an all das glaubten, weil Jesu eigene Jünger das bezeugt hatten. Sie hatten drei Jahre lang mit Jesus gelebt und geredet und gehört, wie er mehrfach behauptet hatte, der Sohn Gottes zu sein. Sie hatten ihn am Kreuz sterben sehen und ihn nach seiner Auferstehung wiedergetroffen, mit ihm gesprochen und sogar mit ihm gegessen. Sie waren diejenigen, die dafür sorgten, dass all dies in den Evangelien des Neuen Testaments festgehalten wurde.

„Es würde mich interessieren", schloss ich, „ob Sie uns irgendwelche historischen oder logischen Gründe nennen können, warum wir Ihren muslimischen Standpunkt übernehmen sollen und nicht länger das glauben, was wir als korrekte historische Überlieferung betrachten."

Der Imam sah mich aufmerksam an und verkündete dann entschlossen: „Ich entscheide mich dafür, dem Propheten zu glauben!" Damit war die Zeit für Fragen vorbei.

Der Orient trifft auf den Westen! An diesem Tag wurde mir neu klar, dass Menschen Fragen nach der Wahrheit nicht alle auf dieselbe Weise angehen. Jahre später schrieb ich sogar über die Unterschiede zwischen der meiner Meinung nach typisch orientalischen und der typisch westlichen Herangehensweise beim Wissenserwerb.[31]

Im Orient, und ganz besonders im Islam, wird in der Regel das als wahr angesehen, was man von Autoritätspersonen erzählt bekommt – und es wird von einem erwartet, ihre Lehren anzunehmen. Deshalb nenne ich diese Herangehensweise den Autoritäts-Glaubensweg. Die ursprüngliche Bedeutung des arabischen Wortes *Islam* ist „Unterwerfung". Man kann wohl mit Fug und Recht behaupten, dass die grundsätzliche Einstellung des muslimischen Glaubens darin besteht, sich dem zu unterwerfen – und nicht infrage zu stellen –, was die Religion lehrt.

So beschreibt das auch mein Freund Nabeel Qureshi in Teil 2 dieses Buches: „Die Menschen aus orientalisch-islamischen Kulturen leiten Wahrheit normalerweise über Autoritätshierarchien ab, nicht **über individuelles Denken.** Selbstverständlich denken auch im Orient Einzelpersonen kritisch, aber im Durchschnitt wird das weniger geschätzt und ist weniger verbreitet als im Westen. Führungspersonen haben den Part des kritischen Denkens übernommen. Sie wissen es besser."

Wie Nabeel sagt, steht das in scharfem Gegensatz zu dem eher im Westen typischen Vorgehen, das ich den Beweisgestützten Glaubensweg nenne. Hierbei wird etwas nicht als wahr angenommen, weil eine Autoritätsperson das sagt, sondern auf der Grundlage von Logik und Erfahrung, zu der auch vertrauenswürdige historische Berichte zählen. Auf solche Berichte hatte ich mich in meiner Auseinandersetzung mit dem Imam bezogen.

---

31 Mark Mittelberg, Confident Faith: Building a Firm Foundation for Your Beliefs (Carol Stream, IL: Tyndale, 2013), bes. Kap. 5 und 8

Natürlich hat beides seine Fallstricke. Menschen aus dem Westen mit einer eher beweisorientierten Mentalität müssen oft daran erinnert werden, die Wahrheit zu lieben (2. Thessalonicher 2,10), bereitwillig ihren Verstand einzusetzen und die Beweise zu untersuchen, um sich am Ende nach ihnen zu richten. Allzu oft neigen westliche Menschen dazu, sich bei möglichen Ursachen auf die rein naturalistischen zu beschränken und die übernatürlichen gar nicht in erst in Betracht zu ziehen. Das beeinflusst das Ergebnis und macht genau genommen wissenschaftliche und historische Nachforschungen per Definition zu atheistischen Vorgehensweisen. Helfen wir den Menschen jedoch dabei, ihr Denken wieder der vollen Bandbreite an möglichen Erklärungen zu öffnen, dann bin ich zuversichtlich, dass Logik und Beweise (kombiniert mit dem Wirken des Heiligen Geistes) sie nicht nur zu einem Gottesglauben zurückführen können, sondern sogar zum christlichen Glauben.[32]

Menschen aus orientalischen Kulturkreisen mit einer eher autoritätsgeprägten Mentalität müssen daran erinnert werden, dass religiöse Autoritäten nicht alle gleich sind: Manchen darf man guten Gewissens folgen, anderen nicht. Wenn man ihre Qualifikationen nicht genau unter die Lupe nimmt und das, was sie sagen, sorgfältig abwägt, woher weiß man dann, wem man nachfolgen will? Die Bibel ermutigt uns dazu, alles zu prüfen und das Gute zu behalten (1. Thessalonicher 5,21), und fordert uns auf: „Glaubt nicht jedem Geist, sondern prüft die Geister, ob sie aus Gott sind! Denn viele falsche Propheten sind in die Welt hinausgegangen“ (1. Johannes 4,1).

Die Frage ist: Haben Menschen aus dem Osten den Mut und die Beharrlichkeit, die notwendigen Tests durchzuführen? Das kann eine Herausforderung werden, wie Nabeel schreibt:

32 Ebd., bes. Kap. 10–12, wo ich 20 Argumente für die Wahrheit des Christentums darstelle

„Wenn Autorität mehr von der Position als von der Vernunft abgeleitet wird, ist es gefährlich, eine Führungsperson infrage zu stellen, denn das kann das ganze System durcheinanderbringen. Uneinigkeit wird gerügt, und Gehorsam wird belohnt."

Glücklicherweise sind mehr und mehr Muslime bereit, sich den damit verbundenen Gefahren und Unannehmlichkeiten zu stellen, wenn sie nicht nur nach der Wahrheit suchen, sondern nach dem, der von sich behauptete, die Wahrheit zu sein (Johannes 14,6). Nabeel ist ein inspirierendes Beispiel, das bestimmt viele andere inspirieren wird.

Das Neue Testament

Daniel B. Wallace

Beitrag zu Teil 3: Das Neue Testament auf dem Prüfstand

Dr. Daniel B. Wallace ist Professor für neutestamentliche Studien am *Dallas Theological Seminary*. Er ist leitender Redakteur für das Neue Testament einer amerikanischen Bibelübersetzung (NET Bible) und war Berater bei vier anderen Übersetzungen. Sein Buch über die griechische Grammatik *Greek Grammar beyond the Basics: Exegetical Syntax of the New Testament* (Griechische Grammatik jenseits der Grundlagen: Exegetische Syntax des Neuen Testaments) ist das Standardwerk in der englischsprachigen Welt und wurde in mehrere andere Sprachen übersetzt.

In meinem zweiten Studienjahr wechselte ich an die *Biola University*, eine kleine christliche, geisteswissenschaftliche Universität in Südkalifornien. Dort wollte ich die Bibel studieren. Ich hatte das Glück, Griechisch bei dem versierten Gelehrten Dr. Harry Sturz zu lernen. Nach einigen Wochen im ersten Semester informierte uns Dr. Sturz an einem Freitagnachmittag in wenigen Worten darüber, dass nicht alle Manuskripte des Neuen Testaments dasselbe aussagten. „Vielmehr gibt es Hunderttausende von textlichen Unterschieden zwischen den Abschriften", erklärte Dr. Sturz ganz ruhig am Ende der Stunde. Ohne weitere Erklärung entließ er unseren Kurs.

An diesem Nachmittag ging ich fassungslos und verwirrt nach Hause. *Wie kann ich mir sicher sein, dass das, was uns heute vorliegt, das Wort Gottes ist? Woher weiß ich, dass die Bibel nicht bis zur Unkenntlichkeit entstellt wurde?* Wenige Jahre zuvor hatte ich Jesus mein Leben anvertraut. Nun wollte ich wissen, ob ich mein Leben an einen Mythos gehängt hatte.

Somit begann meine lebenslange Erforschung der Zuverlässigkeit der neutestamentlichen Texte. Dr. Sturz wollte, dass seine Studenten sich ihrer Überzeugungen gewiss waren und die Beweise selbstständig untersuchten. Darum provozierte er bei seinen Schutzbefohlenen manchmal eine existenzielle Glaubenskrise. Ich studiere das Neue Testament nun schon seit mehr als 40 Jahren und habe mich dabei sehr von seinem Vorbild inspirieren lassen. Und mir ist klargeworden, dass die vielen Unterschiede nicht nur Teil der Geschichte sind, sondern sogar wesentlich zur Vitalität des Evangeliums beitragen.

Auf meinem geistlichen und akademischen Weg habe ich gelernt, dass es für Christen unerlässlich ist, die Wahrheit um jeden Preis zu suchen. Mehr als 40 Jahre lang habe ich sowohl das griechische Neue Testament als auch Hunderte von einzelnen Manuskripten untersucht. Was ich dabei über Textvarianten und ihre Auswirkungen auf den christlichen Glauben gelernt habe, hat meinen Glauben auf eine Weise gestärkt, die ich nie für möglich gehalten hätte.

In diesem kurzen Aufsatz möchte ich drei wichtige Fakten zu Textvarianten und ihren Auswirkungen auf den christlichen Glauben behandeln.

Die Anzahl der Unterschiede

Man schätzt heute, dass es zwischen den Abschriften des Neuen Testaments etwa 400 000 Textunterschiede gibt. Der Grund für diese erstaunliche Anzahl liegt jedoch in der noch erstaunlicheren Anzahl an Manuskripten. In Bezug auf die Anzahl von Abschriften oder ihre Daten ist nichts in der antiken griechisch-römischen Welt vergleichbar mit dem Neuen Testament. Von den Schriften eines durchschnittlichen griechisch-römischen Autors existieren heutzutage weniger als 20 Kopien. Meistens sogar bedeutend weniger. Vom Neuen Testament gibt es dagegen atemberaubende 5800 Abschriften allein auf Griechisch! Doch schon früh wurde das Neue Testament auch in andere Sprachen übersetzt – in Sprachen wie Latein, Syrisch, Koptisch, Georgisch, Gotisch, Armenisch und Arabisch. Insgesamt gibt es etwa 20 000 Manuskripte des Neuen Testaments. Zugegebenermaßen bestehen einige nur aus kleinen Papyrusfetzen, und die meisten beinhalten nicht das komplette Neue Testament. Dennoch sind die meisten Manuskripte sehr umfangreich.

Würden alle diese Manuskripte gleichzeitig zerstört, blieben wir dennoch nicht ohne Zeugnis zurück. Die Kirchenväter vom späten 1. Jahrhundert bis ins 13. Jahrhundert zitierten nämlich in Homilien, Kommentaren und theologischen Abhandlungen aus dem Neuen Testament. Und sie hatten nicht gerade die Gabe, sich kurz zu fassen. Man hat bislang mehr als eine Million Zitate des Neuen Testaments durch die Kirchenväter gesammelt. Allein aus diesen Zitaten könnte man das Neue Testament mehrfach rekonstruieren.

Wie sieht es mit den Datierungen dieser Manuskripte aus? Oft wird behauptet, dass es nur wenige Abschriften des Neuen Testaments aus dem 1. Jahrhundert gebe. Das stimmt – *vergleichsweise*. Nur 15 Prozent aller Manuskripte des Neuen Testaments entstanden vor dem Jahr 1000. Doch das sind immerhin noch mehr als 800 Abschriften – und damit über 40-mal mehr, als in 2000 Jahren von einem durchschnittlichen klassischen Autor gemacht wurden. Von einem durchschnittlichen klassischen Autor existieren heute keine Abschriften aus den ersten 500 Jahren nach ihrer Verfassung. Vom Neuen Testament gibt es dagegen mindestens 250 Abschriften – allein auf Griechisch – aus den ersten 500 Jahren nach Entstehen. Innerhalb von 300 Jahren entstand das erste komplette Neue Testament – der Codex Sinaiticus –, zusammen mit über hundert anderen Manuskripten, die heute noch existieren. Und manche dieser teils fragmentarischen Texte entstanden innerhalb weniger Jahrzehnte nach der Vollendung des Neuen Testaments.

Die Tatsache, dass den Christen die Verbreitung der Botschaft wichtiger war, als alles bis aufs i-Tüpfelchen genau abzuschreiben, bezeugt die Vitalität des christlichen Glaubens. Doch bewirkte diese Leidenschaft für das Evangelium nicht etwa eine *Veränderung* der Botschaft?

Die Art der Unterschiede

Bei mehr als 70 Prozent aller Textvarianten handelt es sich lediglich um Unterschiede in der Schreibweise ohne weitere Auswirkung. Viele weitere beziehen sich auf die griechische Syntax und können nicht einmal ins Englische (oder in die meisten anderen Sprachen) übersetzt werden. Andere Unterschiede entstehen durch Synonyme, wie z. B. bei „Jesus" und „Christus". Die Bedeutung ist die Gleiche; theologische Probleme bleiben hiervon unberührt. Dann gibt es Unterschiede, die zwar inhaltlicher Natur sind, jedoch nicht tatsächlich relevant. Das liegt an der unklaren Herkunft der Manuskripte (in der Regel sehr wenige bzw. späte Abschriften), man kann also nicht davon ausgehen, dass sie sich auf den Originalwortlaut beziehen. Bemerkenswert ist, dass weniger als ein Prozent der gesamten Textvarianten relevante inhaltliche Unterschiede betrifft.

Ein Beispiel für einen inhaltlich relevanten Unterschied ist die Zahl „616“ (statt „666“) für die Zahl des Tiers in Offenbarung 13,18. Obwohl dies ein tatsächlicher inhaltlicher Unterschied ist, ist dieser nicht so erheblich, als dass er Einfluss auf die grundlegenden Lehren des Christentums hätte.

Die bei Weitem längsten zweifelhaften Stellen sind Markus 16,9-20 und Johannes 7,53–8,11 mit je einem Dutzend Versen. Die zweitlängsten Textvarianten sind nur zwei Verse lang. Nur etwa zwei Dutzend Textvarianten sind zwischen einem und zwei Versen lang. Die meisten NT-Gelehrten sind sich einig darin, dass diese Verse dem Neuen Testament nachträglich hinzugefügt wurden, da sie in den frühesten und am besten erhaltenen Manuskripten nicht enthalten sind und auch nicht zur Syntax, zum Vokabular und Stil des jeweiligen Autors passen. Doch keine Glaubenslehre wird dadurch beeinträchtigt. Ja, sie betreffen vielleicht die Lieblingsverse vieler Leute, doch sie gefährden in keiner Weise die grundsätzlichen Lehren des christlichen Glaubens.

Auswirkungen textlicher Unterschiede auf christliche Glaubensgrundsätze

Diese textlichen Unterschiede werfen die grundlegende Frage auf, ob der christliche Glaube grundsätzlich verändert wurde und heute etwas anderes beinhaltet als das, was die Autoren des Neuen Testaments ursprünglich geschrieben hatten. Hängt die Auferstehung Jesu an textlich zweifelhaften Stellen? Findet sich die Göttlichkeit Jesu nur in unklaren Versen? Solche Fragen sollten jeden umtreiben, der die Wahrheit über den christlichen Glauben herausfinden will. Ich möchte diesen Artikel damit beschließen, dass ich eine Autoritätsperson zitiere, die viele Muslime und Atheisten bemühen, wenn es um textliche Verfälschungen des Neuen Testaments geht.

Im Anhang von Bart Ehrmanns „Abgeschrieben, falsch zitiert und missverstanden“ findet sich ein Dialog zwischen den Herausgebern des Buches und dem Autor:

„Warum glauben Sie, dass die grundsätzlichen Lehren des Christentums durch diese Schreibfehler in Gefahr sind, die Sie in den biblischen Handschriften gefunden haben?“

Ehrmanns Antwort ist erhellend: „Die wichtigsten christlichen Lehren sind von den Textunterschieden in den Handschriften des Neuen Testaments nicht betroffen.“

Selbst dieser Skeptiker, dieser *überzeugte* Gelehrte des Neuen Testaments, musste zugeben, dass kein Hauptlehre des Christentums durch diese Textvarianten in Gefahr ist. Viele Atheisten und Muslime, die mit Ehrmanns argumentieren, haben seine Aussagen maßlos übertrieben.

Die Textgeschichte des Neuen Testaments ist belastbar und faszinierend. Wenn sich der Staub gelegt hat, können wir uns sicher sein, dass wir heute im Großen und Ganzen und in der überwältigenden Anzahl der Einzelfälle das haben, was damals niedergeschrieben wurde.

Mein Freund Nabeel Qureshi hat dieselbe Wahrheit für sich entdeckt. Seit unserem ersten Treffen kurz nach seiner Bekehrung habe ich immer wieder festgestellt, wie ernsthaft er nach der Wahrheit sucht, wie scharfsinnig sein Intellekt ist und wie sehr sein Herz für Gott schlägt. Das habe ich so nur bei einem oder zwei anderen Menschen erlebt. Ich lobe ihn für seinen Enthusiasmus, seinen tiefen Wunsch, um jeden Preis die Wahrheit herauszufinden und Christus besser kennenzulernen, und für seinen Mut im Angesicht des steigenden Widerstands von Freunden und Familie. Ich bete dafür, dass der Geist Gottes dieses Buch, Nabeels geistliche Autobiografie, dazu gebraucht, um viele Menschen zu Christus zu führen.

Entscheidende Momente

Michael Licona

Beitrag zu Teil 4: „Die Sache mit dem Kreuz"

Michael Licona ist außerordentlicher Professor der Theologie an der *Houston Baptist University* und Autor des wegweisenden Werks *The Resurrection of Jesus: A New Historiographical Approach* (Die Auferstehung Jesus: Eine neue historiografische Herangehensweise). Er hat viele öffentliche Diskussionen mit führenden Agnostikern und muslimischen Gelehrten geführt und an mehr als 50 Universitäten gelehrt.

Es gibt Momenten im Leben von jedem von uns, in denen wir eine Entscheidung fällen müssen, die unseren Charakter offenbart und unseren weiteren Lebensweg bestimmt. Das nennt man einen „entscheidenden Moment". Cäsar beschloss, den Rubikon zu überschreiten, wohlwissend, dass dies zu einem Bürgerkrieg mit Rom führen würde. Dietrich Bonhoeffer entschied sich dafür, an einem Attentatskomplott auf Hitler mitzuwirken, in dem Wissen, dass ihn dieser Plan sein Leben kosten konnte, obwohl er von der moralischen Richtigkeit seines Handelns überzeugt war.

Im Garten Gethsemane rang Jesus mit dem ihm bevorstehenden Leiden und seiner brutalen Hinrichtung. Er musste sich entscheiden, ob er sich zurückziehen oder sich diesem Martyrium aussetzen wollte. Jeder in einer vergleichbaren Situation hätte fliehen wollen, und auch Jesus machte deutlich, dass er das gerne getan hätte. Doch ihm war bewusst, dass der Zweck seines Lebens auf Erden darin bestand, dieses Leiden zu erdulden. Also beschloss er, sich dem Martyrium zu stellen (Markus 13,32–15,39; Johannes 18,1–19,30). Dies war ein entscheidender Moment im Leben Jesu, der die kosmische Ordnung veränderte.

Als ich Nabeel das erste Mal traf, war weder ihm noch mir klar, dass dies ein entscheidender Moment in unser beider Leben war. Wir hatten beide einen ähnlichen Lebensweg vor uns. Außerdem waren wir beide in Familien aufgewachsen, die ihren Glauben sehr ernst nahmen. Schon in jungen Jahren war in uns beiden der Wunsch herangereift, Gott zu kennen und ihm zu gefallen. Wir beide strebten nach Wahrheit, egal, wohin sie uns führen sollte. Wir glaubten beide, dass wir – im Gegensatz zum jeweils anderen – bereits auf dem Weg der Wahrheit waren.

Mein Weg begann 2003 mit der Forschung für meine Doktorarbeit. Mein Ziel war es, die Auferstehung Jesu aus einer anderen Perspektive zu beweisen: Ich wollte durch die Standardmethoden der historischen Forschung zeigen, dass Jesus von den Toten auferstanden war. Zunächst las ich viel über Philosophiegeschichte und die historischen Methoden. Bald schon sah ich mich mit der Herausforderung durch meine persönlichen Vorurteile konfrontiert. Ich wollte die Auferstehung Jesu unbedingt beweisen. Doch beim Lesen wurde mir klar, dass mein Ziel die Integrität meiner Arbeit enorm beeinträchtigen konnte. Natürlich stehen Skeptiker vor einer ähnlichen Herausforderung, denn sie wollen die Auferstehung Jesu ja widerlegen. Wenn man nicht aufpasst, werden historischen Nachforschungen durch die persönliche Voreingenommenheit derart beeinflusst, dass man fast immer zu dem Ergebnis gelangt, das man haben möchte.

Nach etwa einem Jahr änderte sich die Motivation hinter meiner Forschungsarbeit. Statt noch immer die Auferstehung Jesu beweisen zu wollen, war ich nun versessen darauf herauszufinden, zu welchen Ergebnissen ich kommen würde, wenn ich meine Überzeugungen so gut wie möglich außer Acht ließe. Ich nahm an zahlreichen öffentlichen Diskussionen mit prominenten skeptischen Wissenschaftlern teil zu der Frage: „Ist Jesus von den Toten auferstanden?" Vor jeder Diskussion bat ich Gott, mir die Wahrheit zu offenbaren. „Wenn ich auf der falschen Spur bin, zeige mir bitte meinen Fehler. Demütige mich, wenn nötig. Überwinde jede Form von Vorurteilen meinerseits, die mich von der Wahrheit trennt. Ich will nur dir nachfolgen, Herr, selbst wenn du nicht der bist, für den ich dich halte."

Die meisten meiner Diskussionspartner waren bekannte und sehr gebildete Gelehrte, sodass ich mir keine Lässigkeit erlauben durfte. Ich war gezwungen, mich gründlich mit der Materie auseinanderzusetzen und damit, wie mein Gegenüber sie interpretierte. In einer Diskussion konnte ich ihre Argumente nicht einfach damit abtun, dass sie mich nicht überzeugten. Ich musste Gründe – gute Gründe – vorlegen, warum ihre Argumentation nicht schlüssig war. Daher zwangen mich diese Diskussionen dazu, praktisch jeden Aspekt der Auferstehung Jesu zu durchdenken. Es war kein leichter Weg, und oft verzweifelte ich an meiner eigenen vorgefassten Meinung. Nach fünfeinhalb Jahren kam ich zu der Schlussfolgerung, dass die historischen Daten bei Weitem mehr für die Auferstehung Jesu von den Toten sprechen als für jede anderslautende Hypothese.[33] Ich hatte mich dafür entschieden, die Wahrheit zu suchen und mich nach ihr zu richten, egal, wohin mich das führen würde. Außerdem hatte ich mich während meiner Forschungsarbeit so wenig wie möglich von meiner vorgefassten Meinung beeinflussen lassen wollen. Beides waren entscheidende Momente in meinem Leben. Ich folge Jesus immer noch nach, und zwar nicht, weil ich so erzogen worden bin, sondern weil die historischen Beweise sehr dafür sprechen, dass seine Auferstehung von den Toten eine tatsächliche historische Begebenheit war.

Als sich Nabeel auf diese Reise begab, war er zutiefst davon überzeugt, dass die Beweise für den Islam sprechen würden. Es war eine intensive Reise, und soweit ich weiß, ging er sie ehrlich und unvoreingenommen an. Nabeel wollte unbedingt, dass der Islam die Wahrheit war. So war er erzogen worden, und er war stolz darauf, Muslim zu sein. Er liebte seine Eltern sehr und wollte sie nicht verletzen oder ihnen Schande bereiten. Doch das würde auf jeden Fall geschehen, wenn er sich von dem Glauben abwenden würde, den sie ihn gelehrt hatten, und stattdessen Jesus nachfolgte. Darüber machen sich nichtmuslimische Menschen aus dem Westen wenig Gedanken, denn diese Form der Schande kennt man in unserer Kultur kaum. Doch Nabeel war es, so wie mir, wichtiger, die Wahrheit zu entdecken, auch auf die Gefahr von unangenehmen Konsequenzen. Doch wenn man bedenkt, dass unsere Entscheidung in Bezug auf Jesus höchstwahrscheinlich unser Schicksal in der Ewigkeit bestimmt, sollten wir uns dann mit irgendetwas

33 Interessierte Leser können etliche meiner Debatten (auf Englisch) im Internet ansehen: http://www.vimeo.com/licona. Eine leicht abgewandelte Version meiner Dissertation ist als Buch erhältlich: Michael R. Licona, *The Resurrection of Jesus: A New Historiographical Approach* (Downers Grove, IL: InterVarsity, 2010).

anderem als dem ernsthaften Streben nach der Wahrheit begnügen? Nabeels Reise war zwar kürzer als meine eigene, doch nicht minder quälend. Nabeel entdeckte die starken Beweise für die Göttlichkeit Jesu – dass er tatsächlich behauptet hatte, Gottes himmlischer Sohn zu sein; dass er am Kreuz gestorben und von den Toten auferstanden war. Da diese Beweise auch der schärfsten und kritischsten Überprüfung durch sowohl islamische als auch skeptische Gelehrte standhalten, ließ er sich von der Wahrheit leiten und wurde ein Nachfolger Jesu. Das war in der Tat ein entscheidender Moment für Nabeel.

Die Göttlichkeit Jesu Christi

J. Ed Komoszewski

Beitrag zu Teil 5: „Jesus: sterblicher Messias oder gottgleicher Gottessohn?"

J. Ed Komoszewski war Professor für biblische und theologische Studien am *Northwestern College* und Forschungsleiter bei *Josh McDowell Ministry*. Außerdem ist er Mitautor zweier richtungsweisender Bücher: *Reinventing Jesus* (Jesus neu erfinden) und *Putting Jesus in His Place* (Jesus auf seinen Platz verweisen), in denen es um die Identität und Göttlichkeit Jesu geht.

Die Anspannung steigt, wenn man den Namen „Jesus" fallen lässt. Das war schon immer so. Zur Zeit Jesu zweifelten die jüdischen Autoritäten genauso an seinen göttlichen Ansprüchen wie heutzutage Nabeel, dem es als strenggläubiger Muslim nicht leichtfiel, sich mit dem provozierenden Rabbi aus Galiläa zu arrangieren. „Für wen hältst du dich eigentlich?", fragten sie, als ihnen der Anspruch Jesu klarwurde, größer als

Abraham zu sein (Johannes 8,53; NeÜ). Die Schriftgelehrten und Pharisäer sahen sich vielfach mit Ansprüchen konfrontiert, die sie aus Jesu eigenem Mund gehört hatten, sodass sie nicht einfach behaupten konnten, sei seien ihm im Nachhinein angedichtet worden (so wie es Nabeel im Islam beigebracht worden war). Ihre eigene vielsagende Erklärung – wie sie in allen vier Evangelien überliefert ist – lautete, dass Jesus von einem Dämon besessen sei (Matthäus 9,34; 12,24; Markus 3,22; Lukas 11,15; Johannes 7,20; 8,48).

So harsch urteilt der Islam nicht. Vielmehr wird Jesus so hochgeschätzt, wie ein Mensch in der islamischen Theologie nur geschätzt werden kann. Er gilt im Islam als großer, nur von Muhammad *übertroffener* Prophet. Der Islam stimmt mit dem Neuen Testament darin überein, dass Jesus (anders als Muhammad) von einer Jungfrau empfangen und geboren wurde. Er lehrt darüber hinaus, dass Jesus leibhaftig ins Paradies oder in den Himmel aufgefahren ist, ohne zu sterben (auch anders als Muhammad). Auch wenn diese Lehre nicht mit dem Neuen Testament übereinstimmt, drückt sie dennoch eine muslimische Hochachtung vor Jesus aus.

Natürlich sind auch wir Christen der Meinung, dass Jesus sowohl ein Mensch als auch ein großer Prophet war, doch unserer Auffassung nach ist er weit mehr als das. Leider vermitteln wir manchmal den Eindruck, dass der Glaube an Jesus als dem menschgewordenen Gott allein auf dem Johannesevangelium basiere. Das öffnet die Tür für das Argument: „Johannes zählt nicht!", das auch Nabeel ins Feld führte, um das Zeugnis des vierten Evangeliums zu umgehen. In Wirklichkeit vermitteln aber auch andere Teile des Neuen Testaments die bedeutende Stellung Jesu. Die folgenden Beispiele kratzen nur an der Oberfläche.

Der Apostel Paulus schrieb seine Briefe zwischen den Jahren 49 und 65. Da Jesus im Jahr 30 oder 33 gestorben war, bedeutet das, dass die Paulusbriefe alle innerhalb von 20 bis 35 Jahren nach dem Tod Jesu verfasst wurden. Sie werden im Allgemeinen als die frühesten christlichen Schriften angesehen. Bemerkenswerterweise nennt Paulus Jesus zweimal „Gott" (Römer 9,5; Titus 2,13). Doch am liebsten titulierte er Jesus als „HERRN", die Bezeichnung, die im 1. Jahrhundert von den Juden verwendet wurde, wenn sie sich mündlich oder schriftlich auf den hebräischen Gottesnamen JHWH („Jahweh" oder „Jehova") bezogen. Während zum Beispiel das Alte Testament vom „Tag des HERRN" sprach (der Tag Jahwehs, z. B. Joel 3,4), schrieb Paulus vom „Tag unseres Herrn Jesus" (1. Korinther 1,8; 2. Korinther 1,14). Während es im Alten Testament heißt: „Jeder, der den Namen des HERRN anruft" (den Nahmen Jahweh, Joel 3,5), schrieb Paulus: „allen, die … den Namen unseres Herrn Jesus Christus anrufen" (1. Korinther 1,2, s. a. Römer 10,12-14). Im Alten Testament war die Grundlage von Israels Glaube das Bekenntnis: „Der HERR ist unser Gott, der HERR allein!" (5. Mose 6,4), wohingegen Paulus erklärt, dass Jesus „ein Herr (ist), durch den alle Dinge sind" (1. Korinther 8,6; s. a. Epheser 4,5). Im Alten Testament lesen wir, dass sich jedes Knie beugen und jede Zunge Gott schwören wird (Jesaja 45,23); Paulus schreibt, dass sich jedes Knie beugen und jede Zunge Jesus Christus als Herrn bekennen wird (Philipper 2,10-11). Diese Beispiele machen deutlich, dass Paulus – genau wie Johannes – in Jesus weitaus mehr als nur einen Propheten sah.

Doch wenn Johannes „nicht zählt", dann zählt vielleicht auch Paulus nicht. Nabeel berichtet von einigen polemischen Argumenten, die man ihn als Muslim gelehrt hatte, um Paulus' Lehren infrage zu stellen. Das Problem mit dieser Herangehensweise ist natürlich, dass auf diese Weise bald keine frühchristliche Quelle mehr zählt. Doch Jesus wird nicht nur im Johannesevangelium (1,1.18; 20,28) und bei Paulus (Römer 9,5; Titus 2,13) Gott genannt, sondern auch in der Apostelgeschichte (20,28), in Hebräer (1,8) und 2. Petrus (1,1). Er wird nicht nur bei Paulus als der Herr (Jahweh) verehrt, sondern auch in der Apostelgeschichte (1,24; 2,21.36) und in 1. Petrus (2,3; 3,13-16). Sowohl in Hebräer (1,6) als auch in der Offenbarung (5,12-13) wird gelehrt, dass die Engel im Himmel Jesus Christus anbeten. Der Glaube, dass Jesus unendlich hoch erhoben ist, durchdringt das gesamte Neue Testament.

Denken wir nur einmal an das Markusevangelium, von dem die meisten Forscher ausgehen, dass es als Erstes geschrieben wurde. Markus beginnt sein Evangelium mit einem Zitat aus Jesaja: „Bereitet den Weg des Herrn, macht seine Pfade gerade!" (Markus 1,3). Doch der Herr, dessen Weg bereitet wird, ist der Herr Jesus. Von ihm sagte Johannes der Täufer, dass er so viel stärker sei als er selbst, dass Johannes nicht einmal der niedrigen Sklavenarbeit würdig sei, ihm den Riemen seiner Sandalen zu lösen (Markus 1,7-8). Im gesamten Markusevangelium spricht und handelt Jesus auf eine Art und Weise, die selbst für einen großen Propheten viel zu erhaben wäre. Wenn Jesus Menschen heilte, Dämonen austrieb oder andere Wunder wirkte, musste er nicht Gott im Gebet darum bitten, diese Dinge zu tun, sondern er sprach ein Wort, und es geschah (1,25-27.41 u. a.). Er vergab einem Mann seine Sünden, was, wie die Schriftgelehrten richtig erkannten, allein Gott vorbehalten war (2,5-7). Er bezeichnete sich selbst als den Herrn des Sabbats und war größer als alle Gebote zu dessen Einhaltung (2,28). Als er mit seinen Jüngern auf dem See Genezareth unterwegs war und ein schwerer Sturm ihr Boot beinahe zum Kentern gebracht hätte, befahl Jesus dem Sturm: „Schweig, verstumme!", und er gehorchte (4,39). Als er vom Hohen Priester befragt wurde, sagte Jesus, dass er „zur Rechten der Macht" sitzen und „mit den Wolken des Himmels" kommen werde (14,62). Er würde also mit anderen Worten gemeinsam mit dem Vater vom Thron Gottes aus regieren.

Was ist mit dem Matthäusevangelium, das in der Regel als das jüdischste der vier Evangelien angesehen wird? Hier finden sich genau dieselben Elemente wie bei Markus sowie zusätzliche Zeugnisse für die Göttlichkeit Christi. Matthäus beginnt seine Schilderung mit der Beschreibung Jesu als „Gott mit uns" (1,23). Den Höhepunkt stellt der auferstandene Jesus dar, der seinen Jüngern verspricht: „Ich bin bei euch alle Tage bis zur Vollendung des Zeitalters" (28,20). Jesus verkörpert also mit anderen Worten die Gegenwart Gottes; er ist der Mensch gewordene Gott. Eine andere Aussage mit ähnlichem Inhalt finden wir in der Mitte des Evangeliums, wo Jesus seinen Jüngern sagt: „Denn wo zwei oder drei versammelt sind in meinem Namen, da bin ich in ihrer Mitte" (18,20). Kein Prophet als solcher, egal, welchen Kalibers, würde oder könnte so einen Anspruch erheben. Als die Jünger den auferstandenen Jesus sahen, beteten sie ihn an, und er verkündete, alle Macht im Himmel und auf der Erde zu haben (28,17-18). Für Matthäus war Jesus also eindeutig vollkommen göttlich.

Alle Hauptautoren der neutestamentlichen Schriften – Matthäus, Markus, Lukas, Johannes, Paulus, Petrus und der ungenannte Autor des Hebräerbriefes – bezeugen die göttlichen Ansprüche, Wesensmerkmale und Vorrechte Jesu. Diese Männer schrieben in einem Zeitraum von 30 bis 60 Jahren nach dem Tod Jesu; alle außer Lukas waren Juden, die einen Teil ihres Lebens in Judäa und Galiläa verbracht hatten. Sie alle hatten Jesus entweder persönlich gekannt oder kannten Menschen, die ihn persönlich gekannt hatten. Muhammad dagegen kannte weder Jesus persönlich noch jemanden, der Jesus je gesehen hatte. Er lebte 500 Jahre später in einer anderen Kultur und einem anderen Land (Arabien), und allein aufgrund seiner Lehre wird Jesus im Islam als großer Prophet, aber nicht als Gott angesehen. Streng historisch betrachtet müssen die vielen neutestamentlichen Zeugnisse der Autoren aus dem 1. Jahrhundert Vorrang haben, wenn es darum geht, wer und was Jesus zu sein behauptete. Nabeel wusste die neutestamentlichen Schriften am Ende richtig einzuordnen. So nahm der ewige Jesus seinen rechtmäßigen Platz als Gott auf dem Thron von Nabeels Herzen ein.

Die Dreieinigkeit und das Evangelium

Robert M. Bowman Jr.

Beitrag zu Teil 6: „Plädoyer für das Evangelium"

Robert M. Bowman ist Forschungsleiter des *Institute for Religious Research* in Grand Rapids, Michigan. Rob unterrichtete Apologetik, biblische Studien und neue religiöse Bewegungen an der *Biola University* und der *Cornerstone University* und ist Autor von 60 Artikeln und 13 Büchern, darunter *Why You Should Believe in the Trinity* (Warum man an die Dreieinigkeit glauben sollte) und *The Word–Faith Controversity* (Die Kontroverse zwischen Wort und Glauben).

Nabeel war Muslim, als er mit den christlichen Lehren über die Dreieinigkeit und die Erlösung durch den Tod Jesu Christi rang und sogar gegen sie ankämpfte. Doch nicht nur Muslime und Menschen aus anderen nicht-christlichen Hintergründen haben ihre Schwierigkeiten mit diesen Vorstellungen. Auch ich selbst, obwohl ich aus einer christlichen Familie stamme, erlebte während meiner Collegejahre in Bezug auf diese und andere christliche Lehren eine Zeit der intensiven Zweifel und des Suchens. Wie vielen anderen auch machte mir besonders die Lehre von der Dreieinigkeit zu schaffen. Sie war nicht nur schwer zu begreifen, sondern mir war auch nicht klar, inwieweit sie durch die Bibel gestützt wurde. Einmal führte ich eine Diskussion mit einem Sonntagsschullehrer, der die Dreieinigkeit damit begründen wollte, dass Jesus Gott der Vater ist. Aber ich wusste, dass „Dreieinigkeit" etwas anderes meint.

Während ich die Bibel studierte und mit diesen Fragen rang, verstand ich, dass diese Lehre tatsächlich keine menschliche Schöpfung war, auch wenn die sprachlichen Formulierungen in den Glaubensbekenntnissen von fehlbaren Menschen stammten. Offen gesagt ist die Dreieinigkeit keine Lehre, wie Menschen sie erfinden würden. Wenn Menschen Lehren aufstellen, dann bemühen sie sich in der Regel um elegant-einfache Ideen, mit denen sich andere identifizieren können. Solche Ideen finden sich im Lauf der Geschichte in zahlreichen Religionen. Deswegen wird in mehreren Religionen gelehrt, dass alles göttlich ist oder etwas Göttliches in sich trägt; dass es viele Götter gibt, von denen einige größer sind als andere; und dass Gott eine Einzelperson ist, der uns von außerhalb des Universums beobachtet. Ein Gott dagegen, der in Ewigkeit als drei Personen existiert, von denen eine menschliche Gestalt annahm und doch Gott blieb – diese komplexen und herausfordernden Vorstellungen sind unter allen Religionen der Welt einzigartig. Man findet sie nirgendwo sonst, nur im historischen Christentum.

Woher stammt diese Lehre also? Christen glauben, dass Gott ein dreieiner Gott ist – also als ein Gott in drei Personen existiert –, weil Jesus Gott auf diese Weise offenbart hat. Jesus lehrte uns vor allem etwas über unseren himmlischen Vater. Das Vaterunser, das bekannteste aller Gebete, beginnt mit: „Unser Vater, der du bist in den Himmeln." Christen sehen Gott als ihren Vater, weil Jesus uns gelehrt hat, so zu denken.

Gleichzeitig lesen wir in den Evangelien, dass Jesus behauptete, Gottes „Sohn“ zu sein, wodurch klar wird, dass er vollkommen einzigartig ist. Als die jüdischen Lehrer Jesus zum Beispiel zurechtwiesen, weil er am Sabbat gearbeitet hatte (er hatte einen Gelähmten geheilt), erklärte Jesus: Da der Vater am Sabbat arbeite, täte er, Jesus, das auch (Johannes 5,17). Jesus ist also der einzigartige Sohn Gottes, doch in seiner Gnade lädt er uns ein, teilzuhaben an dieser engen, familiären Beziehung zum Vater und Gottes Kinder zu werden. Jesus versprach auch, nach seiner Rückkehr in den Himmel jemanden an seiner statt zu schicken, der für immer bei seinen Jüngern sein würde (Johannes 14,16-17; 15,26-27). Dieser jemand ist der Heilige Geist (Johannes 14,26). Der Heilige Geist wird in der Bibel als Gott identifiziert (Apostelgeschichte 5,3-4), ist aber dennoch ein anderer als der Vater und als der Sohn, wie dieser und viele andere Texte in der Bibel deutlich machen. Jesus offenbart uns also die Dreieinigkeit, indem er uns drei Dinge offenbart: 1.) den Vater als denjenigen, der Jesus geschickt hat und uns einlädt, seine Kinder zu werden, 2.) sich selbst als den einzigartigen Sohn des Vaters und 3.) den Heiligen Geist als göttliche Person, die vom Vater und dem Sohn nach der Rückkehr Jesu in den Himmel gesandt wurde.

Um das zu verstehen, musste ich erst einmal die Frage beantworten: Wer ist Jesus? Wenn Jesus wirklich der Sohn ist, der vom Vater gesandt wurde, der für unsere Erlösung starb und wiederauferstand, in den Himmel auffuhr und seinen Nachfolgern den Heiligen Geist schickte, dann muss an der Lehre von der Dreieinigkeit etwas dran sein. Je intensiver ich die Bibel studierte, umso mehr offenbarte sie Jesus als den ewigen, göttlichen, menschgewordenen Sohn Gottes. Als ich erst einmal die groben Zerrbilder der Dreieinigkeit und die schwachen Einwände gegen ihre mögliche Existenz überwunden hatte, erkannte ich ihre Wahrheit in der gesamten Bibel.

Mir wurde außerdem klar, wie eng die Lehre von der Dreieinigkeit mit dem Evangelium der Erlösung zusammenhängt. Das Evangelium, „die gute Nachricht", ist die Nachricht von Gottes Sieg über den Teufel und die menschliche Rebellion, Verderbtheit und den Tod. Es geht nicht darum, was ich für Gott tue; es geht um das, was er für mich getan hat und noch tut. Jesus ist keiner, der vom Schöpfer geschickt wurde mit dem Auftrag an uns, uns selbst in Ordnung zu bringen; Jesus ist der Schöpfer, der in Demut unter uns wandelte, um unsere Schwäche mitzuerleben und uns aus unserem hoffnungslosen menschlichen Zustand zu erlösen.

Dass er den Preis für unsere Sünden bezahlte, ist aber nur ein Teil seines Erlösungswerkes. Er bezahlte nicht für unsere Verfehlungen, damit wir Gott fröhlich weiter ungehorsam sind; durch seinen Tod beglich er nicht nur unsere geistliche Schuld, sondern heilte auch unsere geistliche Krankheit. Wenn wir unser Vertrauen auf Jesus setzen, vergibt er uns unsere Sünden und beginnt sein Werk in uns, um uns von innen heraus zu verändern, damit wir heilig und liebevoll wie Jesus und Gott, unser Vater, werden. Jesus tut dies durch den Heiligen Geist, den er uns gesandt hat. Erlösung durch Gnade bedeutet nicht, dass wir für immer unreine Sünder bleiben. Vielmehr heißt es, dass Gott uns all unsere Sünden vergibt und für uns tut, was wir selbst nicht vermögen, indem er die Strafe für unsere Sünden bezahlt und daran arbeitet, die Sünde ganz aus unserem Leben zu verbannen. Das geschieht in zwei Schritten: Solange wir noch sterblich sind, verändert der Heilige Geist unsere Herzen, damit wir so zu leben anfangen, dass es Gott gefällt, auch wenn wir immer noch sündigen. Doch dann, bei der Auferstehung am Ende des Zeitalters, werden wir zu moralisch und geistlich vollkommenen Wesen.

Somit sind alle drei Personen der Dreieinigkeit an unserer Rettung beteiligt. Der Vater ruft uns in eine Beziehung mit sich durch seinen Sohn, der er gesandt hat; der Sohn ermöglicht diese Beziehung, indem er die Barriere aus Rebellion durchbricht, die uns einst vom Vater trennte; und der Heilige Geist wirkt in uns, sodass wir in Übereinstimmung mit dem Evangelium dem Sohn vertrauen und den Vater anbeten. Darum werden wir nach unserer Bekehrung „auf den Namen des Vaters und des Sohnes und des Heiligen Geistes" (Matthäus 28,19) getauft. Damit erkennen wir die drei Personen als den einen Gott an, der uns aus Gnade von unseren Sünden erlöst hat und uns das Geschenk des ewigen Lebens macht.

Der historische Muhammad

David Wood

Beitrag zu Teil 7: „Die Wahrheit über Muhammad“

David Wood ist Leiter von *Acts 17 Apologetics*, einem Werk, das sich der Untersuchung der wichtigsten Ansprüche von Atheismus, Christentum und Islam widmet. Er moderiert die Satelliten-Fernsehsendung *Jesus oder Muhammad*, die regelmäßig in Nordamerika und dem Nahen Osten ausgestrahlt wird. Er hat mit mehr als zwei Dutzend Muslimen und Atheisten öffentlich debattiert und seinen Doktor in Philosophie an der *Fordham University* gemacht.

Nach dem Koran ist Muhammad das beste Verhaltensvorbild für Muslime (33,21), und wahre Gläubige dürfen seine Entscheidungen nicht infrage stellen (33,36). Es ist also nicht erstaunlich, dass es in den Diskussionen von Nabeel und mir über den Charakter und die Lehren Muhammads manchmal ein wenig hitzig zuging. Mit einem Muslim über das Verhältnis seines

Propheten mit einem neunjährigen Mädchen zu diskutieren ist nicht gerade förderlich für die Harmonie.

In solchen Fällen hilft es, wenn man befreundet ist. Selbst wenn Nabeel und ich bei unseren Diskussionen wütend wurden, beruhigten wir uns am Ende und waren uns immer bewusst, dass uns das Beste des jeweils anderen am Herzen lag. Nabeel kritisierte das Christentum nicht, weil er Christen hasste, sondern aus der Überzeugung heraus, dass das Christentum falsch war und sein bester Freund etwas Wichtiges verpasste. Ebenso machte ich Muhammad nicht für die Anschläge vom 11. September verantwortlich, sondern ich wollte, dass mein bester Freund Jesus kennenlernte.

Wenn Muslime und Nichtmuslime versuchen, das Leben Muhammads zu bewerten, haben wir ein Problem. Einerseits sind die historischen Quellen des Islams zeitlich weit entfernt von den Ereignissen, die sie berichten, was Anlass zu einer gewissen Skepsis in Bezug auf ihre Zuverlässigkeit gibt. Wenn wir andererseits die muslimischen Quellen ernst nehmen, erhalten wir ein wenig schmeichelhaftes (manchmal sogar verstörendes) Bild von Muhammad. Egal, ob wir den islamischen Quellen misstrauen oder vertrauen, wir finden in ihnen niemals die makellose Gestalt, wie sie von Muslimen gepredigt wird.

Um dieses Problem näher zu erläutern, folgt hier ein kurzer Abriss der Entdeckungen, die Nabeel und ich bei unserer Untersuchung der muslimischen Quellen machten.

Ein historisches Problem

Die früheste Quelle des Islams ist der Koran. Doch der Koran ist von seinem Wesen her keine Biografie. Er erhebt vielmehr den Anspruch, das ewige Wort Allahs zu sein, wie es Muhammad durch den Engel Gabriel offenbart wurde. Somit enthält er recht wenig direkte Informationen über Muhammad und erwähnt ihn nur viermal namentlich. Um Koranstellen vor dem Hintergrund von Muhammads Leben zu interpretieren, müssen wir uns nicht-koranischen Quellen zuwenden.

Die früheste detaillierte biografische Quelle für Muhammad ist Ibn Ishaqs *Sirat Rasul Allah*, das über ein Jahrhundert nach Muhammads Tod geschrieben wurde. Die meisten muslimischen Gelehrten sind heute jedoch davon überzeugt, dass Ibn Ishaqs historische Methodik mangelhaft war, sodass sie sich für Informationen über ihren Propheten sogar noch späteren Werken zuwenden müssen. Die zuverlässigsten Sammlungen von Berichten über Muhammad *(Sahih Bukhari, Sahih Muslim* und *Sunan Abu Daud)* wurden etwa *zwei Jahrhunderte* (oder mehr) nach den in ihnen beschriebenen Ereignissen geschrieben.

Zwei Jahrhunderte sind ein ausreichender Zeitraum für Ausschmückungen und Fantasiegespinste, insbesondere wenn konkurrierende politische und theologische Lager miteinander um die Macht ringen. Tatsächlich war der wichtigste Grund für die Zusammenstellung von Berichten über Muhammad, dass so viele falsche oder widersprüchliche Geschichten entstanden. Neuere Forschungen nach früh-islamischen historischen Quellen haben so gut wie nichts zutage gefördert. Generell neigten die meisten Islamwissenschaftler des vergangenen Jahrhunderts zu mehr und mehr Skepsis.

Eine kurze Geschichte Muhammads

Wenn wir davon ausgehen, dass die muslimischen Quellen zumindest in gewissem Maß glaubwürdig sind, erhalten wir einen groben Abriss über das Leben Muhammads. Er wurde um das Jahr 570 n. Chr. in Mekka geboren (im heutigen Saudi-Arabien). Bereits in jungen Jahren begann Muhammad, im Karawanenhandel mitzuarbeiten, sodass er in Kontakt mit diversen religiösen Traditionen kam. Mit 25 Jahren heiratete er die reiche Witwe Chadidscha, die 15 Jahre älter war als er. Wie viele andere seines Stammes machte es sich Muhammad zur

Gewohnheit, sich in eine Höhle auf dem Berg Hirā‘ zurückzuziehen, um zu beten und zu meditieren.

Mit 40 Jahren hatte er in seiner Höhle ein mystisches Erlebnis, und als er wieder herauskam, zitierte er fünf Verse, die später Teil des Korans werden würden (96,1-5). Bald begann er, zunächst seinen Freunden und seiner Familie, später auch der Öffentlichkeit den Islam zu predigen. Doch aufgrund seiner zunehmenden gewaltbereiten Verurteilung der mekkanischen Polytheisten wurden Muhammad und seine Anhänger verfolgt. Nachdem seine Frau Chadidscha und sein Onkel Abū Tālib (der ihn beschützt hatte) gestorben waren, floh Muhammad aus Mekka.

In Medina schloss er ein Bündnis mit diversen nicht-muslimischen Gruppen und beging in Folge Überfälle auf mekkanische Karawanen. Diese Angriffe führten schließlich zu mehreren Schlachten mit Mekka. Doch zusammen mit der Kriegsbeute trafen auch Neubekehrte ein, und die stetig wachsende muslimische Armee verhalf Muhammad dazu, nicht nur Mekka, sondern auch den ganzen Rest Arabiens zu unterwerfen. Muhammad starb im Jahr 632 nach langer Krankheit, für die er eine Jüdin verantwortlich machte, die ihn vergiftet haben sollte.

Muhammad und Gewalt

Besonders verstörend an Muhammads Leben ist, wie viel Gewalt er anwandte, um seine Ziele zu erreichen. Moderne Muslime behaupten oft, Muhammad habe nur zur Selbstverteidigung getötet. Es ist jedoch historisch nachgewiesen, dass er seine Anhänger anwies, Menschen umzubringen, die sich in Gedichten kritisch über ihn geäußert hatten. Abtrünnigen erging es nicht besser, denn Muhammad befahl: „Wer seine Religion wechselt, soll getötet werden“ (Sunan An-Nasā’ī 5.37.4069).

Solange die Muslime in der Minderheit waren, setzte sich Muhammad für Frieden und Toleranz ein, doch als seine Anhänger seinen Feinden zahlenmäßig überlegen waren, veränderten sich seine Offenbarungen plötzlich. Schauen wir uns einmal drei Verse aus dem letzten großen Kapitel des Korans an, das offenbart wurde:

„Kämpfet wider diejenigen aus dem Volk der Schrift, die nicht an Allah und an den Jüngsten Tag glauben und die nicht als unerlaubt erachten, was Allah und Sein Gesandter als unerlaubt erklärt haben, und die nicht dem wahren Bekenntnis folgen, bis sie aus freien Stücken den Tribut entrichten und ihre Unterwerfung anerkennen." (9,29)

„O Prophet, streite gegen die Ungläubigen und die Heuchler. Und sei streng mit ihnen. Ihr Aufenthalt ist die Hölle, und schlimm ist die Bestimmung!" (9,73)

„O die ihr glaubt, kämpfet wider jene der Ungläubigen, die euch benachbart sind, und lasst sie in euch Härte finden; und wisset, dass Allah mit den Gottesfürchtigen ist." (9,123)

In diesen Versen ist das Hauptkriterium für den Kampf gegen Menschen also, dass sie nicht an den Islam glauben. Muhammads abschließender Marschbefehl an seine Anhänger bestand vor allem darin, Nichtmuslime zu unterwerfen.

Muhammad und die Frauen

Nicht weniger problematisch ist Muhammads Vorbild in Bezug auf Frauen. Der Koran erlaubt es Muslimen zwar, bis zu vier Ehefrauen zu haben (4,3), Muhammad hatte jedoch mindestens neun Frauen gleichzeitig (nachdem er eine besondere Offenbarung gehabt hatte, die ihm das Recht gab, die Begrenzung auf vier Frauen zu ignorieren). Eine von Muhammads Frauen (ein Mädchen namens Aischa) war erst neun Jahre, als die Ehe vollzogen wurde. Zainab, eine andere Frau, war ursprünglich mit seinem Adoptivsohn Zaid verheiratet gewesen. Doch da sich

Muhammad zu Zainab hingezogen fühlte, ließ sich Zaid von ihr scheiden, sodass Muhammad sie heiraten konnte.

Mindestens einmal schlug Muhammad seine Frau Aischa, weil sie gelogen hatte. Das wird durch das Gebot des Korans gerechtfertigt, dass aufsässige Ehefrauen körperlich gezüchtigt werden sollen: „Die Männer sind die Verantwortlichen über die Frauen, weil Allah die einen vor den andern ausgezeichnet hat und weil sie von ihrem Vermögen hingeben. Darum sind tugendhafte Frauen die Gehorsamen und die (ihrer Gatten) Geheimnisse mit Allahs Hilfe wahren. Und jene, von denen ihr Widerspenstigkeit befürchtet, ermahnt sie, lasst sie allein in den Betten und straft sie" (4,34).

Muhammad hatte auch eine Konkubine namens Maria, eine koptische Christin, und er gestand auch seinen Anhängern eine unbegrenzte Anzahl an Sexsklavinnen zu (siehe Koran 23,5-6; 70,29-30). Den frühen Muslimen war es sogar gestattet, eine Form der Prostitution zu praktizieren (*Mut'a* genannt), bei der der Muslime eine Frau für Sex bezahlt, sie für eine kurze Weile heiratet (evtl. sogar nur für ein paar Stunden) und sich dann wieder von ihr scheiden lässt, wenn er fertig ist.

Geistliche Probleme

Während Muhammads Lehren über Gewalt und Frauen seinen Status als perfektes Vorbild ins Wanken bringen, führen gewisse geistliche Probleme auch zu Zweifeln an seinem Status als Prophet. Zum Beispiel ging er selbst zunächst davon aus, dass die Offenbarungen an ihn dämonischen Ursprungs seien. Daraufhin wollte er sich das Leben nehmen und von einer Klippe springen. Muhammads Frau Chadidscha und ihr Cousin Waraqa (die beide nicht in der Höhle dabei gewesen waren und keine Ahnung von seinen dortigen Erlebnissen hatten) überzeugten ihn schließlich davon, dass er nicht besessen war, sondern vielmehr ein Prophet Gottes.

Noch alarmierender ist, dass Muhammad laut der frühesten muslimischen Quellen einmal eine Offenbarung des Teufels übermittelte (die berüchtigten „satanischen Verse"). Der Legende nach brachte Satan Muhammad, als der das erste Mal Kapitel 53 des Korans vortrug, mit einem Trick dazu, Vielgötterei zu unterstützen. Angeblich wurde Muhammad durch den Engel Gabriel darüber informiert, dass alle Propheten auf diese List hereinfielen.

Viele muslimische Quellen berichten ebenfalls, Muhammad sei das Opfer schwarzer Magie gewesen. Nach diesen Berichten stahl ein jüdischer Zauberer Muhammads Haarbürste und benutzte eins der Haare, um ihn mit einem Zauber zu belegen. Dieser dauerte etwa ein Jahr an, beeinträchtigte Muhammads Gedächtnis und flößte ihm Wahnideen ein.

Bewertung

Wenn die Zuverlässigkeit der muslimischen Quellen so fragwürdig ist und sie ein so wenig schmeichelhaftes Porträt Muhammads zeichnen, wie können heutige Muslime die islamische Sicht auf ihren Propheten dennoch verteidigen? Viele Monate lang verfuhr Nabeel wie die meisten Muslime: Er arbeitete sich durch die Texte, richtete seine Aufmerksamkeit auf alle positiven Darstellungen Muhammads und interpretierte negative Berichte neu oder verwarf sie ganz. Doch schließlich wurde ihm klar, dass man mit dieser Methode *jede* historische Figur vertrauenswürdig erscheinen lassen kann. Nachdem er sich gründlicher mit den Beweisen beschäftigt hatte (und der Tendenz der Muslime widerstanden hatte, Muhammad grundsätzlich gegen jegliche Kritik zu verteidigen), stand Nabeel vor einem Dilemma: Entweder wissen wir so gut wie nichts über Muhammad, oder wir wissen, dass er nicht so war, wie ihn die Muslime darstellen.

Das Neue Testament und der Koran

Keith Small

Beitrag zu Teil 8: „Die Heiligkeit des Korans“

Rev. Dr. Keith Small ist Gutachter für Koranmanuskripte an der *Bodleian Library* der Universität Oxford. Er ist außerdem Gastdozent und wissenschaftlicher Mitarbeiter an der *London School of Theology* and lehrt im In- und Ausland über die Textgeschichte von Koran und Neuem Testament. Er ist der Autor von *Textual Criticism and Quran Manuscripts* (Textkritik und Koranmanuskripte).

Heute muss sich jede Religion gegen die konkurrierenden Ansprüche von Säkularismus und anderen Religionen behaupten. Nabeel hat eindringlich den zweifachen Anspruch geschildert, den leidenschaftlich zu glauben er gelehrt worden war und den er dann in Zweifel zog – die Überzeugung, dass der Koran, anders als andere heilige Schriften, vollkommen erhalten geblieben und dass dies ein Beleg für seinen göttlichen Ursprung sei.

Wäre dies eine rein akademische Frage oder ein Fall von überzogener religiöser Rhetorik, wären die Konsequenzen vielleicht nicht so weitreichend. Doch wie Nabeel aus eigener Erfahrung berichtet, war dies eine vorrangige Frage in Bezug auf die Grundlage seines Glaubens. Sie beeinflusste nicht nur seine Identität als Muslim, sondern auch sein Verständnis von Sündenvergebung, seine Sichtweise auf seine persönlichen Verpflichtungen Gott gegenüber und seine Hoffnung auf Erlösung und Ewigkeit. Bei der Unantastbarkeit des Korans geht es für Muslime weltweit um die Frage nach dem ewigen Leben und dem Tod.

Allzu oft drängen Emotionen und Fragen der persönlichen, gesellschaftlichen und religiösen Ehre die Frage nach der Wahrheit in den Hintergrund. In solchen Situationen können akademische Studien objektive Informationen liefern, sodass jeder, egal, welchen Standpunkt er einnimmt, diesen für sich selbst bewerten kann.

Wie entscheiden wir, welche Bücher uns die Wahrheit sagen? Wir können zum Beispiel schauen, wie gut sie mit den vorhandenen historischen Zeugnissen übereinstimmen. Die Annahme, der Koran sei vollständig und fehlerfrei überliefert, die Bibel dagegen verfälscht worden, wiegt schwer und beeinflusst unsere grundlegende Sicht auf Jesus. Muslime sehen in der angeblich vollkommenen Bewahrung ihrer heiligen Schrift ein Anzeichen für die göttliche Legitimation ihres Glaubens, wohingegen das Neue Testament verfälscht worden sei. Somit halten sie ihre Auffassung von Jesus für zutreffender. Diesen ungemein wichtigen historischen Anspruch kann man aber überprüfen.

Während der letzten 300 Jahre wurde das Neue Testament einer gründlichen Textforschung unterzogen: Es wurde untersucht, wie gut die frühesten noch erhaltenen griechischen Quellen bis heute überliefert wurden. Die frühesten Koranmanuskripte wurden bisher keiner so systematischen Untersuchung unterzogen, das geschieht erst nach und nach.

Die Ergebnisse solcher Textstudien sind ungemein bedeutsam. Man hat festgestellt, dass die neutestamentlichen Bücher von den Originalschriften bis heute sehr präzise überliefert und dass keine grundlegenden Lehren des christlichen Glaubens verändert wurden. Die Untersuchung der Korrekturen in den Manuskripten ergab, dass niemand die Texte verändert hat, um eine bestimmte politische oder theologische Agenda zu verfolgen – ein schaler Vorwurf, der oft gegen Konstantin oder das Konzil von Nicäa zu Beginn des 4. Jahrhunderts erhoben wird.

Die Untersuchungen von Koranmanuskripten anhand der islamischen historischen Quellen (ähnlich denen, die Nabeel aus den Hadithen zitiert) bestätigen, dass es im ersten Jahrhundert des Islams ein offizielles Projekt gab, bei dem eine genaue schriftliche Version des Korans festgelegt wurde. Korrekturen in den frühesten vorliegenden Manuskripten legen nahe, dass man sich dabei große Mühe gab. In den ersten Jahrzehnten des Islams herrschten auch die für eine solche Aufgabe nötigen politischen, sozialen und religiösen Voraussetzungen. Man konnte so sicherstellen, dass diese offizielle Textfassung im wachsenden islamischen Weltreich angenommen wurde. Der Korantext wurde also nicht seit der Zeit Muhammads ohne Veränderungen überliefert, sondern wurde nach seinem Tod zu einem Dokument, das die politische und religiöse Einheit unter der vorherrschenden und wachsenden Macht der damaligen Zeit verlangte.

Solche historischen Voraussetzungen für ein ähnlich geartetes Projekt gab es in Bezug auf das Neue Testament jedoch nie. Skeptiker – sowohl renommierte Wissenschaftler als auch Autoren von Unterhaltungsliteratur, die von einer Verschwörung zur Abänderung der neutestamentlichen Texte ausgehen – bauen ihre Argumente hauptsächlich auf Stillschweigen auf. Kleinsten Textveränderungen werden dann kontroverse Schlussfolgerungen aufgezwungen – das ist, als würde man ein kleines, vereinzeltes Rinnsal zum Hauptfluss erklären und dabei den breiten, starken Mainstream der vorhandenen Texttradition ignorieren.

Die Beweise für die neutestamentlichen Texte sprechen sehr dafür, dass die Evangelien akkurate historische Informationen über Jesus liefern, und neueste Studien belegen, dass Jesus in das Umfeld und die Vorstellungen Palästinas im 1. Jahrhundert passt und sie gleichzeitig herausfordert. Ähnliche Studien des Korans zeigen, dass der hier dargestellte Jesus eher das Ergebnis von theologischen Kontroversen aus dem 6. und 7. Jahrhundert als eine Gestalt des 1. Jahrhunderts ist.

Die Problematik von Verfälschung versus vollkommener Überlieferung des Textes ist wichtig, weil Muslime damit die Überlegenheit ihres Glaubens über andere Weltreligionen legitimieren wollen. Doch dieser Anspruch der fehlerlosen Überlieferung des Korans ist eigentlich eher ein Nebenkriegsschauplatz. Der viel bedeutendere Unterschied zwischen Islam und Christentum besteht jetzt und auch in Zukunft in den verschiedenen Lehren von Koran und Neuem Testament und in ihren unterschiedlichen historischen Zeugnissen über Jesus.

Die historische Zuverlässigkeit des Neuen Testaments bildet nicht nur die solide Basis für den persönlichen christlichen Glauben, sondern auch dafür, Menschen jeder Herkunft, ob religiös oder nichtreligiös, die Botschaft des Evangeliums weiterzusagen – dass ihre Sünden vergeben werden, dass sie von einem Leben der Sinnlosigkeit und von schändlichen Gewohnheiten befreit werden, dass sie Gott persönlich kennenlernen und einen Sinn für ihr Leben finden können und dass sie sich der Ewigkeit voller Gerechtigkeit und Freude in seiner unaussprechlichen Gegenwart sicher sein dürfen. All das ist möglich durch das, was sein Sohn Jesus durch Kreuzigung und Auferstehung vollbracht hat. Wenn die christlichen Schriften nicht in der Geschichte begründet wären, hätten wir nichts als unsere persönlichen Meinungen zu bieten.

Glaube und Zweifel

Gary Habermas

Beitrag zu Teil 9: „Der Glaube im Zweifel"

Dr. Gary Habermas ist angesehener Forschungsprofessor und Vorsitzender der philosophischen Fakultät der *Liberty University* (Lynchburg, Virgina). Seine Forschungsschwerpunkte liegen auf der Auferstehung Jesu, doch er hat auch mehrere Texte über das Thema religiöser Zweifel verfasst. Er ist Autor, Mitautor und Herausgeber von 36 Büchern und hat mehr als 100 Artikel und Rezensionen für Zeitschriften und andere Publikationen geschrieben.

Zwei religiöse Zweifler schlugen sich mit quälenden Fragen herum. Der eine begann seine Suche als Christ, der andere nicht. Sie hatten ganz verschiedene Ausbildungen und unterschiedliche religiöse sowie ethnische Hintergründe. In beiden Fällen lösten sich ihre Zweifel nach Jahren der Forschung und des Studiums auf. Beide konzentrierten sich auf ähnliche akademische Probleme. Und derselbe Gott gab sich beiden zu erkennen.

In letzter Zeit ist es üblicher geworden, dass Christen und Nichtgläubige ihre religiösen Zweifel öffentlich äußern. Wenn das im richtigen Kontext geschieht, warum nicht? Eine solche Reaktion findet sich durchaus in der Bibel. Schon immer scheinen die Menschen ihre tiefsten Überzeugungen anzuzweifeln und infrage zu stellen. Warum ist das so? Vermutlich, weil wir nicht alles wissen; wir sind in unserer Erkenntnis stark eingeschränkt. Außerdem beschäftigen uns diese religiösen Fragen immer wieder neu, oft sogar sehr tiefgehend. Aus theologischer Sicht sind wir Sünder. Und, um es noch komplizierter zu machen, stehen diese Voraussetzungen oftmals im Widerspruch zu unserem Wunsch nach persönlichem Frieden.

Ich lernte Nabeel Qureshi kennen, während meine Familie wie jedes Jahr bei guten Freunden von uns, Mike und Debbie Licona, in Virginia Beach zu Besuch war. Nabeel hatte sich einer Gruppe von Sinnsuchern angeschlossen, die sich regelmäßig bei Mike zu Hause trafen, um über wissenschaftliche, philosophische und theologische Fragen zu diskutieren. Dort traf ich einen früheren militanten Atheisten, den Philosophiestudenten David Wood. Ein anderer Teilnehmer derselben Universität, der ebenfalls im Hauptfach Philosophie studierte, war ein agnostischer Buddhist namens Zach. Und dann war da Nabeel, ein leidenschaftlicher Muslim. Ohne Frage, Nabeel war hochintelligent und aufmerksam, wissbegierig und außergewöhnlich höflich. Er verteidigte seinen Glauben, und niemand störte sich daran. Jeder konnte offen reden.

Als Mike mit dem muslimischen Gelehrten Shabir Ally an einer anderen Universität in der Gegend diskutierte, saßen Nabeel und ich zusammen. Später werteten wir zusammen mit David und Mike die Diskussion aus. An diesem Abend machte Nabeel die wunderbare Aussage, dass der einzige Vorteil christlicher Apologeten gegenüber muslimischen Apologeten die Beweise für die Auferstehung Jesu seien. Später sagte ich zu Mike, dass eine Schlussfolgerung wie diese genau das war, was Nabeel auch in Zukunft beeindrucken könnte.

Einmal kam Nabeel sogar mit seinem Vater zu einem der Treffen bei Mike. Wieder verliefen die Gespräche fair und höflich.

Später hörte ich, dass Nabeel sogar ins Ausland reiste, um Imamen die Fragen zu stellen, die ihm noch immer auf der Seele lagen. Ich staunte. Hier war ein junger, gebildeter Mann, der keine Angst davor hatte, auch schwierige Fragen zu stellen. Am Ende trugen seine Zweifel wesentlich zum Erfolg seiner Suche bei.

Obwohl ich in einem christlichen Elternhaus aufgewachsen war, kämpfte ich zehn Jahre lang mit teils massiven Zweifeln. Ich beschäftigte mich intensiv mit der Auferstehung Jesu, denn ich war mir sicher, dass sie, wenn sie tatsächlich stattgefunden hatte, der Stützpfeiler des christlichen Glaubens war. Doch nach einigen Jahren erreichte ich in meinen Nachforschungen eine Sackgasse und kam zu dem Schluss, dass dieses Ereignis nicht zweifelsfrei nachgewiesen werden konnte.

Als ich ein Jahr später meine Doktorarbeit schrieb und mich erneut mit diesem Thema befasste, konnte ich mich aus dieser Pattsituation befreien, in der ich zuvor festgesteckt hatte, ohne dass jedoch meine Zweifel nachließen. Damals ahnte ich nicht, dass mir noch Jahre des Ringens bevorstanden.

Mir war schon lange klar, dass ich mich in meinem Ringen mit meinen Zweifeln selbst auseinandersetzen musste. Daher war in mir die Überzeugung gereift, dass es sowohl für den Theismus im Allgemeinen als auch für den christlichen Glauben im Besonderen mehrere wichtige Beweiswege gibt. Doch warum blieben meine Zweifel bestehen und waren manchmal sogar stärker als je zuvor?

Bald darauf lernte ich etwas, von dem ich mir sehnlichst wünschte, dass es mir jemand schon früher erklärt hätte, dass es nämlich bei Zweifeln in der Regel auch eine emotionale Komponente gibt. Damals wurde das in der Forschung jedoch selten berücksichtigt. Nicht nur ist in dieser Unsicherheit die emotionale Komponente die dominante, sie ist meist auch weitaus schmerzhafter und oft sogar hartnäckiger als die rein faktische Komponente.

Eins war ganz klar: Ich musste einfach etwas unternehmen, um die quälenden Fragen zu überwinden, die mich jede Stunde eines jeden Tages verfolgten. Wie konnte ich mir sicher sein, dass der christliche Glaube eine vernünftige Grundlage hat, wenn rein faktische Beweise dafür nicht ausreichten?

Zu diesem Zeitpunkt beschäftigte ich mich bei meinen Nachforschungen auch mit Themen aus dem Bereich der Psychologie, speziell mit der „kognitiven Therapie" oder „kognitiven Verhaltenstherapie", und das veränderte mein Leben. Ich fand heraus, dass das, was wir uns selbst sagen, was wir denken und tun, unsere Gefühle und die daraus resultierenden Handlungen beeinflusst. Die schmerzhaftesten Dinge im Leben bestehen darüber hinaus in der Regel nicht in dem, was uns *zustößt,* sondern darin, wie wir *über* diese Dinge denken und sie für uns interpretieren. Es sind also nicht so sehr die Ereignisse in unserem Leben, sondern unsere Reaktionen darauf, die bestimmen, wie gut wir uns an sie anpassen und ein friedliches Leben führen können und dabei so wenig Schmerz und Stress erfahren wie möglich.

Bei der kognitiven Therapie geht es im Wesentlichen darum, falsche Aussagen, die wir über uns selbst glauben, denken oder sagen, aufzuspüren und ihnen zu widersprechen. Gläubige müssen gegen Gedanken ankämpfen wie: „Ich habe alles getan, was mir die Bibel aufträgt, aber vielleicht bin ich trotzdem kein Christ." Oder: „Vielleicht komme ich in den Himmel, und dann sagt mir Jesus, dass er mich niemals gekannt hat." Selbst so etwas Simples wie „Was, wenn der christliche Glaube falsch ist?", wenn die Beweise dagegen zu sprechen scheinen, können sich sehr negativ auswirken.

Ich musste also lernen, direkt gegen solche Vorstellungen anzugehen, und zwar je entschiedener, umso besser. Ich arbeitete mich durch jeden Aspekt des Evangeliums (wie die Göttlichkeit, den Tod und die Auferstehung Jesu Christi) und fragte mich anschließend, ob ich dem Herrn in dieser Hinsicht glaubte und ihm vertraute (Römer 10,9-10). Lautete meine Antwort: „Ich bin mir nicht sicher", dann musste ich mich anhand konkreter Fakten damit auseinandersetzen. „Du weißt doch, dass du das schon dutzendmal getan hast", oder „Du weißt, dass du das glaubst, denn erst neulich, als dir jemand widersprochen hat, warst du schnell bereit, diese Wahrheit zu verteidigen." Wenn sich andere fragten, ob sie seit ihrer Bekehrung schon „Frucht" in ihrem Leben gebracht hatten, ermutigte ich sie, Dinge aufzulisten, die man überprüfen kann. Gute Freunde zu fragen, was sie in uns sehen, ist auch sehr hilfreich.

Dutzende Bibelstellen fordern uns auf, uns nicht länger zu sorgen und „niedergedrückt" zu sein, indem wir unsere inneren Selbstgespräche ändern. Wir sollen diese irreführenden Gedanken ersetzen, indem wir über Gottes Wahrheit und seine Verheißungen nachsinnen, ihn loben oder zu ihm beten.[34] In anderen Bibelstellen wird uns aufgetragen, uns vor verantwortungslosen oder leichtsinnigen Worten zu hüten, vor Sorgen, Neid und anderen Emotionen, die uns bedrücken. Stattdessen sollen wir uns selbst und anderen die Wahrheit lehren. Dies wird uns aufbauen und so Heilung und Frieden bewirken.[35]

Eine Schlüsselstelle, die mich gedanklich sehr beschäftigte, ist Philipper 4,6-9, wo Paulus die Gläubigen ermahnt,

---

34 Ps 37,7-8; 42,6-7.12; 55,5-9.17-18.23; 56,4-5; 143,5-8; Mt 6,19-34; Phil 3,18-21; Kol 3,1-17; 1Thes 5,14-18; 1Petr 5,7

35 Spr 4,23-27; 12,18, 25; 15,13-15; 17,22; 18,21; Kl 3,19-24; Eph 5,:15-20

sich keine Sorgen zu machen (V. 6), da diese oftmals sehr zu emotionalen Zweifeln beitragen. Mir war klar: Wenn ich meine Sorgen in den Griff bekäme, würde ich einen großen Fortschritt beim Umgang mit meinen emotionalen Zweifeln machen.

Paulus schlägt eine Lösung in vier Schritten vor. Er fordert uns auf, Gott um die Stillung unserer Bedürfnisse zu bitten. Petrus geht noch weiter ins Detail und trägt seinen besorgten Lesern auf, ihre Sorgen auf Gott zu werfen (1. Petrus 5,7).

Paulus fordert weiter zu Danksagung (Philipper 4,6) und Lobpreis (4,8) auf. Die Praxis hat gezeigt, dass während Zeiten der Sorgen oder des Niedergedrücktseins ein solches Vorgehen unglaublich befreiend wirken kann, sodass die Sorgen und Ängste abnehmen.

In der vielleicht stärksten „kognitiven" Bibelstelle trägt Paulus seinen Lesern auf, ihre Angst durch gottgefällige Wahrheit zu ersetzen. Sie sollen gründlich, tiefgehend und unbeirrt über Gottes Wahrheiten nachdenken und sich so wie in Philipper 4,8 beschrieben verhalten, statt weiter zu grübeln, was ja überhaupt erst zu den Sorgen geführt hat.

Schließlich fügt Paulus noch eine Verhaltenskomponente hinzu – wir sollen das, was er gerade beschrieben hat, in die Praxis umsetzen (Philipper 4,9). Das heißt allerdings nicht, dass wir jedes Mal alle vier Schritte durchlaufen müssen; andere Bibelstellen fordern uns nur zu einem bestimmten Vorgehen auf, manchmal auch in Kombination mit noch einem anderen Schritt.

Viele Populärschriften erklären detailliert, wie man diesen Prozess in die Praxis umsetzen kann, doch ich bevorzuge seit Langem den Beststeller *Befreiende Wahrheit* von William Backus und Marie Chapian.[36] Auch wenn es oft sehr schmerzhaft

---

36 William Backus und Marie Chapian, *Telling Yourself the Truth*, 20. Aufl. (Minneapolis: Bethany House, 2000)

ist, können die Auswirkungen von emotionalen Zweifeln so verhindert oder zumindest stark eingeschränkt werden.[37] Die Lösung liegt darin, immer wieder und mit Nachdruck Vorgehensweisen einzuüben, die unser fehlgeleitetes Denken und Verhalten korrigieren.

37 Zwei meiner drei Bücher über religiöse Zweifel sind (auf Englisch) kostenlos auf meiner Website zu finden: http://www.garyhabermas.com, unter dem Reiter „books". Eines der drei, *The Thomas Factor: Using Your Doubts to Grow Closer to God* befasst sich hauptsächlich mit emotionalen Zweifeln.

Träume und Visionen

Josh McDowell

Beitrag zu Teil 10: „Von Gottes Hand geführt“

Josh McDowell ist ein seit über 50 Jahren international anerkannter Evangelist und Apologet, der zu über 25 Millionen Menschen gesprochen und mehr als 26 000 Vorträge in 125 Ländern gehalten hat. Er hat viele leicht verständliche Bücher über die Grundlagen des christlichen Glaubens geschrieben. Er ist Autor oder Mitautor von über 130 Büchern, darunter *Wer ist dieser Mensch?*, von dem mehr als 15 Millionen Exemplare in 85 Sprachen verkauft wurden.

Viele Menschen aus westlichen Ländern können sich nur schwer vorstellen, dass Gott sich Muslimen durch Träume und Visionen offenbart. In Jesaja 65,1 lesen wir: „Ich war zu erfragen für die, die nicht nach mir fragten; ich war zu finden für die, die mich nicht suchten.“

Joel verkündete: „Eure Greise werden Träume haben, eure jungen Männer werden Visionen sehen“ (Joel 2,28). In den Tagen Joels, als Gott Israel lehren wollte, „dass ich, der HERR, euer Gott bin und keiner sonst“ (Joel 2,27), gebrauchte er Träume und Visionen.

Ich glaube, dass er genauso auch zu heutigen Muslimen spricht. In seiner unendlichen Weisheit und in seinem Mitgefühl offenbart sich Gott unterschiedlichen Menschen auf unterschiedliche Weise, die abhängig ist von der jeweiligen Kultur, sodass jeder ihn verstehen und annehmen und ihm nachfolgen kann.

In vielen muslimischen Kulturen spielen Träume und Visionen im Leben der Menschen eine wichtige Rolle. Die wenigsten Muslime haben Zugang zur Bibel oder Kontakt zu christlichen Missionaren, doch Gott will genauso leidenschaftlich gerne eine Beziehung zu Muslimen aufbauen, wie er eine Beziehung mit Ihnen und mir haben möchte (2. Mose 34,14).

Dass sich Gott durch Träume und Visionen offenbaren kann, ist jedoch nicht auf ein bestimmtes Volk, eine Sprache oder ein Land beschränkt. Menschen von Indonesien bis Saudi-Arabien und darüber hinaus haben schon Offenbarungsträume gehabt. Doch nicht nur in der arabischen Welt, auch in Persisch oder Türkisch sprechenden Ländern und überall in Afrika und Asien werden solche Träume sehr ernst genommen.

Träume und Visionen bewirken nie die Bekehrung eines Menschen, das kann nur das Evangelium. Solche suchenden Menschen begeben sich auf der Suche nach Wahrheit auf eine persönliche geistliche Reise. Wie bei Nabeel können Träume dabei helfen, sie an die Bibel heranzuführen oder für Christen offen zu machen, die ihnen von Jesus erzählen. Bekehren werden sich Menschen jedoch allein aufgrund des Evangeliums und durch den Heiligen Geist.

Die Zeitschrift *Mission Frontiers* berichtete, dass von 600 muslimischen Konvertiten mehr als 25 Prozent durch Träume beeinflusst worden waren.[38] Ein Missionar in Afrika erzählte, dass 42 Prozent der neuen Gläubigen zu Jesus gefunden hatten, indem sie „Träume oder Visionen gehabt oder Gottes Stimme gehört hatten“[39].

Keine zwei Träume gleichen sich vollständig, doch meiner Erfahrung nach berichten viele Menschen, dass Jesus in ihren Träumen mit ausgestreckten Armen dastand und entweder sagte: „Warum widerstehst du der Wahrheit?“ oder „Suche die Wahrheit“. In der Regel lautet die Erwiderung der Muslime darauf: „Was ist die Wahrheit?“ oder „Zeig mir die Wahrheit“.

Darum erreichen uns so viele Briefe mit der Frage: „Warum hat es so lange gedauert, bis ihr mir die Wahrheit erzählt habt?“

Ein Missionar erzählt folgende Begebenheit:

> Ich traf einmal einen Mann aus Belutschistan, einer Region in Pakistan. Es war in einer Bibelschule, wo ich eine Andacht halten sollte, und er war dort, weil Jesus ihm sprichwörtlich am Totenbett erschienen war, ihn geheilt und nach Karachi geschickt hatte, wo er das Wort studieren und dann nach Belutschistan zurückkehren sollte, um das Evangelium zu verbreiten.[40]

Ein anderer Missionar berichtet:

> Ein iranischer Student, mit dem ich hier in Paris arbeitete, verschwand eines Tages von der Bildfläche, weil sein Bruder, ein praktizierender Muslim, Druck auf ihn ausgeübt hatte. Sechs Monate später kehrte er zurück, strahlte über das ganze Gesicht und erzählte mir begeistert, dass er

38 Christine Darg, „The Jesus Visions — Signs and Wonders in the Muslim World Introduction“, abgerufen am 2. Januar 2013, http://www.jesusvisions.org/intro.shtml#top

39 „Accounts Multiply of Muslims Who Have Encountered YAHUSHUA (Jesus Christ) in Unusual Dreams“, AMightyWind. com, abgerufen am 7. Januar 2013, http://www.amightywind.com/fastfood/dreams/040723muslimdreams.htm

40 aus einer E-Mail an Josh McDowell vom 7. Januar 2013

nun von der Wahrheit der Bibel überzeugt sei. Wir setzten uns zusammen und unterhielten uns, dabei erzählte er mir, wie heftig ihn sein Bruder oft geschlagen und zur Einhaltung des Ramadans gezwungen habe. Doch eines Nachts, während er mit der Frage „Wer hat recht, die Bibel oder der Koran?" rang, sah er Jesus in einem Traum und stellte ihm alle seine Fragen. Er erinnerte sich, dass die Antworten zufriedenstellend ausfielen. Von den Fragen, die er gestellt hatte, konnte er sich nur noch an die letzte erinnern, die auf uns recht seltsam wirkt, auf Muslime jedoch nicht. Er fragte Jesus: „Jetzt, da ich dir nachfolge, was soll ich essen?" Zu meiner Freude antwortete Jesus ihm: „Iss mein Wort." Ich wandte mich dem Buch Jeremia zu und zeigte ihm die Stelle, wo Jeremia sagt: „Fanden sich Worte von dir, dann habe ich sie gegessen" (15,16). Er war außer sich vor Aufregung und meinte: „Jesus muss recht haben."[41]

Lesen Sie nachfolgend einige wahre Geschichten über die Wirkung von Träumen:

In einem afrikanisch-muslimischen Land zerriss ein Mann voller Wut ein Bibeltraktat und drohte dem Mitarbeiter von *Every Home for Christ,* Dick Eastman, der mit den Schriften von Tür zu Tür ging, mit dem Tod. Am nächsten Nachmittag bekam Dick einen riesigen Schreck, als derselbe Mann bei ihm vor der Tür stand. „Ich brauche unbedingt noch so ein Heft", sagte der Muslim und erzählte, dass er in der vergangenen Nacht von zwei Händen geweckt worden war. Als er das Licht einschaltete und wissen wollte, wer da sei, sagte eine Stimme: „Du hast die Wahrheit zerrissen." Die Stimme trug ihm auf, sich ein weiteres Traktat zu besorgen, und wies ihm den Weg zu der Wohnung des Mitarbeiters von EHFC, berichtete der junge Mann. Dort las dieser Muslim

41 Ebd.

das Heftchen und wurde gläubig. Daraufhin wurde er von seiner wohlhabenden Familie verstoßen, wohnt nun beim Leiter von EHFC Afrika und bereitet sich auf den Dienst an Muslimen vor.[42]

In Kawuri, Nigeria, wurde ein Christ von seinem Stamm fast zu Tode geprügelt, weil er sich vom Islam abgewandt hatte, wie Bruder Andrew von *Open Doors* berichtet. Dem Tode nahe bat der Mann Gott um Vergebung für die Angreifer, ohne zu ahnen, dass sie im Nebenraum alles mit anhörten. In dieser Nacht hatten zwei islamische Priester, die ihn ebenfalls geschlagen hatten, Visionen. Der eine erzählte, Jesus habe ihm seine drei größten und geheimsten Sünden aufgezeigt. Am nächsten Tag bereuten die beiden Mullahs und führten 80 Anhänger zu einer Kirche.[43]

Karima, eine Muslima, träumte, sie hätte einen Autounfall. Sie war bewusstlos, doch als sie (im Traum) die Augen wieder aufschlug, sah sie Jesus am Steuer. „Komm zu mir", sagte er zu ihr, „ich bin bei dir. Ich liebe dich." Durch diese Erfahrung machte sie sich auf die Suche nach einer christlichen Gemeinde, wo sie das Evangelium annahm.[44]

Nachdem sie den *Jesus-Film* gezeigt hatten, kehrten die Mitglieder des Teams spät abends zurück. Sie sahen oben in den Bergen ein Feuer, wo die Hirten ihre Schafe hüteten. Mehrere Teammitglieder gingen mit der DVD und mehreren Exemplaren des Buches *Wer ist dieser Mensch?* im Gepäck zu ihnen.

42 „Dreams and Visions Move Muslims to Christ (Auszug aus dem National and International Religion Report", Eternal Perspective Ministries — Resource Library, abgerufen am 7. Januar 2013, http://www.epm.org/resources/1996/Sep/12/dreams-visions-move-muslims-christ/

43 Ebd.

44 Audrey Lee, „Why Revival Is Exploding among Muslims", Charisma Magazine, abgerufen am 7. Dezember 2012, http://www.charismamag.com/ spirit/evangelism-missions/14442-when-muslims-see-jesus

Nachdem sie sich vorgestellt hatten, schenkten sie jedem Hirten eine DVD und ein Buch. Einer der Hirten war ganz aufgeregt und rief: „Letzte Nacht habe ich dieses Buch im Traum gesehen, und mir wurde aufgetragen, es zu lesen." Selbstverständlich nahmen die Hirten ihre Bücher begeistert an![45]

Ein mir persönlich bekannter Bruder erzählte mir von 17 Leuten in einer Gruppe ehemaliger Muslime. Jeder von ihnen hatte Visionen oder Träume von Jesus gehabt. Einer der Männer fragte diesen Bruder, ob er auch eine Vision von Jesus gehabt habe. Er antwortete: „Nein." Der Mann legte meinem Freund den Arm um die Schultern und sagte: „Wie gesegnet bist du! Du hast ihn nicht gesehen und doch liebst du ihn und dienst ihm." Dann fügte er hinzu: „Wir haben keine Entschuldigung, wir haben ihn von Angesicht zu Angesicht gesehen!"

Unser Gott kümmert sich um die Gläubigen und um solche, die noch auf der Suche nach der Wahrheit sind. Er gibt seine Schöpfung nicht auf, wie Nabeels eigene Geschichte beweist. Sein Weg war voller Fragen, voller Frustration und Enttäuschung, doch seine Freunde beteten vier Jahre lang für ihn, bis Gottes Liebe zu ihm durchbrach.

„Lasst uns aber im Gutestun nicht müde werden! Denn zur bestimmten Zeit werden wir ernten, wenn wir nicht ermatten." (Galater 6,9)

Ob durch Träume und Visionen, durch Bibellesen, das persönliche Zeugnis von Freunden oder sonst einen Weg, durch den Gott zu Menschen redet, ich kann zweifelsfrei sagen: „Der HERR, dessen Name ‚Eifersüchtig' ist, ist ein eifersüchtiger Gott" (2. Mose 34,14), was sich auf die persönliche Beziehung zu den Menschen bezieht.

---

45 Geschichte, die Josh McDowell persönlich erzählt bekam

Anhang II
SIND AHMADIS MUSLIME?

Stellungnahme zu Bedenken über meine frühere islamische Glaubensgemeinschaft

In Kapitel 7 habe ich das Thema der Vielfalt im Islam angesprochen und die Leser darüber informiert, dass ich zu der islamischen Glaubensgemeinschaft der Ahmadiyya gehörte, die von vielen Muslimen nicht als Teil des Islams anerkannt wird. Durch eine Begebenheit aus meinem eigenen Leben habe ich dargelegt, warum diese Ansicht problematisch ist und dass Ahmadis durchaus Muslime sind. Da dieses Kapitel im Kontext meiner Geschichte stand, will ich hier ausführlicher auf die Argumente eingehen.

Mein Standpunkt ist klar: Ahmadis sind Muslime, weil sie die *Schahada* anerkennen und sie rezitieren: „Es gibt keinen Gott außer Allah, und Muhammad ist Sein Gesandter." Das ist in der Tradition Muhammads die notwendige und hinreichende Voraussetzung, nach der sich die Muslime heute noch richten. Muhammad ging so weit zu behaupten, dass niemand, der die *Schahada* rezitiert, exkommuniziert werden kann, egal, aus welchem Grund – so steht es im *Sunan Abu Daud*, Hadith-Nummer 2526. Doch Ahmadis praktizieren nicht nur diese Grundvoraussetzung, sondern auch die Fünf Säulen des Islams und sie glauben an die Sechs Glaubensartikel, was der sunnitischen Orthodoxie sehr nahekommt, viel näher, als das bei manchen anderen Muslimen wie den Sufis der Fall ist.

Leider haben viele gehört, Ahmadis seien keine Muslime, sodass sie sich jetzt Gedanken darüber machen, ob dieses Buch überhaupt eine Relevanz für den Islam hat. Andere kritisieren, dass ich keine Gegenargumente gegen die Ahmadiyya angeführt habe. Darauf möchte ich Folgendes erwidern:

Allah gesucht, Jesus gefunden wendet sich an ganz gewöhnliche Muslime, und die hier dargestellten Argumente gelten für nahezu alle Muslime. Die verschiedenen Ansichten über die Ahmadiyya haben keine Bedeutung für die kritischen Argumente in Bezug auf den Islam.

Die Kritik, Ahmadis seien keine Muslime, zeugt von einem voreingenommenen und fundamentalistischen Standpunkt, ähnlich wie bei Sunniten, die Schiiten nicht als Muslime anerkennen.

Die vereinfachende Ansicht, dass Ahmadis keine Muslime seien, spiegelt das undifferenzierte Verständnis von Einzelpersonen wider. Mein Leben ist ein Beispiel für eine deutlich komplexere Wirklichkeit, als eine solche einseitige Darstellung es zulässt.

Auch wenn für mich die Ahmadis eine Untergruppe der Muslime sind und ich mich mit der Abkehr vom Islam auch von der Ahmadiyya abwandte, gibt es einige spezielle Probleme mit dieser besonderen Glaubensgemeinschaft, die ich niemals wirklich untersucht habe.

1. Dieses Buch wendet sich an ganz gewöhnliche Muslime

Wie der Leser in diesem Buch feststellen konnte, wuchs ich auch mit den ganz besonderen Lehren unserer Glaubensgemeinschaft auf, doch nahm ich sie nur am Rande wahr. Mein Weltbild speiste sich aus den grundlegenden Lehren des Islams: dass es keinen Gott außer Allah gibt und dass Muhammad sein Gesandter ist. Für mich als Ahmadi war Muhammad die höchste menschliche Instanz und Allah die höchste göttliche.

Als David und ich unsere Glaubensvorstellungen diskutierten, lag daher unser Fokus auf dem Leben Muhammads und auf dem Koran, nicht auf irgendwelchen spezifischen Lehren meiner Glaubensgemeinschaft. Ich hätte David nie dazu überreden wollen, Ahmadi zu werden, doch zum Islam lud ich ihn dutzende Male ein. Darum ging es uns in unseren Diskussionen immer: um das Herzstück des Islams. Darum spreche ich in diesem Buch über dieselben Dinge, die alle Muslime betreffen.

Wenigstens ein prominenter sunnitischer Gelehrter, Dr. Shabir Ally, sieht das ebenso und stimmt mir zu, dass sich dieses Buch mit dem Islam im Allgemeinen befasst, nicht mit der Ahmadiyya im Besonderen. Während er *Allah gesucht, Jesus gefunden* las, wurde Ally gefragt: „Meinen Sie, dass Nabeel den Islam der Ahmadiyya mit dem Christentum vergleicht?" Dr. Allys vielsagende Antwort lautete: „Das tut er nicht … Er vergleicht einfach den Islam an sich, der im Allgemeinen besser bekannt ist, mit dem Christentum." In seiner Rezension äußerte sich Dr. Ally erstaunt darüber, dass ich mich nicht auf die Ahmadiyya konzentrierte, doch dafür gibt es einen einfachen Grund: Als Muslim hatte ich mich nie mit den spezifischen Lehren meiner Glaubensgemeinschaft befasst, sondern vielmehr mit dem Islam als Ganzem.

Selbst wenn Ahmadis also keine Muslime wären, würde das in keiner Weise die Argumente widerlegen, die ich in diesem

Buch gegen den Islam vorgebracht habe. Ich behaupte, dass es keinen guten Grund zu der Annahme gibt, der Koran sei inspiriert, und dass wir, wenn wir sorgfältige Schlussfolgerungen ziehen, Muhammad nicht als Propheten anerkennen können. Es handelt sich also um eine Kritik an den Grundlagen des Islams, nicht nur an der Ahmadiyya.

2. Voreingenommene Polemik

Intrareligiöse Rhetorik kann ganz schön heftig sein. Innerhalb des Christentums gibt es zum Beispiel seit der Reformation ein heftigen Streit zwischen Katholiken und Protestanten. Ähnlich ist die Situation im Islam, und es gibt hinreichende Beweise dafür, dass sich Muslime überall auf der Welt gegenseitig vorwerfen, keine Muslime zu sein.

Das *Pew Research Center* veröffentlichte im August 2012 die Ergebnisse einer Umfrage unter dem Titel: „The World's Muslims: Unity and Diversity“ (Die Muslime der Welt: Einheit und Vielfalt), die zeigt, dass es drastische Unterschiede darin gibt, wen Muslime als Muslime anerkennen. Die unterschiedlichen Meinungen hängen sehr von Region und Umfeld ab. So sind sich die Muslime beispielsweise nicht einig, ob Sufis zum Islam gehören: In Südostasien betrachten nur 24 Prozent der Muslime Sufis ebenfalls als Muslime, in Südasien dagegen 77 Prozent.

Natürlich ist der bekannteste innerislamische Zwiespalt der zwischen Sunniten und Schiiten. In der gleichen Umfrage wurden u. a. fünf muslimische, mehrheitlich sunnitische Länder im Nahen Osten und in Nordafrika befragt. In allen diesen Ländern herrscht große Uneinigkeit darüber, ob Schiiten Muslime sind. In Ägypten, Jordanien, Marokko, den Palästinensergebieten und Tunesien halten 40 oder mehr Prozent der Sunniten Schiiten nicht für Muslime.

Doch da, wo Sunniten unter vielen Schiiten leben, sind die Ansichten differenzierter. Die Umfrage ergab: „Nur im Libanon und im Irak – Ländern, in denen beträchtliche Mengen von Sunniten und Schiiten nebeneinander leben –, erkennen Sunniten Schiiten als Muslime an."

Ein ähnliches Phänomen nahm ich bei uns als Ahmadis wahr: Wenn wir an einen neuen Ort zogen und dort Muslime trafen, die noch keine Ahmadis kannten, behandelten sie uns wie Außenseiter. Doch wenn sie uns näher kennenlernten, änderte sich ihre Meinung über Ahmadis allmählich. Wir lebten wir sie, glaubten das Gleiche wie sie und brachten uns mit ihnen in die Gemeinschaft ein. Trotz konfessioneller Unterschiede akzeptierten sie uns irgendwann immer als Muslime, wenn sie uns besser kannten.

Da die Gründe, weshalb bestimmte Glaubensgemeinschaften angenommen oder abgelehnt werden, oft subjektiv sind, sollten wir auch anerkennen, dass das Thema der Inklusion innerhalb einer Religion sehr vielschichtig ist, erst recht im heutigen Islam. Oft hat es nur wenig mit dem zu tun, was die Menschen tatsächlich glauben oder wie sie leben, sondern mehr mit dem, was bekannt und vertraut ist. Wir müssen aufpassen, dass wir uns nicht voreingenommen in Polemik ergehen.

Ein Beispiel für solche Polemik, die oft gegen Ahmadis vorgebracht wird, ist die Parallele zwischen Mormonentum und der Ahmadiyya: „Mormonen bezeichnen sich als Christen, sind es aber nicht wirklich. So bezeichnen sich auch Ahmadis als Muslime, obwohl sie keine sind." Diese Parallele ist falsch. Das Mormonentum wird in der Regel nicht als dem Christentum zugehörig erachtet, weil es ein polytheistischer Glaube ist und lehrt, dass Jesus nur einer unter vielen Göttern sei. Das steht im Widerspruch zu einem Grundsatz des christlichen Glaubens: dem Monotheismus. Die Ahmadiyya widerspricht dagegen keinen islamischen Dogmen.

Wie ich in Kapitel 7 erklärte, wird die Ahmadiyya oft der Irrlehre beschuldigt, weil sich der Gründer, Mirza Ghulam

Ahmad, als Prophet bezeichnete. Da Muhammad nach dem Koran das „Siegel der Propheten“ ist, halten orthodoxe Muslime Ahmadis für Irrlehrer und Nichtmuslime. Doch uns Ahmadis wurde beigebracht, dass Ahmad ein untergeordneter Prophet war und nicht annähernd an Muhammad heranreichte. Ahmadis glauben, dass Muhammad das Siegel der Propheten war, denn er war der letzte Prophet, dem ein Gesetz offenbart worden war; Ahmad dagegen hatte nur insofern prophetische Autorität, als er seine Nachfolger auf Muhammad zurückverwies.

Ich habe gehört, wie Muslime darauf erwidern, dass Ahmad selbst aber andere Lehren vertreten habe. Doch selbst wenn das wahr wäre, wurde uns nie so etwas gelehrt. Für uns war Muhammad die ultimative menschliche Instanz, und Ahmad verwies uns lediglich auf ihn. Daher ging der Streit um die Prophetenschaft Ahmads für mich um semantische Spitzfindigkeiten. All dies betrifft lediglich Randfragen, so wie auch unterschiedliche Auslegungen eines einzelnen Verses keine grundlegenden muslimischen Dogmen infrage stellen. Fraglos befolgen und glauben Ahmadis die grundlegenden Praktiken und Lehren des Islams.

Kürzlich hörte ich, dass ein Gericht in Indien schon vor Jahrzehnten entschieden hat, dass Ahmadis Muslime sind, und zwar aus fast exakt den gleichen Gründen, die ich anführe. In dem Fall *Shihabuddin Imbichi Koya Thangal vs. K. P. Ahmed Koya* aus dem Jahr 1970 schloss der Richter: „Die Bande unserer Einheit, wenn ich das so sagen darf, bestehen darin, dass die zentralen Doktrinen, Glaubensbekenntnisse, Formeln und Erkennungszeichen übereinstimmen und ihren unverwechselbaren Charakter ausmachen. Betrachtet man das Problem nüchtern und leidenschaftslos und im kalten Licht des Gesetzes, kann ich ohne zu zögern festhalten, dass die Ahmadi-Glaubensgemeinschaft Teil des Islams ist.“

Interessanterweise wurde diese Schlussfolgerung von einem Gericht im indischen Kerala gezogen. Kerala ist ein größtenteils katholisches Gebiet in einem überwiegend hinduistischen Land. Das Gericht hatte kaum Grund, sich auf die Seite der einen oder anderen Partei schlagen, und schloss „ohne zu zögern", dass Ahmadis Muslime sind.

Dieses Ergebnis fußte zum Teil auf einem vorausgehenden Schluss eines anderen indischen Richters, J. Oldfield, der ähnlich über die Ahmadis urteilte. Oldfield berief sich in seiner Argumentation wiederum auf einen anderen Fall, bei dem die vorherrschende muslimische Konfession die Wahhabis angeklagt hatte, keine Muslime zu sein. Dies ist ein Beispiel für eine innerreligiöse Debatte im Islam, die die Muslime inzwischen überwunden haben.

Fakt ist, dass Muslime auf der ganzen Welt einander seit Jahrhunderten als Nichtmuslime bezeichnen. Das liegt vielleicht daran, dass nach muslimischem Verständnis nur eine sehr geringe Vielfalt im Islam möglich ist. Dieselbe Umfrage ergab, dass „in 32 der 39 befragten Länder die Hälfte der Muslime oder mehr der Meinung ist, dass es nur eine korrekte Auslegung der islamischen Lehren gibt". Die Konsequenz daraus ist offensichtlich: Solche Muslime sehen jegliche Abweichung innerhalb des Islams als nichtmuslimisch.

Gegenwärtig werden Ahmadis in vielen Gebieten genau unter die Lupe genommen, doch andere Regionen haben bereits eingelenkt. In Bangladesch fand das *Pew Forum* zum Beispiel heraus, dass 40 Prozent der Sunniten Ahmadis für Muslime halten. Wie auch immer sie dies rechtfertigen, ihre Schlussfolgerung ist korrekt, denn die Ahmadis erfüllen die Voraussetzungen für Muslime, wie sie von Muhammad vorgegeben wurden und im Lauf der Geschichte immer galten.

3. Die komplexe Beschaffenheit des Lebens

Mir werden oft Fragen gestellt, anhand derer Menschen in Schubladen gesteckt werden sollen, doch so läuft das Leben nicht. Die Zugehörigkeit zu einer bestimmten Denomination sagt sehr wenig über den Glauben einer Einzelperson aus, und es ist gefährlich, alle über denselben Kamm zu scheren.

In meinem Fall war es so, dass ich, obwohl Ahmadi-Muslim, den größten Teil meines Lebens als Muslim eine sunnitische Moschee in Norfolk, Virginia, besuchte. Doch kann ich sie kaum als sunnitische Moschee bezeichnen, weil sich dort so viele islamische Denominationen trafen. Ich nahm in dieser Moschee an religiösen Lehrstunden bei einem zaiditischen Schiiten teil. Als Ahmadi studierte ich also den Koran unter einem schiitischen Lehrer, der an einer sunnitischen Moschee angestellt war. So sieht der Islam in den USA aus – weitaus offener und vielfältiger als sonst irgendwo in der Welt. Wir konzentrierten uns nicht auf die Unterschiede zwischen den Denominationen.

Vom Alter von zehn Jahren bis zu meiner Bekehrung mit 22 Jahren fastete ich oft gemeinsam mit Sunniten und Schiiten in dieser Moschee, wir begingen zusammen das Eid-Fest, trafen uns bei ihnen zu Hause, und ich war in jeder Hinsicht Teil der Gemeinschaft. Das vielleicht stärkste Zeichen für meine Integration war, dass ich mit ihnen die *Salat* betete, meistens angeführt von einem von ihnen, doch manchmal auch von mir. Viele Ahmadis beten nicht mit Nichtahmadis, doch als Erwachsener stellte ich fest, dass ihre Argumente dafür sehr problematisch sind. Ich hatte nichts dagegen, mit anderen Muslimen zusammen zu beten, da ich mich als einer von ihnen sah, und tat es entsprechend oft.

4. Meine Beurteilung der Ahmadiyya, als ich noch Muslim war

Als ich mich zusammen mit meinem Freund David mit Islam und Christentum auseinandersetzte, vertrat ich den Standpunkt: Da die Ahmadiyya eine Untergruppe des Islams ist, würde ich mich zunächst mit den Beweisen für den Islam an sich befassen, dann erst mit denen für die Ahmadiyya. Wenn es gute Gründe für den Glauben an den Islam gab, würde ich die diversen Konfessionen untersuchen. Wenn sich der Islam jedoch als historisch problematisch herausstellen sollte, gäbe es auch keinen Grund, sich mit seinen Konfessionen zu befassen. Wie sich herausstellte, kam ich zu letzterem Schluss. Aufgrund der Beweislage lehnte ich die *Schahada* ab und damit auch die Ahmadiyya.

Gleichwohl war ich auf einige beunruhigende Sachverhalte in Bezug auf die Ahmadiyya gestoßen, bevor ich mich vom Islam abwandte. Als David und ich Islam und Christentum untersuchten, trat ein enger Freund aus Kindheitstagen von der Ahmadiyya zum sunnitischen Islam über. Fasziniert fragte ich ihn nach seinen Gründen. Wenn seine vorgebrachten Argumente zutrafen, dann, so dachte ich, stellten sie schwerwiegende Probleme für die Ahmadiyya dar.

Zum Beispiel argumentierte er mit den vielen falschen Prophezeiungen von Mirza Ghulam Ahmad. So habe er prophezeit, dass er 80 Jahre alt werden würde, starb jedoch etwa zehn Jahre früher. Eine andere nicht eintreffende Prophezeiung war, dass eine bestimmte Frau ihn heiraten würde. Als sie jedoch ablehnte, drohte Ahmad ihr und versuchte, seine falsche Prophezeiung zu rechtfertigen. Mein Freund deutete auch an, dass Ahmad Hunderte Menschen betrogen haben soll; er habe versprochen, 50 Bücher für sie zu schreiben, und ließ sie sich im Voraus bezahlen, schrieb am Ende aber nur fünf. Das wollte er so begründen: „Der Unterschied zwischen 50 und 5 beträgt 0, und da 0 nichts ist, habe ich das geliefert, was ich versprochen habe."

Das waren nur drei von Dutzenden von Gründen, deretwegen mein Freund die Ahmadiyya verließ und zum Sunni-Islam übertrat. Ich kannte eine Handvoll weiterer Leute, die aus anderen Gründen der Ahmadiyya den Rücken gekehrt hatten; so solle die Ahmadiyya wie eine Sekte funktionieren, stark zentralisiert kontrolliert werden und dazu neigen, Mitglieder schon wegen geringster Vergehen auszuschließen, weil sie zum Beispiel bei einer Hochzeit Musik gespielt hatten. Doch da ich beschlossen hatte, mich mit solchen Sachen nur näher zu befassen, wenn sich der Islam als wahr herausgestellt hatte, kam es nie dazu.

Schlussfolgerung

Am Ende ist es wichtig, die Grauzonen anzuerkennen, die es so schwer machen, klare Grenzen religiöser Inklusion und Identität zu ziehen. Würde sich der Grad der Inklusion in eine Religion nach der Mehrheitsmeinung richten, dann wären Ahmadis keine Muslime, Sufis allerdings auch nicht, und an einigen Orten auch Schiiten nicht, an anderen Orten wären Sunniten ausgeschlossen. Solch ein Maßstab wird am Ende absurd.

Daher plädiere ich dafür, dass die religiöse Identität auf den Glaubensvorstellungen und Praktiken beruht, welche die Gemeinschaft zur Zeit ihrer Gründung von ihrer Umgebung unterschied. In den Anfängen des Islams galt jemand als Muslim, wenn er das autoritative Prophetentum Muhammads anerkannte und nur den einzig wahren Gott Allah anbetete. Meiner Meinung nach sind alle, die dies heute noch tun, Muslime, auch die Ahmadis.

Doch unabhängig davon, ob man mir recht gibt oder nicht, die Tatsache bleibt bestehen, dass *Allah gesucht, Jesus gefunden* den Islam an sich untersucht und sich an Muslime im Allgemeinen wendet. Ich bete dafür, dass sich die Leser dieses Buches nicht von voreingenommener Polemik abschrecken lassen.

GLOSSAR

Abba: „Vater/Papa“ auf *Urdu.*

Abrogationslehre: die Meinung, dass Lehren und Verse des Korans widerrufen wurden, normalerweise durch spätere Koranoffenbarungen.

Acha: „In Ordnung“ auf *Urdu.*

Adhan: der muslimische Gebetsruf.

Ahmadiyyat/Ahmadiyya Muslim Jamaat/AMJ: *Ahmadiyya*-Religionsgemeinschaft des Islams.

Akida/Aqida: tief verwurzelte islamische Glaubensinhalte, Bekenntnisschrift.

Al-Qaeda: „Anleitung zum Lesen“, „Leseregeln“ für die arabische Sprache.

Alhamdolillah: eine muslimische Redewendung mit der Bedeutung „Allah sei gepriesen“; das islamische Gegenstück zum Hallelujah.

Allahu akbar: „Allah ist (am) größten.“

Allahu bismika amatu wa ahya: „Oh Allah, in Deinem Namen sterbe und lebe ich.“

Ammi: „Mutter/Mama“ auf *Urdu.*

Asbab-an-nuzul: ein Zweig der islamischen Literatur, der die

genauen Umstände der Offenbarung der jeweiligen Koranverse zum Inhalt hat.
Asr: Nachmittagsgebet.
Assalaamo alaikum wa rahmutallah barakaathu: ein erweiterter muslimischer Gruß mit der Bedeutung „Allahs Frieden und Seine Gnade und Segnungen mögen auf dir sein".
Astaghfirullah: eine übliche Bußformel mit der Bedeutung „Ich suche Vergebung bei Allah".
Audhu billah: eine übliche muslimische Formel mit der Bedeutung „Ich suche Zuflucht zu Allah", die gesprochen wird, nachdem etwas Unehrenhaftes, Blasphemisches oder etwas anderes Negatives gesagt oder angedeutet wurde.
Batao: „Sag mir!" auf *Urdu*.
Beyta: „Sohn" auf *Urdu*.
Beytee: „Tochter" auf *Urdu*.
Burka: Kleidungsstück zur vollständigen Verschleierung des Körpers.
Challo: „Gehen wir!" auf *Urdu*.
Christologie: eine Deutung des Wesens, der Identität oder Stellung Jesu; zum Beispiel hat der Koran eine niedrigere Christologie als Johannes, weil Jesus im Koran nur ein Mensch ist, bei Johannes hingegen göttlich.
Chutba/Khutba: eine Predigt, meistens beim wöchentlichen Freitagsgebet der Muslime; „Freitagspredigt".
Da´wa: die Praxis, Menschen zum Islam einzuladen.
Dschinn: Geistwesen, werden oft als Dämonen angesehen.
Dschuma: Freitag, der muslimische Ruhetag.
Du´a: muslimische Gebete für konkrete Anlässe, im Gegensatz zum rituellen Gebet *Salat*; sie können frei gesprochen werden oder auswendig gelernt sein.
Eid al-Fitr: einer der beiden muslimischen Hauptfesttage; er bezeichnet das Ende des Ramadans.
Fadschr: Gebet zur Morgendämmerung.

Fatwa: ein Urteil oder Schiedsspruch durch eine muslimische Autorität.
Fiqh: islamische Rechtswissenschaft.
Fünf Säulen des Islams: die grundlegenden Pflichten jedes Muslims.
Haddsch/Hadsch: Pilgerfahrt nach Mekka.
Hadith: Überlieferungen der Aussprüche und Taten Muhammads.
Hafiz: ein Mann, der den gesamten Koran auswendig gelernt hat.
Hazrat: ein Ehrentitel mit der Bedeutung „sehr geehrter".
Historische Methode: Kriterien und Techniken, die Historiker zur systematischen Untersuchung der Vergangenheit benutzen.
Historischer Jesus: die Person Jesu, wie die historischen Berichte sie beschreiben.
Iftar: die Mahlzeit, die Muslime nach dem Fasten einnehmen, oft in großen Versammlungen.
Ijtema: eine religiöse Lehrversammlung.
Imam: ein muslimischer Anführer, normalerweise jemand, der in der Moschee das Gebet leitet.
Indschil: das Buch, von dem Muslime glauben, dass Allah es Jesus gegeben hat; oft wird angenommen, dass es sich dabei um die Evangelien des Neuen Testaments handelt.
Inshallah: eine sehr häufig benutzte muslimische Redewendung mit der Bedeutung „So Allah will".
Isa: Der arabische Name für Jesus.
Ischa: Abendgebet.
Isnad: Kette der Überlieferung eines einzelnen *Hadith*.
Jaan kay tuqray: „mein Herzstück" auf *Urdu*.
Jalsa: spirituelle Jahresversammlung der *Ahmadiyya*
Jamaat: das arabische Wort für Gemeinschaft, meist mit der Bedeutung „Gruppe" oder „Denomination" verwendet.

Kaaba: das muslimische Heiligtum in Mekka, das wie ein schwarzer Würfel aussieht.
Kafir: Ungläubiger, Nicht-Muslim.
Kalifen: die Position der obersten Führer über die Muslime; normalerweise wird der Titel benutzt, um auf einen der vier Erben/Nachfolger Muhammads zu verweisen.
Khatam an-nabiyeen: wird übersetzt als „Siegel der Propheten". Ein Titel aus dem Koran als Bezeichnung für den Propheten Muhammad.
Khuda hafiz: traditioneller pakistanischer Abschiedsgruß mit der Bedeutung „Möge dich Gott beschützen".
Kriterium der frühen Bezeugung: ein Prinzip der Historischen Methode, laut der frühere Berichte eines Ereignisses wahrscheinlich genauer sind als spätere Berichte.
Kriterium der mehrfachen Beglaubigung: ein Prinzip der Historischen Methode, laut dem ein überliefertes Ereigniss wahrscheinlich historisch genauer ist, wenn es von mehreren unterschiedlichen Quellen berichtet wird.
Lehre von der Dreieinigkeit, Trinitätslehre: der Glaube, dass Gott ein einziges Wesen und drei Personen ist.
Maghrib: Gebet zu Sonnenuntergang.
Manuskript: eine physische Kopie eines Textes, entweder in Teilen oder als Ganzes.
Masdschid: ein muslimisches Gebetshaus, oft auch Moschee genannt.
Mufti: ein muslimischer Rechtsexperte.
Nafl: freiwillige Gebete, um die Hilfe von Allah zu erbitten oder den Anbetenden näher zu Ihm zu ziehen.
Person: die Beschaffenheit oder die Hauptsache, die jemanden zu dem macht, der er ist.
Ra'ka: Einheiten der *Salat*, die wiederholt werden, in jeweils stehender, vorgebeugter, mit dem Gesicht nach unten liegender und sitzender Körperhaltung.

Ramadan: der heilige Monat der Muslime.
Sadqa: ein freiwilliges Opfer, meistens um Unglück abzuwenden
Sahih Bukhari: klassische *Hadith*-Sammlung, gilt bei Sunniten als zuverlässigster Bericht über Muhammads Leben.
Sahih Sittah: die sechs *Hadith*-Bücher, die bei sunnitischen Muslimen als authentisch gelten.
Sajda: Sure 32 „Die Anbetung".
Salat: das muslimische Ritualgebet.
Schahada: das Glaubensbekenntnis des Islams: „Es gibt keinen Gott außer Allah, und Muhammad ist Sein Gesandter."
Schaitan/Shaitan: Teufel.
Scharia: islamisches Recht.
Scheich: ein muslimischer Leiter, meistens mit einem Hochschulabschluss in islamischer Theologie.
Schiiten: Nachfolger der *Schia*, einer der beiden Hauptrichtungen des Islams.
Schirk: die Sünde im Islam, die nicht vergeben werden kann; es kommt Götzendienst gleich, irgendetwas oder irgendjemand anderen an die Stelle von Allah setzen.
Sechs Glaubensartikel: die grundlegenden Glaubensinhalte des Islams.
Sehri: die Mahlzeit, die Muslime vor dem Fasten einnehmen.
Shabash: „gut gemacht!" auf *Urdu*.
Shukria: „danke"auf *Urdu*.
Sira: Die *Sira*-Literatur beschäftigt sich ausschließlich mit dem Leben des Propheten Muhammad, ist aber nicht durch die Kette der Überlieferung gesichert.
Soteriologie: die Lehre von der Erlösung des Menschen.
Stellvertretendes Erlösungswerk: die Lehre, dass Jesus die Sünden der Menschen auf sich nehmen und dafür bezahlen kann.
Subhannallah: eine sehr gebräuchliche Wendung mit der Bedeutung „Ehre sei Allah", die oft ausgerufen wird, wenn man gute Nachrichten erfährt oder etwas Positives gesagt wurde.

Sunniten: Nachfolger der *Sunna*, der größten Glaubensrichtung im Islam.
Sure: ein Korankapitel.
Synoptische Evangelien: Sammelbegriff für die Evangelien von Matthäus, Markus und Lukas.
Takbir: „Allahu akbar" sagen.
Tarawih: freiwillige Gebete im Ramadan während der Nacht.
Tauhid: die islamische Lehre von Allahs absoluter Einheit und Eigenständigkeit.
Turiner Grabtuch: eine kontroverse Reliquie, die oft für das Grabtuch von Jesus selbst gehalten wird und auf übernatürliche Weise sein Bild tragen soll.
Ulema: muslimische Religionsgelehrte.
Umma: ein arabischer Begriff mit der Bedeutung „Gemeinschaft" in Bezug auf alle Muslime.
Urdu: Landessprache von Pakistan.
Wesen: die Beschaffenheit oder das Kernstück, das etwas zu dem macht, was es ist.
Wudu´: zeremonielle Reinigung vor der *Salat*.
Zakat: Almosensteuer.
Zindabad: „lang möge er leben!" auf *Urdu*.
Zuhr: Mittagsgebet.

LESEPROBE

Nabeel Qureshi
Islam oder Christentum:
Ist Jesus wirklich Gott?
Pb., 416 S., 13,5 × 20,5 cm
Best.-Nr. 271551
ISBN 978-3-86353-551-3

WAS SIND DIE UNTERSCHIEDE ZWISCHEN ISLAM UND CHRISTENTUM?

Im August 2005 machte ich die schmerzhafteste Erfahrung meines Lebens: Ich konnte nicht mehr länger an den Islam glauben. Ich sah keinen anderen Ausweg mehr und musste mich, nachdem ich mich jahrelang vehement gewehrt hatte, endlich doch geschlagen geben.

Als Kind war ich in der Liebe zum Islam erzogen worden. Mit Freude lernte ich ganze Kapitel des Korans auswendig und sagte sie in meinen täglichen Gebeten auf. Jedes Jahr freute ich mich auf das Fasten im Ramadan mit meiner Familie. Ich war begeistert von den frühmorgendlichen Gebeten und den gemeinschaftlichen Abendessen. Jedes *Eid*-Fest im Kreise meiner erweiterten Familie sehnte ich voller Erwartung herbei. In meinem Leben drehte sich alles um den Islam, und ich war stolz auf mein islamisches Erbe.

Ironischerweise war es gerade mein Vertrauen in den Islam, das meinen Glauben zum Einsturz brachte.

Kurz nach Beginn meines Studiums im Jahr 2001 versuchte ich, einen christlichen Freund an meiner Universität von der Wahrheit des Islams zu überzeugen. Aufgrund von Aussagen, die ich in den Moscheen und von muslimischen Autoritätspersonen gehört hatte, argumentierte ich, dass islamische Lehren nachweislich wahr seien, christliche Lehren hingegen nachweislich falsch. Seine Antworten veranlassten mich, der Sache auf den Grund zu gehen, und diese Nachforschungen dauerten schließlich vier Jahre. Immer wieder entdeckte ich dabei, dass die christliche Lehren nicht zu erschüttern waren, wenn sie historisch überprüft werden konnten. Die Argumente gegen das Christentum, auf die ich mich mein ganzes Leben lang verlassen hatte, erwiesen sich als fehlerhaft und unhaltbar, und das Christentum ließ sich nicht widerlegen.

Was dann geschah, erschütterte meine Welt und traf mich bis ins Mark. Mein Freund verwendete dieselben kritischen Maßstäbe, die ich an die christlichen Lehren angesetzt hatte, und wandte sie auf den Islam an. Unter dem Gewicht seiner konsequenten Überprüfung zerbröckelten die Fundamente des Islams.

Im Sommer 2005 wurde mir bewusst, dass ich nicht länger an die *Schahada* glaubte, die muslimische Proklamation: „Es gibt keinen Gott außer Allah, und Muhammad ist sein Gesandter." Die Proklamation der *Schahada* ist die Mindestanforderung an einen Muslim, und ich glaubte einfach nicht mehr daran. Ich hätte sie verzweifelt gern geglaubt, weil alles, was ich liebte, im Islam zu finden war: meine Familie, meine Freunde, meine Kultur, meine Traditionen, mein Erbe. Dem Islam den

Rücken zu kehren bedeutete, alles zu opfern, was ich kannte, und die Menschen maßlos zu enttäuschen, die ich am meisten liebte.

Andererseits wirkte das Christentum gar nicht anziehend auf mich. Ich hatte keine christlichen Familienangehörigen, nur drei christliche Freunde. Meine einzigen Erfahrungen beim Besuch von Kirchen hatten einen schlechten Nachgeschmack bei mir hinterlassen. Ich dachte, Weihnachten und Ostern seien heidnische Traditionen, und ich konnte mir mich überhaupt nicht als Christ vorstellen. Ich wollte nicht an das Christentum glauben.

Aber ich merkte, es war zu spät: Ich glaubte schon, dass das Christentum wahr ist, und ich konnte kein Muslim mehr sein, weil ich die *Schahada* nicht mehr mit aufrichtiger Überzeugung aufsagen konnte. Es ist eine Sache, zwingende Beweise gefunden zu haben, und eine ganz andere, im Glauben aufgrund dieser Beweise zu handeln, besonders wenn der Preis dafür so unerträglich hoch ist.

Am 24. August 2005, als ich nicht länger widerstehen konnte, ging ich vor Jesus auf die Knie und bekannte meinen Glauben an ihn. Bald darauf war meine Familie am Boden zerstört, und das nächste Jahr meines Lebens war bei Weitem das schwerste, das ich je ertragen musste. Schon einige Wochen später erhielt ich meine erste Morddrohung. Jetzt, mehr als zehn Jahre später, bekomme ich immer noch gelegentlich Morddrohungen, meine alten Freunde habe ich nie zurückgewonnen und meine Familie ist nie wieder dieselbe geworden. Jeden Tag spüre ich schmerzlich die negativen Auswirkungen meiner Entscheidung.

Wenn ich also Leute sagen höre, dass Islam und Christentum im Grunde dasselbe seien, kann ich mein ungläubiges Erstaunen manchmal kaum unterdrücken. Sind Islam und Christentum dasselbe? Meine Eltern meinen das sicher nicht, und auch niemand von den dutzenden Freunden, die ich verloren habe. Dieses Klischee ist ein Schlag ins Gesicht für die Hunderttausenden von Konvertiten, die den Islam verlassen haben, um zum Christentum überzutreten, und umgekehrt.

Diese Religionen sind nicht nur unterschiedlich, sondern ihre Unterschiede haben noch viel größere Auswirkungen, als ich mir das bei meiner Bekehrung vorgestellt hatte. Ich wusste, dass sich die historischen Lehren der beiden Religionen unterscheiden. Aber Lehren existieren nicht in einem luftleeren Raum. Sie beeinflussen aktiv unsere Weltsicht, die wiederum Einfluss darauf hat, wer wir sind.

Zum Beispiel hat der Gott im muslimischen Verständnis, den wir Allah nennen, andere Eigenschaften als der Gott im christlichen Verständnis. Am offensichtlichsten ist natürlich, dass Allah kein dreieiner Gott ist, während der christliche Gott in drei Personen existiert: Vater, Sohn und Heiliger Geist. Die Vorstellung von der Persönlichkeit Gottes ist im Islam und im Christentum so unterschiedlich, dass das christliche Grundaxiom, „Jesus ist Gott", vom Durchschnittsmuslim als Gotteslästerung angesehen wird. Obwohl beide Religionen lehren, dass es nur einen Gott gibt, zeigt sich bei der Betrachtung der Persönlichkeit Gottes schnell, dass sie eindeutig nicht übereinstimmen.

Und wie Gott unserer Meinung nach ist, hat einen gewaltigen Einfluss auf unsere Sicht der Welt, die er geschaffen hat. Warum hat Gott die Menschen geschaffen: um in inniger Gemeinschaft mit ihnen zu leben oder um sie auf die Probe zu stellen? Was denkt er über sie: Sind sie seine Diener oder seine Kinder? Wie sollen wir nach seinem Willen leben und was ist dabei der Schwerpunkt: die Liebe oder das Gesetz? Was sagt er uns im Hinblick auf das Leben nach dem Tod: Sollen wir ängstlich auf ein unbekanntes Urteil warten oder freudig seiner Gnade vertrauen? Das islamische und das christliche

Gottesbild führen zu unterschiedlichen Antworten. Doch unsere Antwort auf diese Fragen entscheidet darüber, wie wir uns, andere Leute und die Welt um uns herum sehen.

Sowohl Muslime als auch Christen glauben, dass es nur einen einzigen Gott gibt – aber ist es Allah oder ist es Jesus? Aus persönlicher Erfahrung und in aller Aufrichtigkeit kann ich Ihnen sagen: Unsere Antwort auf diese Frage hat die Kraft, uns zu verändern.